U0780902

本书由上海文化发展基金会图书出版专项基金资助出版

上海市重点图书

环境审计研究

李雪◇著

立信会计 出版社
LIXIN ACCOUNTING PUBLISHING HOUSE

图书在版编目(CIP)数据

环境审计研究/李雪著.—上海：立信会计出版社，
2016.12

ISBN 978 - 7 - 5429 - 5372 - 8

Ⅰ.①环…　Ⅱ.①李…　Ⅲ.①环境管理—审计—
研究　Ⅳ.①F239.6

中国版本图书馆 CIP 数据核字(2016)第 323889 号

策划编辑　　方士华
责任编辑　　方士华
封面设计　　南房间

环境审计研究

Huanjing Shenji Yanjiu

出版发行	立信会计出版社		
地　　址	上海市中山西路 2230 号	邮政编码	200235
电　　话	(021)64411389	传　真	(021)64411325
网　　址	www.lixinaph.com	电子邮箱	lixinaph2019@126.com
网上书店	http://lixin.jd.com		http://lxkjcbs.tmall.com
经　　销	各地新华书店		

印　　刷	江苏凤凰数码印务有限公司		
开　　本	787 毫米×1092 毫米	1/16	
印　　张	21.25	插　页	1
字　　数	410 千字		
版　　次	2016 年 12 月第 1 版		
印　　次	2019 年 8 月第 3 次		
书　　号	ISBN 978 - 7 - 5429 - 5372 - 8/F		
定　　价	49.00 元		

如有印订差错,请与本社联系调换

前　　言

环境审计是审计机构和审计人员对被审计单位的环境保护项目计划、管理和实施活动的真实性、合法性和效益性进行的独立性经济监督活动。环境审计的产生在于对政府和企业履行社会环境责任情况进行检查的需要,在于企业自我生存、发展,改善其社会公共关系和形象的需要,也在于政府机构执行环境法规、制定环境规划的需要。

环境审计作为 20 世纪 70 年代开始在西方发达国家兴起的一个新的审计领域,受到了国内外审计职业界的高度关注。从国际上看,两个最大的审计国际组织曾分别开会讨论,寻找针对环境审计的一致观点,进而寻求建立环境审计的基本准则。国际会计师联合会(IFAC)颁布了《审计职业与环境》;最高审计机关国际组织(INTOSAI)则在开罗会议上将环境审计作为两大议题之一,并发表了《开罗宣言》。西方各主要市场经济国家也普遍完善了环境法规,强化了环境审计制度。从国内情况看,环境审计研究自 20 世纪 90 年代开始引起社会瞩目。《审计研究》1993 年第 3 期刊载了加拿大审计长丹尼斯的论文——《环境审计——九十年代的挑战》,此后又陆续刊载了多篇译著,为我国环境审计研究提供了宝贵资料;中国审计学会于 1997 年年初确定以环境审计为重点研究课题,组织福建、浙江、江西 3 省的审计学会以实施环境审计的经验和问题为基础撰写论文,并组织对此有研究的学者和专家,于当年 6 月在厦门市举办了环境审计研讨会;陈思维和陈正兴等分别出版了题为《环境审计》的著作,实务界和理论界人士撰写了大量论文,对环境审计的有关问题进行了研究和探索。

总的来说,上述关于环境审计的研究充分吸收了环境学、经济学、管理学、法学、医学、社会学、统计学、工程学等相关学科的研究成果,既有对基本理论问题的探讨,又有对实务经验的总结,涉及环境审计的各个方面,包括环境审计动因、理论基础、本质、职能、目标、假设、原则、准则、程序、方法、主体、对象等,取得了一定的成绩。但这些已有的研究缺乏系统性,并且偏重于对环境审计实务的解释,难以深入,对概念的界定有些不够清晰,因此研究基本上仍然处于探索阶段,还有大量的工作要做。例如,已有研究对审计主体在环境审计中各自应充当的角色、发挥的作用、如何有效地开展工作等很少进行讨论。因此,如何看待审计在整个环境管理体系中的地位、作用,如何更加有效地组织和开展环境审计,如何界定政府审计、内部审计和注册会计师审计在环境领域的作用,3 种审计主体如何具体运作环境审计等,是摆在广大审计实务工作者和审计科研人员面前的重要任务。

正是基于这种现状,我们需要在国内外已有环境审计研究成果的基础上,对环境管理体系中政府审计、内部审计和注册会计师审计的运行模式进行研究,以指导审计人员更好地承担起环境监督、鉴证、评价的职责,为实现社会发展与资源、环境相互协调发挥积极作用。

对于如何搞好环境审计研究,笔者在2004年就提出了环境审计研究应处理好的8大关系,目前看来仍然是环境审计研究的难点,需要持续重点解决:

(1)必须处理好环境审计与相关学科的关系。环境审计是融合环境经济、环境管理、环境医学、环境法学、社会学、统计学和工程学等诸多学科的一门边缘学科。但是,它并不是这些学科的简单拼凑,也不是相关内容的简单相加。它是一门相对独立的学科,有自己的体系和特色。因此,我们可以认为环境审计研究是一种开放的研究。在研究过程中,必须用联系的观点来考虑问题,处理好环境审计与各相关学科之间的关系,并使它们充分融合。

(2)必须处理好环境审计与常规审计的关系。环境审计运用了常规审计的基本理论,是对常规审计的一种继承;同时,它是在受托经济责任向环境责任扩展后形成的,是常规审计的进一步发展。常规审计中包含财务审计、合规性审计和绩效审计三部分;环境审计同样也包含这三部分。在研究中,必须处理好两者的关系:一是要挖掘常规审计与环境审计的相同之处,以资借鉴;二是要找出两者的区别,以突出环境审计特色。

(3)必须处理好不同种类环境审计理论之间的关系。①环境审计按主体分为国家审计、民间审计和内部审计。它们各有特点,相互不可替代,因此不存在主导和从属的关系。当前,从我国的国情出发,应以国家审计为重点,逐步带动内部审计和民间审计的发展。②环境审计按内容和目标可分为财务审计、合规性审计和绩效审计。一方面,它们在对象、依据、目标、范围、报告内容和报告形式等方面都有不同;另一方面,它们之间又相互联系、相互促进,是环境审计目标在不同发展阶段的体现。当前,我国环境审计仍以合规性审计为主,应尽快发展绩效审计和财务审计。

(4)必须处理好环境审计基本理论与应用理论的关系。环境审计理论一般可分为两个层次:一是环境审计基本理论,它的理论性强,可以间接指导和预测实务,包括环境审计目标、假设、原则、本质等;二是环境审计应用理论,它的实务性强,可以直接用于指导实践,包括环境审计准则、程序与方法等。环境审计基本理论与应用理论的划分是相对的,两者之间虽有密切联系的,但不能作界限分明的划分。基本理论可以指导应用理论的研究,应用理论也可以促进基本理论的发展。当前,我国学者主要进行的是应用理论的研究,而对于基本理论却涉及较少。因此,我们在研究应用理论的同时,必须注意对基本理论的探讨,使两者相辅相成、相得益彰。

（5）必须处理好环境审计理论各个要素之间的关系。首先，要确定环境审计理论体系中应包含的要素，并对各个要素的含义进行界定，这是环境审计研究的前提。对于究竟应包含哪些要素必须有一个统一、规范的衡量标准，以保证理论要素确定的全面性和合理性。其次，要确定各个理论要素之间的关系，这是环境审计研究中一个十分关键的问题。其中，确定研究起点是重中之重。实质上，上述过程就是构建环境审计理论结构的过程。也就是说，在对环境审计理论进行具体研究之前，必须构建一个全面、系统、合理、有效的环境审计理论结构。

（6）必须处理好实证研究与规范研究之间的关系。一般认为，实证研究与实践的联系比较紧密，有利于发现实践中存在的问题，但其理论性不强，没有一定的理论高度，难以指导和预测实践；而规范研究，虽然具有较强的理论性，但其正确性难以验证。因此，我们应把规范研究的成果用实证研究进行检验，使规范研究逐步完善，并最大限度地发挥对实证研究的指导作用。也就是说，环境审计研究应采用规范和实证相结合的方法，使两者相互促进，互为补充。

（7）必须处理好现实性与前瞻性之间的关系。在研究中，既要着眼于我国环境审计的发展现状和现实社会经济环境，又要考虑各种新思维、新观点对环境审计工作的冲击，考虑各种新举措、新变革对环境审计工作的影响。既立足现实又适应未来，把现实性和前瞻性有机地结合起来，才能完善和发展环境审计实践。

（8）必须处理好中国特色与国际惯例之间的关系。环境问题的日益国际化，要求各国协调行动，以缩小各国环境审计工作的差异。因此，我国的环境审计工作应在立足于中国国情的基础上，实现与国际惯例接轨，这样才能有利于环境审计的对外交流，使我国的环境保护与国际同步。但是，各国社会经济制度、法律环境、道德观念以及审计人员素质等方面存在一定的差异，国外的情况未必完全适合我国，我国也有许多自己特殊的问题，因此创新精神是必需的。只有不断创新，环境审计才能逐步完善。这也决定了我国的环境审计研究必须适合中国国情，体现中国特色，以解决中国的实际问题。

所以，笔者认为，环境管理系统有宏观和微观两个层次。无论是宏观的还是微观的环境管理系统，都必须设有相应的监督、检查制度。环境审计就是这种监督检查的主要方面，政府审计、内部审计和注册会计师审计则是环境审计职责的重要承担者。因此，本研究侧重于将审计作为环境管理系统的一个组成部分来进行考察和探索。本研究借鉴西方环境经济学、环境管理学、环境会计与环境审计理论，结合我国环境保护和环境管理的实际，研究环境信息披露、环境管理的业绩评价和环境审计的基本理论，提出从宏观和微观两个层面构建环境审计体系，建立包括政府审计、内部审计、注册会计师审计在内的三位一体的环境审计理论框架，力图为我国环境会计与审计的开展提供全方位的理论支持。

　　基于以上分析,笔者尝试撰写了这本环境审计理论研究著作。本书的主要内容分为三大部分。第一部分是环境审计基本理论,第二部分是环境审计应用理论,第三部分是环境审计相关问题的探讨。笔者试图通过本书,一方面向读者介绍环境审计理论的基本问题及其研究现状,另一方面发表自己多年来研究环境审计理论的一些不成熟的看法,以便为环境审计理论研究作出一些贡献。本书采用规范研究和实证研究相结合的研究方法。首先从概念上、理论上探讨有关的基本问题,弄清道理。同时,利用实证研究的方法,从现实中分析规律,与规范研究结论相对照,评价理论的正确性。本书的目的是揭示审计人员进行环境审计、环境管理的必要性和可行性,总结国内外环境审计理论研究成果和实践经验,为我国政府审计、内部审计和注册会计师进行环境审计、环境管理实践提供理论指导。本书顺应了社会可持续发展对会计界提出的从自身职业角度参与环境管理的迫切要求,进一步拓展了传统审计的研究视野,从改善人类生存质量的高度关注环境审计理论与实务领域的一系列重大课题。这些研究不但有力地推动了审计学与相关学科的融合,大大丰富了传统审计的理论体系框架,而且有助于充分发挥审计在促进社会可持续发展中的功能和作用,提升会计职业界在社会经济结构中的地位和发展空间,因此具有重要的理论价值和深远的现实意义。

　　本书中的部分内容是笔者公开发表的课程和对环境审计研究的思考,初稿及修订稿也曾以多种方式在近10届研究生及各种形式的培训班中试用,获得了较好的评价。多位环境审计专家对本书的写作提出了很多有价值的建议,在此深表感谢。在书稿的文字录入和整理过程中,笔者的研究生们做了大量的工作,在此一并致谢。

　　本书中疏漏之处在所难免,恳请各位专家、学者和广大读者批评指正。

李　雪
2016 年 12 月

目　　录

第一章 环境审计的产生背景与理论基础

内容简介

本章首先介绍环境审计的产生背景,阐明人类与环境的关系以及环境问题的产生和演变,展现环境审计对于治理环境问题、维持人类可持续发展的重要意义。本章还将对环境审计的相关理论基础进行全面述评,阐明相关理论基础对环境审计研究的重要作用。

学习目的和要求

通过本章的学习,你应当能够:

- 了解环境审计的产生背景;
- 认识到环境审计的重要意义;
- 掌握环境审计的相关理论基础;
- 了解相关理论基础对于环境审计研究的重要意义;
- 能够在后续学习和研究中主动地联系和运用理论基础。

第一节 环境审计的产生背景

一、人类与环境的关系

环境是指影响人类生存和发展的多种天然的和经过人工改造的自然因素的总体,包括大气、海洋、土地、矿藏、森林、草原、野生生物、自然遗迹、人文遗迹、自然保护区、风景名胜区、城市和乡村等,几乎包罗人类生存和发展的所有基本条件。[①] 人类同环境的关系可以概括为两个方面:

(1)人类是环境的产物,环境构成人类生存和发展的基本条件。

(2)人类又是环境的改造者。一方面,人类以自己的活动参与生态系统的物质循环和能量传递,改变其原有的稳定性,造成生态系统的不平衡;另一方面,人类也通过社会性生产活动对环境进行改造和利用,使其更适合人类的可持续

---

① 厉以宁,章铮.环境经济学[M].北京:中国计划出版社,1995.

发展。①

人类同环境之间是相互作用、相互制约的关系。

二、环境问题的产生与演变

(一) 环境问题产生的原因

人类在经济再生产过程中,既要以"资源"的形式从自然界取得原料,又要把生产和生活的废料、废物排放到环境中去。为了维持人类生存环境系统的动态平衡,人类的经济活动和改造自然的活动必须不超过物质和能源吞吐能力的可持续极限(即由经济学家 Herman Daly 提出的"戴利原则"):"第一,对于可再生资源——土壤、水、森林、鱼——而言,可持续的使用率不能高于它们的再生率;第二,对于不可再生资源——矿物燃料、高等级矿藏、地下水——而言,可持续的使用率不能高于用以代替它们的可再生资源可持续的利用率;第三,对于污染而言,可持续的排放率不能高于污染物被循环利用、吸收或由环境无害分解的速率。"②如果超过了"戴利原则"定义的极限,就会打破生态系统的正常平衡,一方面造成资源枯竭,另一方面使环境质量恶化。

(二) 环境问题的形式

随着人类社会生产和科学技术的迅猛发展,自然资源被大量不合理地利用,甚至造成了部分资源的逐渐枯竭和环境污染。尤其是自 18 世纪工业革命以来,人类社会进入工业时代,人们不仅耗费越来越多的自然资源,而且向自然界排放越来越多的废弃物,致使环境污染与资源破坏日趋严重,环境问题日益突出。进入 20 世纪,特别是第二次世界大战以后,伴随着石油、化工等重工业的迅速发展,各种环境污染达到了空前严重的程度。据联合国环境署的有关资料统计,有以下环境祸患正威胁着人类:

第一,土壤资源遭到破坏。已有 110 个国家的可耕地肥沃程度在降低,有的甚至成为不毛之地。另外,全球 15% 的土地面积已因人类活动而遭到不同程度地退化。全世界干旱地、半干旱地总面积为 16.5 亿公顷,其中近 70% 已中等程度荒漠化,这对未来的农业生产、对人们的身体健康和人们的日常生活造成了严重危害。

第二,气候变化与酸雨的出现。澳大利亚科学家的研究结果发现,由于受大气污染影响,全世界每天有近 8 000 人死亡,每年大约有 280 万人死于室内的空气污染,死亡原因主要是空气中含有过量的微粒,包括烟雾等。更为可怕的是,由于大气污染的存在,已引发了温室效应和酸雨等更具广泛性危害的后果。自

---

① 陈思维.环境审计[M].北京:经济管理出版社,1998.

② 德内拉·梅多斯,乔根·兰德斯,丹尼斯·梅多斯.增长的极限[M].北京:机械工业出版社,2006.

19 世纪中叶以来,海平面上升的速度高于过去 2 000 年的平均上升速度。在 1901—2010 年,全球平均海平面平均上升了 0.19 米。有关预测表明,如果按照最高温室气体浓度来预测,那么到 2100 年海平面将上升 0.52～0.98 米,到 2200 年将上升 0.58～2.03 米。显然,这将对沿海低洼地区和小岛屿国家的抗逆力和适应能力提出严峻考验。平均海平面的上升还可能加剧沿海地区极端高水位的上升趋势。[①]

第三,生物的多样性在减少。最近 400 年来,受人为破坏自然环境的影响,地球上的物种灭绝速度在加快,如兽类在 17 世纪平均每 5 年灭绝 1 种,到 20 世纪每 2 年就灭绝 1 种,鸟类和哺乳动物从 20 世纪起平均每年灭绝 1 种。科学家预测,如不采取保护措施,地球上 1/4 的生物在未来 20～30 年里有灭绝的危险,现在每年都有 1 万～2 万个物种灭绝,预计在 21 世纪将有 100 多万种生物消失。考虑到生物资源提供了人类生存的基础,生物多样性的减少必将恶化人类生存环境,限制人类生存与发展的机会,甚至严重威胁人类的生存与发展。

第四,水体污染。随着全球工业化速度的加快,各国的水体特别是发展中国家的河流、湖泊、沼泽、水库、地下水、海洋等各种水体都受到了不同程度的污染。其中,对水质影响较大的污染物主要是城市垃圾、工业废水、油类污染、重金属污染、矿山废弃物与酸类污染、热污染、放射性污染、盐污染、磷污染、化工洗涤剂污染、战争与核污染等。

第五,森林、淡水、海洋等资源受到威胁。据统计,全世界现有森林面积只有 36.25 亿公顷,仅 1980—1990 年平均每年砍伐 1 680 万公顷,相当于每年砍掉总量的 0.5%。与森林资源相比,淡水资源的存量也不乐观。2000 年,全球淡水用量从 1985 年的 3 900 亿立方米增加到 6 000 亿立方米,如今全世界已有 100 多个国家和地区的生活用水告急,10% 的监测河流受到污染。另外,海洋资源也有其可持续产量,过度捕捞会造成渔业资源的枯竭。以南极洲为例,1904 年,人们开始在南极捕鲸,人类总是先对某一种类过度捕捞,然后再捕捞其他种类。迄今为止,蓝鲸的数量不到捕捞前存量的 1%。[②]

恩格斯在《劳动在从猿到人转变过程中的作用》一文中向世人告诫:"我们不要过分陶醉于我们对自然的胜利。对于每一次这样的胜利,自然界都报复了我们,每一步胜利,在第一次确实都取得了我们预期的效果,但是,在第二步和第三步却有了不同的、出乎预料的影响,常常把第一个结果又取消了。"[③]今天看来,众多严重的环境问题的出现不仅验证了恩格斯的忠告,还提醒着我们:自然界的报复不仅可能阻碍人类的继续发展,更有可能抹杀人类已经取得的成果,从根本

① 联合国开发计划署. 2014 年人类发展报告[R]. 2014.
② 刘长翠. 企业环境审计研究[M]. 北京:中国人民大学出版社,2005.
③ 恩格斯. 劳动在从猿到人转变过程中的作用[M]. 北京:人民出版社,1952.

上威胁人类的生存。环境问题已经成为人类社会一个值得重视的话题。

三、环境审计的产生与发展

(一)人类环境意识的苏醒

随着经济的发展,环境问题日趋严重,但直至 20 世纪 60 年代,大多数人并未清晰地、完整地认识到环境问题的严重性。1962 年,美国海洋生物学家、环境保护运动的先驱蕾切尔·卡森所著《寂静的春天》使全世界的人们醒悟到保持一个充满生机的自然环境的复杂性和对人类的重要性。《寂静的春天》展示的是这样一个震撼人心的科学寓言:一个美丽而充满生机的美国中部城镇,由于一批携带杀虫剂的居民的到来,开始有了不祥的变化:神秘的疾病袭击了成群的小鸡,牛羊病倒和死亡,医生们则为病人中出现的新病感到困惑……没有了往日各种昆虫喧闹的鸣叫,没有了鸟儿,甚至小溪也失去了生命,因为所有的鱼已经死亡。被生命抛弃了的这些地方只有可怕的寂静……[1]

卡森的科学精神,使无数读者突然意识到:这个想象中的悲剧可能会很容易地变成一个我们大家都将知道的活生生的现实。随着环境对人类生存的威胁日趋严重,卡森的思想赢得了胜利。人类几乎从来没有像今天这样重视环境问题,以至于无论是政治、经济、文化各领域,还是国家、企业、个人各层次,大家都在积极参与治理和保护环境,都在考虑自己所在的领域和所从事的职业应该如何为改善人类的生存环境作出贡献。审计界对环境审计问题的探讨,正是在这样的形势下兴起的。[2]

(二)环境审计在各阶段的发展

美国是最早开展环境审计的国家,其审计总署早在 1969 年就对水污染控制项目进行了审计。但是,环境审计的真正发展还是在 20 世纪 70 年代以后。1972 年,联合国环境规划署在斯德哥尔摩召开的人类环境会议上提出,环境问题是一个重要的社会经济问题,不能只用科学技术的方法去解决污染,还需要用经济、法律、行政等综合的方法和措施,从其与社会经济发展的联系中全面解决环境问题。应此要求,有的国家制定了一系列环境保护的法律,如美国1970 年发布的《清洁空气法》、1972 年发布的《清洁水法》以及后来颁布的《资源保护和回收法》等。这些法律实施后,一些企业为了避免和减少因污染环境遭受的罚款损失,开展了由内部审计师进行的环境审计。从这时起,环境审计作为一种新的审计门类在实践中逐步兴起,并成为环境管理系统的基石。但当时的环境审计绝大多数都只在欧美发达国家的大型企业中开展,属于内部环境审计。

20 世纪 80 年代,企业内部审计师进行的环境审计有了发展,美国审计总署

---

① 蕾切尔·卡森. 寂静的春天[M]. 北京:科学出版社,1979.
② 陈正兴. 环境审计[M]. 北京:中国审计出版社,2001.

和加拿大审计署及其他一些国家的最高审计机关也根据议会的要求开展了环境审计。1981年,美国审计总署进行了对新泽西州含毒废料的审计,在审计报告中作出了"实施计划的基金使用不当"的结论。1987年,世界环境与发展委员会应联合国的要求提出了一份长达20万字的报告——《我们共同的未来》,提出了世界各国环境政策和发展的"可持续发展战略",其最终目的是既满足当代人的需要,又不对后代人构成危害,也就是对各国从处理好当前需要与未来需要的关系上提出的要求。1989年,加拿大审计长丹尼斯·德萨特斯在国际内部审计师协会(IIA)全体大会上专门就环境审计作了发言,他说:"加拿大审计署被认为是环境审计的大本营。"在英国,环境审计被认为是在"资源稀缺的情况下解决问题的最好方法之一"。一些国际组织也对环境审计作出了规定,如国际商会(ICC)1989年公布了环境审计管理意见书,对环境审计的定义、目的、作用、组织和方法做了简述,联合国环境署工业与环境办公室也组织专家编制了废物审计简明手册,用于指导和推广环境审计。

进入20世纪90年代,西方各主要市场经济国家普遍完善了环境法规,强化了环境审计制度。1992年,最高审计机关国际组织第14届大会决定任命一个委员会探索最高审计机关在环境审计中的作用,并将环境审计列入第15届大会的主题。1993年,欧盟对其成员国提出了建立环境审计制度的要求。国际标准化组织为了配合世界各环保组织的工作,于1992年成立了"环境战略咨询组",又于1993年10月成立了环境管理技术委员会,研究环境管理标准化工作,以规范企业和社会团体等所有组织的活动、产品和服务的环境行为,支持全球的环境保护工作,并制定了二三十个技术文件和标准,其中5个标准已进入国际标准草案,即ISO/DIS14000"环境管理系列国际标准"的5个文件。1995年9月,最高审计机关国际组织在埃及首都开罗召开第15届大会,把环境和可持续发展问题的审计列为主要议题,要求参加大会的各国最高审计机关就环境审计的重要性和意义、最高审计机关在环境审计中的作用和责任以及环境审计中采用的技术和方法写成论文并在大会召开时进行讨论,会后还发布了《开罗宣言》,提出了政府审计应在环境保护中起的作用,以及政府环境审计所面临的问题。1996年,国际内部审计师协会在美国奥兰多举办全球性论坛会议,与会代表在展望21世纪的内部审计时,把环境审计列为重要议题,并发表了他们的研究成果——《内部审计师在环境审计中的作用》一文。1993—1999年,最高审计机关在环境审计方面变得积极起来,环境工作也逐步发展壮大,不仅表现为环境审计工作量的增加,而且工作水平也有很大提高。审计机关为环境审计配备了较大比例的审计资源,公布了更多的环境审计报告。从1996年开始,有些国家的审计机关将环境审计的方式从常规审计转向绩效审计,到了1999年,57%的审计机关进行了环境审计。从1997年开始,环境审计很少是单纯的常规审计,多数在环境审计中进行绩效审计或将常规审计与绩效审计相结合进行。环境审计涉及面较

5

广,经最高审计机关国际组织最后一次调查发现,环境审计主要涉及公共权力部门或机构的内部环境管理、清洁水、废物、自然和再生等领域。[①]

第二节　环境审计的理论基础

环境审计的理论基础,是指环境审计据以产生、完善和发展的基础理论,或者说能用以解释和说明环境审计变化的状态和原因。一门学科的建立,有赖于成熟的、逻辑严密的理论基础作为前提。环境审计作为一门新兴的学科,其进一步发展尤其需要坚实的理论基础,否则整个环境审计的理论框架和实务方法就无从构建。环境审计的理论基础能够为环境审计的产生和发展奠定基础,为环境审计对象、目标等的确定提供依据,为环境审计程序、方法等实务问题的解决提供指导。基于对其重要性的考虑,明确环境审计的理论基础,具有十分重要的意义,不仅能够为我们清晰、准确地认识环境审计理论与实务中的诸多问题提供依据,还能够为环境审计的进一步发展奠定坚实的基础。

一、环境审计理论基础文献回顾

(一) 受托经济责任理论

环境审计是审计学的一个新兴领域,传统审计学的基础理论当然成为环境审计的理论基础,这里主要指受托经济责任理论。李雪、杨智慧(2004)认为,受托经济责任与审计的关系非常密切,它们之间是一种相互依存的关系。受托经济责任是一切经济关系的核心,古今中外的审计都是以经济责任为对象,只是经济责任的内涵因历史条件和国情的不同而有所区别。环境审计正是由于受托经济责任扩展到受托环境责任而产生的。环境审计就是为了确保受托环境责任的有效履行,由国家审计机关、内部审计机构和社会审计组织依据环境审计准则对被审计单位受托环境责任履行的公允性、合法性和效益性进行的鉴证。[②]

蔡春、陈晓媛(2006)指出,两权分离所形成的受托经济责任关系是审计产生和发展的根本前提,当受托经济责任的内容拓展到环境保护和环境管理方面时,就产生了环境审计。所谓受托经济责任,是指按照特定要求或原则经管受托经济资源并报告其经营状况的义务,这种要求反映的是以委托人为代表的社会需要,而社会需要的层次和水平是不断提高的,因而受托经济责任的内容自然呈现出不断扩展的趋势。当其扩展到环境保护和管理责任时,环境资源的所有者(如国家、社会公众)要求资源使用者(如企业)必须承担管理和使用好环境资源的职

① 蔡春,陈晓媛.环境审计论[M].北京:中国时代经济出版社,2006.
② 李雪,杨智慧.对环境审计定义的再认识[J].审计研究,2004(2):26-30.

责时,环境审计便应运而生。①

受托经济责任理论揭示了环境审计产生的根本动因:当委托人要求受托人承担的受托经济责任拓展到受托环境责任时,委托人为确定这种受托环境责任履行的公允性、合法性和效益性,受托人为解除这种受托环境责任,就产生了对独立鉴证受托人的受托环境责任履行情况的需要,即环境审计。

受托经济责任理论也为确定环境审计的本质对象提供了理论依据:古今中外的审计都以受托经济责任为审计对象,当受托经济责任拓展到受托环境责任时就产生了环境审计,因而环境审计的本质对象就应该是受托环境责任。

受托经济责任理论还为确定环境审计的目标提供了理论依据:既然受托环境责任是环境审计的本质对象,那么受托环境责任的履行情况,包括受托环境责任履行的公允性、合法性和效益性自然就是环境审计的目标。汤姆·李教授认为:"要求人们的行为对他人负责是人类活动的一个共同特征,正是这一特征构成了从古到今审计功能之基础。在此意义上,审计正是作为强化受托经济责任过程之手段而被运用的。"弗林特教授更明确指出:"审计是确保受托经济责任有效履行的手段……是一种保证或落实受托经济责任的控制机制。"所有这些论述都将审计对象的受托经济责任履行过程或状况作为审计目标来看待。因此,作为环境审计对象的受托环境责任的履行状况也可以作为环境审计目标。

(二)会计学理论

蔡春、陈晓媛(2006)认为,会计与审计是紧密相连的,会计系统生成的信息是审计对象的载体,审计可以增强会计信息的可靠程度,并且审计或审计技术也常常作为会计系统的一个组成部分。因此,会计理论作为会计实践的理论基础和技术基础,为审计的实施提供了可能。环境审计的本质仍然是审计,其对象仍然是基于传统会计学理论所提供的反映企业环境保护和管理责任的环境信息。会计学理论作为环境审计的理论基础,不仅为环境审计对象创造了条件,而且其本身的方法、技术也为环境资源的确认、计量和反映提供了技术基础。②

(三)可持续发展理论

1987年,世界环境与发展委员会应联合国的要求发表了署名《我们共同的未来》的报告,正式提出了人类应该走一条可持续发展的道路。1992年,联合国环境与发展大会制定并通过的《21世纪议程》中确立了可持续发展的战略框架。可持续发展强调社会经济的发展必须与资源开发利用和环境保护相协调;在满足当代人需要的同时,不能危及后代人的需要,更不能危及当代人或后代人生存的安全。可持续发展战略思想,符合经济、社会、环境和生态系统的内在联系和要求,其重要性在于它能深刻揭示"自然—社会—经济"复杂系统的运行机制。可持续发展理论主要包括以下内容:

①② 蔡春,陈晓媛.环境审计论[M].北京:中国时代经济出版社,2006.

（1）环境承载力限制。人类活动对生态系统的冲击应限制在其承载力范围之内。这种承载力包括两方面：一是生态系统提供资源的能力，二是生态系统对污染物净化的能力。

（2）自然资源使用速度。可更新自然资源使用速度应持续在其再生速度之内，不可再生资源的使用速度不应超过替代品的更新速度，这样可以使生态系统的退化降到最低程度。

（3）公平性理论。在目前的经济发展模式中，资源使用收益的分配和环境费用损失的负担是不公平的。可持续发展理论则要求其趋于公平，这种公平既表现在当代不同国家、地区、利益集团之间，也表现在当代人与后代人之间。

（4）效率理论。可持续发展的重要手段之一是改进技术，减少资源使用量和废物产生量，实现循环利用。

（5）协调性理论。环境效益、社会效益和经济效益应统一协调发展，这是理想的发展模式。环境保护政策也必须与其他政策相协调，否则难以实现。

（6）可持续发展的伦理道德论。可持续发展伦理道德论的核心是尊重自然，将人类看成是自然的一部分。只有一个地球、明天与今天一样重要是这种伦理道德的两个重要观点。

可持续发展理论对环境审计的形成和发展具有重要理论意义，主要体现在两个方面：

（1）促进社会经济的可持续发展是环境审计的出发点和最终归宿，它决定了环境审计的本质目标或最终目标。在已有的有关环境审计目标的研究中，众多学者认为环境审计的最终目标就是要促进社会经济的可持续发展，如陈淑芳和李青（1998）、陈汉文和池晓勃（1997）、福州市审计局《环境审计》课题组（1997）、傅东（1997）、袁素琴（2000）等。

（2）可持续发展理论构成了环境审计实施的依据。环境审计是因可持续发展的经济增长模式而产生的，是促进可持续发展的重要手段。实现可持续发展，需要对环境进行管理，而环境管理责任是由政府和企业具体承担的。它们履行环境管理责任的情况如何，需要审计部门的独立鉴证。因此，环境审计作为社会控制机制之一，是在更高层次上承担环境管理责任，是可持续发展战略得以实现的重要途径。

（四）可持续发展战略下的受托环保责任

将可持续发展战略的受托责任作为环境审计的理论基础有一定的合理性，但也具有片面性。它的合理性是说其受托责任部分，即对公共资源的利用与保护需要监督和评价。而说它片面是因为这一理论过度强调了政策性因素，而且与受托责任有重叠。

刘长翠、焦若静（2004）提出应当以"可持续发展战略下的受托环保经济责任"作为环境审计的产生基础。其主要理论依据有：

（1）客观存在。为了全面推动可持续发展战略的实施，我国相继出台了一系列与环境、资源相关的法律、法规，逐渐形成较为完整的环境保护法律体系。从其涉及的内容来看，可以概括为两个层面：一是有关环境保护的具体管制条款，二是环境管理部门与企业所应承担的环保责任。这其实是一种环保受托责任，它是环境管理部门和企业分别接受国家或环境资源所有者的授权承担的环保责任，是由传统意义上的受托责任理论引申出来的环境保护责任。

（2）实质是经济责任。治理环境污染、解决环境保护问题需要投入大量的人力、物力和财力，需要一定的经济基础。只有经济不断发展，才能为解决环境问题提供物质条件、奠定物质基础。因此，环境保护问题是经济发展与环境保护的矛盾表现，即环境保护问题是由人类不合理的经济活动产生的，而环境保护问题的解决又依赖于一定的经济基础。可见，由人类实施的环境保护活动实质上是一种经济活动，与此相适应的环保受托责任也应是一种经济责任。

（3）符合审计产生的前提。受托经济责任关系是审计产生的前提，这一关系也应当是环境审计产生的前提。环保受托责任其实是一种受托经济责任，所以当环保受托经济责任关系确立之后，客观上就存在委托者对受托者实行经济监督的需要。也就是说，委托者为了维护其利益，有必要对受托者所负的受托环保责任的履行情况进行审查，以评价环保受托经济责任的履行情况。

综上所述，当这种经济监督活动由国家或者资产所有者委派或委托独立的专门机构和人员进行时，环境审计活动就由此而产生了。可见，环境审计与环保受托经济责任关系之间，是一种相互依存的关系。即若没有环保受托经济责任，就无所谓环境审计；而环境审计的出现，会使环保受托经济责任的履行得到保证，是社会对环境管理提出进一步要求的必然结果。①

阚京华（2007）认为，受托责任关系的确立是审计产生的前提条件，审计就是对受托责任履行情况进行独立的监督、鉴证和评价活动。审计功能随着受托责任的发展而发展，新的受托责任不断涌现，受托责任日益多元化，引导着审计功能呈现出不断拓展的趋势，环境审计就是基于可持续发展战略下的受托环保责任而兴起的一门新的审计分支。

环境保护、环境问题是可持续发展的重要前提。而根据经济外部效应理论，与环境问题有关的外部性主要是生产和消费上的外部不经济性，而且这种外部不经济性很难通过价格来转换，不属于货币外部性。企业可以不为它对其他企业和社会所造成的负面影响付出代价，受害的企业和个人也无法通过市场机制来为他们所受到的损害索偿。在这种情况下，依靠环境保护部门和企业自觉地履行受托环境保护责任，保证社会可持续发展是不现实的，受托环保责任的履行

---

① 刘长翠,焦若静.环境审计的理论前提:可持续发展战略下的受托环保责任[J].企业环保,2004(10):56-59.

必须通过强制推行来实现,而环境审计则是保证受托环保责任履行的有效制度,只有通过环境审计制度强制推进社会、政府和企业的受托环保责任的履行,使其为自己破坏环境的行为承担经济赔偿或法律责任,才能提高它们的环境保护意识并采取积极的行动,才能保护可持续发展的资源基础,所以可持续发展战略下的受托环保责任是环境审计产生的理论基础。[①]

(五)环境经济学理论

环境经济学产生于 20 世纪 60 年代,是以环境与经济之间的相互关系为特定研究对象的经济学分支。

环境经济学分析了环境资源的公共物品属性,指出环境资源是一类统一的公共物品。纯粹的公共物品必须具备以下两个特征:无竞争性和无排他性。当一个物品的消费具备较大的外部影响时,这种物品成为准公共物品。环境资源大体可以划分为准公共物品,且更接近于纯粹的公共物品,但是其具体的表现并不完全一样。一般来说,可以将环境资源看成统一的公共物品。对这些公共物品的共用导致了一个共同的后果:环境资源的数量和质量急剧下降,社会资源严重浪费。环境资源的公共性和无形性决定了与环境污染有关的外部性很难通过个别排放者与受害者之间的有效私人交换来解决,而必须采用范围更广的途径来治理。环境审计就是这种治理、控制的重要手段之一,它构成了整个社会环境管理系统中的一个重要组成部分。这就为认识环境审计的本质、职能提供了一种理论依据。

环境经济学的一个重要理论是环境问题的经济外部性,特别是外部成本的内部化。经济的外部性是指那些被排除在市场作用之外的经济活动的副作用或副产品,更狭义地说,是未被反映在产品价格上的那部分副作用或副产品。经济的外部性可能是有益的,也可能是有害的。在自由排放条件下,企业会竞相通过滥用环境的手段来降低生产成本,从而导致环境的急剧恶化。这就是经济活动外部性的理论含义,它成为各国政府制定环境保护政策的主要依据。

经济外部性理论之所以成为环境审计的理论基础,是因为它具有以下特征:

(1)公共性。即外部性的排放者和受害者双方常常是不易区别的,要么受害者很难识别,要么环境损害是由众多排放者协同造成的,这种损害的强度和密度也不因部分的消耗而减轻对其他人的作用。正因为这种公共性特征,与污染有关的外部性很难通过个别排放者与受害者之间的有效私人交换来解决,而必须通过范围更为广泛的途径来治理。

(2)经济责任性。外部性纯粹是经济学概念,外部性问题虽以对环境的副作用为存在前提,但它涉及的只是副作用引起的经济责任如何分配或处理。这

---

① 阚京华.基于可持续发展战略的环境审计:理论基础、应用现状和发展路径[J].南京财经大学学报,2007(3):57-58.

一特征使完善和明晰经济责任成为治理环境副作用的明智途径，也使环境控制责任的履行情况成为环境审计的重要内容之一。

　　（3）滞后性。经济外部性的一种重要影响方式，是现时经济活动的副作用由未来人类承担，即作用方式的滞后性。当代人品尝着前人遗留的环境恶化后果，同样我们也不断将这类后果传递给子孙，"前人栽刺，后人遭殃"。这一特征使通过长远环境规划来治理经济外部副作用成为必要，决定了环境审计必须正确处理眼前环境效益和长远环境效益之间的关系，将环境规划列入审计范围。[①]

　　环境经济学的另一重要理论——环境资源价值理论认为，一切环境资源都具有而且应当具有价值。传统经济学忽略了环境资源的价值，认为环境资源是大自然赐予的，没有人类劳动的凝结，无需在市场上购买，因而不具有价值。美国经济学家 K·E·博尔丁在其《经济是一门科学》中将这种观念称为"牧童经济"，即指对地球上的资源可以随意开发，无偿索取，如同牧童在草原上放牧，无需顾及牧草的价值。随着人类发展和环境问题的严重化，环境资源的稀缺日益引起人们的警觉。博尔丁提出了"宇宙飞船经济理论"，其基本含义是人类赖以生存的地球，只是茫茫太空中的一艘小小的宇宙飞船，人口和经济增长最终将使飞船内有限的资源消耗殆尽，人类生产和消费所排出的废料最终将使飞船舱内完全被污染。博尔丁的理论再次向人们敲起了警钟，迫使人们重新思考资源的价值问题，使人们更加清楚地认识到环境资源并不是取之不尽、用之不竭的无限资源。[②]

　　环境资源的价值理论认为环境资源具有如下若干功能和使用价值：第一，提供生命支持系统，给出生命存在的基本条件；第二，提供人类生产、消费活动所需的原料、能源等实物型经济资源；第三，为人类经济物质双重意义上的享受提供舒适性；第四，提供环境容量以吸收消解人类经济活动所产生的各种残余物和废能量。因此，环境具有洁净资源的性质，而且已成为一种日益稀缺的资源。

　　环境是有价值的，这是对传统经济价值理论的补充，随着时间的推移，效用和稀缺性的增加，环境资源的价值也越来越大。通常一个国家或地区的自然资源消耗得越多，其 GDP 增长也就越快；同时，它不能反映环境的缓冲能力下降，自净能力下降，抗逆能力下降，反而将产生环境污染的经济活动的收益也计入GDP 之中，甚至将环境污染算成对经济的贡献。不计算环境资源的价值，一个国家的财富资产的估价是不完整的，忽略了环境成本、收入，利润的估价也是不准确的。如果不考虑资源的变化，经济的增长并不意味着真正的发展。在经济增长的同时造成环境的污染、资源的枯竭，不是发展而是破坏。人们已经普遍意识到需要对传统的国民经济核算体系进行修正，把生产中环境资源的投入和服

①　陈思维.环境审计[M].北京：经济管理出版社，1998.
②　张军.试论环境审计的理论基础[J].湖北审计，2000(12)：4-5.

务计入生产成本和产品价格之中,逐步修改和完善国民经济核算体系,因此有必要进行环境资源价值核算并建立货币价值核算体系,这将对环境审计的理论与实务产生直接影响。从宏观层次看,应从传统意义上所统计的 GDP 中扣除不属于真正财富积累的虚假部分,从而再现一个真实的、可行的、科学的指标,即"真实 GDP",也就是我们所说的"绿色 GDP",来衡量一个国家和区域的真实发展和进步,使其能更确切地说明增长与发展的数量表达和质量表达的对应关系,"绿色 GDP"的实施需要环境审计提供理论和数据支持。从微观层次来看,企业会计中应设置环境成本账户,会计报表中应有反映环境成本的相关项目。随着环境会计的设立,开展环境审计势在必行,环境会计和信息披露需要环境审计作为其可靠性的保证。[1]

环境经济学理论对环境审计的理论贡献包括:[2]

(1) 为认识环境审计本质、职能提供了理论依据。

(2) 为认识环境审计的产生,界定环境审计定义、对象及内容提供了理论依据。

(3) 为环境审计实务——环境规划审计提供了理论依据。

(4) 为认识和研究环境审计的程序和方法提供了理论依据。

(六) 环境质量的公共物品属性分析理论

环境质量公共物品的属性,使环境污染或环境破坏责任人和受害者不易确定,需要通过环境审计来管理和解决。在确定环境质量公共物品的需求与供给,以及政府和市场在供给环境质量物品中的角色和政府环境政策的公平问题时,也需要通过环境审计提供支持。[3]

(七) 环境管理学理论

环境管理学是综合运用环境科学和管理科学的理论与方法来研究人类—环境系统的管理过程和运动规律,以调整经济、社会发展同环境保护之间的关系,优化资源配置,改善环境质量,正确处理国民经济各部门、各社会团体和个体有关环境问题的一门学科。环境管理学以生态—经济—社会系统作为自己的研究对象,具体的研究内容包括:环境管理的理论研究、环境管理的方法研究、环境管理的体制研究、环境管理的战略研究、环境保护的政策研究、环境保护的对策研究 6 个方面。[4]

环境管理学理论对环境审计具有重要的理论意义和实践指导作用:

(1) 环境管理学的主要研究内容都可以并且应当成为环境审计的对象,如环境管理的体制、环境管理的战略、环境保护的政策和对策等都属于环境规划审

---

① 吴季勇,毛岳玲,高运川.浅谈环境审计的理论基础[J].环境科学动态,2003(3):22-23.

②③ 杨芳.环境审计的经济学理论基础分析[J].财会月刊,2004,4(8):23-24.

④ 朱庚申.环境管理学[M].北京:中国环境科学出版社,2002.

计的对象;环境管理学研究中确定的环境管理责任是受托环境责任的重要组成部分,毫无疑问是环境审计的对象。

（2）环境管理方法中的环境评价方法为环境审计的实施提供了直接的方法基础,环境评价的程序为环境审计的实施程序提供了指导。

（3）环境管理学的一个重要研究内容是环境标准。环境标准是国家环境保护法律、法规体系的重要组成部分,是环境保护目标的定量化体现,是开展环境管理工作最基本、最直接、最具体的法律依据,也是衡量环境管理工作最简单、最明了、最准确的量化标准。环境标准为环境审计的实施提供了直接的评价依据。

（八）大循环成本理论

大循环成本理论是从整个物质世界的循环过程看待成本,它不仅考虑人类劳动消耗的补偿,而且充分考虑自然环境各种物质资源的消耗、破坏的补偿及更新或重置,使自然界保持原有的良好状态,从而达到人类社会的可持续发展。大循环成本理论指出,成本的构成应当是环境成本、物化劳动和活劳动消耗的总和。成本补偿只有包含这三个方面的消耗和支出,最终才能使人类社会和自然界完成良性循环。

大循环成本理论是从自然资源在人类活动作用下的整个循环过程去研究、定义成本的特性、范围和内容的一种成本理论。它的理论价值在于:以可持续发展的战略思想为指导,从定性、定量上将环境损失、费用纳入成本计算,强调人类的生产生活方式对环境资源的破坏消耗,必须给予充分补偿,在产品价格的形成、劳动服务的提供中有所体现,从而形成环境补偿资金,这部分资金在企业中的开支及有关部门的收缴、使用的真实、合理、合法及有效性如何,亦需审计部门进行监督鉴证,这就为环境审计的顺利开展奠定了理论基础。

环境审计在具体实施中最艰巨和最基础的工作是对环境成本、环境效益的确认、计量、报告及评价,而大循环成本理论的出现,恰恰为审计的基础资料来源——环境会计准则的制定,以及环境审计的环境成本效益评价方法的建立提供了理论依据。[①]

（九）商品环境成本理论

马克思的商品经济理论认为,商品的价值是人类劳动在商品中的凝结,包括物化劳动和活劳动的总和,也就是商品的成本由物化成本和人工成本两部分组成。但这一观点忽略了商品与环境的关系,商品的成本不仅包括物化劳动成本、活劳动成本,还应当包括环境成本。商品在生产和使用的过程中会对环境造成破坏,废弃物形成的垃圾对环境造成污染,为控制和治理这些破坏和污染所花费的代价就是环境成本。环境成本是自然资源的生成、更新、替代,以及对环境污染的治理、恢复等所需要的价值。公式表达为:环境成本＝污染控制费用＋污染

---

①　张军.试论环境审计的理论基础[J].湖北审计,2000(12):4-5.

损失。

从可持续发展理念出发,对商品成本应该重新界定。企业生产产品的成本费用不仅包括直接费用、间接费用和期间费用,还应包括环境成本和环境费用。因此应设置环境成本账户,会计报表中应有反映环境成本的相关项目。随着环境会计的设立,开展环境审计势在必行。环境会计和信息披露需要环境审计作为其可靠性的保证。商品环境成本理论为界定环境审计的范围、内容提供了理论前提。[①]

(十) 经济计量学、统计学等理论

蔡春、陈晓媛(2006)指出,由于环境成本与收益在计量上具有模糊性特征,因此,在计量上会运用数学模型或实物指标、劳动指标等方法。在环境状况评价中,有时会采用指数评价法(在用多环境要素的综合评价时,可具体使用均值型和计权型)、分级聚类法(目前,国际上采用的有积分值法、W值法和模糊聚类法)、模型评价法(常用的有矩阵模型、网络法、经济损益分析法)等方法。因此,经济计量学、统计学等理论是环境审计技术和方法的基础。[②]

(十一) 利益相关者理论

1963年,斯坦福研究院(Stanford Institute)的一些学者给出的利益相关者的定义:对企业来说存在这样一些利益群体,如果没有他们的支持,企业就无法生存下去。弗里曼的经典观点认为,利益相关者是能够影响一个组织目标的实现,或者受到一个组织实现其目标过程影响的所有个体和群体。

贺敬燕(2009)以利益相关者理论为基础,进行了环境审计基本理论要素的研究。她指出,现有的环境审计理论大多是以"受托经济责任理论"作为环境审计的动因,然后以此动因作为环境审计理论体系的逻辑起点构建环境审计的理论要素体系,所以整个环境审计理论体系都是建立在"受托经济责任理论"基础上的。而"受托经济责任理论"来源于公司治理理论,现在学术界认为公司治理应当以"利益相关者理论"为前提,并且从公司治理的角度来看,环境审计属于公司治理的一种行为,因此可以尝试用新的公司治理理论"利益相关者理论"来解释环境审计的动因、环境审计的本质和环境审计的目标等核心理论要素。[③]

(十二) 生态学理论

生态学是研究生物与其环境之间的相互关系的科学。随着人类活动范围的扩大与多样化,人类与环境的关系问题越来越突出。近代生态学研究的范围,除生物个体、种群和生物群落外,已扩大到包括人类社会在内的多种类型生态系统的复合系统。人类面临的人口、资源、环境等几大问题都是生态学的研究内容。

---

① 吴季勇,毛岳玲,高运川.浅谈环境审计的理论基础[J].环境科学动态,2003(3):22-23.
② 蔡春,陈晓媛.环境审计论[M].北京:中国时代经济出版社,2006.
③ 贺敬燕.基于利益相关者理论的环境审计基本理论要素研究[D].青岛:中国海洋大学,2009:21-22.

生态学的研究内容对于促进人与自然和谐发展、可持续发展具有重要的指导意义：①对种群自然调节规律的研究可以指导生产实践。例如，制定合理的渔业捕捞量和林业采伐量，可保证在不伤及生物资源再生能力的前提下取得最佳产量。②有关物种间的相互依赖和相互制约关系的研究指出，一个生物群落中的任何物种都与其他物种存在着相互依赖和相互制约的关系。这些关系使生物群落表现出复杂而稳定的结构，即生态平衡，平衡的破坏常可能导致某种生物资源的永久性丧失。③有关物质的循环再生的研究要求人们在改造自然的过程中必须注意物质代谢的规律。一方面，在生产中只能因势利导，合理开发生物资源，而不可只顾一时，竭泽而渔。目前世界上已有大面积农田因肥力减退未得到及时补偿而减产。另一方面，还应控制环境污染。由于大量有毒的工业废物进入环境，超越了生态系统和生物圈的降解和自净能力，因而造成毒物积累，损害了人类与其他生物的生活环境。④有关生物与环境的交互作用的研究表明，如果人类在改造自然的活动中违背了自然规律，最终将损害自身利益。如对某些自然资源的长期滥伐、滥捕、滥采造成资源短缺和枯竭，从而不能满足人类自身需要；大量的工业污染直接危害人类自身健康等，这些都是人与环境交互作用的结果，是大自然受破坏后所产生的一种反作用。

生态学的研究内容提示人类在进行任何生产实践活动，处理与环境的关系时，都必须遵循客观的生态规律，以维持人类社会的可持续发展。因而，生态学理论不仅为可持续发展战略的实现提供了明确的路径，也为环境审计的实施提供了理论依据。另外，在具体的环境审计实务中，尤其是涉及生态保护项目的环境审计中，往往要应用生态学的技术、方法来评价项目的实际效果以确定受托环境责任的履行情况，因而，生态学理论还为环境审计的实施提供了技术和方法基础。

（十三）环境科学与工程理论

环境科学是研究在人类活动的影响下环境质量变化的规律，以及环境保护及改善的科学。环境科学是一门新兴的综合性科学，不仅包括各种自然因素，也包括一定的社会因素。它把人和环境作为一个对立统一的整体来研究，从理论上阐明环境系统内在的矛盾和运动规律，并探讨在人类活动的干预下，环境系统的变化及其后果，以达到认识环境、保护和改善环境的目的。而在当前，环境科学的基本任务就在于解决以污染为中心的各种环境问题，其研究内容包括：①人类与环境的关系；②环境污染的危害；③污染物在自然环境中迁移、转化、循环和积累的过程和规律；④环境质量的调查及评价；⑤环境污染的控制和防治；⑥自然资源的保护和合理开发；⑦环境监测、分析技术的预测预报。①

环境科学与工程理论通过揭示人类与环境的关系、环境污染的危害等问题，

①　龙湘犁，何美琴.环境科学与工程概论[M].上海:华东理工大学出版社,2007.

为环境审计的实施提供了理论依据,同时,环境科学与工程理论中涉及的环境质量调查与评价方法、环境监测与分析技术也为环境审计的开展提供了方法和技术基础。

二、对于环境审计理论基础的思考

通过对本节前面部分环境审计理论基础的回顾与评价,可以总结出这样一些结论:

(1)对于会计学理论、可持续发展战略下的受托环保责任、环境资源价值理论、环境质量的公共物品属性分析理论、经济外部性理论以及利益相关者理论作为环境审计的理论基础,我们持有疑义。理由如下:

第一,以会计学理论作为环境审计理论基础的观点主要认为,会计学理论为明确环境审计的对象提供了理论依据,同时为环境审计的实施提供了技术基础。但是,从对该理论基础的阐述中可以看出,会计学理论所提供的"反映企业环境保护和管理责任的环境信息"仅是环境审计具体对象的一个组成部分。尤其是相对于目前已经广泛开展的环境审计实务而言,会计学理论对明确环境审计的对象所起到的作用仍不显著。即便有关环境保护和环境管理的会计学理论发展成熟,也可能主要适用于环境财务审计,缺乏普遍适用性。至于第二点,会计学理论为环境审计的实施提供了技术基础,是有待商榷的。审计师要精通会计,但审计师所应用的技术有别于会计学技术。会计与审计虽然存在着密切的关系,但会计并非审计的必然基础。莫茨和夏拉夫(1961)指出,会计与审计并不存在血缘关系,两者是事务上的同事关系。由此,会计与审计可以相互支持,但以会计学理论为环境审计的理论基础似乎是不适合的。

第二,我们认为,以可持续发展战略下的受托环保责任为环境审计的理论基础是不恰当的。综合可持续发展理论和受托经济责任理论完全可以推论出可持续发展战略下的受托环保责任这一概念,它不具有很好的独立性(即为其他理论所包含)。以之为环境审计的理论基础,与可持续发展理论和受托经济责任理论有重叠之嫌。

第三,环境资源价值理论和环境质量的公共物品属性分析理论都属于环境经济学理论的组成部分,而经济外部性理论作为环境审计的理论基础主要是讨论环境问题的外部性,与环境经济学中讨论的外部性问题是一致的。因而,相对于环境经济学理论而言,以三者之中任一理论作为环境审计的理论基础都不够完整和系统,以三者共同作为环境审计的理论基础又略显零散。故而,应当以环境经济学理论作为环境审计的理论基础,不宜单独提出环境资源价值理论、经济外部性理论和环境质量的公共物品经济分析理论。

第四,对于以利益相关者理论作为环境审计理论基础的观点,我们认为也是不恰当的,主要原因在于其并不与环境审计直接相关。正如上文所述,环境审计的一个直接理论基础应是受托经济责任理论,不同利益相关者要求资源的受托方承担不同的受托责任,当这种受托责任发展到受托环保责任时,就产生了对环境审计的需求。以利益相关者理论为环境审计的理论基础,实际上还是要通过受托经济责任理论来阐释其对环境审计的影响。

(2) 我们认为,环境审计的理论基础应当包括受托经济责任理论、可持续发展理论、环境经济学理论、环境管理学理论、大循环成本理论、商品环境成本理论、生态学理论、环境科学与工程理论以及统计学、经济计量学理论等。这些理论共同为环境审计的产生、发展和完善提供了理论支持,但对环境审计的贡献各有异同:

受托经济责任理论揭示了环境审计产生的根本动因,为确定环境审计的本质对象和目标提供了理论依据。

可持续发展理论提供了环境审计实施的理论依据,为确定环境审计本质目标或最高目标提供了理论基础。

环境经济学理论则为确定环境审计的本质、职能、对象和具体内容提供了理论基础,同时也提供了环境审计的实施基础和方法。

环境管理学理论不仅对确定环境审计的对象有所贡献,还提供了环境审计实务中应用的方法和评价依据,即环境评价方法和环境标准。

大循环成本理论同样提供了环境审计的实施基础和方法,同时还对确定环境审计的具体内容有所贡献。

商品环境成本理论为环境审计的范围、内容提供了理论前提。

生态学理论以及环境科学与工程理论为环境审计的实施奠定了坚实的理论依据,同时为环境审计实务提供了具体的方法和技术基础;统计学和经济计量学理论也起到了相似的作用。

基于以上结论,我们应当注意在研究环境审计理论要素及相关实务问题时,拓展理论基础的视角,注意多个理论基础的融合,从而加强环境审计研究的理论支撑,真正体现环境审计交叉学科、集合科学的性质。例如,在进行有关环境审计目标的研究时,应当结合考虑受托经济责任理论和可持续发展理论作为研究的理论基础;研究环境审计的方法时,更应当广泛应用环境经济学理论、环境管理学理论、大循环成本理论、生态学和环境科学与工程理论,以及统计学和经济计量学等理论的既有成果。

本章小结

人类与环境之间是相互作用、相互制约的关系,环境提供了人类生存所必需的资源、能源和环境容量等,人类活动对环境所产生的影响不能超越其可承受的极限,否则就会破坏环境的动态平衡,进而威胁人类的可持续发展。当今世界的现实是,人类的活动早已超越了这一极限,各种形式的环境问题层出不穷且呈现日趋恶化的趋势。为遏止这一趋势,人类自 20 世纪 70 年代开始从政治、经济、文化等多个方面采取了各种措施,环境审计亦应运而生。

作为审计职业改善人类生存环境的独特方式,环境审计正在环保资金的投入、环保项目的运行、环境信息的披露等方面发挥着积极、有效的作用。

对环境审计进行深入的学习和研究,必须建立在坚实的理论基础之上。本章对有关环境审计理论基础的观点进行了全面的综述,并阐述了对这些观点的一些思考。我们认为,受托经济责任理论、可持续发展理论、环境经济学理论、环境管理学理论、大循环成本理论、商品环境成本理论、生态学理论、环境科学与工程理论以及统计学、经济计量学理论等都可以作为环境审计的理论基础,并可从不同的角度为环境审计的发展和完善作出贡献。同时,我们对会计学理论、可持续发展战略下的受托环保责任、环境资源价值理论、环境质量的公共物品属性分析理论、经济外部性理论以及利益相关者理论作为环境审计的理论基础提出了疑问。环境审计是一门交叉性的集合学科,广泛的理论基础能够为其发展提供多维的视角,因而提倡在后续的学习和研究中继续探索各学科理论对于环境审计的适用性。

思考题

一、请简要阐述环境审计的产生背景。

二、你认为环境审计是如何发挥其治理环境问题的作用的?

三、有关环境审计理论基础的观点有哪些? 你对这些观点有何看法?

四、适用的环境审计理论基础对于环境审计的发展有何重要意义?

五、你认为还有哪些理论可以作为环境审计的理论基础? 请简要阐述理由。

六、如何将理论基础应用于后续的学习和研究当中?

参考文献

[1] 厉以宁,章铮. 环境经济学[M]. 北京:中国计划出版社,1995:1.

[2] 陈思维. 环境审计[M]. 北京:经济管理出版社,1998:4-5,22-29.

[3] 德内拉·梅多斯,乔根·兰德斯,丹尼斯·梅多斯. 增长的极限[M]. 李涛、王智勇,译. 北京:机械工业出版社,2006.50.

[4] 刘长翠. 企业环境审计研究[M]. 北京:中国人民大学出版社,2005:9-10.

[5] 恩格斯. 劳动在从猿到人转变过程中的作用[M]. 北京:人民出版社,1952:21. 转引自陈正兴. 环境审计[M]. 北京:中国审计出版社,2001:1.

[6] 蕾切尔·卡逊. 寂静的春天[M]. 吕瑞兰,译. 北京:科学出版社,1979:3-5.

[7] 陈正兴. 环境审计[M]. 北京:中国审计出版社,2001:3.

[8] 蔡春,陈晓媛. 环境审计论[M]. 北京:中国时代经济出版社,2006:4-5,33-39.

[9] 李雪,杨智慧. 对环境审计定义的再认识[J]. 审计研究,2004(2):26-30.

[10] 刘长翠,焦若静. 环境审计的理论前提:可持续发展战略下的受托环保责任[J]. 企业环保,2004(10):56-59.

[11] 阚京华. 基于可持续发展战略的环境审计:理论基础、应用现状和发展路径[J]. 南京财经大学学报,2007(3):57-58.

[12] 马雪. 我国环境审计若干问题研究[D]. 沈阳:沈阳工业大学,2003:21-22.

[13]　张军.试论环境审计的理论基础[J].湖北审计,2000(12):4-5.

[14]　吴季勇,毛岳玲,高运川.浅谈环境审计的理论基础[J].环境科学动态,2003(3):22-23.

[15]　杨芳.环境审计的经济学理论基础分析[J].陕西省行政学院学报,1999(3):28-29.

[16]　朱庚申.环境管理学[M].北京:中国环境科学出版社,2002:1-14,118-124,243-244.

[17]　贺敬燕.基于利益相关者理论的环境审计基本理论要素研究[D].青岛:中国海洋大学,2009:21-22.

[18]　龙湘犁,何美琴.环境科学与工程概论[M].上海:华东理工大学出版社,2007:10.

[19]　杨芳,环境审计的经济学理论基础分析[J].财会月刊,2004,4(8):23-24.

[20]　联合国开发计划署.2014年人类发展报告[R],2014.

第二章 国内外环境审计研究情况述评

内容简介

　　西方国家的环境审计最初是作为企业内部应对日益严峻的环境风险而自发进行的一种环境检查和评价活动出现的,此后作为一种重要的环境管理手段在各种类型的组织中得以推广。相比而言,我国的环境审计实践最初是从国家审计机关对环保资金的审计开始的,国家审计机关在其力所能及的范围内,逐步推动了环境审计实践在政府和企事业单位的开展,但由于其职责、权限等方面的限制,这种实践和推动始终没有超出传统审计框架的范围。以上原因造成了国内外环境审计研究视角的差异。本章对国内外关于环境审计各个方面的研究成果进行综述,并对其进行简单评价,以期能对今后的研究提供借鉴。

学习目的和要求

　　通过本章的学习,你应当能够:
- 了解目前国内外环境审计研究的情况;
- 认识回顾环境审计已有研究成果的重要意义;
- 学会在今后的研究中有效借鉴前人的成果。

第一节　国内外环境审计研究情况综述

一、有关环境审计理论的研究情况

(一) 环境审计的定义

1. 国外及国际组织有关环境审计的定义

　　国际商会认为,环境审计是环境管理的工具,它是对与环境有关的组织、管理和设备等业绩进行系统的、有说服力的、客观的估价,并通过有助于环境管理和控制,有助于对公司有关环境规范方面的政策鉴证等手段,来达到保护环境的目的。而美国环保局认为,环境审计是由会计师事务所或其他法定机构对适用于环境要求的有关业务经营及活动所进行的系统的、有证据的、定期的、客观的检查。[①]

----

① 何心宇,史梅译.内部审计师在环境问题中的作用[J].审计资料研究,1997(4):1-22.

国际内部审计师协会对环境审计的定义是："环境审计是环境管理系统的一个组成部分,借此,管理部门可确定组织的环境管理系统在确保组织的经营活动符合有关规章和内部政策的要求上是否充分。"[①]

Rep. Weldon 的环境审计三阶段论的定义如下:阶段一,由环境职业界对不动产进行调查,以便确定和发现这些不动产上是否存在或可能存在引发危险物质的情况。阶段二,当通过阶段一的审计而发现极有可能发生污染的情况时,便开始实施阶段二的环境审计,亦即对土壤和水源进行测试。阶段三,进行风险评价,或对预计的环境清理成本进行定量化。[②]

最高审计机关国际组织(1995)第十五届大会在《开罗宣言》中制定了一个框架,认为:①环境审计与最高审计机关执行的其他审计无根本区别;②环境审计的主要内容包括财务审计、合规性审计和绩效审计;③在环境审计定义中,"可持续发展"不应处于独立地位,只有当"可持续发展"作为被审事项目标的一个明显部分时,许多成员国才愿意把它作为标准加以使用。(INTOSAI 从各国最高审计机关现有职责权限出发对环境审计的界定与我国所指环境审计的涵义大体相近。)

2001 年,最高审计机关亚洲组织在北京召开的最高审计机关亚洲组织环境审计研讨会上,与会各国代表重点围绕最高审计机关亚洲组织环境审计委员会秘书处提交的《环境审计指南》(讨论稿)进行了研讨。该指南旨在为亚洲各国开展环境审计工作提供指导和参考,它将环境审计界定为:"由最高审计机关对政府和(或)企事业单位等被审计单位的环境管理以及有关的经济活动的真实、合法和效益性所进行的监督、评价和鉴证等工作。"

世界银行认为,环境审计就是对有关一个组织、一个工厂或者一个场所环境信息进行系统检查的过程,以确定它们是否或在多大程度上遵循了特定的审计标准。

国际会计师联合会认为环境审计包含以下类型:对场所污染的评价、对拟投资项目的环境影响评价、环境应有关注审计、对公司环境业绩报告的审计以及对组织遵循环境法律、法规情况进行审计。

Lawrence B. Cahill 在其著作《环境审计》(Environmental Audits,1996 年第7 版)中指出,要精确地定义环境审计并非易事,这一概念一直处于不断演进之中。可以将环境审计视为一种验证(环境管理)系统是否确实存在、是否确实得到应用的过程。

格兰特·莱杰伍德在其所著的《环境审计与企业战略》一书中指出:"环境审计是企业战略的重要组成部分,它不仅涉及企业的技术改造、产品创新能力,而

---

① 何大庆. 美国环境审计述评[J]. 外国经济与管理,1994(5):47-48.
② 马正吉. 环境审计研究[J]. 中国内部审计,1999(3):12-16.

且涉及企业的生产、储存、营销等各个方面。"

2. 国内有关环境审计定义的研究

张以宽(1996)指出:环境审计是指审计组织对被审计单位的环境保护项目计划、管理和实施活动的真实性、合规性和效益性进行的审查鉴证,是评价法律责任的一种监督活动。

陈思维(1998)认为,环境审计是指审计机关、内部审计机构和注册会计师,对政府和企事业单位的环境管理系统及经济活动的环境影响进行监督、评价和鉴证,使之积极、有效、得到控制并符合可持续发展要求的审计活动。

陈淑芳、李青(1998)将环境审计定义为:"环境审计是审计机构及其人员,依据国家法律、法规和政策规定,对被审计单位的环境责任履行情况进行评价、鉴证,以促进其认真履行环境责任,保护和改善环境,从而最终促进国民经济走上可持续发展的健康道路的一种独立性经济监督活动。"

包强(1999)认为:"环境审计是由审计组织依法对被审计单位在经济活动中产生的环境问题以及治理环境的经济活动有关的财政、财务收支的真实性、合法性和效益性独立进行审查,评价环境经济责任,揭示违法行为,促进加强环境管理、实现可持续发展的一种经济监督、经济管理、经济评价活动。"

高方露、吴俊峰(2000)认为,环境审计包括财务审计、合法性审计和绩效审计,它是通过检查责任主体的环境报告和环境经营管理活动,监督责任主体受托环境责任的履行,并对责任主体受托环境责任的履行状况进行评价和鉴证,同时对责任主体提出的有关环境管理问题提供咨询,从而实现对责任主体受托环境责任履行过程控制的一种控制活动。

陈正兴(2001)在《环境审计》一书中认为,环境审计是对生产、生活活动过程中产生的环境问题的抑制、消除或对改善环境而进行的经济活动的真实性、合法性、效益性进行监督、鉴证、评价,使之符合可持续发展要求的一种独立监督行为。

刘长翠(2004)认为:"环境审计是社会责任的一个新兴分支,是由独立的国家审计机关、内部审计机构、社会审计组织按照相应的规范,对实施环境治理主体发生的与环境有关的经济活动的真实性、合规性和有效性进行的监督、鉴证与评价,以促使与环境有关的经济活动符合可持续发展要求。"

李雪、杨智慧(2004)认为,环境审计是为了确保受托环境责任的有效履行,由国家审计机关、内部审计机关和社会审计组织依据环境审计准则对被审计单位受托环境责任履行的公允性、合法性和效益性进行的鉴证。

(二) 环境审计的主体

我们通过查阅大量的资料,按国家分别简要介绍美国、加拿大、澳大利亚、日本、德国、荷兰的环境审计实施主体情况,并且通过这些内容总结出这些国家共有的特点,如表2-1所示。从表2-1中可以看出,日本环境审计的主体有政府部门、社会中介机构以及企业本身,但实施环境审计较多的是以日本公认会计师协会为主的日本相关协会、职业团体和研究机构,它们积极开展企业环境审计和第三者认证的调查研究,也就是说日本的环境审计主体的主导是社会中介机构。这主要是因为日本的环境保护法律、法规体系较完善,社会公众的环保意识也比较强。这些外部因素导致了日本环境会计信息披露的普及和环境报告书的普及,从而引起社会中介机构对环境报告和环境会计信息准确性和真实性的审计。

表 2-1　　　　　　　　　　　国外环境审计主体概述

国家	审计体制类型	环境审计主体	实施主体共有的特点
美国	议会制	审计总署(GAO)、环境保护总局(EPA)	国家审计机构的高独立性; 制度的完善:权力分配、奖惩严厉执行; 国家环境保护相关法律、法规的配套; 社会公众的环境保护意识较强
加拿大	议会制	国家审计公署、环境审计师协会(CEAA)	
澳大利亚	议会制	国家审计署、社会审计	
日本	独立型	日本会计监察院、社会中介、企业	
德国	独立型	德国联邦审计院、经济审计协会	
荷兰	独立型	荷兰审计院、环境监察局、中介机构	

关于我国环境审计主体研究的主要观点如下:①以政府审计为主导(肖文八,1999);②国家环境审计、社会环境审计、内部环境审计共同执行,不分主次(陈思维,1998;陈正兴,2001);③国家审计机关作为环境审计的主体力量,环保部门配合国家审计机关的工作,为环境审计提供技术和法律支持(高鹤、刘波,2003);④注册会计师成为环境审计的重要主体(李雪、邵金鹏,2004)。[①]

(三) 环境审计的对象

黄友仁、林起核(1997)认为,环境审计的对象是环境政策、项目和活动。

王学龙(1997)认为,环境审计的对象即环境审计的客体,亦即环境管理责任者,包括所有与环境管理有关的各级政府部门、企事业单位和其他经济组织。

庄表峰、林星火(1997)认为,环境审计的对象是政府部门及企事业单位的环保计划、目标和环境管理责任。

张以宽(1997)指出,既然审计对象是指审计监督的内容,那么根据环境审计定义,环境审计对象指被审计部门或单位的环境管理及其有关经济活动,既包括企业环境管理活动,也包括涉及环境管理的经营活动和生产活动。

陈淑芳、李青(1998)认为,环境审计的对象是被审计单位的环境管理责任,

---

① 张爱民,郭坤.我国环境审计主体分析[J].财会通讯,2010(12):135-137.

即被审计单位在利用环境进行生产经营的过程中对环境的保护和改善的责任。环境责任与传统的审计对象的经管责任有所不同，它是一种社会责任，对整个社会负责。环境责任除了以货币信息表达以外，还须以非货币信息表达，如废气量、废水量、噪音等，环境责任履行的好坏，难以用市场价格表述。环境审计就是鉴定被审计单位环境责任的履行情况并作相应的披露，通过社会强制手段，以促进被审计单位加强环境保护，改善环境。

陈东(1999)提出，环境审计的对象是政府部门及企事业单位的环境管理责任。具体来说，可以从两个方面来加以概括：从被审计单位来说，环境审计的对象包括政府及其有关部门、环境保护及维护生态平衡的事业单位、产生环境污染并实施环境治理的企业单位以及建设单位。从审计的内容来看，环境审计的对象包括存在环境问题的经济活动和治理环境的经济活动。审计对存在环境问题的经济活动的监督，重点在于经济活动的环境消耗、生产取得和污染造成的关系、环境风险的重视程度、经济活动对环境保护的措施和成效、抑制消除环境问题的成本费用；审计对治理环境的经济活动的监督，重点则是在环境法律、法规和政策的执行情况以及保护、改善环境所采取的种种措施的财务收支。

包强(1999)认为，环境审计的对象是环境保护部门和企事业单位的环境经济责任。从经济学的眼光观察环境问题，环境问题实质上就是一个经济问题，环境经济一方面讲求环境资源的合理开发和最佳利用；另一方面要求在环境保护和治理中讲求以最少的投入达到最佳目的，即经济性。那么对于环境经济管理也必然要运用经济手段，这就同审计密切关联。

吴俊峰(2000)提出，鉴于我国的实际情况，环境审计的对象应包括环境管理系统和有关经济活动的环境影响两个方面。

王炜、王阳、雷东风(2000)把环境审计的对象按被审计单位分为三大类：①企事业单位和基本建设单位(包括环境产业)。主要审计内容是对其环境行为和环境绩效，以及环保措施可行性、合理性进行预测或检验。②政府机关。其审计内容为环保政策、环保预算规划的合理性和有效性评价，对环保法律的宏观管理成果进行评价。③环境保护部门和其他承担环境保护任务的政府职能部门。主要审计内容是对其环境管理业绩的评定，以及对环保法律和环保政策的执行进行评价。

天津市审计学会、天津市审计科培中心环境审计课题组(2000)在研究分析中指出，审计对象一般是指被审计的事项，即财政财务收支及其经济活动。

陈正兴(2001)在其《环境审计》一书中从国家环境审计、内部环境审计和社会环境审计三方面分别分析了环境审计的对象。

陆丽琴、章承涛(2009)认为，环境审计对象是指环境审计活动的客体。它应当分为本质对象和具体对象两类。本质对象是环境审计对象的实质，具体对象是环境审计对象的具体表现形式。环境审计的本质对象是指被审计单位的受托环境责任。受托环境责任是指受托人在与环境问题有关的经济活动中对委托人所应承担的责任。其包括 2 个方面:受托人执行与环境问题有关的经济活动的责任和向委托人报告执行情况的责任,也即执行和报告责任。环境审计的具体对象是指涉及环境活动和事项的有关资料。这些资料包括原始凭证、记账凭证、账簿和报表,其中原始凭证在这些资料中占的比重比较大,它可能来自于被审计单位,也可能来自于与被审计单位有经济业务往来的其他单位。

(四) 环境审计的内容

1. 国外及国际组织有关环境审计内容的研究

最高审计机关国际组织在《开罗宣言》中将环境审计的内容描述为:国家环境政策和项目的审计;审计政府部门、国有公司、私营公司遵守国家环境法律和规章的情况;评估现有国家环境政策和项目的影响;评估拟议的国家环境政策和项目的影响;审计本国政府遵守国际协议的情况;审计非环境政策和项目的影响,或修改现有的环境政策和项目。

国际商会认为,环境审计的主要内容有:评价与环境有关的组织、管理及设备有效发挥作用的情况;评价企业政策以及法律上各项准则的遵守情况。通过评价活动达到使与环境有关的各项活动的管理有效进行的目的。

国际内部审计师协会认为,环境审计可以分为以下 7 种模式:依法审计;环境管理系统审计;业务审计;加工、保管和处理设备审计;污染和防止污染审计;加强环境责任审计;产品审计。

美国环境审计按照具体审计活动的内容可以分为以下 7 种模式:符合性审计;环境管理系统审计;业务审计;治理、贮存及处理设备审计;防污审计;应计环境负债审计;产品审计。

德国环境审计的内容包括合规性审计、经济效益审计与咨询服务 3 种,并且目前德国环境审计的重点已经由合规性审计转向经济效益审计。

英国工业联盟(CBI,1990)认为,环境审计的内容包括:新开发项目环境影响评估;新建企业环境全面调查研究;环境监察、监督和监视;环境管理系统审计;生态审计和 ISO14000 认证;环境信息的独立鉴证(对内部或外部参与者)等方面。

2. 国内有关环境审计内容的研究

孟焰、王坤(1997)认为,环境审计包括七大内容:符合审计;环境管理系统审计;过度审计;处理、存放及清理审计;污染预防审计;环境负债审计;产品审计。

陈思维(1998)认为,环境审计的内容包括财务审计、合规性审计、绩效审计以及环境政策审计。

陈正兴(2001)认为,环境审计内容只包括财务审计、合规性审计以及绩效审计,不包括环境政策审计。

马雪(2003)认为,我国环境审计的内容包括:①环保资金的财务审计;②环保投资项目;③环境政策、法规、制度执行审计;④对重大非环境投资项目的环境审计;⑤对环境部门的绩效审计;⑥清洁生产审计。

李跃武(2004)认为,环境审计的内容包括:①审查环保资金的筹集和使用情况;②审查遵守国家环境政策法规的情况;③审查与环境问题有关的会计报表;④确定被审计单位影响环境的因素,评价其环境治理措施;⑤验证环境报告的真实性;⑥评价环境管理系统的有效性。

(五) 环境审计的目标

美国学者认为,环境审计的目标是:确定一个组织是否遵循了法规和法律要求;评价环境管理和控制系统的有效性;确认未来的环境问题并规划有效的对策;确认组织是否遵循其内部政策、程序和实务;满足客户需求和合同义务;评估和管理获取、购买和销售不动产、不动产抵押款的风险;达到组织采纳的社会标准;评估组织处置、贮存和清理有害物质的承包人的管理实务;确认已知的环境负债是否被恰当确认和报告。Boivin(博伊文)等认为,环境审计的主要目的是评价公司对有关法律规章的遵循以及公司的经营与业绩,并确定组织的风险环境审计还有助于开发旨在减轻环境风险的弥补性计划。

国内学者关于审计目标的观点主要有 3 种:一元目标论、二元目标论和三元目标论。

1. 一元目标论

一元目标论是指那些通过列举方式来研究环境审计目标的学术观点。

张以宽(1997)认为,环境审计的目标应包括:查证环境保护法的执行情况,揭示存在的问题;查证企业环境保护规划确定的环境管理措施的落实情况,检查各项措施是否得到认真贯彻执行,是否收到预期效果;揭示违反环境保护法,污染环境造成的损失,包括直接损失和间接损失,目前损失和长远损失;评价环境管理内部控制系统的健全性和有效性,提出健全内部控制系统的意见和建议;审查环境管理工作账务处理和财务报告资料的真实性和合规性。

刘力云(1997)认为,环境审计的目标包括以下几个方面:评估环境管理系统的充分性和有效性;确认与环境法律、条例和政策的符合性;验证环境报告中所提供资料的真实性;评价环境工作和绩效的经济性、效率性和效果型。

2. 二元目标论

二元目标论认为环境审计目标包括两个层次,即最终目标和直接目标,或最终(高)目标和具体目标,或总体目标和具体目标,或一般目标和具体目标。

陈汉文、池晓勃(1997)认为,环境审计的最终目标是促进社会及经济的可持续发展。直接目标是对政府部门及企事业单位履行环境管理责任的情况发表意见。

陈淑芳、李青(1998)认为,环境审计最终要达到的目标是促进社会经济的可持续发展。环境审计的直接目标可分为:对被审计单位环境政策、环境方针的合法性作出评价,即其是否符合国家有关环保的法律、法规和政策;对被审计单位环境管理组织是否存在并有效工作作出评价;对被审计单位环境管理工作的合法性、效益性进行评价;对被审计单位环境政策、工作提出建议。

福州市审计局《环境审计》课题组(1997)、陈思维(1998)、陈东(1999)、袁素琴(2000)、靳永军(2000)认为,环境审计的最终目标是促进社会和经济的可持续发展。环境审计的具体目标是对政府及其有关部门和企事业单位履行环境责任的情况发表意见,确定被审计单位的环境因素及其可能产生的环境影响,评价被审计单位的环境管理系统和环境管理活动,监督环境保护和改善资金的筹集、管理和使用,促进环境法律、法规和政策的贯彻执行。

李雪、杨智慧(2004)认为,环境审计目标包括一般目标和具体目标。一般目标是确保受托环境责任履行的公允性、合法性和效益性。具体目标又分为两个层次:第一层次是对公允性、合法性和效益性的进一步细化所得到的目标;第二层次是针对某一具体项目结合第一层次目标而制定的相对详细的目标。

3. 三元目标论

三元目标论把环境审计目标分为三个层次,即最终目标、直接目标和具体目标。

魏顺泽(2000)认为,环境审计的目标可分为最终目标、直接目标和具体目标三个层次,环境审计的最终目标是与我国经济建设的战略目标相一致的。环境审计的直接目标是评价政府部门和企事业单位履行环境管理责任的情况。环境审计的具体目标主要包括以下4个方面:查证环境保护法规的执行情况,揭示违法环境保护法规的行为及其因环境污染造成的损失(包括直接损失和间接损失、目前损失和长期损失);查证政府和企业环境规划确定的环境管理措施的落实情况及各项措施的执行情况,是否收到预期效果;评价环境管理内控系统的健全性和有效性;验证被审计单位环境报告所提供信息的真实性和公允性。

蔡春、陈晓媛(2006)认为,环境审计的本质目标是确保受托环境保护和管理责任全面有效履行。环境审计的具体目标是本质目标的细化,具体包括:检验和审计环境会计报告;评价环境管理系统的有效性和充分性;评价环境管理活动的绩效,促进被审计单位提高环境管理的效益;确保现行环境保护政策、法规、标准的贯彻执行,揭示违反政策、法规、标真的行为。环境审计的项目目标是具体目标的细化,其内容包括:环境会计报告是否是客观公允的;环境管理系统是否是有效的、充分的;环境管理活动是否具有经济性、效果性、效率性、适当性和环保性;环境保护政策的执行是否适合法(规)等。

(六) 环境审计的原则

杨俊(1995)认为,环境审计原则应包括:发展生产与环境保护并重的原则;局部利益服从整体利益的原则;目前利益服从长远利益的原则。

王炜、王阳、雷东风(2000)认为,开展环境审计工作需遵循以下7项原则:

①经济效益与环境效益的统一。从事环境审计工作,必须同时兼顾经济效益和环境效益,并尽可能把两者有机地融合起来。在评价环境行为、环境决策、环境预算时,既应该确保生态环境保护目标的有效实施,又应当考虑实施环保目标措施的经济合理性。坚持"以最小的投入(经济成本),争取最大的产出(环境效益)"的原则。②外部影响的内在化,环境审计在对企业的活动进行环境绩效的鉴定和评价时,必须充分考虑其对外界的影响状况,并以一定的方式予以确认和计量。③社会性。环境审计在作出合理的结论和建议、参与管理决策咨询服务时,必须综合考虑到社会的利益,而不是只考虑到企业和部门自身的利益。④法规性。环境审计必须严格遵循环境保护的法律、法规、标准,并充分考虑地方性的环保控制目标、国民经济发展规划、行业调整与工业布局规划以及其他一些地方性行政法规、政策,并以此作为评价依据。在对企业进行环境审计时,要以法规执行情况作为重要内容,在参与环境咨询服务时,要把有关法规的要求作为分析与决策的重要标准。⑤规范性与适度灵活性的统一。在环境审计的初创阶段,应积极鼓励理论界和实践者充分发挥自己的聪明才智,作出多样性的尝试,这样做对于环境审计的长远发展是非常有益的。另外,环境审计在方法的选择和运用上也应当具有一定的灵活性。⑥坚持定量分析与定性分析相结合的原则。在环境审计中要对被审计单位的环境行为及环境决策造成或可能造成的环境影响状况进行数量上的计算和分析。然而,由于环境影响因素的复杂性,使其具有相当的不确定性,而且环境行为造成的环境后果又是多方面的,因而要相对客观、完整地反映被审计单位的环境绩效,必须采用定量分析与定性分析相结合的原则。⑦重在事前的环境审计。由于不合理的环境行为和环境决策所造成的环境破坏以及经济损失是难以挽回的。因而,在我国开展环境审计,必须首先着重于事前环境审计,对环境行为和环境决策进行可行性研究,并采取环境效益与经济效益协调统一的相应措施。

靳永军(2000)提出,我国开展环境审计工作,应遵循以下基本原则:①发展生产和环境保护并重的原则。我国应在保证经济增长的同时,切实抓好环境保护工作,不能"焚林而猎,涸泽而渔"。审计部门实际工作时,要在监督中搞好服务,在服务中强化监督,认真贯彻社会、经济、环境三者协调发展的原则。②局部利益服从整体利益的原则。开展环境审计工作一定要胸怀全局,从整个社会角度出发,做到统筹兼顾、全面安排、合理规划。③目前利益服从长远利益的原则。生态平衡的恢复需要一个较长的过程,因此环境审计工作要高瞻远瞩,从长远观察问题,解决问题。

杨智慧(2003)从审计人员资格条件和环境审计人员(环境审计主体用于对象)两个方面入手制定了5项环境审计原则:①多元知识结构原则;②评价环境内部控制原则;③计划恰当原则;④重要性原则;⑤审计证据的充分、适当原则。

张娜(2008)指出,环境审计原则是在环境审计假设的基础上建立起来的、开展环境审计时应遵循的一般规定。它是指导环境审计实践,实现环境审计目标的最高层次的原则性规范。我们认为环境审计原则应协调多方面的利益,在制定原则时应采用多种方法。环境审计原则应包括:发展生产与环境保护并重、局部利益服从整体利益、目前利益服从长远利益和重在事前等。

二、有关环境审计实务的研究情况

(一) 环境审计的准则

1. 注册环境审计师实务准则

国际注册环境审计师委员会于 1999 年 12 月发布的《注册环境审计师实务准则》是会员与临时会员的行为和执业规范,包括道德准则,环境、健康和完全实务准则以及会员与临时会员的行为和职业规范。

2. ISO14000 关于环境审计的系列准则

国际标准化组织(ISO)为发挥标准化工作在各国环境管理上的作用,于 1992 年设立了环境战略咨询组(SAGE),又于 1993 年 10 月成立了 ISO/TC207 环境管理技术委员会,正式开展环境管理体系和措施方面的标准化工作。ISO 14000 环境管理标准系列就是 ISO/TC207 技术小组组织制定的环境管理体系准则,这个系列准则颁布了关于环境审计的 3 项准则:第一项 14010 环境审计总则,是环境审计的一般原则;第二项 14011 环境审计程序准则,是环境审计程序、环境管理系统的审核标准;第三项 14012 环境审计人员资格准则,是对环境审计人员的资格要求。该标准是目前环境审计规范中最全面和操作性最强的准则,也是世界范围内应用最广的标准。它的任务就是进行环境管理工具和体系领域的标准化工作,它不会为具体操作或产品设置任何技术水平和行为方面的标准,其活动是基于"改进管理是提高组织及其产品的环境表现的最佳途径"这一认识而进行的。它致力于制定适用于不同发展阶段的国家中的不同规模的企业的国际标准。其宗旨是通过 ISO14000 系列准则在世界各地的广泛接受和使用,为改善组织及其产品的环境表现提供有效的管理工具。

3. 最高审计机关国际组织的环境审计准则

最高审计机关国际组织(INTOSAI)是联合国经社理事会领导的、一个由联合国成员国的最高审计机关(指在一国依法行使最高审计权的国家审计机关)组成的、非政府间的国际审计组织。环境审计委员会是其下属进行环境审计研究和协调的常设机构,该委员会从 1995 年开始着手起草《从环境视角进行审计活动的指南》(以下简称《指南》),经过 5 年多的工作,于 2001 年年初向各成员国印发了该《指南》,《指南》主要由 3 部分组成,包括 INTOSAI 审计准则在环境审计中的运用、环境审计实务与方法和建立环境审计技术标准。它旨在为各国最高审计机关开展环境审计提供指导,促进各国最高审计机关更好履行环境审计义务。该指南对政府审计组织进行环境审计具有指导作用,它同样是我国制定政府环境审计准则的参考。

4. 我国有关环境审计准则的研究

刘力云(1997)认为,环境审计与现行开展的财务审计和绩效审计所依据的准则没有大的差别,由审计机关实施的环境审计应遵循我国《审计法》和《中国审计规范》中的关于人员素质、程序、技术质量等各项要求;由内部审计机构开展的对本组织机构内部的环境管理系统进行的审查和评价应遵循有关内部审计实务准则;而民间审计组织接受委托向其客户提供环境咨询和鉴证服务时必须遵循《中国独立审计基本准则》和《中国独立审计具体准则》。

吴俊峰(2000)指出,环境审计准则是用来规范环境审计人员执行环境审计业务、获取审计证据、出具审计报告的专业标准,我国环境审计准则应包括一般准则、工作准则和报告准则3个部分。

靳永军(2000)认为,环境审计与现行开展的财务审计和绩效审计所依据的准则没有什么区别。它们都应当遵守我国《审计法》独立审计准则等法规制度,并认为应在《审计法》、独立审计准则和正在拟定的我国《国家审计准则》等有关法律、法规中增添环境审计方面的有关条款。

辛金国、李青(2000)认为,国际环境审计指南与我国国情并不完全相符,ISO 14000系列可以作为制定审计准则的蓝本,但缺乏对我国审计工作的指导和规范性,因此,对于我国环境审计方面的一般准则、外勤工作准则及报告准则应提出相应的建议。

陈正兴(2001),辛金国、李青(2000)指出,环境审计准则具有一定的特殊性。他们认为环境审计内容涵盖广、针对范围大、使用对象多,应该有自己的准则,并分别从一般准则、外勤工作准则和报告准则3个方面对完善我国环境审计准则提出了建议。

张彦军(2003)认为,环境审计准则是指环境审计人员在开展环境审计工作时必须恪守的行为准则和规范,也是环境审计工作质量的权威判断依据。

赵琳(2004)认为,由于环境审计具有常规审计所不具有的特殊性,环境审计的准则也应有其特殊性。只有专门建立环境审计准则,才能有效地指导环境审计实践。她提出不能直接将ISO14000系列标准作为我国的环境审计准则,并提出自己的建议和设想,同时强调环境审计准则的加入不应该改变现有的审计准则体系,应将环境审计准则融入独立审计准则、国家审计准则和内部审计准则之中,作为审计准则体系的补充。

蔡捷(2006)认为,较常规审计而言,环境审计确实有其特殊性:一是业务的综合性,它是审计与环境科学、社会科学有机结合的产物;二是范围的广泛性,它涉及宏观、微观两个方面;三是内容和对象的复杂性,常规审计一般只涉及企业内部,而环境审计还要涉及国家可持续发展战略、方针、政策。由此看来,在开展环境审计时,搜集和评价环境审计证据所运用的程序和方法应有自己的特点,所以单独制定环境审计准则是非常必要的。

耿建新、牛红军(2007)认为，为实现环境审计的制度化和规范化、面对国际审计界的压力、面对企业会计准则和注册会计师审计准则的最新变化，我们有必要制定政府环境审计准则。在我国尚未出台环境会计准则及制度的前提下，制定环境审计准则只能在切实考虑我国特殊国情的基础上积极合理地借鉴发达国家的先进经验和国际惯例。目前，有关环境审计方面的指南主要有两个：

(1) IFAC公告。国际会计师联合会(IFAC)1998年4月30日正式公告《财务报表审计中对环境事项的考虑》，这是指导审计人员的第一个比较系统、完整、权威性的文件，主要针对环境法规、企业的环境风险评估和相关的内部控制。IFAC的这份公告，为审计人员从事有关环境审计活动初步提供了可以执行的规范，将环境事项纳入审计内容，推动了环境审计的发展。

(2) ICAEW讨论稿。早在1992年，英格兰和威尔士特许会计师协会(ICAEW)的环境研究小组在一份研究报告中明确指出：审计人员的责任已经延伸到了需要考虑环境事项对财务信息的影响。ICAEW收集和整理了实务界开展环境事项对财务信息影响的审计所遇到的问题，于2000年2月发布讨论稿《财务报表审计中的环境事项》。该讨论分别从业务知识、风险评估和内部控制、环境法规、审计程序、由环境专家所作的环境报告或环境研究、管理层声明书等6个方面，比较仔细地讨论了13个问题，得出了10个结论。

以上2个文件都为我国环境审计准则和制度的制定和编制提供了较好的依据。同时，借鉴欧美及日本的理论及实务操作，从而制定符合我国国情的审计准则是可行的。有了环境审计准则和制度的指导，环境审计工作将会易于开展。

许宁宁(2007)提出，环境审计准则以常规审计准则为基础，内容上突出环境审计与常规审计的不同。他认为将环境审计准则定位为一项专项审计准则，而不是隶属于常规审计准则，可以提高环境审计准则的严肃性，保持审计准则体系的整体协调性。同时，环境审计准则建立在常规审计准则的基础之上，重点规范环境审计有别于常规审计的特殊之处，而不是对于所有问题面面俱到，既可以强调环境审计的特殊性，又可以避免审计准则体系的臃肿。

耿建新、牛红军(2007)认为，在不改变现有审计准则体系的情况下，应把政府环境审计准则的制定作为突破口，带动注册会计师审计准则和内部审计准则的建设。注册会计师审计准则存在的问题包括：适用范围狭窄、注册会计师环境知识欠缺、环境审计的概念不清。

张娜(2008)认为，环境审计准则是依据环境审计原则制定的具体规范，是环境审计原则的具体化。它是环境审计人员在开展环境审计工作时必须遵守的行为规范和指南，同时也是判断环境审计工作质量的权威依据。

许宁宁(2008)认为，环境审计准则体系在横向上应该包括国家环境审计准则、内部环境审计准则和民间环境审计准则。环境审计准则在纵向上应该包括基本准则、通用具体准则和行业具体准则、执业指南 3 个层次。

朱萍、刘志军(2009)认为,环境审计准则是环境审计人员在开展环境审计工作时必须恪守的行为规范和指南,同时也是判断环境审计工作质量的权威依据。

在实践中,可以尝试把 ISO/TC207 已经制定的准则转化成了我国的国家准则并加以应用。具体包括:

(1) 环境审核指南——通用原则。该准则旨在向组织、审核员和委托方提供关于环境审计通用原则的指南,它提供了关于环境审核及其他有关术语的定义和环境审核的通用原则,该原则适用于一切类型的环境审核。通用原则包括4 部分内容,即范围、定义、环境审核要求和通用原则。它对环境审核的目的和范围,审核员的职业守则,审核系统化程序,审核准则、证据和所见,审核报告以及对环境审核的总要求都作了规定。

(2) 环境审核指南—审核程序—环境管理体系审核。审核程序是为环境审计活动服务的,是审计人员对审计项目从开始到审计结束的整个过程应采取的系统性工作步骤。各类组织都可能有证实环境责任的需要。环境管理体系(EMS)概念和相应的环境审核实践,为满足这一需要提供了一种途径。

(3) 环境审核指南——环境审核员资格要求。GB/T24012-1996 对环境审核员资格的要求概括为:教育与工作经历、审核员培训、个人素质与技能、能力的保持。其内容包括 11 部分,前 3 部分就该标准的适用范围、引用标准和定义作了规定,对环境审计准则来讲,后面的几部分内容的价值较大。

(二) 环境审计的依据

1. 国外有关环境审计依据的研究情况

国际标准化组织制定的 ISO 14000 环境标准中对环境管理系统、环境审计、环境标志、环境绩效评价、生产评估、产品标准的环境方面提出了一系列的标准,这些都为世界各国开展环境审计实务提供了依据。

美国制定了一系列关于环境问题的法律法规:《资源保护与恢复法》(RCRA,1976)、《纯净水法》(CWA/SDWA,1972)、《联邦杀虫剂、杀真菌和杀鼠剂法》(EPCRA,1986)、《有害物质管理法》(TSCA,1976)、《紧急情况和公众知晓法》(EPCRA,1986)、《净化大气及其修改法》(CAA/CAAA,1990)、《议会的综合环境的反应、补偿与责任法案》(1980),在这些法律中既涉及联邦"成文法",又包括"习惯法",都为实施环境审计提供了依据。

2. 国内有关环境审计依据的研究情况

王学龙、刘力云(1997)认为,环境审计依据就是评价和衡量环境管理系统及有关经济活动的环境方面是非优劣的准绳。其具体包括:有关环境的法律、法规;环境标准;环保资金预算;有关的财务与会计核算准则和标准。①有关环境的法律、法规。我国已相继颁布了《环境保护法》《大气污染防治法》等 6 部环保法律,《土地法》《森林法》《渔业法》等 8 项资源管理、开发利用和保护的法律。此外,国家还颁布了《征收排污费暂行办法》等 22 项行政法规。同时,我国还加入了一批诸如《保护臭氧层维也纳公约》《生物多样性公约》等国际环境保护公约,这些法律和行政法规为环境审计提供了依据。②环境标准。环境标准是国家为了维护环境质量、控制污染,从而保护人类健康、社会财富和生态平衡而制定的各种技术指标和规范的总称。环境标准是具有法律性的技术规范,是开展环境审计的重要依据。③环保资金预算。环境管理者履行责任的衡量尺度,便是环保资金的筹集和使用是否合理合法、经济有效。于是,有了环保资金的预算。一项合理的预算制度,往往能对责任者业绩的优劣起到制约作用。④有关财务与会计核算准则和标准,各种与环境保护相关的会计准则和会计制度,都能对环境工作起到促进和制约作用。《中国 21 世纪议程》指出,应建立一个综合的资源环境与经济核算体系来反映经济增长导致的生态破坏、环境恶化和资源代价等削弱未来经济增长基础的不利影响,以便在国民经济核算中充分考虑环境与社会因素。在此基础上,我国政府可望逐步建立一个新的综合核算体系,促进更加合理和经济地使用自然资源。

陈东(1999)指出,环境审计的依据包括两个方面:一是开展环境审计的依据;二是环境审计评价的依据,即评价环境管理系统和有关经济活动的环境方面是非优劣的准绳。

靳永军(2000)认为,环境审计的依据是指评价环境管理系统和有关经济活动的环境方面是否优劣的准绳。它主要包括:①有关环境的法律、法规。我国已建立了比较完整的环境法律体系,如《环境保护法》《大气污染防治法》等 6 部环保法律和《土地法》《渔业法》等 8 部资源开发利用和保护的法律以及一批环境保护、协议和议定书。这些都为我国开展环境审计提供了法律依据。②环境标准。环境标准是国家为了维护环境质量、控制污染从而保护人类健康、社会财富和生态平衡而制定的各种技术性指标和规范的总称。它是具有法律性的技术规范,也是我国环境法律体系中的一个重要组成部分,主要包括环境质量标准、污染物排放标准、环境保护基础标准和方法标准三大类。③有关的财务与会计核算和标准。目前,我国正在进行自然资源核算的研究和试验,其主要目标就在于建立资源核算理论,从而最终把资源核算归纳入国民经济核算体系,促进我国更加合理经济地使用自然资源。从微观上看,国际标准化组织颁布的 ISO14000 环境标准可为企业事业单位环境审计提供有益帮助。由于环境审计实务的主观性因素很大,制定一套统一的环境费用和支出标准的会计准则作为环境审计的主要依据是非常必要的。

梁森、杨卉(2000)认为,环境审计作为环境管理的现代方法之一,是为了保证经济可持续发展,其依据可分为两个层次:一是理论依据。其具体包括:①环境审计是经济可持续发展的客观要求。通过社会性生产活动来改造环境,使其更适合人类持续生存和发展,其实质是满足人类的基本需求,既造福于当代,又泽及子孙,并考虑到环境的极限。②环境审计是协调环境、经济、社会三者效益的桥梁与纽带。加强环境审计,以对政府部门及企事业单位环境责任履行情况加以监督、签证与评价,有利于保证环境与经济、社会协调发展。二是评价依据。为了对环境审计的结果加以公正、恰当地评述,需要预先规定恰当的标准,包括:①国家和地方制定的有关环境保护的法律、法规。我国目前已形成了以《宪法》为基础,以《环境保护法》为主体,包括《水污染法》《大气污染防治法》等 30 多项环保法规及 600 多项地方性环境保护法规;②环境标准及我国签署的国际环保公约;③国家环境经济政策。

天津市审计学会、天津市审计科培中心环境审计课题组(2000)指出,环境审计的依据是指衡量、考核、评价经济行为对环境影响的程度(包括贡献和破坏)以及经济和环保责任履行好坏的准绳和尺度。由于环境审计的对象和内容具有独特性、复杂性、地域性等特点,因此,环境审计依据构成分为两大类,即定性依据标准和定量依据标准。①环境审计定性依据标准主要有:国家和地方制定的环保法律、法规,如我国《环境保护法》《大气污染防治法》《土地法》《森林法》《关于环境保护若干问题的规定》《天津市环境保护条例》《天津市乡镇、街道企业环境保护管理办法》《天津市建设项目环境保护管理办法》等。此外,我国与有关国际组织签订的一批公约、协定,如《保护臭氧层维也纳公约》《生物多样性公约》《国际木材协定》等,也是开展环境审计的标准。②环境审计定量依据标准主要有:国家和地方制定的环保专门标准,包括《工业炉窑烟尘排放标准》《燃煤电厂大气污染排放标准》《地面水环境质量标准》《辐射防护规定》等近 400 个全国性的环保技术标准及一些地方性的环保技术标准。定性标准是审计组织在开展环境审计中大量运用的,而定量标准属于专门技术标准,审计人员通常需要在环保部门专业人员指导、协助下采用。在环境审计实践中,定性标准与定量标准很可能是交织在一起的,有些标准则具有双重性。因此,审计人员在运用审计标准时,既要区别定性标准、定量标准,同时还要考虑两者之间的联系。

李永臣、刘长翠(2004)认为,环境审计依据包括了环境审计主体实施环境审计的法律根据和执行环境审计过程中应当遵循的法规、制度等行为规范,并且指出环境审计依据不应该包括环境审计标准。

马雪(2004)认为,环境审计的依据包括:①国家和地方制定的有关环境保护的法律、法规;②环境标准;③有关财务与会计核算准则和标准;④与审计有关的法规、准则;⑤国际公约中的环境保护规范;⑥国家制定的环境经济政策和相关的经济法律、法规等。

赵惠、乐菲菲(2005),汪初牧(2001)认为,环境审计的依据包括有关的法律、法规和规章以及有关提高环境质量的环境标准两个方面。

(三) 环境审计的方法

靳永军(2000)认为,环境审计与现行各项财务审计和绩效审计相比并不需要一套新的审计技术和方法,现有的审阅、验证、复算、观察、询问、分析等方法同样适用于环境审计。但由于环境审计的技术性和专业性很强,需要扩大现有技术和方法的覆盖面,以便将环境问题包括进去。

吴俊峰(2000)提出,传统的审计技术和方法如检查、观察、查询、计算和分析等同样适用于环境审计,而考虑到环境审计对象的特殊性,我们还应该引进体现环境审计特点的审计方法,包括对比分析法、成本—效益分析法、环境费用效果分析法。

李雪、杨智慧、王健姝(2002)指出,绝大多数学者认为常规审计方法对环境审计同样适用,同时,环境审计也有其独特的方法,包括环境成本效益分析、环境费用效果分析、市场价值法、机会成本法、恢复防护费用法、影子工程法、调查评估法、人力资本法、环境决策分析和风险分析等。

林兢(2005)提出了"环境管理审计方法",认为在进行内部环境审计时,可以采用环境影响评价法(ERA)、新建公司全面环境调查法、环境优势劣势分析法(SWOT)、生态审计法、环境管理系统审计等方法。

崔新利、张亚(2006)认为,环境审计不能仅用传统的、通用的财务审计方法,还必须根据不同的审计项目制定不同的审计方案,采用不同的审计程序和方法,特别是借用相关学科如经济学、法学以及管理学等学科的方法。

蔡春(2006)认为,环境审计方法随着时代的发展也逐渐从单一走向多元。环境审计方法包括了环境审计技术、环境审计具体方法、获取环境审计原始数据的方法以及环境审计分析方法。环境审计的技术方法包括了分析性复核技术、统计抽样技术、自动化信息技术以及系统导向技术。具体的审计方法有实地调查、统计抽样、问卷调查以及文件查阅、参考专家意见等。环境审计分析方法有环境成本效益分析方法和环境费用效果分析方法、环境的经济评价法、项目逻辑模型分析法、服务质量和管理分析法以及时间管理分析法。

高姗(2009)认为,环境审计本身就是企业经营与管理过程中一种经常性的分析方法,其整个流程也是循环的,而不是单向的:①现状如何;②应当如何;③如何实现;④如何衡量;⑤信息传递给谁。其中最为核心的三个步骤就是评估、查核和证明。即环境影响评估(EIA)——评估;环境 SWOT 分析法与环境管理系统(EMS)——查核;生态管理和审计规划(EMAS)——证明。

(四) 环境审计的实践

1. 国外环境审计的实践

20 世纪 70 年代,美国联邦政府制定超级基金计划(super found program),对无主污染的土地进行环境审计和清理处理。在 80 年代制定的联邦《综合环境要求、赔偿和义务法案》等环境法律的支持下,形成了房地产交易环境审计(或称污染现场环境审计),即在房地产交易之前进行房地产环境审计,以确定其环境负债和污染治理方案和治理预算,由房地产主负责处理。

1993 年前后,国际标准化组织成立了 TC207"环境管理技术委员会",按照

ISO9000 质量标准及质量保证体系（QMS）和 ISO 9000"质量审计（QMSA）"的思想制定了 ISO 14000 标准。该标准的核心是从企业的最高领导层到最低层每个职工都要重视环境保护工作，同时，企业相关方也要参与监督和管理，并建立全体员工和相关方参与的环境管理体系（EMS）及其审计（EMSA）。1995 年 6月，该委员会在奥斯陆召开专门会议通过了 ISO 14000 有关标准的主要部分，包括环境管理体系的标准等若干文件。在此前后，很多国家开始了环境管理体系审计和认证工作，环境管理体系（EMS）和保证体系（QMS）成为一个整体，环境审计和质量审计成为一个整体。产品质量保证体系认证书和环境保护体系认证书逐渐成为国际贸易中企业必备的文件。从此，环境管理体系（EMS）的建立和审计，与清洁生产环境审计和房地产交易环境审计成为环境审计的三个基本类型。

2. 国内环境审计的实践

杨芳（2000）研究了西部地区环境审计发展对策，指出我国西部环境审计存在的一系列问题：人们对环境审计普遍认识不足、缺乏相应的环境审计法规、没有独立的专门审计机构、环境审计人员素质低等。在此基础上，她提供了相应的发展对策：加大环境审计宣传力度，使环境审计深入人心；加快环境审计立法和完善环境审计相应的法律、法规和制度；尽快建立独立的环境审计专门机构；突出西部地区环境审计的重点内容；进一步提高环境审计人员的素质。

韩竞一、吕永龙等（2005）曾通过问卷调查研究我国环境审计现状，了解了我国环境审计人员和组织机构、重点审计领域、审计方法和审计报告的使用情况等。调查结果发现：①我国当前参与环境审计工作的审计人员的几乎都是财务出身，很少人员具备环境科学、法律、技术工程等方面的专业知识。他们有丰富的财务审计实务经验，熟悉财务审计流程和方法，但是在审计实务中，对碰到的环境科学专业知识的特殊问题显得力不从心，因此，具备环境科学专业知识的审计人员的缺乏成为我国开展审计实务的主要障碍之一。②在从事的环境审计项目方面，一半以上的人员都选择"财务审计"，可见，目前我国开展的环境审计项目是以财务审计为主，重点审查环境保护建设项目资金的筹集、利用和排污费的收取、使用等。③我国现有的环境审计方法主要还是一些传统的审计方法：就审计技术而言，主要是"分析性复核技术""统计抽样技术"，很少使用"系统导向技术"；分析方法主要是"目标完成分析""成本—效益分析""实施分析"，几乎没有"项目逻辑模型分析""服务、质量和管理分析"以及"时间—管理分析"等先进的分析评价方法。④环境审计报告方面：大多数人员认为应该遵循标准格式，但由于环境审计的特殊性质，也有一部分审计人员认为环境审计报告以充分、恰当地反映问题为原则，而不应拘于标准格式；报告中对政府部门提出的建议更多的是涉及环境立法、环境政策和环境项目的建议，而这些建议很多时候只涉及整体情况，审计单位难以提供具体指标、方法等信息，这也成为科研人员要加以研究、补充的空白。⑤目前我国环境审计中遇到的困难：技术和方法的缺乏是现今环境审计工作面临的最大障碍；环境监测和报告制度的不健全，被审计单位环境资料的不齐全，严重影响审计证据的充分性；环境机关的权力不够，审计工作的开展受到种种阻力干扰。

唐玉华（2008）指出，我国环境审计开展的状况主要表现为：①政府环境审计进展：我国目前环境审计的重点领域主要是国家环境保护投资的重点领域，如"三河三湖""两控区"、重点防护林建设工程等，主要包括生态建设审计和环境污染治理审计两个方面。环境审计的内容包括对环境专项资金的审计、对环境建设项目的审计、对环境保护部门的审计、对环境政策法规执行情况的审计等。②环境审计的主要方法：除常规审计方法外，环境审计可以采用结果导向分析和问题导向分析、定性与定量分析相结合、调查问卷、询问座谈、延伸跟踪等审计方法。目前，我国环境审计主要是以环境保护专项资金为主线，以财务审计为基础，检查环境保护资金的筹集、使用及管理情况，主要运用的还是一般的财务收支审计的审计思路和审计方法，对于环境效益审计方法的应用不多。③环境审计开展的项目：主要包括重点城市排污费审计、天然林资源保护工程资金审计、退耕还林试点工程资金审计等。各级地方审计机关也针对当地环境审计保护的特点，开展了一些环境审计或调查。

第二节　国内外环境审计研究情况评价

一、有关环境审计理论研究的评价

(一) 环境审计的定义

从前一节关于环境审计定义的文献综述来看，由于国情的差异、角度的区别，国内外学者对环境审计的定义各有侧重点、各有其独特之处，但是很多定义又存在一定的片面性，有些定义没有指出环境审计的本质所在，他们对环境审计的定义并没有形成统一的认识，从而对环境审计的本质、范围和内容等的理解也存在着差别。所以，对环境审计定义的研究还有一个不断深化的过程。同时，在综述已有研究成果时，我们考虑在今后对环境审计定义进行研究时，可以结合环境审计本质。关于环境审计的本质，首先是符合审计的本质，但能否突破审计的范畴，还要在研究环境审计与审计的关系基础上才能作出判断。

(二) 环境审计的主体

就环境审计的主体来看，由于国内外环境审计的发展程度不同，对其范围的界定也存在着差异。西方国家所称的环境审计主体比我国的范围更广，超出了传统意义上的政府审计人员、注册会计师、内部审计人员。例如，对企业是否达到 ISO 14000 系列标准进行环境状况考核、从事环境咨询服务的中介机构人员也被称为环境审计师,企业内部环境审计人员还包括对机器设备进行全面环境检查的人员及负责企业环境事务的人员。这些国家实施环境审计的主体有环境专家、环境技术人员以及通常意义的审计人员。而在我国,因环境审计刚刚起步,进行环境审计的主要是政府审计机构及其审计人员,一些大企业的内部审计机构也开展了环境审计,而注册会计师却较少参与其中。因此,为更好地促进我国环境审计的发展,我国应积极扩大环境审计主体范围,重视注册会计师及有关技术人员在环境审计中的作用,充分利用他们的自身优势(注册会计师人数多、独立性强、专业胜任能力较强;专业技术人员更了解被审计对象的状态、特征等相关情况,能够更准确地对其进行评估、鉴证)为环境审计的发展作出贡献。

关于环境审计的主体,我们提出以下可进一步研究的问题:不同的主体有何不同的比较优势和特色;目前我国以何种主体为主,原因是什么,存在哪些问题,未来的发展趋势如何,为什么可能产生这样的趋势;等等。

(三) 环境审计的对象

归纳前一节关于环境审计对象的研究大体可以分为四种观点:①被审计单位论,代表学者是王炜、王阳、雷东风;②环境责任论,即认为环境审计的对象是被审计单位的环境管理责任,大多数学者持有该观点,包括王学龙、陈淑芳、李青、陈东、包强等;③经济活动论,该观点的代表学者有黄友仁、林起核,另外还有天津市审计学会、天津市审计科培中心环境审计课题组;④除此以外,张以宽、庄表峰、林星火、吴俊峰、陈正兴、陆丽琴、章承涛等学者也提出了自己的观点,区别于以上 3 种典型观点。

虽然对象的划分各有不同,各位学者研究的出发点不同,但就环境项目而言,他们就能纳入审计对象范畴的都与一定的经济活动相关这一点达成了共识。

(四) 环境审计的内容

我国关于环境审计内容的主流观点是包括环境审计、财务审计、合规性审计和绩效审计,国外审计环境的内容比我国涵盖的范围更大、更广泛,这主要是由国内外环境审计的产生、发展历史不同所引起的。西方国家的环境审计最初是作为企业内部应对日益严峻的环境风险而自发进行的一种环境检查和评价活动出现的,此后作为一种重要的环境管理手段在各种类型的组织中得以推广。可以说,其自产生之初到现在,并没有与传统的国家审计机关、内部审计机构和注册会计师存在必然的联系,只是这种活动在方法和程序上与传统财务意义上的"审计"有很多相似之处。国外对"环境审计"的认识从一开始就没有局限于传统审计的框架,而是采取了更加广阔的视角。相比之下,我国的环境审计实践最初是从国家审计机关对环保资金的审计开始的,国家审计机关在其力所能及的范围内(传统的国家审计、内部审计、民间审计领域),逐步推动了环境审计实践在政府和企事业单位的开展,但由于其职责、权限等方面的限制,这种实践和推动始终没有超出传统审计框架的范围。因此,我国应该在现有环境审计理论、实践基础上,挣脱传统环境审计框架的束缚,努力拓展环境审计的内容,以更好地实现社会经济的可持续发展。

分析国内外环境审计内容的研究成果,我们还可以从以下方面进行思考:中外环境审计内容的差异,对我们有何启示;如何界定环境审计、环境财务审计、环境绩效审计与普通的财务审计、合规审计、绩效审计的关系,这些内容有交叉。实践中,有哪些先进经验? 比如,是基于财务审计的环境审计、基于绩效审计的环境审计,还是独立的环境审计?

(五) 环境审计的目标

将环境审计的最终目标与社会经济发展目标相结合,有利于我国可持续发展战略的实施,也有利于我国环境审计发展范围的拓展和延伸。就具体目标而言,国内的相关目标主要集中于真实性、合规性和效益性目标,国外也包括这些目标,但目标更为细化和多样,如包括“满足客户需求和合同义务”“评估组织处置、贮存和清理有害物质的承包人的管理实务”等目标。由于环境审计的目标随着环境审计的发展及环境审计理论结构中其他要素的完善而不断得到修正和补充,它不是一成不变的,它的确定只要符合当前和今后一段时间的要求就可以,而不是要满足整个历史时期的要求。

(六) 环境审计的原则

我们认为关于环境审计原则问题带有主观性,因此,众多学者提出的观点,可以说都有一定道理和参考价值,只要能为更好地开展环境审计实务工作服务就不该受到责难。当然,若能集众家长处于一体,整理出一套科学、有效的原则体系,更是审计方面的工作者所喜闻乐见的。

二、有关环境审计实务研究的评价

(一) 环境审计的准则

关于环境审计准则的研究,国外关注的是实务方面,我国则在理论与实务方面都要成果。理论上,我国学者中有一种观点认为,环境审计与现行开展的财务审计、绩效审计所依据的准则没有大的差别,只应在现有审计法规中增加有关环境审计的条款;而另一种观点认为,环境审计具有一定的特殊性,内容函盖广、范围大、使用对象多,应有自己的准则,并从一般准则、外勤准则和报告准则等方面提出建立环境审计准则的建议。在实务中,国际标准化组织制定的标准都是属于可以自愿执行的,但由于 ISO 系列标准是国际公认的,许多国家和行业为了与国际标准取得一致,都积极主动地贯彻执行国际标准化组织的标准,从而使其具有了某种强制性。随着我国环境审计理论研究不断发展和部分地区已经开始环境审计的试审工作,借鉴 ISO 14000 系列标准中的审计准则以及其他一些国家和组织的审计准则,探讨我国环境审计准则的制定对于指导我国的环境审计实务是非常有益的。

可以说,环境审计准则的制定和逐步完善实质上是社会对环境审计工作的期望,它的完善程度反映了一国环境审计的发展状况以及所处地位,同时,其从根本上制约着一国环境审计职能的发挥程度。此外,审计质量的高低、审计责任的界定,审计组织与用户之间的沟通,以及内部管理的完善与否都要依赖一套健全有效、切实可行的准则来支持,尤其是对特殊的审计业务来说。环境审计作为审计的一个分支,其准则的基本内涵并没有脱离传统审计准则的内涵,即环境审计工作应遵循的规范和尺度,它应该是评价环境审计工作的权威规则。环境审计准则应该由专业机构制定和同意,以制度化条款形式公布于众,成为环境审计人员进行环境审计工作的指导和规范,反过来又成为考察环境审计工作质量和认定或解除审计责任的依据。因此,环境审计准则不仅是外界对环境审计主体的要求,也是环境审计自身发展的需要。总之,环境审计准则的制定对环境审计事业的发展至关重要,它的完善程度也反映了一国环境审计的开展水平。

（二）环境审计的依据

环境审计的依据要比一般审计类型多,虽然我国已制定了一系列环保法规、政策、制度,但具体指导环境审计的法律、法规体系尚未形成,判断标准尚未制定,环境会计信息不全面、不真实、不披露等,使环境审计缺乏必要的材料证据和充分的意见依据。一言以蔽之,我国有关环境审计的依据还很缺乏,如不尽快完善,会阻碍环境审计的发展。

（三）环境审计的方法

方法应该是最直接为实务服务的工具,但就目前环境审计的研究现状而言,方法的研究还处在理论探讨阶段,有关环境审计方法技术的实证研究不足,这也表明目前提出的环境审计方法尤其是一些比较特殊的方法尚未在实务中得到广泛应用,实务工作者在进行环境审计工作时所采取的方法还是局限于传统的审计方法。既然大家都认为环境审计相较于审计而言有其特殊性,那么提出并运用一些特殊的方法应更有助于环境审计的发展。

（四）环境审计的实践

西方国家的环境审计起步较早,在环境审计理论与实务方面的发展都较成熟,其环境审计开展领域较国内而言更为广泛,实施方法及评估依据也更为全面。由于环境会计在西方国家已经进入操作阶段,污染损失和资源价格已列入核算科目,为环境审计提供了对象;具体的实施方法和评估标准依据各国的实际情况或参照环境管理的规定或者自行有了详细的细则。因此,其环境审计实务发展比较迅速,然而相关的学术研究并不多见。

我国在环境审计研究方面主要是理论研究,学术界关于环境审计理论的研究居多,实务研究的文献少之又少,这使审计环境的理论研究与实务操作相脱节,导致理论研究者不能充分了解当前环境审计实务中普遍使用的方法和存在的困难,而审计人员得不到环境审计科学研究的有力支持。因此,我们应该将环境审计理论研究与实务有效地结合起来,让两者相互促进、共同发展,以促使我国环境审计健康持续发展。

本章小结

环境审计自 20 世纪六七十年代兴起以来,引起了国内外审计界的广泛关注。随着环境保护意识的日益增强,我国理论界对环境审计的研究也日益活跃,并取得了一系列成果。对此,多数学者认为,这在很大程度上得益于立足我国国情,借鉴西方国家的相关科研成果。有鉴于此,我们从环境审计的定义、主体、对象、内容、目标、原则、准则、依据、方法和实务运用方面,对目前国内外环境审计研究的情况进行了综述和简单评价,以期推动我国环境审计研究的发展,为进一步明确构建系统的环境审计理论体系打下坚实的基础。

思考题

一、目前环境审计研究取得了哪些成果?对今后的研究有什么借鉴意义?

二、你认为现有研究的缺陷有哪些?对今后的研究具有什么样的警示作用?

三、你认为除了目前环境审计研究的内容外,环境审计理论体系还应该包括哪些要素?简要说明理由。

四、如何在已有的研究成果基础上构建系统的环境审计理论体系?

参考文献

［1］ Felicity N Edwards. Environmental Auditing：The Challenge of the 1990s［M］. Calgary：The University of Calgary Press，1992.

［2］ 何大庆.美国环境审计述评[J].外国经济与管理,1994(5):47-48.

［3］ Josephine Maltby. Environmental Audit：Theory and Practices ［J］. Managerial Auditing Journal，1995.

［4］ 何心宇.内部审计师在环境问题中的作用[J].史梅,译.审计资料研究,1997(4):1-22.

［5］ 李学柔.也谈环境审计[J].广东审计,1997(7):5-8.

［6］ 陈东.环境审计若干理论问题初探[J].财经论丛,1999(3):64-68.

［7］ 马正吉.环境审计研究[J].中国内部审计,1999(3):12-16.

［8］ 靳永军.略论环境审计[J].陕西省行政学院、陕西省经济管理干部学院学报,2000(1):47-48.

［9］ 天津市审计学会,天津市审计科培中心环境审计课题组.关于环境审计基本理论探讨[J].审计理论与实践,2000(1):4-7.

［10］ 辛金国,李青.环境审计准则研究[J].审计与经济研究,2000(6):13-16.

［11］ 梁森,杨卉.关于环境审计几个问题的探讨[J].山东审计,2000(8):20-21.

［12］ 王炜,王阳,雷东风.对我国开展环境审计的构思[J].环境监测管理与技术,2000(12):6-8.

［13］ Jose M Moneva et al. Environmental Disclosures in the Annual Report of Large Companies in Spain[J]. The European Accounting Review. 2000.

[14] 汪初牧.略论环境审计依据[J].上海会计,2001(12):55-57.
[15] 最高审计机关亚洲组织环境工作委员会秘书处.环境审计指南[M].北京:中国审计出版社,2001.
[16] INTOSAI Working Group on Environmental Auditing. Guidance on Conducting Audits of Activities with an Environmental Perspective[R]. 2001.
[17] 李雪,杨智慧,王健姝.环境审计研究:回顾与评价[J].审计研究,2002(4):53-57.
[18] 蔡春.环境审计理论问题研究[R].成都:西南财经大学"九五""211"课题研究报告,2002.
[19] 杨智慧.环境审计理论结构研究[D].青岛:中国海洋大学,2003.
[20] 张彦军.我国环境审计准则问题研究[D].北京:首都经济贸易大学,2003.
[21] 李雪.对环境审计定义的再认识[J].审计研究,2004(2):26-30.
[22] 马雪.我国环境审计若干问题研究[D].沈阳:沈阳工业大学,2004.
[23] 李永臣,刘长翠.环境审计依据研究[J].山东财政学院学报,2004(3):9-12.
[24] 李雪,邵金鹏.发挥注册会计师在环境审计中的作用[J].中国人口资源与环境,2004(4):134-136.
[25] 祝圣训,李晓龙,等.国内外环境审计发展状况比较评述[J].中国环保产业,2004(8):19-21.
[26] 李跃武.试论环境审计[J].中州审计,2004(8):16-17.
[27] 赵琳.环境审计准则体系建设初探[J].财会月刊,2004(11):42-43.
[28] 赵惠,乐菲菲.关于环境审计的几点思考[J].山东纺织经济,2005(1):42-43.
[29] 韩竞一,吕永龙,等.中国环境审计实务问卷调查及初步分析[J].审计研究,2005(4):46-48.
[30] 崔新利,张亚.环境审计浅探[J].当代经济,2006(10):83.
[31] 蔡捷.我国环境审计的理论与实践[J].科技情报开发与经济,2006(15):130-132.
[32] 陈思维.环境审计规范化研究[J].审计月刊,2006(3):14-15.
[33] 许宁宁.环境审计准则构成要素初探[J].德州学院院报,2007(1):84-88.
[34] 唐玉华.环境审计——环保工作的有力保障[J].经济与社会发展,2008(4):45-47.
[35] 朱萍,刘志军.构建我国环境审计理论结构的设想[J].会计之友,2009(2):16-18.
[36] 高姗.试析环境审计[J].中国农业会计,2009(6):14-15.
[37] 陆丽琴,章承涛.环境审计基本问题研究[J].管理观察,2009(11):151-152.
[38] 蔡捷.我国环境审计的理论与实践[J].科技情报开发与经济,2006(15).
[39] 许宁宁.环境审计准则体系构建分析[J].中国乡镇企业会计,2008.
[40] 包强.论环境审计概念结构[J].审计与经济研究,1999(4):12-14.
[41] 刘长翠.企业环境审计研究[M].北京:中国人民大学出版社,2004:32.
[42] Boivin B, Gosselin L. Going for a green audit[J]. CA Magazine, 1991, 124(3):61-63.
[43] 蔡春,陈晓媛.环境审计论[M].北京:中国时代经济出版社,2006.
[44] 耿建新,牛红军.关于制定我国政府环境审计准则的建议和设想[J].审计研究,2007(4):8-14.

第三章　环境审计的内涵

内容简介

　　本章介绍了环境审计的定义及其内容。自从"环境审计"一词出现以来,国内外审计学者和实际工作者从各个不同的角度,对环境审计的内涵进行了很多探讨,虽然对环境审计的定义发表了众多意见,但至今尚未形成统一、被广泛接受的观点。目前,环境审计在中国还只是刚刚起步,但是环境审计的定义及其内容会随着社会的发展和人们认识的深化而逐步发展。

学习目的和要求

　　通过本章的学习,你应当能够:

- 了解国内外学者对环境审计定义的主要观点;
- 客观评价国内外关于环境审计的定义;
- 掌握本书对环境审计定义的界定及其要素分析;
- 熟悉环境审计的内容。

第一节　国内外关于环境审计定义的观点

一、国外环境审计定义的主要观点

　　对于环境审计的定义,国际上尚未形成统一的意见,有关组织对其进行了规定。

　　定义1:最高审计机关国际组织的定义。最高审计机关国际组织在1995年9月25日至10月2日通过的《开罗宣言》,为环境审计定义确定了一个框架,该定义框架是针对国家审计而言的。正式通过的定义框架包括以下要素:

　　(1)环境审计与最高审计机关执行的其他审计并无根本的区别。

　　(2)环境审计的主要内容包括财务审计、合规性审计和绩效审计。

　　(3)在环境审计定义中"可持续发展"不应处于独立地位,只有当"可持续发展"作为被审事项目标的一个明显部分时,许多成员国才愿意将它作为标准加以使用。

定义 2:国际商业学会的定义。国际商业学会认为,环境审计是环境管理的工具,它是对与环境有关的组织、管理和设备等业绩进行系统的、有说服力的、客观的评价,并通过有助于环境管理和控制,有助于通过对公司有关环境规范方面的政策进行鉴证等手段,来达到保护环境的目的。[①]

定义 3:国际内部审计师协会的定义。国际内部审计师协会在其《内部审计师在环境问题中的作用》课题中提出的环境审计定义是:"环境审计是环境管理系统的一个组成部分,据此,管理部门可确定组织的环境管理系统在确保组织的经营活动符合有关规章和内部政策的要求上是否充分。"[②]

定义 4:加拿大特许会计师协会(CICA)的定义。加拿大特许会计师协会在1992 年发布了一份题为"环境审计与会计职业界的作用"的研究报告,把与环境问题有关的服务内容划分为四大类,并将它们称为环境审计。这四大类是:

(1) 环境咨询服务(environmental consulting services)。

(2) 场所的评价(site assessments)。

(3) 经营符合性评价(operational compliance system assessments)。

(4) 环境管理系统的评价(environmental management system assessments)。[③]

定义 5:国际标准化组织的定义。国际标准化组织认为,环境审计是客观地获取审计证据并予以评价,以判定特定的环境活动是否符合审计准则的一个验证过程,并包括将这一过程的结果报给委托方。

定义 6:美国环保局的定义。美国环保总局提出,环境审计是由会计师事务所或其他法定机构对适用于环境要求的有关业务经营及活动所进行的系统的、有证据的、定期的、客观的检查。

定义 7:美国内部审计师协会的定义。美国内部审计师协会在一项题为"内部审计人员在环境问题中的作用"的专题研究中,将环境审计定义为企业内部管理部门据以判断自身的环境系统是否符合法规及内部环境目标的自我评价过程。

定义 8:英国工业联盟(CBI)(1990)将环境审计定义为系统检查企业任何经营活动对其周围环境的影响,具体包括:向空气、土壤和水排放的所有的排放物、对邻近社区和风景区生态环境的影响以及经营企业当地的公众对企业的看法等。环境审计不只是对遵守环境法规情况进行审查,它是一整套针对组织活动对环境影响进行检查的方法体系。

国外学者对环境审计的研究也有贡献。

---

① 刘威.略论环境审计[J].审计研究,1996(5):21-22.

② 何心宇,史梅译.内部审计师在环境问题中的作用[J].审计研究资料,1997(4):3-6.

③ 孙菊生,刘文国.环境审计与会计职业界的作用——加拿大和美国环境审计比较研究[J].审计研究,1998(2):1-6.

定义 1：美国学者 Rep. Weldon 提出了环境审计三阶段论的定义。这 3 个阶段是：

阶段一：由环境职业界对不动产（real property）进行调查，以便确定和发现这些不动产上是否存在或可能存在引发危险物质的情况。

阶段二：当通过阶段一的审计而发现极有可能发生污染的情况时，便开始实施阶段 2 的环境审计，亦即对土壤和水源进行测试。

阶段三：进行风险评价，或对预计的环境清理成本进行定量化。[①]

定义 2：格兰特·莱杰伍德在其著作《环境审计与企业战略》一书中的定义。他认为，环境审计是企业战略的重要组成部分，它不仅涉及企业的技术改造，产品创新能力，而且涉及企业的生产、储存、营销等各个方面。

定义 3：Lomlinson 等对环境审计的 7 种定义进行了探讨。这 7 种定义包括 EIS 草案复核或审计、决策点审计、执行审计、绩效审计、项目影响审计、预测技术审计、美国电子工业协会（EIA）程序审计，它们分别代表对环境影响评价的不同环节和内容进行的审计。

定义 4：Thomson 等认为环境审计是环境管理系统整体的一个组成部分，通过环境审计管理层可以确定组织的环境控制系统是否能够对遵循要求和内部政策提供充分保证。

总的来说，多数学者倾向于将环境审计看成是一种有用的环境管理工具。

二、国内有关环境审计定义的主要观点

虽然西方审计学界在研究环境审计方面有其独到之处，但是西方学术界在环境审计基础理论的研究方面并不是十分完善。所以，他们的环境审计理论不能在我国直接运用。随着我国环境审计理论研究的深入以及环境审计实务工作的开展，我国学者对于环境审计的定义也有自身的理解，对环境审计的定义也提出了不同的观点和看法，以下是几个比较有代表性的定义：

我国审计学界张以宽教授在 1996 年提出："环境审计是指审计组织对被审计单位的环境保护项目计划、管理和实施活动的真实性、合法性和效益性进行的审查鉴证，评价法律责任的一种监督活动。"[②]

陈思维（1998）对环境审计的定义是，由政府审计组织、内部审计机构和社会审计组织对政府和企事业单位的环境管理系统和经济活动的环境影响进行监督、评价和鉴证，促使他们积极、有效地开展环保活动，并使其经济活动符合可持续发展要求的审计活动。

---

①　孙菊生，刘文国. 环境审计与会计职业界的作用——加拿大和美国环境审计比较研究[J]. 审计研究，1998（2）：1-6.

②　张以宽. 论环境审计[J]. 财会通讯，1996（6）：18-19.

包强教授(1999)根据我国的环境管理体制和审计组织体系指出:"环境审计是由审计组织依法对被审计单位在经济活动中产生的环境问题以及与治理环境的经济活动有关的财政、财务收支的真实性、合法性和效益性独立进行审查,评价经济责任,揭示违法行为,促进加强环境管理、实现可持续发展的一种经济监督、经济管理、经济评价活动。"①

高方露、吴俊峰(2000)认为,环境审计包括财务审计、合法性审计和绩效审计,是通过检查责任主体的环境报告和环境经营管理活动,监督责任主体受托环境责任的履行,并对责任主体受托环境责任的履行情况进行评价和鉴证,同时,对责任主体提出的有关环境管理问题提供咨询,从而实现对责任主体受托环境责任履行过程控制的一种控制活动。

陈正兴(2001)在其所著《环境审计》一书中所下的定义是:"环境审计是对生产、生活活动过程中产生的环境问题的抑制、消除或改善环境而进行的经济活动的真实性、合法性、效益性进行监督、鉴证、评价,使之符合可持续发展要求的一种独立监督行为。"②

最高审计机关国际组织在北京举行的环境审计研讨会(2001)对环境审计下的定义是:环境审计是一种监督、评价和鉴证工作,它的主体是最高审计机关,对象是政府和企事业单位的环境管理以及有关的经济活动,目的是对他们的真实性、合法性、效益性进行审计。

林兢(2005)认为,环境审计有广义和狭义之分。广义的环境审计概念与英国工业联盟的概念相同,狭义的环境审计是指注册会计师对公司披露的环境信息进行独立的审计鉴证,看其是否遵守真实公允原则,该公司是否确立环保目标,环保目标实现情况如何,本年度有多少目标已经达到,有多少尚未达到,公司遵守环保法规情况,公司提取的环保负债情况,以及公司对环境信息的披露情况等。

刘长翠(2005)认为,环境审计作为社会责任审计的一个新兴分支,是由独立的政府审计机关、内部审计机构、社会审计组织依据相关法律、法规,对被审计单位展开的与环境有关的经济活动的真实性、合规性和有效性进行审计,通过环境审计可以促进被审计单位开展的与环境相关的经济活动符合可持续发展战略要求。③

黄道国、邵云帆(2011)提出了多元环境审计工作格局构建的设想。他们认为多元环境审计是审计主体从资金、政策、管理、项目4个方面,通过不同方式对不同审计客体进行相关问题审计。这种设想对环境审计的进一步发展有很大的

---

① 包强. 论环境审计概念结构[J]. 审计与经济研究,1999(4):14-16.
② 陈正兴. 环境审计[M]. 北京:中国审计出版社,2001.
③ 刘长翠. 企业环境审计研究[M]. 北京:中国人民大学出版社,2005.

推动作用。环境问题的复杂性与动态性,决定了解决环境问题需要从不同角度,运用不同的方式,将相关环境问题的审计客体进行多元环境审计。

三、对国内外环境审计定义的评价

最高国家审计机关国际组织并没有对环境审计作出明确的定义,只是为环境审计定义确定一个框架,这一框架是针对国家审计而言的。最高国家审计机关国际组织制定环境审计定义的框架说明参加会议各成员国对环境审计的理解不甚统一,同时,这一框架也为各国最高审计机关根据各自情况确定具有本国特色的环境审计定义提供了参考。国际商业学会和格兰特·莱杰伍德对环境审计的定义都是从内部审计角度来描述的,前者着眼于企业对环境的管理,而后者着眼于企业发展战略,它们都从防范和减少来自环境的风险出发,将环境审计视为企业内部环境管理活动的一部分。

张以宽教授没有对审计组织的概念作出一个明确的解释,在环境审计的定义中也没有涵盖其对象和特性。包强教授根据我国的环境管理体制提出的环境审计定义认为,环境审计的对象不光包括环境保护部门和企事业单位的环境经济责任,也包括企业环境管理活动,环境审计亦具有其他审计所具有的独立性和客观公正性。陈正兴的定义突出了"可持续发展",抓住了环境审计的精髓,而且其定义包括了审计目的、审计职能等要素,但是其省略了环境审计主体和客体,因此定义略显得不完善。

不容置疑,国内外学者对环境审计的定义都有独到之处,各有侧重,各有特点,但同时也存在一定的片面性。这主要表现在:

第一,环境审计主体的单一性。

环境审计的主体应包括国家审计机关、内部审机构和社会审计组织,而有的定义只从某一主体出发界定环境审计的含义,没有涵盖环境审计的所有主体。

第二,环境审计对象的不完整性。

有的定义对环境审计的对象采用列举的形式,难以概括环境审计的全部对象;而有的定义中对象过于笼统,使人们无法了解环境审计对象的具体目标。

第三,环境审计定义要素的不全面性。

环境审计的定义中应包括环境审计主体、对象、目标、依据和本质,但有的定义缺失了其中一个或若干个要素。

第四,环境审计种类的不全面性。

环境审计应包括财务审计、合规性审计和绩效审计3个种类,因此其定义也必须能反映出这3种审计类型的要求,但有的定义只反映了其中1个或2个类型。

第五,某些定义没有指出环境审计的本质所在。

他们或把环境审计作为一种保护环境的工具或手段,或把它看作一个过程,并没有指出其特性。

第二节 环境审计的定义

一、对环境审计定义的界定

目前,环境审计在中国还只是刚刚起步,还不能够为环境审计作出一个科学、完整的定义。按照我国审计学界的看法,审计的定义要包括审计的主体、客体、依据、标准、职能、目的等系列要素,否则不成为定义。既然环境审计是社会责任审计的一个分支学科,那么它的定义应当体现一般审计的共同特性,也应遵循这个原则。此外,我国的环境审计有其自己的特殊性,定义应当结合我国的实际情况和现行的法规条例。因此,根据我国的环境管理体制和审计组织体系,结合国内外对环境审计的定义表述,我们对环境审计的定义作如下界定:

环境审计是为了确保受托环境责任的有效履行,由国家审计机关、内部审计机构和社会审计组织依据环境审计准则对被审计单位受托环境责任履行的公允性、合法性和效益性进行的鉴证。①

这一定义明确指出了环境审计的目标、主体、对象、依据及本质,说明了为什么进行环境审计、由谁开展环境审计、对什么进行环境审计、如何进行环境审计等关键问题,并对环境审计的本质特征进行了描述。

二、环境审计定义的要素分析

当前,关于环境审计的论述见仁见智,这些论断都能够为我们研究环境审计的定义带来一定的启发。所以,要正确理解环境审计的定义,应当把握以下几点。

(一) 环境审计目标

环境审计目标是为开展环境审计所期望达到或应当达到的目标。它随着环境审计的发展及环境审计理论结构中其他要素的完善而不断得到修正和补充,它不是一成不变的,对它的确定只要符合当前和今后一段时间的要求就可以,而不是要满足整个历史时期的要求。因此,没有必要确定环境审计所要达到的最终目标,而应当确定一类目标,使其适用于环境审计所包括的所有类型(环境财务审计、环境合规性审计、环境绩效审计),且能反映环境审计本质,这类目标可以称为一般目标;由于这类目标的概括性太强,不论是对于开展环境审计实务,还是进行环境审计理论研究都过于笼统,无法承担起指导实施环境审计的任务,

---

① 李雪,杨智慧. 对环境审计定义的再认识[J]. 审计研究,2004(2):26-30.

也不能发挥它作为环境审计理论结构起点的优势。因此,在确立一般目标的基础上,还应将一般目标进一步具体化,并根据具体单位、具体项目确立相应的目标,这类目标可以称为具体目标。因此,环境审计目标应包括当前和今后一段时期内能够实现的一般目标与具体目标两个方面。

1. 一般目标

一般目标是确保受托环境责任履行的公允性、合法性和效益性。汤姆·李教授认为:"要求人们的行为对他人负责是人类活动的一个共同特征,正是这一特征构成了从古到今审计功能之基础。在此意义上,审计正是作为强化受托经济责任过程之手段而被运用的。"弗林特教授更明确指出:"审计是确保受托经济责任有效履行的手段……是一种保证或落实受托经济责任的控制机制。"所有这些论述都将审计对象的受托经济责任履行过程或状况作为审计目标来看待。因此,作为环境审计对象的受托环境责任的履行状况也可以作为环境审计目标。

2. 具体目标

具体目标又分为两个层次:第一层次是对公允性、合法性和效益性的进一步细化所得到的目标;第二层次是针对某一具体项目结合第一层次目标而制定的相对详细的目标。第二层次目标是结合具体实践制定的,这里不予论述,下文只对第一层次目标进行解释。

受托环境责任应当包括两个方面:执行和报告。因为受托环境责任是否确实履行、履行得如何都要通过会计记录、原始凭证等相关资料来证明,所以受托人除了执行之外还需要进行相应的记录。这样,确定环境审计目标也应从这两个方面入手。当前,这种报告责任还不太明显,因为还没有形成完善的报告体系,只是有些被审计单位在现有财务报表中加入了相关内容。因此,环境审计目标可以概括为:是否履行了? 合法吗? 效果如何? 公允地记录了吗? 第一层次目标如下:

(1)公允性。即验证被审计单位的环保资金使用、环保项目收支以及其他与环境有关的经济业务和经济事项是否真实、完整、及时地记录,有关余额和发生额的记录是否正确、适当,有关事项的披露是否恰当,记录和披露环境绩效、环境问题的财务影响的方法是否合理。应当指出,公允性并不能保证报告的内容与事实绝对相符。比如,有些经济活动和事项涉及的金额较小,没有必要逐一反映;涉及环境的负债有许多是否发生及其发生金额都是不确定的。因此,我们要求相关记录公允表达,而非真实表达。

(2)合法性。即验证与环境问题有关的经济活动是否遵循了有关环境法律、规章、制度,以及有关的环境标准。

(3)效益性。即验证与环境问题有关的经济活动的经济性、效率性和效果性。社会责任审计是一种专门的审计制度,它产生于20世纪60年代末,现在在我国已经有了一定程度的发展。而环境问题是社会责任审计的重要内容,近年来由于环境问题受到国家、企业以及社会公众越来越多的关注,并且环境问题不只是局限于企业的范畴,人们便将环境审计从社会责任审计中剥离出来,使其成为审计的一个新兴学科,作为一个与社会责任审计平行的新的审计分支。

另外,学术界也存在环境审计的一元目标论、二元目标论和三元目标论之分,详细情况如表 3-1 所示。

表 3-1　　　　　环境审计的一元目标论、二元目标论、三元目标论

观点	主要代表人物	具体介绍
一元目标论	李学柔、张以宽、刘力云	一元目标论就是举例子,把一个个的审计目标给写出来,而这些目标是没有关系的。他们举了一些环境审计目标的例子,包括调查法律执行的是否到位;看看这个系统有没有用;调查跟踪那些环境会计的报告是不是符合实际;判断环境保护工作做得怎么样等
二元目标论	池晓勃、陈汉文、袁素琴、刘长翠、张春梅、李永呈	二元目标论在一元目标论的基础上增加了一个长远目标,即实现经济的可持续发展战略。具体目标是一样的,就是一元目标论举的例子
三元目标论	魏顺泽、蔡春	三元目标论在二元目标论的基础上增加了一个直接目标,具体明确了哪些单位需要环境审计,如大型国企、政府等

(二) 环境审计的主体

环境审计的主体是指环境审计中涉及的相关关系人,包括环境审计委托人和环境审计受托人两种主体。

1. 环境审计委托人

这里的委托人是指广义的委托人。一方面,包括由法律、契约约束而形成的狭义的委托人。例如,按照我国大多数地区的做法,企业管理当局必须与其所在地的政府就环境污染治理和生态环境改善签订责任书,或由国家立法机关和政府制定有关环保法律规定予以约定。这类委托人通常包括被审计单位的资财所有者、债权人、上级主管部门、上一级管理人员等;另一方面,还包括非法律和书面契约约束而形成的委托人。因为被审计单位必须在社会中生存,它的各种经济活动必然会影响到周边主体的生存环境,如由于排放废气对周边居民健康的影响,这样从广义上讲周边居民已成为环境审计的委托人。英国审计学者麦克尔·席勒和戴维·肯特认为:"按照广义的组织观,一个组织除了其法律上的所有者外,还存在与其有着某种经济或社会关系的其他关系人……一个组织要想生存,就必须创造高额报酬以激励这些关系人作出必要的努力。"

2. 环境审计受托人

这里的环境审计受托人包括国家审计机关、社会审计组织和内部审计机构及其人员。它们的组织形式如下：

（1）由常规审计人员组成。在这种形式下不设立专门的环境审计机构，只是对审计部门内部的原有审计人员进行适当的培训，必要时聘请相关学科的专家辅助审计。这种形式可以在环境审计业务量比较小，而且审计中涉及的专业问题比较少的情况下采用，一般在 3 种审计主体（国家环境审计、内部环境审计和社会环境审计）中都适用。

（2）在审计部门内部设立专门的环境审计小组。这个小组由各方面的专家组成，包括审计师、工程师、经济学家、环境学家等。这种形式可以在环境审计业务量较大，涉及的专业问题比较复杂或比较多的情况下采用，它在 3 种主体中都适用。

（3）设立专门的环境审计机构。环境审计机构作为一个独立的主体，专门从事有关环境审计的业务，可以称为环境审计事务所。这种形式不但有利于环境审计行业的发展，而且有助于培养更多的从事环境审计的专门人才。

（三）环境审计的对象

环境审计的对象是环境审计活动的客体。它应当分为本质对象和具体对象两类：本质对象是指被审计单位的受托环境责任；具体对象是指涉及环境活动和事项的有关资料。

1. 本质对象

受托经济责任与审计的关系非常密切，它们之间是一种相互依存的关系。受托经济责任关系是一切经济关系的核心，古今中外的审计都是以经济责任为对象的，只是经济责任的内涵因历史条件和国情的不同而有所区别。环境审计正是由于受托经济责任扩展到受托环境责任而产生的，因此，受托环境责任就是环境审计的本质对象。受托环境责任是指受托人在与环境问题有关的经济活动中对委托人所应承担的责任。受托环境责任包括两个方面：受托人执行与环境问题有关的经济活动的责任和向委托人报告执行情况的责任，也即执行和报告责任。

2. 具体对象

我们知道，受托环境责任包括执行和报告两个方面，这两方面完成得如何，在多数情况下，我们不可能通过实地观察受托环境责任人的执行过程来获取证据，只能通过对相关记录的检查、分析和复核，搜集充分适当的证据，从而发表恰当的审计意见。所以环境审计的具体对象应是涉及环境活动和事项的有关资料。这些资料包括原始凭证、记账凭证、账簿和报表，其中原始凭证在这些资料中占的比重比较大，它可能来自于被审计单位，也可能来自于与被审计单位有经济业务往来的其他单位。总之，环境审计的本质对象是环境审计对象的实质，环境审计的具体对象是环境审计对象的具体表现形式,前者是后者的基础,后者是前者的体现,两者相辅相成,缺一不可。

(四)环境审计的依据——环境审计准则

较常规审计而言,环境审计确实有其特殊性:它是审计与诸多学科交叉和融合而形成的;它的范围涉及宏观和微观两个方面;它的审计内容和对象也不同于常规审计。这样,在开展环境审计时,搜集和评价环境审计证据所运用的程序和方法应有自己的特点,所以单独制定环境审计准则是必要的,也是可行的。

环境审计准则是依据环境审计原则制定的具体规范,是环境审计原则的具体化。它说明环境审计行为应当怎样进行操作。它为人们的实践规定了行为准则,是指导人们开展环境审计实务的具体标准,是保证环境审计工作顺利开展的具体规范。环境审计准则是对审计主体自身素质和工作质量的要求,从某种意义上来说,也是环境审计人员的护身符。

环境审计准则应当属于审计准则的一部分。我们知道,审计准则包括审计技术准则、质量控制准则、职业道德准则和后续教育准则4个部分。而审计技术准则中又包括基本准则、具体准则和实务公告、执业规范指南3个层次。那么环境审计准则应归属其中哪一部分?事实上不应笼统地将环境审计准则归属其中某一部分。环境审计准则中既要规定实施环境审计的具体程序,又要规范环境审计人员的行为,因此,从严格意义上讲它并不符合上述某一部分的特性。如果归入技术准则中,它又包含有职业道德的内容;如果归入职业道德准则中,它大部分内容却又涉及开展环境审计的具体程序。鉴于此,完全有必要在审计准则中单独设置一部分,可以称为"专项审计准则",对新兴审计领域(如质量审计、人力资源审计、环境审计等)有别于常规审计的特殊之处进行专门规范,当然环境审计准则可以作为其中一项准则。

环境审计准则是环境审计原则的具体化,是在环境审计原则的指导下制定的。从前文的论述中可以看出,环境审计的5项原则包括环境审计人员资格条件和环境审计人员行为两方面,那么,环境审计准则的具体内容也应涉及这两个方面。其中,环境审计人员行为方面包括准备、实施和报告3个阶段。准备阶段是指为有计划地开展环境审计而进行准备的过程;实施阶段是指实际实施环境审计的过程;报告阶段是指结束环境审计工作的过程。这3个阶段一般是按顺序进行的,前一个阶段是后一阶段的基础和前提,但它们又各有其程序和方法,有其自身的特点,不能混同,所以在制定环境审计准则时应将这3个阶段分别论述。

鉴于此,环境审计准则分为两大部分。其中,环境审计人员行为方面又包括准备、实施和报告3个阶段。具体来说:第一部分是关于环境审计人员资格条件的要求,如应有的道德素质和职业胜任能力;第二部分是关于审计人员行为的要求,其中准备阶段包括制定计划、确定某一环境审计项目的具体内容、编制环境审计方案等的要求,实施阶段包括对环境内部控制的了解、符合性测试、评价审计风险、实质性测试等的要求,报告阶段包括环境审计报告的编制要求(如将应当发表的意见并入常规审计报告还是编制专门的环境审计报告)等。此外要注意的是,环境审计准则作为审计准则下的一个专项准则,应当只列示其与常规审计有差异之处,而不应面面俱到。

(五) 环境审计的本质

环境审计的本质是环境审计内部所固有的属性,是对环境审计特征的抽象概括,是最基础的东西,它回答"环境审计究竟是什么"的问题。它是从环境审计理论和实务中抽象概括出来的,反映了环境审计实践的本质。环境审计的本质应当是对受托环境责任的履行情况进行的一种鉴证。对于这一结论的证明,可以从两个角度考虑:一方面,由于环境审计本质与审计本质的一致性,我们可以从分析审计本质出发,进而得出环境审计本质;另一方面,我们也可以从对环境审计理论结构中其他要素的分析之中,逐步认识环境审计本质。下面分别从这两个角度加以分析。

1. 从审计本质看

(1) 鉴证即检查、证明,是指通过搜集、分析和评价审计证据来检查和证明受托经济责任履行的公允性、合法性和效益性。鉴证是基础,没有正确的鉴证,就不可能有正确的评价和监督。

(2) 只有经过鉴证才能进行相应的评价。只有通过一定的方法进行鉴证之后,我们才可以掌握受托经济责任的履行情况,得到相应的结论,进而在此结论的基础上作出评价、提出建议或作出处理。

(3) 监督、控制是鉴证所发挥的客观效果的体现。通过鉴证能够揭示受托经济责任的履行情况,发现问题和不足,客观上起到监督和控制的作用。

正是基于以上原因,审计在本质上应是一种鉴证。由于环境审计与审计相比只是对象不同,所以环境审计也应当是一种鉴证,只不过其鉴证的对象是受托环境责任,而不是受托经济责任。

2. 从对环境审计理论结构中其他要素的分析看

环境审计的开展过程就是从目标出发,搜集、分析和评价相关证据,检查和证明受托人的受托环境责任的履行情况:是否履行了、履行的效果如何、履行过程是否符合环境审计法规和标准的规定、是否进行了相应的记录、记录是否公允,最后在鉴证所得结论的基础上进行评价、提出改建建议,而这在客观上也起到了对受托人的监督和控制的作用。据此可以推论:环境审计在本质上是一种鉴证。

总之,从上述两个方面考虑,我们都可以得出环境审计本质是一种鉴证的结论。但是,不论对审计本质还是环境审计本质的认识,都要经历一个"认识—修正—再认识—再修正"的螺旋式上升的过程,而且随着社会经济环境的改变,对本质的认识也会有所改变,但正是通过这一过程使我们得以逐渐认识环境审计的本质。

第三节 环境审计的内容

对环境审计内容的认识,是随着人们对环境审计定义和本质认识的逐渐深化而不断丰富、分化的。对环境审计内容的探讨对于深入开展环境审计研究与实践具有重要的意义。因此,界定环境审计内容,建立健全环境审计制度,积极探索环境审计的发展方向,是当前审计工作的一项重要任务。从不同的角度研究环境审计,其包含的内容也有所不同。

一、从环境审计主体的角度分析

我国现有的审计主体包括国家审计机关、内部审计机构和社会审计组织3种。因此环境审计的内容就包含国家审计机关环境审计、内部审计机构环境审计和社会审计组织环境审计。由于三者的审计目的和目标不尽一致,造成他们在开展环境审计的过程中发挥的职能和作用也不尽相同。因此,这三者进行的环境审计的内容也各有侧重。

(一)国家审计机关环境审计

在借鉴最高审计机关国际组织开罗会议内容基础上,结合我国实际,国家环境审计应包括以下内容。

1. 环境政策法规审计

环境政策法规审计具体包括环境政策法规本身和执行情况。审计环境政策法规是国家或地方政府为实现环境保护目标而制定的行动准则和措施,对环境保护工作起着指导作用和统领作用,环境政策法规的好坏,直接决定着环境保护工作的成效,因此,环境审计首先应对国家各级政府的环境政策、法规加以监督、审查和评价,即审查环境政策与现行法规政策的符合程度,以及环境政策的可行性;其次是对执行环境法律、法规和政策制度等情况的程度、方法以及执行中和执行后存在的问题及原因进行审计。

2. 环保资金的筹集、管理和使用的审计

环保资金是否按照规定筹集、管理和使用,是否取得了较好的效益,将是目前我国环境审计的主要内容,其审计要点包括:国家财政预算投入环保治理资金的真实性;环保部门资金来源的真实合法性;环境管理部门用于环境保护资金的真实、合法和有效性;国有企业和事业单位环保资金筹集的真实、合法性;以上各部门用于环保资金支出如环境改造工程支出、环境整治支出、环境宣传教育支出

以及环境惩罚支出等的真实、合法和有效性。

3. 环境管理体系审计

根据我国《环境保护法》的规定,各级人民政府的环境保护行政主管部门对本辖区的环保工作实施统一管理。也就是说,我国目前的环境管理体系是以环保行政主管部门为主体,有关职能部门为重要组成部分共同管理的制度体系。环境审计部门作为独立的监督者,必须对环境管理体系及其组成部分进行监督,评价环境管理体系是否科学、高效,通过对环境管理体系的审查和评价,发现其中存在的问题,然后提出解决方案和对策供决策部门参考,从而改进环境管理体系。

(二) 内部审计机构环境审计

内部审计机构作为企业管理体系的一部分,对企业环境管理活动实行监督和评价,以减少企业生产对环境造成的影响,达到清洁生产和保护环境的双重目的。具体来讲,内部审计机构开展的环境审计的内容如下。

1. 合规性审计

评价本单位的环境政策、方针是否符合国家有关环保法规和制度;企业的生产经营活动是否符合国家有关环保法规和本地区环境保护保的实际情况;以及其符合程度如何。

2. 环境管理系统审计

企业具有环境保护责任,因此必须建立环境管理系统,制定本单位内部的环境政策。内部审计应该评价所在单位的环境管理系统是否存在,是否健全、有效。首先,应该评估单位内部环境政策是否可行,采取的防治环境污染措施是否有效;其次,应该评估单位的环境政策是否得到贯彻执行;最后,要评价单位的环境政策执行结果。内部审计应该定期审查所在单位的环境管理系统,以确保环境管理系统的持续适用性,通过审计使环境管理系统不断得到完善和改进。

3. 产品审计

对企业从采购原材料、加工生产、销售产品的全过程进行监督,检查购入的商品是否符合环境技术标准、生产过程中产生的废气、废水、固体废弃物等有害物质是否进行妥善处理、产成品是否符合环境保护要求,对不符合环保要求的产品是否有改进计划,实施情况如何等。企业需要定期公布生产过程对环境造成了什么样的影响,同时提出改造的建议。内部审计机构通过环境审计可以促使企业使用清洁的能源和原料,采用先进的工艺技术与设备,提高资源利用效率,减少生产过程中污染物的产生和排放,以减轻或者消除对人类健康和环境的危害,从而实现可持续发展的目标。

4. 环境负债和环境收益审计

内部审计部门必须根据所在单位的类型、规模,以及对环境的影响类型对企业的环境风险和可能发生的环境负债进行评估;另外,企业也应当评估实施环境保护政策带来的收益,包括企业利用"三废"生产的产品以及对这些产品减免税收所得的收益,国家对保护环境有成绩的企业发放的奖金,企业实施环保政策措施后带来的一系列经济和社会效益。

内部审计需要确认环境负债和环境收益估计的合理性及其在财务报表中反映的适当性。

5. 环境风险的预防性审计

这项环境审计内容看起来比较抽象,由于企业生产产品可能会污染环境,企业需要提前预测会产生多少污染、污染哪些资源、处理污染物需要多少开销,根据这些数据来制定方案减少污染量,从而提前做到更好地保护环境,减少成本。

(三)社会审计组织环境审计

加拿大特许会计师协会关于社会审计的内容对我国注册会计师将来开展环境审计具有借鉴意义。结合我国的实际情况,我国注册会计师开展环境审计主要可以围绕以下内容展开。

1. 环境系统审计

注册会计师可以在提供环境管理系统评价服务方面发挥作用。企业内部环境管理系统审计主要为一个组织的环境管理系统是否存在及其是否健全有效提供确认。注册会计师要对企业制定的环境政策、与环境有关的制度以及企业在环境防治方面采取的措施和效果等进行审查。注册会计师可以依据 ISO14011 审核程序来进行,对企业环境管理系统审计的内容应该包括:依照环境管理系统审核准则,确定被审计单位环境管理系统的符合情况;判定被审计单位环境管理系统是否得到了贯彻执行并予以保持;确定被审计单位环境管理系统中可改进的地方,对企业内部环境管理系统审计的合理性进行审查和鉴证。

2. 环境报告审计

随着社会对环境问题的日益关注,企业的关联方和社会公众日益要求企业提供环境绩效信息和与环境有关的财务信息。为适应这种需要,企业就有必要对外披露环境信息。环境报告审计主要是指对企事业单位在现有财务报表框架内报告的环境问题的财务影响以及单独对外公布的环境绩效报告进行的审计。对环境报告审计的主要目的是为了分析、判断和评价被审计单位的环境会计责任,其审计的要点主要是:①对环境资产的审计;②对环境负债的审计;③对环境权益的审计;④对环境收入的审计;⑤对环境成本费用的审计;⑥对环境效益的审计;⑦对环境会计信息披露的审计。

二、从环境审计实质的角度分析

从环境审计的实质上看,环境审计的内容的经历了一个从"合规性审计"到"合规性审计""绩效审计"和"财务审计"并存的过程。

（一）合规性审计

合规性审计即审查企业是否全面遵守了有关环境政策、法规，是否设置了有利于各种政策、法规得以遵循的内部控制制度。但是，合规性审计不负责全面检查被审计单位进行环境管理的方法，也不负责帮助管理部门改善环境管理活动以降低其生产经营对环境产生的影响。这是早期环境审计的主要内容。

（二）财务审计

财务审计是通过审查被审计单位年度财务报表是否公允地反映了环境问题对其财务状况、经营成果的影响，了解被审计单位环保资金筹集和使用的真实性、合法性、效益性等。由于环境会计与环境审计的产生和发展几乎是同步的，而目前环境会计问题仍未被列入会计准则的有关条款，因此，在环境审计实务中，没有进行系统的财务审计。随着环境会计理论研究的深入，披露环境会计信息的环境会计受到了人们越来越多的关注，许多被审计单位开始主动在其会计报告中揭示有关环境信息，财务审计逐渐成为了环境审计的重要内容。

（三）绩效审计

绩效审计是对被审计单位的环境政策和各项环境管理活动进行监督、审查和分析，评价其在资源开发利用、污染防治和生态环境保护方面的经济性、效率性、效果性，并对其效率、效果表示意见。具体来讲，就是审查企业是否以经济节约和高效率的方式运用受托环境资源；是否在为实现各种环境经营管理目标，使经营活动获得预期效果而奋斗；是否建立了充分可靠的内部控制以保证经营活动以经济的和富有效率的方式进行。随着形势的变化，绩效审计逐步取代了合规性审计，成为环境审计内容的主流。

（四）环境咨询

"合规性审计""绩效审计"和"财务审计"都属于事后审计，而环境审计应是对企业履行受托环境责任全过程的控制。因此，环境咨询作为一种事前控制手段，是在管理部门作出决策之前，由审计人员予以调查并提出建议的一项服务，必然将成为环境审计未来的发展趋势。在加拿大特许会计师协会 1992 年发布的"环境审计与会计职业界的作用"的研究报告中，也已将环境咨询服务加入到环境审计的服务内容中。

本章小结 ....

本章首先介绍了国内外审计学者和实际工作者对环境审计定义的不同观点。不容置疑，西方审计学界在研究环境审计方面有其独到之处，对于丰富和完善环境审计的定义作出了巨大贡献。但是由于我国的环境审计有其自己的特殊性，理论研究应当结合我国的实际情况和现行的法规条例。随着我国环境审计理论研究的深入以及环境审计实务工作的开展，我国学者对于环境审计的定义也有自身的理解，对环境审计的定义也提出了不同的观点和看法。尽管如此,对于环境审计的定义至今尚未形成统一、被广泛接受的看法。

本章第二节根据我国的环境管理体制和审计组织体系,结合国内外对环境审计的定义表述,对环境审计的定义作如下界定:环境审计是为了确保受托环境责任的有效履行,由国家审计机关、内部审计机构和社会审计组织依据环境审计准则对被审计单位受托环境责任履行的公允性、合法性和效益性进行的鉴证。为了正确理解环境审计的定义,需要把握以下要素:环境审计目标是确保受托环境责任履行的公允性、合法性和效益性;环境审计主体包括国家审计机关、内部审计机构和社会审计组织;环境审计对象从本质上讲是受托环境责任;环境审计依据是环境审计准则;环境审计在本质上是一种鉴证。

本章第三节是对环境审计内容的认识。它是随着人们对环境审计定义和本质认识的逐渐深化而不断丰富、分化的。从不同的角度研究环境审计,其包含的内容也有所不同:首先,从环境审计主体的角度分析,环境审计的内容包含国家审计机关环境审计、内部审计机构环境审计和社会审计组织环境审计;其次,从环境审计实质的角度分析,环境审计的内容包含合规性审计、财务审计、绩效审计和环境咨询。

思考题

一、如何评价国内外学者关于环境审计定义的不同观点?

二、国内外学者关于环境审计定义的观点对构建环境审计定义有何启示?

三、如何理解环境审计的定义?环境审计定义中包含哪些要素?

四、环境审计的内容从不同角度分析分别包含哪些内容?

五、环境审计与审计有哪些区别和联系?

参考文献

[1] 孙菊生,刘文国.环境审计与会计职业界的作用——加拿大和美国环境审计比较研究[J].审计研究,1998(2):1-6.

[2] 张以宽.论环境审计[J].财会通讯,1996(6):18-19.

[3] 陈思维.环境审计[M].北京:经济管理出版社,1998.

[4] 包强.论环境审计概念结构[J].审计与经济研究,1999(4):14-16.

[5] 高方露,吴俊峰.关于环境审计本质内容的研究[J].贵州财经学院学报,2000(2):53-56.

[6] 陈正兴.环境审计[M].北京:中国审计出版社,2001.

[7] 林兢.环境审计研究[J].中国发展,2005(3):17-22.

[8] 刘长翠.企业环境审计研究[M].北京:中国人民大学出版社,2005.

[9] 李雪,杨智慧.对环境审计定义的再认识[J].审计研究,2004(2):26-30.

[10] 纪新伟.环境审计内容研究——兼论环境审计定义[D].北京:首都经济贸易大学,2003.

[11] 余雁.我国环境审计问题探析[D].南昌:江西财经大学,2009.

[12] 蔡春,陈晓媛.环境审计论[M].北京:中国时代经济出版社,2006.

[13] 黄道国,邵云帆.多元环境审计工作格局构建研究[J].审计研究,2011(5):18-23.

第四章　环境审计理论结构

内容简介

　　本章首先介绍了环境审计理论结构和审计理论结构的关系及研究环境审计理论结构的必要性；其次论述了构建环境审计理论结构的基点选择；最后按照5个步骤构建了环境审计理论结构，确定了环境理论结构的要素、基点、要素之间的内在关系，并对诸要素进行了简要分析。

学习目的和要求

　　通过本章的学习，你应当能够：

- 了解环境审计理论结构和审计理论结构的关系；
- 认识到构建环境审计理论结构的必要性；
- 熟悉构建环境审计理论结构的逻辑基点；
- 明确环境审计理论结构的要素；
- 了解环境审计理论结构诸要素之间的关系；
- 掌握构建环境审计理论结构的步骤。

第一节　环境审计理论结构概述

一、环境审计理论结构和审计理论结构的关系

　　蔡春、陈晓媛在《环境审计论》中指出，环境审计是审计的一个分支，是审计发展到一定阶段的产物，两种理论结构的关系应当是特殊与一般之间的联系。审计理论结构是指审计理论诸要素（组成部分）及其相互联系的组合，它本身就是一个逻辑系统。审计理论结构描述的是审计的一般，是对所有审计类型的高度概括和提炼，反映的是所有审计行为所具有的最一般的特点。环境审计理论是用来解释、指导和预测环境审计实践的系统化、理性化的认识，而系统化则要求有一个内在的结构，这一结构就是环境审计理论结构①。它是指由应包含在

---

① 杨智慧.环境审计理论结构研究[D].青岛：中国海洋大学,2003.

环境审计理论系统中的各个要素组成的一个框架,其中各个要素之间存在一种相互影响、相互作用的关系。环境审计理论结构是一种相对具体的审计理论,着重反映审计特殊,它是对环境审计问题进行的透彻分析,目的仍然在于探求其本质。理论结构是构筑一个学科最基础的东西。我们认为,无论是传统的审计还是特殊的环境审计,其理论结构应该是具有同一性的,两种理论结构的理论要素和逻辑基点应该是一致的[1]。亚生·吾拉木、斯坎德尔·吐尔夏在《和谐发展视角下的现代环境会计研究》中也指出,环境审计是审计的一个分支,它们的本质是相同的。环境审计的对象就是受托环境责任,受托环境责任是受托经济责任的一个方面。环境审计以审计的基本理论为基础,是对传统审计的一种继承和发展,它是在受托经济责任向受托环境责任扩展后形成的,环境审计理论结构与审计理论结构的基点具有同一性[2]。

环境审计理论是用来解释、指导和预测环境审计实践的系统化、理性化的认识,而系统化则要求有一个内在的结构,这一结构就是环境审计理论结构。它是指由应包含在环境审计理论系统中的各个要素组成的一个框架,其中各个要素之间存在一种相互影响、相互作用的关系。

审计理论结构应描述审计一般,应囊括各种专项审计(诸如质量审计、环境审计)和各种类型审计(诸如内部审计、国家审计和社会审计;财务审计、合规性审计和绩效审计)中相同的、本质的东西,是对上述审计类型的高度概括和提炼;而环境审计理论结构应反映审计特殊,应对环境审计实务进行具体分析和总结,以求对环境审计进行透彻分析,并最终探求出其本质。

这样,环境审计理论结构与审计理论结构相比具有如下特点:

(1)包含的要素更多。因为环境审计理论结构中的要素应更详细、更具体地反映环境审计理论系统,说明其较之于审计的特殊之处,所以只包含审计理论结构中的要素是不够的。

(2)各个要素所包含的具体内容不尽相同。环境审计理论结构要反映环境审计的特殊属性,一个非常重要的方面就是将其各个要素在内容上的独特之处分析出来,以突出环境审计之特色。

(3)诸要素应有不同的侧重点。环境审计理论结构中的各个要素对于环境审计理论结构来说都十分重要、必不可少,但它们的地位和作用并不完全相同,它们与常规审计的差异程度也不完全一样。对于与常规审计有重大区别的要素要进行详细分析;反之,则应简略分析。

但是,环境审计理论结构与审计理论结构基点的选择是相同的,它们所包含

① 蔡春,陈晓媛.环境审计论[M].北京:中国时代经济出版社,2006.

② 亚生·吾拉木,斯坎德尔·吐尔夏.和谐发展视角下的现代环境会计研究[M].乌鲁木齐:新疆科学技术出版社,2007.

的相同要素（目标、假设、原则、准则和本质）的逻辑关系也是相同的。

二、研究环境审计理论结构的必要性

（一）研究环境审计理论结构是开展环境审计实务的需要

1. 环境审计实务的现状急需强化环境审计理论结构研究

环境审计诞生后，很快在世界各国推广开来，并取得了一定的成绩。但是，总体状况仍不尽如人意。从内容上看，环境审计的开展还主要集中在合规性审计领域，而对于环境财务审计和环境绩效审计涉及较少；从主体来看，主要是政府来组织实施，而企业内部开展较少，社会审计组织甚至没有涉及。也就是说，无论是在广度上，还是在深度上，环境审计的开展都明显不足，其范围有待扩展，质量有待提高。当然，造成这种状况的原因是多方面的，但环境审计理论的不成熟、不完善是一个十分重要的原因。而要使其得到迅速发展和提高，首先就要构建一个全面、系统、合理、有效的环境审计理论结构。

2. 激烈的国际竞争要求强化环境审计理论结构研究

国际上对环境标准的要求比较高，环保措施可能被作为实行贸易保护的借口。在 WTO 框架中，几乎所有行业都渗透着对污染程度和允许的资源开发方法、数量加以限制的要求，即"绿色贸易壁垒"。因此，对于加入 WTO 的国家来说，为了适应日益激烈的国际竞争，在未来经济发展中站稳脚跟，必须重视环境问题，进行环境审计研究，特别是进行环境审计理论结构研究。

（二）研究环境审计理论结构是开展环境审计理论研究的需要

1. 环境审计理论研究的系统性需要研究环境审计理论结构

大多数学者只注重对环境审计理论某一方面的研究，并没有考虑到环境审计理论是一个系统，没有把它作为一个整体来看待。而环境审计理论作为一个完整的体系，有其自身的组成要素，并且各个要素之间存在一定的关系。如果只研究某一方面，而忽视了其他方面，就可能造成各个理论要素之间的不协调，甚至产生矛盾。

2. 环境审计理论研究高度的提升需要研究环境审计理论结构

当前，多数学者只研究应用性较强的理论，诸如环境审计准则、环境审计方法，而忽视了环境审计假设、环境审计原则等基础理论的探讨。一般认为，假设、原则是确立准则、方法等要素的基础。在没有确立环境审计假设、原则等要素的情况下，研究准则、方法难免会出现偏差。并且，由于现有环境审计研究多数是对实践的解释，很难发挥对实践的指导和预测作用。所以，必须确定环境审计理论中各个要素的研究顺序，而这要以研究环境审计理论结构为前提。

3. 环境审计理论结构研究是环境审计理论研究的先导

环境审计理论结构的完善化和系统化标志着环境审计理论的形成和发展。通过环境审计理论结构，我们可以清楚界定环境审计理论系统中应包含的要素及其关系,可以展望环境审计理论的未来发展方向。这样,在环境审计理论结构之后的研究中,我们就清楚了应该研究什么、怎样研究和研究的方向,使理论研究更具系统性、方向性,避免研究中出现不必要的偏差。①

第二节　环境审计理论结构的基点选择

任何理论结构的建立或构筑都需要一定的具体要素作为支撑,逻辑基点对整个学科体系中其他理论要素的建立和发展,以及对整个审计理论结构的构建起着基础性、决定性的作用。

从哲学角度来讲,逻辑基点就是指从抽象上升到具体全过程出发点的一个或一组概念、范畴或是判断,也可以称之为上升的基点。它是构造一门学科理论体系的开端,是整个理论体系中最基本、最抽象,同时也是最本质的一个理论范畴,对于整个学科其他理论要素的建立和发展起到了不可忽视的决定性作用。因而,环境审计理论结构逻辑基点的确定成为构筑环境审计理论结构的关键与开端。

一、选择的逻辑基点必须符合以下一些前提条件②

(一) 它必须是环境审计理论结构中的一个要素

为了实现基本要素对其他要素的影响,此要素必然与结构中的其他要素有密切联系,从而能够通过一些直接的途径对其他要素产生作用,而不以结构中的其他范畴作为中介或前提。逻辑基点的基本功能客观地要求逻辑基点需要位于整个理论结构之中,是理论结构中客观存在的事物,其本身就是理论结构中不可或缺的因素。

(二) 能紧密联系环境审计理论与实务

理论与实务相联系是所有逻辑基点要素应具备的特征。理论来源于实践,同时接受实践的检验,从而不断修正所形成的理性认识,获取理论的新发展。环境审计理论结构的基点也必须是联系理论和实务的纽带。它既要和实务紧密相连,及时反映其变化,又要对其他要素有决定性作用,从而推动整个环境审计理论的不断完善和发展。

(三) 能联系环境审计理论与环境审计环境

与其他的理论结构有所差异,环境审计是基于一定的环境所进行的。环境将直接影响环境审计的理论研究和实务开展,环境审计各理论要素都必须反映环境的变化,推动整个理论结构随环境而不断改进、完善。作为整个理论结构主

---

① 李雪,杨智慧.构建环境审计理论结构的必要性及基本思路[J].财会月刊,2004(9):31-32.

② 蔡春,陈晓媛.环境审计论[M].北京:中国时代经济出版社,2006.

导的逻辑基点自然也应该具备这一基本特征,它需要与环境密切联系,反映并适应环境的转变,同时促进其他要素的转变。

(四) 能实现对其他环境审计要素的推导论证

环境审计理论结构中各要素之间存在着一种相互影响、相互制约的关系,理论的逻辑基点必须能够推导论证所有其他相关的理论范畴,这是作为逻辑基点要素的基本特征。通过此特殊要素的特殊作用使理论结构形成一个逻辑严密、内容完整、相对稳定的整体,并确保整个结构具有清晰的逻辑和完整的内容。

(五) 可知性,简而言之就是可以被人们所识别和理解

能够被充分地认识是所有理论结构要素所需要具备的特征。如果所选择的要素无法被人们所认识,就无法对它的具体内容进行研究,无法判断这个要素本身所包含的意义,自然更无法实现对其他要素的推导认证,而最终导致环境审计理论结构的构建失去意义。

(六) 环境审计理论的逻辑基点必须具备较好的稳定性

稳定性是指它的存在受主观因素的影响较小,不易随人们的意志而转移。同时,要素的稳定性还体现在它能够反映出该理论的根本属性,逻辑基点的稳定性直接作用于整个理论结构,使建立的理论结构能反映出其内在固有的性质。

二、逻辑基点的特征

逻辑基点必须具备的特征有:①逻辑基点是环境审计理论框架的构成要素;②逻辑基点能推导出其他要素。在环境审计理论结构中只有本质可以作为逻辑基点,因为本质是固定属性,是对环境审计特征抽象的概括,它无法被其他要素决定,在理论结构中有着导向的作用。在环境审计框架的实务中,环境审计的目标是逻辑基点,因为它可以反映外部审计环境的变化,又可以推导出其他的要素。

三、逻辑基点的几种典型观点

(一) 哲学基础基点论

莫茨和夏拉夫在《审计理论结构》一书中提出以"抽象科学的核心"为审计理论体系研究的基点,然后依次推导出审计假设、审计概念、审计规则和实际运用,从而形成5要素的审计理论体系模式。而"抽象科学的核心"即指数学、逻辑学和形而上学等相关知识领域的核心,即哲学基础。该论点是从哲学的高度开展审计理论结构的研究,其依据是哲学是一切科学的基础。该论点是从哲学的高度来开展审计理论体系的研究,在当时审计理论研究十分匮乏的条件下,从哲学基点开展审计研究是具有重大意义的,因为哲学是一切科学的基础。但从现在

看来,若以哲学基础作为审计理论体系研究的基点则显得过于抽象,会因范围太宽泛而使研究内涵不易确定①。

(二)审计本质基点论

《现代汉语词典》认为,所谓本质是指"事物本身所固有的、决定事物的性质、面貌和发展的根本属性"。持该观点的学者认为:审计的本质是确定和解释其他审计概念的依据,审计的本质回答了什么是审计的问题,以此为基础展开研究可以揭示出审计的内涵与外延,并推导演绎出其他各要素。正是基于这种对本质的认识,很多学者将本质作为整个理论体系建立的基础。

审计本质基点论由英国学者汤姆·李在其《企业审计理论》中率先提出,英国学者费林特(Flint)在《审计哲学与原理导论》中再次提出以审计本质作为审计理论体系研究的基点。

中国理论界的大部分学者也持该观点,蔡春赞成并选择审计本质作为整个审计理论结构的构建基点。他认为,只有准确地揭示并把握了审计的本质,才能把握住审计理论的发展方向。正如尚德尔教授所说:"一旦确立了一门学科的正确定义,也就确定了它的知识体系,从而只需借助于通常的哲学分析方法就能确立起该学科的理论。"②其实,本质即是对事物内在规定性的揭示与反映,把握了事物的本质,也就把握了这种内在规定性,亦即事物的内在结构。因此,我们可以说,只要正确地确立了审计的本质,也就顺理成章地确立了审计理论结构。只有在审计本质认识上有所创新与突破,才能带动整个审计理论(结构)的研究有质的跃进。尽管对审计理论结构的研究在西方已有50多年的历史,但其进步仍是缓慢的,并且尚未形成较为公认的审计理论结构。其中一个重要的原因就是人们在对审计本质的认识上尚未获得实质性的突破(尽管西方较为公认的审计本质观已从早期的"查账论"发展到"方法过程论",但是事实上20世纪70年代后形成的各种审计理论结构模式基本都是在莫氏模式基础上的修改补充而成的)。这无疑延缓了审计理论结构的发展。由此可见,要推动审计理论结构研究大踏步向前发展,在审计本质认识上必须来个大突破。

阎金锷(1995)在《构建审计理论框架初探》中认为,构建审计理论结构,应有利于从中推导出审计诸概念,其构筑要素应来源于审计实践,并要有全面、高度的概括,而审计的一些具体概念则不应列入其中。在此理论指导下,他构建了"本质—目标—假设—原则—准则"的审计理论结构。从中可以看出其是以审计本质作为审计结构基点的③。

亚生·吾拉木、斯坎德尔·吐尔夏在《和谐发展视角下的现代环境会计研

---

① 莫茨,夏拉夫. 审计理论结构[M]. 北京:中国商业出版社,1990.
② 尚德尔. 审计理论[M]. 汤云为,吴云飞,译. 北京:中国财政经济出版社,1992.
③ 阎金锷. 构建审计理论框架初探[J]. 审计研究,1995(3):12-14.

究》(2007)中提出,环境审计本质是环境审计理论结构中的第一基本要素,处于理论结构的最高层次,起着统驭和导向作用,决定着各个理论结构的发展方向[①]。

朱萍、刘志军在《构建我国环境审计理论结构的设想》(2009)中认为,环境审计理论结构的基点是审计本质。环境审计的本质是指环境审计是一种什么样的活动,是首先要界定的一个问题,也是理论体系中最基本、最抽象、最简单的一个理论要素。它对该学科其他理论要素的建立和发展以及整个理论体系的构造均有着决定性的作用。本质是比较稳定的,从环境审计本质出发,可以逻辑地推导出环境审计目标、假设、概念等理论体系的要素,从而指导环境审计准则的制定和规范环境审计工作,使其具备逻辑基点的一些基本特征。把握了环境审计本质,才能把握住环境审计理论的发展方向。本质是对事物内在规定性的揭示与反映,把握了事物的本质,也就把握了这种内在规定性,亦即事物的内在结构。因此,只要正确地确立了环境审计本质,也就确立了环境审计理论结构。对环境审计本质认识有所创新与突破,才能带动整个环境审计理论研究[②]。

黄溶冰(2012)认为,要发挥环境审计在节能减排中的建设性作用,必须首先明晰环境审计的理论结构。由于审计本质的研究在整个审计理论结构中具有导向作用,所以可以从环境审计的本质出发,构建环境审计的理论结构框架,即环境审计理论结构的逻辑起点是节能减排导向之下对环境审计本质属性的定位,而环境审计的本质又直接支配着环境审计的职能,环境审计的本质和职能共同影响环境审计的目标,为了实现审计目标,需要明确环境审计的内容,科学设计环境审计的模式以及选择合适的审计程序和方法,最终形成恰当的环境审计报告,通过信息披露和问责机制,实现既定的环境审计职能,并服务于节能减排的审计外部环境[③]。

自 1982 年我国恢复审计制度以来,审计理论研究一直是围绕审计的定义、职能等问题展开的。而定义、职能等问题均反映审计的本质。审计本质基点理论将审计本质置于审计理论研究的首位,本质问题是构成审计理论体系的最高层次,只有准确地揭示并把握了审计的本质,才能把握审计理论的发展方向;只有在审计本质认识上有创新与突破,才能带动整个审计理论结构的研究有质的跃迁。因此,审计理论研究应以审计本质作为逻辑基点。它强调审计的经济监督职能,旨在建立一套以经济监督为核心的审计理论体系。

(三)审计假设基点论

审计假设也称审计假定,它是审计人员在面对复杂多变的审计环境时,根据

---

① 亚生·吾拉木,斯坎德尔·吐尔夏. 和谐发展视角下的现代环境会计研究[M]. 乌鲁木齐:新疆科学技术出版社,2007.
② 朱萍,刘志军. 构建我国环境审计理论结构的设想[J]. 会计之友,2009(2):16-18.
③ 黄溶冰. 我国节能减排的环境审计理论结构分析[J]. 中国行政管理,2012(5):30-33.

客观情况或发展趋势,对某些未经确切认识或无法正面论证的经济事项和审计现象所进行的合乎逻辑的判断、推断和认定。

在莫茨和夏拉夫的《审计理论结构》的影响下,1978 年尚德尔教授在《审计理论——评价、调整和判断》一书中,提出以审计假设为基点,建立由审计假设、定理、结构、原则和标准组成的审计理论结构:假设—定理—结构—原则—标准。

国内一些学者认为,审计假设模式就是从审计假设出发,在审计假设的基础上导出审计原则,然后用它们来指导审计准则,审计假设和审计准则共同构成了审计理论结构的理论基础和概念体系。

我国著名会计学家杨时展教授也认为:"假设是人们进行工作的前提。"假设是任何理论推理的前提,失去必要的假设,学科本身的科学性就不复存在了。审计假设也不例外,它是对审计所处社会环境的高度概括。

熊国辉、张艳秋(1997)也把审计基本假设作为审计理论研究的逻辑基点。该观点认为,审计假设是审计科学研究的先导、是从事审计实务的基本前提,只有从普遍接受的审计假设出发,才能演绎出其他理论,以便建立起审计理论体系。离开了审计假设,审计活动便无法正常地开展,更谈不上审计理论体系的构建。这种以审计假设作为逻辑基点的审计理论体系基本结构为:审计假设—审计原则—审计准则—审计规范[①]。

(四) 审计目标基点论

审计目标是审计活动所期望达到的境地。迄今为止,审计目标逻辑基点论在西方较为盛行,这是受到会计研究目标导向的影响而出现的。这种观点的主要特点就在于以审计实务为导向。

审计目标基点论最早是由加拿大审计学家安德森于 1977 年在其著作《外部审计学》中提出的。英国汤姆·李教授也是这一观点的支持者,在其《公司审计理论》一书中该观点得到了全面展现。

国际审计委员会(LAPC)1986 年也提出应以审计目标为基础构建完整统一的审计理论体系框架。

就国内来看,持有这种观点的学者也比较多。徐政旦、谢荣(1987)认为,"(审计)目标是一切工作的出发点"[②]。李若山在《审计理论结构探讨》中指出,审计目标是整个审计理论结构中最基本、也是最重要的要素,是所有审计理论中的出发点。它不仅决定了审计的性质、职能,而且也决定与影响了整个审计程序和方法。它是审计存在的基础,通过审计目标的确定,将审计其他一些基本理论串联起来,建立起一个完整的、统一理论框架。因为,审计的存在,就是为了完成某一特定目标,审计的其他组成部分,都是根据这些特定的目标而设置的。所

---

① 熊国辉,张艳秋. 试论审计理论结构的逻辑起点[J]. 财会通讯,1997(8):18-19.

② 徐政旦,谢荣. 试论我国社会主义审计模式的若干原则[J]. 审计研究,1987(4):6-10.

以，只有提出审计目标，才能使其他各个理论部分有机地结合起来①。

李雪、杨智慧（2002）以环境审计目标为基点，将环境审计目标界定为开展环境审计所期望达到的目标。它包括人们追求的最终目标与当前和今后一段时期内能够实现的具体目标：第一，环境审计目标能够联系环境审计理论与环境审计环境；第二，环境审计目标是环境审计理论结构的组成部分，是环境审计理论和实务发展的推动力；第三，环境审计目标能紧密联系环境审计理论与实务；第四，环境审计目标能推导论证其他环境审计理论要素；第五，环境审计目标具有可知性②。

吴俊峰（1997）认为，环境审计理论结构的构建应以环境审计目标为基点，只有明确了环境审计的目标，我们才知道环境审计要干什么，也才能明确环境审计的本质是什么，从而才能明确环境审计理论研究和实务开展的条件等③。

陈正兴（2001）在其主编的《环境审计》中，独辟一章讨论了环境审计的目标。他认为，环境审计目标是实施环境审计理论结构的基础和逻辑基点，是环境审计的出发点和归宿，是联系环境审计理论与实务的桥梁，是环境审计工作的行动指南。他还认为，环境审计目标可以具体界定为：通过审查被审计单位一定时期的环境会计报表是否公允地反映其与环境相关的财务状况和经营业绩，以及所采取的会计政策和会计处理方法是否符合环境会计准则的要求，并出具审计报告，同时提出改善环境管理的意见④。

张晶、高运川（2004）认为，环境审计目标在理论上决定了环境审计系统实现，环境审计目标所需的保证系统，居于基础地位，决定和制约着环境审计假设、环境审计概念、环境审计准则和环境审计的方法，从而体现了环境审计的职能和环境审计的本质。⑤

（五）审计环境基点论

《现代汉语词典》认为，环境是"周围的情况和条件"。审计环境就是与审计的产生、发展密切相关，并决定着审计思想、审计理论、审计组织、审计法制以及审计工作发展水平的客观历史条件及特殊情况。基于对环境问题重要性的认识，近年来，许多学者提出以审计环境作为审计理论结构研究的逻辑基点的观点，其依据是审计理论的产生与发展始终受环境的影响与支配。审计环境不仅是进行审计实践研究所必需的，也是研究审计本质、目标、规律所必需的。审计环境是审计理论结构中的核心要素，因为它比审计假设包含了更广泛的内容，同时又界定了审计目标所意欲表达的特定内容，并成为审计实务的基石，能够反映

① 李若山. 审计理论结构探讨[J]. 审计研究，1995(3):15-18.
② 李雪，杨智慧，王健姝. 环境审计理论结构研究[J]. 财贸研究，2002(5):107-111.
③ 吴俊峰. 环境审计研究[D]. 成都:西南财经大学，1997.
④ 陈正兴. 环境审计[M]. 中国审计出版社，2001.
⑤ 张晶，高运川. 环境审计的理论框架[J]. 环境科学动态，2004(3):8-9.

审计的根本属性。但是,审计环境仅指审计所面临的客观条件,它并不指审计本身。

陈建明在《独立审计规范论》中以审计环境为基点构建审计理论结构,认为必须对审计环境加以科学的界定,审计环境是审计赖以产生、存在和发展的基础,环境是审计所处特定发展阶段的客观条件。审计环境是一个错综复杂的、由多种因素构成的、庞大的统一体,我们可以将其区分为审计外环境和审计内环境。审计外环境可以具体化为审计所处特定阶段的社会、政治、经济和法律环境;审计内环境可以具体化为审计所处特定阶段的审计人员的价值观念、审计思想、审计文化、审计工作程序与方法等。审计内外环境息息相通,不断进行着物质、能量和信息的交换。审计环境和审计理论各要素之间的联系表现在:审计内环境决定了审计的本质,从而决定了审计的职能,进而决定着审计程序和方法;审计外环境决定了审计目标,从而决定了审计信息的质量特征,进而影响着审计程序和方法[①]。

刘丽娟(2002)提出,审计作为人类的一项实践活动,其产生、存在和发展总是依赖于特定的政治、经济、法律、文化和科技环境。这些与审计紧密相关的外部因素的综合就是审计环境。审计环境制约着审计的发展。因此他提出了自己的审计理论结构:审计环境—审计本质—审计目标、审计假设—审计准则[②]。

刘明辉认为,将审计环境作为构建审计理论体系的研究起点更为恰当。其理由包括:第一,审计环境是一种真实的存在,是审计系统中最简单、最普遍、最常见、最基本的现象。第二,审计环境是审计系统本身与影响审计的外部因素的结合体,审计环境具有联结理论与实践的功能。审计环境不简单等同于审计实践活动,它是对间接或直接影响审计的环境因素的高度抽象与概括,涵盖政治、经济、法律、科技、社会、自然多个因素。另外,审计环境来自于审计实践,并不断与之进行物质与能量的交换。第三,审计环境构成审计理论体系的核心要素,是推导其他抽象的审计理论与概念的基础。审计环境是审计动因的决定因素;审计环境是审计理论体系的核心,它比审计假设所反映的社会环境约束条件更为全面、真切,也界定了审计目标所"意欲表达的理想境地"的特定内容,是审计实务的基石。以审计环境为起点,能使整个审计理论建立在更为宽泛而坚实的基础之上。第四,审计环境反映了审计根本属性,决定着审计的需求与供给,是整个审计体系运动、发展的内在动力和源泉。第五,审计环境蕴含多样化研究方法。审计环境倡导的多样化研究思维方法、多元化理论模式能促进审计理论自身发展。美国的莫茨和夏拉夫教授正是将数学、逻辑学、伦理学等研究思想渗透到审计学中才开创了人类审计理论发展史上的第一座丰碑。把审计环境作为审

---

① 陈建明.独立审计规范论[M].大连:东北财经大学出版社,1999.

② 刘丽娟.审计理论结构的构建[J].江西审计与财务,2002(2).

计理论体系的起点可以使审计理论体系及其研究思路更加开阔。第六,审计环境是衡量审计系统是否先进、科学的基本标准。离开审计环境,不能解释不同国家或同一国家在不同历史阶段审计理论与审计实务所存在的差异。审计环境深刻地体现了审计的这一集合特征,是审计理论跨世纪的研究主题①。

(六)审计对象基点论

所谓审计对象就是指审计的客体。持该观点的人认为,审计理论结构是反映审计对象而形成的概念、范畴、判断、推理的结构,审计对象决定着审计的目标、审计的方法和审计的内容等一系列问题,是整个审计理论结构中最本源性的抽象范畴,应该作为整个理论结构的基点。所以,对整个理论结构的研究只能从人们在生产活动中所形成的受托经济责任关系入手,才能体现审计对象与审计其他要素之间的逻辑关系。明确审计研究的对象是决定审计理论结构、内容,进一步研究审计本质、目的、方法的前提。

汤士云(1997)提出,应以审计对象为研究基点。该观点认为,审计理论的研究对象只能从人们在生产活动中所形成的受托经济责任关系入手,才能体现审计对象与审计本质、审计职能、审计方法等之间的逻辑联系。因为每门科学的研究任务和方法是受其研究对象所制约的,如果不从审计研究对象的特征去考虑审计的目的、任务和方法,就不可能表明其存在的客观基础。明确审计理论的研究对象是决定审计理论的结构、内容,进一步研究审计本质、目的、方法的前提条件。因此,对审计对象的研究也必然构成我国审计理论研究的逻辑基点②。

(七)审计动因基点论

这是近几年我国理论界产生的新观点。该观点认为,审计理论结构的逻辑基点应当是审计产生和发展的基本动因。作为审计理论逻辑基点的基本动因,一方面联系着审计环境与审计系统,反映了社会环境对审计系统的客观要求,是环境需求与审计本质、基本职能结合的统一与概括,是制约审计本质、职能、目标的;另一方面联系着审计理论与实践,涵盖了审计理论和实践系统中的"一切矛盾的萌芽"。审计产生和发展的基本动因是审计基础理论结构的逻辑基点,也是审计工作的历史基点。

刘静、李保刚(2005)认为,审计理论结构的逻辑基点应当是审计产生和发展的基本动因。审计的基本动因是维护产权,审计是在两权分离的基础上,为适应维护产权的需要,受产权持有者之托而进行的监督受托者以维护产权责任的活动③。

祖建新、石道金(2006)认为,审计理论结构的逻辑基点是审计动力。审计动

---

① 刘明辉.以审计环境为逻辑起点构建审计理论体系[J].审计与经济研究,2003(4):3-7.

② 汤士云.审计理论研究起点论——兼论审计理论结构[J].山西财经学院学报,1997(1):55-57.

③ 刘静,李宝刚.以审计动因为逻辑起点构建完善我国审计理论体系[J].审计研究,2005(6):79-81.

力可具体表述为不断出现的新的期望(目标)与有限满足这些期望(目标)的程度性之间的矛盾。这一矛盾,推动了审计实践活动的不断深入,使人们对审计的认识不断深刻,形成审计理论,也促使审计诸学科分支的产生与发展。这一矛盾,是审计理论研究的逻辑基点。审计产生于监督的需要并满足了监督、检查的要求,监督的需要又促进了审计的发展。这是促进审计发展的主观因素。审计产生于特定的社会背景之中,这些特定的客观环境,构成了审计产生的另一个重要因素。审计产生之后,又反作用于这些客观环境,并使之发生改变。同时,审计又随着生产力的发展、科学技术的进步、时代的前进、社会的进步和经济文化等的发展而发展。这些是促进审计发展的客观因素。在与这些主观因素和客观因素同时发生相互联系、相互作用的过程中,审计产生、发展了①。

(八) 二元或多元要素基点论

二元或多元要素基点论是一个全新的观点,在 20 世纪末 21 世纪初才被提出。学者们在对逻辑基点的研究中发现,单一的要素有时难以真正实现逻辑基点的作用,因而他们尝试着选择多个因素代替原来的单一要素,期望以此来克服单一要素基点论的某些不足,解决各要素可能存在的彼此冲突的矛盾。

二元论的主要观点如下。

1. 以审计目标和审计假设共同作为审计理论结构研究的逻辑基点

目标假设基点论是由袁晓勇(1997)提出的。该观点认为目标是行动的指南,而假设是研究的前提和制约条件,因此,以审计目标为研究方向,以审计假设为轨道,整体与部分相结合,两者相互制约,共同来推导出审计理论体系结构的其他各要素。其理由包括:①目标是行动的指南,假设是科学研究的前提和制约条件,如果说目标指引着审计的研究方向,假设则制约、限定了审计研究的空间轨道方向,不能脱离轨道也不能没有方向;②目标与假设这对命题,既相互独立又相互依存,目标脱离了假设则成为空中楼阁,假设如果离开了目标,则变成无的放矢;③目标与假设的关系好比长与宽的关系,目标是方向,假设是轨道。以此为基点所推导出的一系列审计概念原则、程序与方法则是目标与假设向纵深发展,就可构成一套完整的、有机的审计理论结构体系②。

2. 以审计本质及审计环境作为审计理论结构研究的基点

环境本质基点论是由李晓斌(2002)提出的。他将审计本质这一审计本身所固有的根本属性要素与审计环境这一决定时空外部条件的要素结合起来,从内外部限定了审计研究的内容与方向,只有内外相结合方能有效推理出审计理论体系的其他各要素③。

---

① 祖建新,石道金.论审计理论研究的逻辑起点[J].财会通讯,2006(2):17-19.

② 袁晓勇.关于建立我国审计理论结构的设想[J].财会通讯,1997(3):13-14.

③ 李晓斌.审计理论体系的逻辑起点探析[J].审计理论与实践,2002(10):8-9.

3. 以审计环境和审计目标共同作为审计理论结构的逻辑基点

张静、杨志强(2004)提出,审计实务在审计环境中进行,审计环境联系着审计实务。而审计目标推导出审计理论结构体系的其他要素,同时本身也是审计理论的主要内容,审计目标联系着审计理论。审计环境和审计目标两者结合联系着审计理论和审计实务,其关系是"审计实务—审计环境和审计目标—审计理论"①。

4. 以审计动因、审计环境和审计目标作为审计理论结构的逻辑基点

学者吴联生(2000)提出,审计的发展应符合审计本身的因果关系,同时与它所处的审计环境相适应,而审计的发展是在审计目标的引导下实现的。研究审计动因是为了确定的审计目标符合审计本身的因果关系,研究审计环境是为了确定的审计目标与它相适应。因此,审计动因和审计环境的研究都是为审计目标的确立服务的。为此,他以审计动因、审计环境和审计目标三元素的结合作为审计理论体系的逻辑起点②。

四、对上述典型观点的评价③

我们认为,上述观点均存在一定的优缺点,具体分析如下:

(1)以抽象科学作为环境审计理论结构的基点,范围过于宽泛,内涵也不易确定。哲学思想固然可以贯穿整个环境审计理论的始终,但它并不具备基石的作用。

(2)以环境审计本质要素为基点会使环境审计理论与社会经济环境相脱节。社会经济环境变化对环境审计的影响首先表现在对环境审计目标的追求以及实现环境审计目标所采用的各种手段、技术上,而不是直接表现在环境审计的本质上。因此,环境审计本质作为一个纯理论的概念必然会脱离客观的社会经济环境,从而使环境审计理论不能很好地指导、预测环境审计实践并客观地反映环境审计实践。此外,人们只能无限地接近本质,无法在短时间内真正把握它。

该观点认为只有充分认识了审计的本质,才能考虑审计中的其他问题,诸如审计假设、审计目标、审计概念、审计准则和审计程序等。其认为,审计本质是审计区别于其他事物的根本特征,以此为基点展开审计理论的研究更能掌握审计实务背后所体现的客观规律。

但是,该观点也存在着不足:其一,以审计本质为逻辑基点容易导致审计理论内部结构的松散性。一个科学完整的理论体系应该是结构紧密的,各组成要素应当相互连贯、浑然一体,要求有一个具有一定内聚力的逻辑基点把体系中各

① 张静,杨志强.关于审计理论结构逻辑起点的重新思考[J].财会研究,2004(1):53-55.
② 吴联生.审计理论体系结构:一种新观点[J].中国注册会计师,2000(12):15-17.
③ 李雪,杨智慧.环境审计理论结构逻辑起点研究[J].中国海洋大学学报,2004(2):49-52.

要素有机联系起来。而作为审计本质的经济监督活动具有固定性，难以把演进变化着的审计方法、程序、原则等有机结合起来。其二，从理论与实践的关系来看，审计本质属于纯理性的范畴，以其为逻辑基点构建理论结构容易脱离实践，使审计理论失去与外部经济环境的密切联系，从而形成一个封闭式的体系。其三，削弱了审计理论的实践指导作用。在实践中，以本质为基点来建立审计运行模式将无法揭示审计各运行机制和行为方式形成的条件、根源和过程，将难以引导审计体系的正常运行和审计实践的顺利发展。

（3）以环境审计假设为基点，使环境审计理论与社会经济环境失去相关性。环境的不确定性产生假设，假设确定后要相对稳定，不能直接反映社会环境变化对理论的影响，即一项环境审计假设只能适用于一定环境和一定时期，随着社会环境的不断变化，会使某些假设的效用减弱。同时，审计假设是审计人员对不能确知或无法证明的现象，根据客观规律或正常情况所作出的合乎事理的推断，因此具有很强的主观性，是主观见之于客观的产物，它可以作为建立审计理论结构的理论基础，但作为理论结构的逻辑基点则不太合适。

该观点将审计假设作为演绎的先决条件，先研究作为审计前提条件的基本假设，在此基础上，推导出基本原则，然后由其来指导审计准则。在该观点下，审计基本假设通常可作为演绎推理的前提，能够保证审计理论体系推理的严密性。

但是，审计假设是审计人员对那些未被确切认识或无法正面论证的现象，根据客观情况或发展趋势作出的合乎规律的推断。审计假设是为实现审计目标而设立的前提，其实质是一种对审计主体和审计客体的时空限定。从理论上看，审计假设是对社会环境的高度概括和约束，具有较强的主观性，以之作为逻辑基点会束缚理论研究的时空范围。从实践上看，审计假设是以人们所能触及的审计环境为前提的，以之作为逻辑基点在适应不断变化的审计环境同保持审计理论结构体系的稳定性之间很难做到协调。

（4）审计目标基点论认为，审计理论结构的逻辑基点是审计目标。该观点在西方比较盛行，原因在于社会对审计理论的需求是十分务实的，即更注重审计理论体系现有功能的完善和具体审计方法的改进，而审计目标正是直接指向审计实务的。以此为基点，对于规范和指导西方国家的审计实务发挥了极为重要的作用。首先，审计目标是可知的，能够为人们准确地把握。不同的审计客观环境决定了不同的审计目标。其次，审计目标是审计环境对审计系统要求的反映，也是审计系统满足审计环境要求的标准，因而审计目标是沟通审计系统与审计环境的桥梁。另外，在理论上，审计目标为审计系统实现审计目标提供了保证；在实务上，审计目标引导审计系统的运行，是审计实践活动的出发点和归宿，所以审计目标也是连接审计理论与审计实务的纽带。但是，审计目标不能推导出审计环境，也不能推导出审计本质。可见，以审计目标作为审计理论结构的逻辑基点，不能满足审计理论结构逻辑基点应具备的条件。所以，审计目标基点论是不全面的、不科学的。

（5）以环境审计环境为基点可以揭示环境审计发展过程中的全部因素和客观规律。但环境审计的环境只是由一些影响环境审计的因素所组成，只能作为制约因素，不可能对环境审计的目标、假设等要素起决定作用，它们是由环境审计的本质属性所决定的，是任何环境因素所无法左右的，从影响环境审计的任何环境因素入手，都无法对涉及环境审计本质的理论进行实质性的研究。

（6）审计对象基点论认为，审计对象决定着审计目标、审计原则、审计方法等，是审计理论体系中最本源性的抽象范畴，它应作为审计研究的基点。但从审计关系人理论来看，审计对象是被审计单位受托经济责任的履行情况。这是对审计活动的一个高度抽象性的概括。作为审计理论系统结构，审计对象是理论中不可缺少的一部分，但不具逻辑基点作用。审计对象具有高度概括性，无法在实务上给予清楚的反映。同时，也不能抽象地讨论审计对象，必须把它放在具体的客观环境中、放到审计实践中去研究。所以，以审计对象作为审计理论体系逻辑基点，必然导致审计理论与审计实践的脱节，从而使这一研究失去应有的意义。

从以上分析可以看出，每个基点都各有利弊。但是从环境审计产生发展来看，我们赞成以审计目标为基点：

（1）审计目标是关于审计系统所要达到的境地的抽象范畴。它是审计环境对审计系统的要求的反映，也是审计系统满足审计环境要求的标准。因此，审计目标是沟通审计系统和审计环境的桥梁。审计目标能够根据环境的变化作出调整，并指导审计实践，使审计系统适应环境的变化并不断发展。审计目标直接和这些社会经济环境相联系，对审计系统运行的前提条件进行合理判断，决定和影响审计系统的其他要素。

（2）审计目标是审计理论结构中内外交流的最好的节点。首先，审计目标对外部环境具有高度敏感性。审计环境的变化对审计的影响，表现在对审计目标的追求和实现审计目标的手段和技术上，如审计目标由查错防弊，到财务报表的公允性，再到双重目标并重直至趋向于降低财务信息风险的演变历史，无不体现着审计环境需求改变的影响。其次，审计目标既体现着外部的需求，同时又受到内部本身技能的制约，无限的需求与有限的技能之间反复博弈均衡的结果，就是确定的审计目标。

（3）审计目标是审计实践活动的出发点和归结点。任何实践活动过程都离不开目标：开始时设定目标，运行中保证不偏离目标，结束时检验目标执行状况，以便于反馈信息，更好地制定新的目标，依次循环，周而复始。审计作为人类社会实践活动之一，遵循着同样的规律：审计实践必须从审计目标出发，按照审计目标进行调整和校正，对审计目标的实现情况进行检验。以审计目标作为出发点构建审计理论结构，能使审计理论具有更强的实践性，防止就理论而论理论的虚无主义。

（4）审计目标是审计系统中最为抽象、最为一般、最为简单的思维规定，是审计理论结构中的直接存在物，在理论上决定了审计系统实现审计目标所需的保证系统，包括审计假设、审计准则和审计方法，从而体现了审计职能和审计本质。

（5）审计目标是审计客观需要在人们主观上的反映，能被人们所认识。

（6）审计目标还是联系审计理论和审计实践的纽带。审计目标具有客观性，它表现了特定的历史阶段和环境下的审计本质特征，为审计假设确定了前提条件，并从中引出了与实务有关的各种概念。

（7）审计目标包含了审计活动的"基因"，是审计活动中一切矛盾的"焦点"，是审计系统运行的导向机制，是审计活动的出发点和归宿。

审计目标决定着其他审计理论要素。根据系统论的原理，任何系统，特别是人造系统及其构成要素都是围绕着自己的目标进行的。审计理论结构是一个人造系统，目标的导向作用更加重要。在该系统中，从静态上看，审计目标指导着审计准则和其他规范的制定，决定着应采用的审计方法和程序，评价着审计工作的质量；从动态上看，审计目标的变化必然要求审计准则进行相应的修改，也必然引起审计方法和程序的变化。按照审计准则要求，采用一定的审计方法和程序，执行的审计结果即提交的审计报告和提供的其他审计服务的质量，是对审计目标实现情况的最好检验。以审计目标为中心设计审计理论结构，既能有机地串联理论要素，又能保证系统的开放性。审计目标设定了审计"应当干什么"，审计程序和方法解决"应当怎么干"，而审计准则和其他规范则是衡量"干得怎么样"的尺度。

第三节　环境审计理论结构的构建

构建环境审计理论结构需经历以下 5 个步骤：①确定环境审计理论结构中应包含的要素；②确定环境审计理论结构的基点；③构建环境审计理论结构；④确定环境审计理论结构中诸要素的内在关系；⑤详细分析环境审计理论结构中各个要素[①]。

一、环境审计理论结构的要素

（一）环境审计理论结构要素应具备的特征[②]

1. 抽象性

审计作为管理学的一个分支，具有较长的发展历史，随着受托经济责任的不

---

①　李雪，杨智慧，王健姝. 环境审计理论结构研究[J]. 财贸研究，2002(5)：107-111.

②　杨智慧. 环境审计理论结构研究[D]. 青岛：中国海洋大学，2003.

断延伸,审计目标不断变化,审计内容和对象不断扩充,审计程序与方法越来越复杂。可以说,目前审计已经涉及社会经济生活的各个方面,和我们的日常生活息息相关。因此,作为其理论结构的组成要素必须具有较强的概括性,要完成从具体到一般的抽象过程,较为准确地将审计一般表现出来,而不是对审计的简单描述。

2. 全面性

一方面,审计按主体可以划分为国家审计、内部审计和民间审计,按客体可以划分为财务审计、合规性审计和绩效审计,作为构成审计理论结构的要素必须能反映所有审计类型;另一方面,审计作为一门独立的学科,有其产生的原因、实施的基础和依据,有其区别于其他学科的根本属性。因此,作为审计理论结构的要素必须如实反映这些内容,并力求反映开展审计实务的全过程。

3. 简洁性

虽然构成审计理论结构的要素要具有全面性,但也不能过于复杂,应力求简洁精炼,避免不必要的重复、交叉和累赘。

(二) 环境审计理论结构要素应包含的要素

环境审计理论结构要素应能反映环境审计的本质内容。实质上,环境审计是环境审计主体为了实现环境审计目标,在环境审计假设的基础上,遵循环境审计原则,运用环境审计准则、方法作用于环境审计对象的过程。因此,环境审计理论结构中的要素作为一个整体,应力求反映环境审计理论到实务的全过程。也就是说,环境审计理论结构中的要素既要有一定的理论高度,又要有助于环境审计实务的开展。环境审计理论结构要素应能体现环境审计的特殊之处。一般认为,构成审计理论结构的要素包括审计目标、审计假设、审计原则、审计准则、审计本质、审计主体等。只用审计理论结构中的要素无法反映出环境审计较之于审计的特殊点,因此必须增加某些要素。鉴于此,在上述 6 个要素的基础上,增加环境审计方法、环境审计概念、环境审计主体和环境审计对象 4 个要素。

增加这 4 个要素的原因如下:

(1) 增加环境审计方法要素的原因。环境审计方法较之于常规审计方法有很大差别,因此必须将其单独列示,以示其重要性,并对其进行详细研究。我们知道,审计是搜集审计证据对受托经济责任的履行情况进行鉴证的过程,而环境审计就是搜集环境审计证据对受托环境责任的履行情况进行鉴证的过程。在常规审计中,大部分证据可以从财务报告、账簿、记账凭证和原始凭证中,运用常规审计方法,如观察、检察、询证获得;而环境审计证据则主要从大量的原始凭证中获得,而且这些原始凭证涉及的学科相当广泛,包括环境工程学、环境医学、环境法学、环境管理学等诸多学科,所以需要审计人员通过反复的分析评价,并且使用某些特殊的方法才能获得。

(2) 增加环境审计概念要素的原因。这是基于环境审计作为新兴学科的考虑,因为我们无法直接从基本要素(环境审计目标、环境审计假设、环境审计原则、环境审计准则和环境审计方法)推导出环境审计本质,这就需要一个过渡要素。因为环境审计概念是从环境审计实践中概括总结出来的能够反映环境审计本质的一些概念的总和,较环境审计本质而言,它与实践的联系更加紧密,更易于从其他要素中概括出来,所以选择环境审计概念作为这一过渡要素,使环境审计本质这一要素的推导更趋合理有效,更为具体,避免过于抽象。

(3)增加派生要素(环境审计主体和对象)的原因。增加派生要素是基于其特殊性的考虑,环境审计是审计的一个分支,环境审计对象是审计对象中的一个方面,它较之于常规审计有很大的区别,这实质也是环境审计区别于常规审计的重要特征;而且,由于环境审计对象的特殊性,致使环境审计主体必须作出一些改变。因此,有必要将它们单独列示,并作进一步分析①。

综上,环境审计理论结构中应包含的要素为:环境审计目标、环境审计假设、环境审计原则、环境审计准则、环境审计程序与方法、环境审计概念、环境审计本质、环境审计报告、环境审计主体和环境审计对象。根据这些要素在环境审计理论结构中的地位和作用的不同,我们将它们分为基本要素和派生要素两大类。其中,基本要素在环境审计理论结构中必不可少,是构建环境审计理论结构的基础;而派生要素蕴含在基本要素之中,是从基本要素抽象概括出来的,对于环境审计理论结构的构建起辅助作用。我们将基本要素分为两类:第一类是从环境审计实务到理论,再从理论到实务一个循环过程所涉及的各个组成要素,包括环境审计目标、环境审计假设、环境审计原则、环境审计准则和环境审计程序与方法、环境审计报告;第二类是能反映环境审计理论到实务整个过程的要素,包括环境审计本质和环境审计概念。而派生要素包括环境审计主体和环境审计对象。

二、环境审计理论结构的基点

将环境审计目标作为环境审计结构的基点,将环境审计目标界定为开展环境审计所期望达到的目标。它包括人们追求的最终目标与当前和今后一段时期内能够实现的具体目标。

(一)将其他要素作为基点的缺陷

(1)环境审计假设作为基点的缺陷:一是它使环境审计理论与社会经济环境失去相关性。环境的不确定性产生假设,假设确定后要相对稳定,不能直接反映社会环境变化对理论的影响,即一项环境审计假设只能适用于一定环境和一定时期,随着社会环境的不断变化,会使某些假设的效用减弱。如"财务报表可验证性假设"对于现行绩效审计来说是不适合的。二是环境审计的目标无法从环境审计假设推导出来。三是环境审计假设是主观见之于客观的产物,具有很

① 杨智慧.环境审计理论结构研究[D].青岛:中国海洋大学,2003.

强的主观性,内容争议大。

(2)环境审计本质作为基点的缺陷:一是社会经济环境变化对环境审计的影响首先表现在对环境审计目标的追求以及实现环境审计目标所采用的各种手段、技术上,而不是直接表现在环境审计的本质上,因此环境审计本质作为一个纯理论的概念必然会脱离客观的社会经济环境,从而使环境审计理论不能很好地指导、预测环境审计实践并客观地反映环境审计实践,环境审计本质不能把社会经济环境的变化直接反映在环境审计理论结构中,这往往会造成理论与实务相脱节;二是人们只能无限地接近本质,无法真正把握它。

(3)环境审计环境作为基点的缺陷:以环境审计环境为基点可以揭示环境审计发展过程中的全部因素和客观规律。但环境审计环境只是由一些影响环境审计的因素所组成,只能作为制约因素。这些因素无论是内环境因素,还是外环境因素都不可能对环境审计的目标、假设等要素起决定作用,它们是由环境审计的本质属性所决定的,是任何环境因素所无法左右的,从影响环境审计的任何环境因素入手都无法对涉及环境审计本质的理论进行实质性的研究。

(4)环境审计对象作为基点的缺陷:环境审计对象同样是一个历史范畴,它受到经济环境和环境审计目标发展的制约。它是环境审计理论中不可缺少的一部分,但不具有基石的作用。受托环境责任是环境审计的对象。在环境审计领域,受托环境责任是经营权和所有权发生分离时,在所有者和经营者之间由于受托经营管理而形成的一种委托与受托的关系。由于这种关系的存在,委托者为了加强对受托者的监督与控制,对受托者环境责任的履行情况进行鉴证,才产生了环境审计,因而将受托环境责任作为环境审计的假设之一更为适宜。同时,环境审计对象不能推论出职能、目标、假设等要素。

(5)环境审计原则、准则、程序与方法、主体和概念作为基点的缺陷:它们不能推导论证其他要素。

(二)把环境审计的目标作为基点的原因

(1)从环境审计理论结构基点应具备的特征来衡量。第一,环境审计目标能够联系环境审计理论与环境审计环境。环境审计目标是人们的主观认识,但它是在一定的社会经济环境中确定的,必然会受到环境的制约。因此,环境审计目标作为基点,可以把外部环境的影响作用于环境审计理论结构,能够联系环境审计理论与环境审计环境。第二,环境审计目标是环境审计理论结构的组成部分,是环境审计理论和实务发展的推动力。一方面,环境审计目标是人们开展环境审计所要实现的目标,是环境审计理论结构中必不可少的要素;另一方面,它不仅能为实务的开展指明方向,有效地避免实践中的盲目性和无序性,而且它还能决定理论结构中其他要素的内容和结构,从而有力地推动环境审计理论研究的深化。第三,环境审计目标能紧密联系环境审计理论与实务。一方面,为实现环境审计目标,必然需要构建和完善环境审计理论体系,包括环境审计假设、原则和准则等,从而体现环境审计本质;另一方面,在环境审计实践中,环境审计目标又不断受到检验,并随着环境的变化而不断修正。因此,环境审计目标能够联系环境审计理论与实践。第四,环境审计目标能推导论证其他环境审计理论要素。正是为了实现环境审计目标,才提出环境审计假设作为开展环境审计的前提,并制定环境审计原则和准则作为环境审计实施应遵循的规则,而上述过程正体现了环境审计本质,并促进了环境审计本质的发展。第五,环境审计目标具有可知性。不同的客观环境决定了不同的环境审计目标,这种目标是客观需要在人的主观意识中的反映,它能为人们所认识。

(2) 从系统论角度来考虑。根据系统论的原理,任何系统,特别是人造系统及其构成要素都是围绕着自己的目标进行的。环境审计理论结构是一个人造系统,目标的导向作用更加重要。目标是系统存在的前提,是决定系统中其他要素的基础,人们只有了某种需要才设计某一系统。而在环境审计理论系统中,环境审计目标制约着其他理论要素的建立和发展,是确定其他理论要素的基础。环境审计假设是在目标制约下提出的,环境审计原则、准则和程序、方法也是为了实现目标而制定的。也就是说,人们正是为了实现环境审计目标,才建立环境审计的理论系统。由此可见,以环境审计目标作为基点的环境审计理论结构符合系统论的观点。

(3) 从当前环境审计实施的现状看。当前,环境审计虽然受到世界各国的普遍关注,并取得了一定的成绩,但环境审计的实施还存在一定的局限性。要解决这一问题,首先就要确定一个合理的目标,使人们不仅知道当前应该做什么,而且还要明确以后的努力方向,从而直接推动实务的开展。此外,理论研究以目标作为基点,不但能使理论和实务保持同步,而且能使理论最大限度发挥对实务的指导作用,从而间接地促进实务水平的提高。

当然,环境审计目标作为环境审计理论结构的基点也有其不足。以环境审计目标为基点有可能混淆开展环境审计具体工作的基点和研究环境审计理论结构的基点。在环境审计具体工作中,环境审计目标是解决做什么的问题,而环境审计理论结构必需解决的是审计的本源问题,即环境审计是什么的问题。即使在环境审计实际工作中,环境审计目标也不是最原始的基点,它也要决定于外在的审计环境和审计委托人的要求,服从于环境审计职能的制约,从属于环境审计本质的规范。但这一缺陷可以通过理论研究中的适当把握,以及构建恰当的环境审计理论结构加以弥补,甚至消除。

三、构建环境审计理论结构

(一) 环境审计理论结构应具备的特征

(1) 环境审计理论结构中的要素应尽可能囊括环境审计理论系统中的一切基本理论要素。环境审计理论结构是环境审计理论系统的一个框架,它为理论研究指明了方向,使理论研究更为有序、更具有科学性。因此,只有当理论结构中包括了所有理论要素,才能保证环境审计理论研究的全面性和系统性。

(2) 环境审计理论结构中诸要素之间应该存在一定的内在联系,不应是杂乱无章的。之所以构建理论结构,就是为了搞清各个理论要素之间的关系。在研究某一要素时,只有兼顾与其他要素的关系,才能避免理论研究的片面性。

(3) 环境审计理论结构应力求简洁实用。一方面,构建环境审计理论结构并不是简单罗列其理论要素,而是试图找出构成环境审计理论系统的最本质的要素。因此,我们的任务是将理论结构中的诸多要素进行概括总结,力求用最少的要素来表达最完整的含义。另一方面,环境审计理论结构也不是空中楼阁,它应具有一定的实用性,以充分发挥其对实践的指导作用。

(4) 环境审计理论结构应具有一定的前瞻性。环境审计理论结构应具有一定的理论高度,不但能指导实践,还要能预测实践,为实践的发展创造一定的空间。

(二) 环境审计理论结构图

根据以上分析,建立环境审计理论结构图如图 4-1 所示。

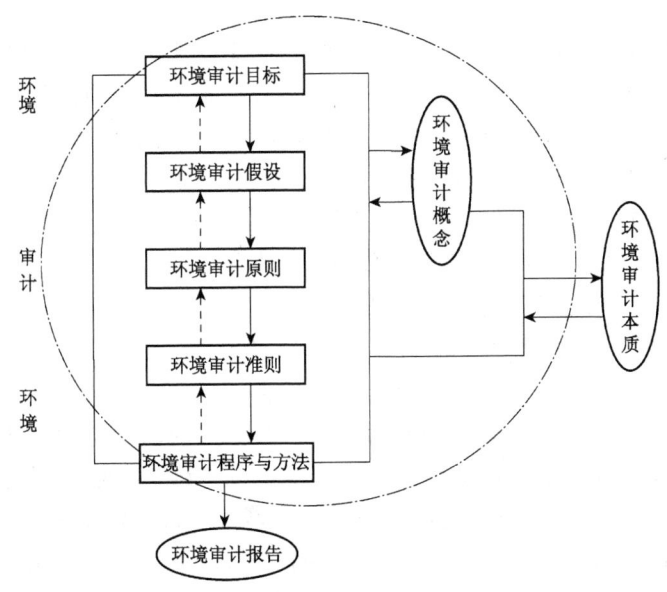

图 4-1　环境审计理论结构图

(三) 环境审计理论结构诸要素的相互关系

基本要素包括两类:第一类包括环境审计目标、环境审计假设、环境审计原则、环境审计准则、环境审计程序与方法、环境审计报告;第二类包括环境审计概念和环境审计本质。

1. 基本要素之间的关系

(1) 第一类要素之间的关系:环境审计目标是环境审计理论结构中最基本、

最重要的要素,它对其他要素起决定和制约作用,环境审计假设是为实现环境审计目标而建立的前提条件,环境审计原则是在环境审计假设的基础上制定的一般原则,环境审计准则是环境审计原则的具体化,环境审计程序与方法是对环境审计准则中有关程序与方法的规定的进一步细化;反之,环境审计假设、原则、准则、程序与方法也会影响环境审计目标的确立。可见,上述要素之间环环相扣、紧密相联,存在一种作用与反作用的关系。

(2) 环境审计概念与第一类要素的关系:环境审计概念可以由第一类要素概括总结而得出;反过来,环境审计概念又对环境审计实践和第一类要素的建立和发展具有指导作用。一方面,环境审计概念是包括环境审计人员、行为、对象三方面的概念,反映着环境审计理论到实务的全过程,而第一类要素恰好反映的也是这一过程,因此环境审计概念可以从第一类要素中抽象概括出来;另一方面,我们将由第一类要素抽象概括出来的环境审计概念与实践中的相关内容进行比较,可以发现和纠正环境审计实务中存在的问题和不足,使实务水平不断提高,同时,实务水平的提高又会促进环境审计目标的修正,进而指导第一类要素的建立。

(3) 环境审计本质与其他基本要素的关系:其他基本要素不同程度地反映着环境审计的本质,所以环境审计本质可以由这些基本要素抽象概括出来,而且这些基本要素的发展变化对环境审计的本质也有一定的影响;同时,环境审计本质是环境审计的固有属性,是不以人的意志为转移的,它对其他基本要素的确立具有决定、制约和指导作用。这样,将上述两方面结合起来就形成了一个良性循环,使我们得以逐步接近并最终认识环境审计本质。

2. 派生要素与基本要素之间的关系

派生要素包括环境审计主体和环境审计对象。

1) 派生要素与第一类基本要素之间的关系

(1) 每个基本要素中都不同程度地涉及主体及对象。环境审计目标是环境审计人员作用于环境审计对象所期望达到或应当达到的目标,是人们的主观认识见之于客观对象的产物;环境审计假设从环境审计人员资格条件和环境审计人员行为(环境审计主体用于对象)两个方面对开展环境审计的前提条件进行了假定;环境审计原则也从环境审计人员资格条件和环境审计人员作用于环境审计对象的行为要求进行了原则性的规定;而环境审计准则和环境审计方法正是在环境审计原则的基础上制定的,是对它的进一步细化,也包含环境审计人员和环境审计对象两个方面。因此可以说,第一类要素中的所有要素皆包含环境审计主体和对象的因素,环境审计主体和对象可以从第一类要素之中抽象概括出来。在每个基本要素当中,都不同程度地涉及主体及对象。因此,环境审计基本要素的建立过程即是环境审计主体作用于环境审计对象的过程。

(2) 从环境审计目标到环境审计方法是环境审计主体作用于对象的过程。

从制定环境审计目标到设定假定条件,再到制定相应的原则、准则和方法,是环境审计人员开展环境审计应当经历的过程,包括准备和实施两个阶段;同时,在开展环境审计时环境审计人员运用相应的环境审计准则和方法,发现其中的缺陷和不足,对环境审计的原则、假设和目标加以修正,是环境审计人员开展环境审计实务所经历的一般过程。实际上,这一循环过程也正是环境审计主体作用于环境审计对象的过程。

2) 派生要素与第二类要素之间的关系

环境审计的概念是从主体要求、主体行为(主体作用于对象)、目标要求三方面进行界定的,环境审计本质是确定环境审计人员作用于环境审计对象这一过程的本质属性;而且,环境审计概念和环境审计本质是从第一类要素中抽象概括出来的,它们反映了上述环境审计主体作用于环境审计对象的整个循环过程。因此,环境审计主体和环境审计对象完全可以从环境审计本质和环境审计概念中派生出来。

(四) 环境审计理论结构诸要素的简要分析

环境审计理论结构中的要素作为一个整体,应力求反映环境审计从理论到实务的全过程。所以环境审计理论结构的要素应包括环境审计目标、环境审计假设、环境审计原则、环境审计准则、环境审计程序与方法、环境审计报告、环境审计概念、环境审计本质和环境审计环境等。

1. 环境审计目标

环境审计目标在理论上决定了环境审计系统实现环境审计目标所需的保证系统居于基础地位,决定和制约着环境审计假设、环境审计概念、环境审计准则和环境审计的方法,从而体现了环境环境审计的本质。环境审计目标是行动的指南。在开展环境审计实务中,必须首先树立明确的目标,为环境审计的开展指明前进的方向,以做到有的放矢,达到事半功倍的效果。环境审计目标是理论与实务的连接点。环境审计目标既具有一定的理论性,又具有一定的实践性,因此它是联系环境审计理论与实务的桥梁,对其研究必将促进理论与实务的飞速发展。

2. 环境审计假设

环境审计假设是为了进行环境审计实践而对环境审计环境中的某些事项和现象所作的推断,从而得出开展环境审计应具备的前提条件。人们可以从环境审计假设出发,进行演绎推理,确立环境审计原则和制定环境审计准则;而且还能从环境审计原则和准则追溯到环境审计假设,以验证环境审计假设的正确性。这样,环境审计假设将演绎推理与归纳推理有机地结合起来,使环境审计理论结构的建立更加科学。没有环境审计假设,环境审计原则和环境审计准则的确立就失去了基本依据,其正确性也难以保证,更不用说如何来指导环境审计实务的开展。

环境审计的基本假设:①独立性假设:指审计机构和人员主观上能够公平、公正地实施检查,撰写反映客观情况的审计报告,若第三方审计机构或人员的独立性遭到破坏,环境审计将不能实现降低污染、保护环境的重要使命。所以,审计人员保持独立性是环境审计的客观要求,也是环境审计有效实施的基础。②胜任能力假设:在执业时,审计人员应具备所必需的专业知识、技术、经验和职业道德,保证对所出具的审计结果和意见负责。在环境审计中,由于涉及产权的交易制度,所以相关人员要清楚产权交易的风险因素,避免审计失误。③环境产权关系明晰假设:指环境产权必须能够指定所有权人,从共有产权分离出来的权利必须能够自由交易,这样产权所有者实施的行为才是被允许的,才没有侵害其他所有权人的权益,才能对企业执行环境审计程序。

3. 环境审计原则

环境审计原则是在环境审计假设的基础上建立起来的开展环境审计时应遵循的一般规定。它是指导环境审计实践,实现环境审计目标的最高层次的原则性规范。环境审计原则可以对环境审计假设的正确性进行验证,对环境审计假设的建立具有反馈作用,有助于修正环境审计假设;同时,它又是制定环境审计准则基础和前提。由环境审计假设推导出环境审计原则,再由环境审计原则推导出环境审计准则,是一个从抽象到具体的过程,通过这一过程完成了从环境审计基本理论到环境审计应用理论的过渡,同时也将环境审计理论与实务有机地结合起来。可见,环境审计原则在环境审计理论结构中起着重要作用,其具体内容的确定是个不容忽视的关键问题。

环境审计原则是在环境审计假设的基础上建立起来的开展环境审计时应遵循的一般规定。它应具备如下特征:①它适用于环境审计全过程而非环境审计某一环节的要求;②它适用于所有环境审计类型而非某一类型;③它属于原则性的指导理论而非具体的行为规范;④它是对环境审计人员及其行为的约束而非对环境审计工作的泛泛指导;⑤它应当突出环境审计特色而非适用于所有其他工作。

开展环境审计工作需遵循以下 7 项原则[①]:

(1) 经济效益与环境效益的统一。从事环境审计工作,必须同时兼顾经济效益和环境效益,并尽可能把两者有机地融合起来。在评价环境行为、环境决策、环境预算时,既应该确保生态环境保护目标的有效实施,又应当考虑到实施环保目标措施的经济合理性。坚持"以最小的投入(经济成本),争取最大的产出(环境效益)"的原则。

(2) 外部影响的内在化。环境审计在对企业的活动进行环境绩效的鉴定和评价时,必须充分考虑到其对外界的影响状况,并以一定的方式予以确认和

① 王炜,王阳,雷东风. 对我国开展环境审计的构思[J]. 环境监测管理与技术,2000(12):6-8.

计量。

（3）社会性。环境审计在作出合理的结论和建议，参与管理决策咨询服务时，必须综合考虑到社会利益，而不是只考虑到企业和部门自身的利益。

（4）法规性。环境审计必须严格遵循环境保护的法律、法规、标准，并充分考虑到地方性的环保控制目标、国民经济发展规划、行业调整与工业布局规划以及其他一些地方性行政法规、政策，并以此作为评价依据。在对企业进行环境审计时，要以法规执行情况作为重要内容，在参与环境咨询服务时，要把有关法规的要求作为分析与决策的重要标准。

（5）规范性与适度灵活性的统一。在环境审计的初创阶段，应积极鼓励理论界和实践者充分发挥自己的聪明才智，作多样性的尝试，这样做对于环境审计的长远发展是非常有益的。另外，环境审计在方法的选择和运用上也应当具有一定的灵活性。

（6）坚持定量分析与定性分析相结合的原则。在环境审计中要对被审计单位的环境行为及环境决策造成或可能造成的环境影响状况进行数量上的计算和分析。然而，由于环境影响因素的复杂性，使数量上的计算和分析具有相当的不确定性，而且环境行为造成的环境后果又是多方面的，因而要相对客观、完整地反映被审计单位的环境绩效，必须采用定量分析与定性分析相结合的原则。

（7）重在事前的环境审计。由于不合理的环境行为和环境决策所造成的环境破坏以及经济损失是难以挽回的。因而，在我国开展环境审计，必须首先着重于事前环境审计，对环境行为和环境决策进行可行性研究，并采取环境效益与经济效益协调统一的相应措施。

4. 环境审计准则

环境审计准则是依据环境审计原则制定的具体规范，是环境审计原则的具体化。它说明环境审计行为必须和应当进行怎样操作、怎样进行以及不得如何。它为人们的实践规定了行为准则，是指导人们开展环境审计实务的具体标准，是保证环境审计工作顺利开展的具体规范。环境审计准则是对审计主体自身素质和工作质量的要求，从某种意义上来说，也是环境审计人员的护身符。因此，环境审计准则的产生一方面基于职业界本身的需求，另一方面也包括环境审计报告使用者和社会公众的需求。它与法律环境和经济发展密切相关，会计师职业界、证券管理部门和国家权力机构等都会成为其制定的推动力量。

环境审计准则要求环境审计行为必须在它所确立的行为标准框架内进行，对环境审计行为具有约束作用；同时，环境审计准则能够指明环境审计行为应当怎么进行，应当向着什么方向发展，它是为实现环境审计行为目标所确立的一种理想的或优秀的审计行为模式，因而它可以起到引导或激励作用。从环境审计实务上看，整个工作过程都是在环境审计准则的约束与引导下进行的，可以这样说，没有环境审计准则，就没有现实有效的环境审计行为活动；离开了环境审计准则,环境审计工作就寸步难行。

关于环境审计准则,有三种典型观点:

(1)与常规审计相同。靳永军(2000)认为,环境审计与现行开展的财务审计和绩效审计所依据的准则没有什么区别。由国家审计机关实施的环境审计应遵循《审计法》和《中国审计规范》中的关于人员素质、程序、技术质量等各项要求;由内部审计机构开展的对本组织和机构内部的环境管理系统进行的审查和评价应遵循有关的内部审计实务准则;而民间审计组织接受委托向其客户提供咨询和鉴证服务时必须遵守《中国独立审计基本准则》和《中国独立审计具体准则》以及各项指南和公告[①]。

(2)在相关准则中增加有关环境审计的部分。刘力云(1997)认为,环境审计与现行开展的财务审计和绩效审计所依据的准则没有大的差别。它们都应遵守《审计法》《独立审计准则》等法规制度,应在《审计法》《独立审计准则》和正在拟定的《国家审计准则》等有关法律、法规中增添环境审计方面的有关条款[②]。

(3)单独制定环境审计准则。辛金国、李青(2000)认为,环境审计准则具有一定的特殊性。环境审计准则内容涵盖广、针对范围大、使用对象多,应该有自己的准则。他们首先总结了环境审计准则发展现状及存在的问题,然后分别从一般准则、外勤工作准则和报告准则三个方面对完善我国的环境审计准则提出了建议。这些建议包括对环境审计人员的道德、工作胜任能力和后续教育的要求,以及环境审计的程序、方法和报告中关于环境审计的特殊要求[③]。

5. 环境审计程序与方法

环境审计程序与方法是开展环境审计时应遵循的步骤和各步骤具体应用的技术方法。常规审计方法对环境审计同样适用,同时,环境审计也有其独特的方法。

吴正大(1998)认为,环境审计是审计的一种类型,因此,常规审计方法对环境审计同样适用,与现在开展的财务审计、效益审计的方法相近。通常包括审阅法、验证法、复算法、观察法、查询法、分析法等。如我们在进行财务收支审计和经济效益审计中运用的审计检查法,包括资料检查法、实物检查法;审计调查法,包括查询法、观察法、专题调查法;审计分析法,包括账户分析法、账龄分析法、逻辑推理分析法、经济活动分析法、经济技术分析法、数学分析法、抽样审计法等。在具体运用这些方法时,应根据审计目标和内容而定,在环境审计中并不具备太多特色,只不过是要与环境问题的产生和治理紧密联系起来而已。而环境成本效益分析和环境费用效果分析是有其特点的[④]。

陈正兴(2001)认为,环境审计方法的特殊性在于:环境审计中对环境专业技

① 靳永军. 略论环境审计[J]. 陕西行政学院学报,2000(1):47-48.
② 刘力云. 浅论环境审计[J]. 中国内部审计,1997(2):4-13.
③ 辛金国,李青. 环境审计准则研究[J]. 审计与经济研究,2000(6):13-16.
④ 吴正大. 对我国环境审计几个问题的探讨[J]. 审计理论与实践,1998(1):43-44.

术要求比较高,这些专业不仅限于环境方面,还包括社会学、统计学、经济学、工程等各个门类。因此,环境审计方法的技术综合性强,只有懂审计技术和社会学、经济学、统计学、工程学、法学、数学、化学、医学和环境学的人,才能获取环境中所含的绝大部分数据信息,从而较精确地衡量被审事项的环境成本和效益。因此,除运用一般常规审计方法外,还要扩大现有审计技术方法的覆盖面,引入相关学科的方法。环境审计应经常引用经济学中的费用效益分析方法,用以计量分析建设项目的全部影响。环境审计的方法大体上可以分为环境费用效益分析法和环境的经济评价方法[①]。

　　6.环境审计概念

　　环境审计概念是一种狭义的概念,它是指从环境审计实践中概括总结出来的能够反映环境审计本质的一些概念的总和。它是反映环境审计本质属性的思维形式,是由感性认识上升到理性认识的过程中形成的,是对其他要素进行归纳总结后确定的。

　　在环境审计理论结构中,必须形成一个概念群,这个概念群给出了环境审计的本质属性,由此解决了环境审计是什么的问题。通过建立环境审计概念,可以把握环境审计的固有属性,从而才能正确、深刻地认识它。根据归纳与演绎两种逻辑方法,有两条建立概念的途径:一是在实践的基础上对观察到的事物加以概括而建立的概念。人们在实践中首先通过对某一特定事物的观察获得感官知识,认识事物的现象,然后借助分析、综合、比较、抽象、概括等方法对事物进行抽象,形成初步概念,接着对其进行修正或补充,并不断推敲和检验,从而逐步形成较为成熟的概念;二是从目标、假设、原则、准则、方法等要素推演出概念。由此形成的概念是一种理想概念,回答的是"应该是什么"这一问题。它是通过逻辑过程有目的地对概念的构成要素进行提炼和综合而形成的。环境审计概念的形成也应当包括这两个途径。

　　从环境审计实务及环境审计其他要素的构成内容来看,环境审计所涉及的主要方面:一是环境审计的执行者——环境审计人员;二是环境审计人员所执行的工作方面。所以环境审计概念也应包括这两个方面。另外,为了能够更全面的反映环境审计本质,还应当把上述行为要实现的目标——环境审计目标要求作为构成环境审计概念的一个方面。这样,环境审计概念应包含环境审计的主体要求、主体行为(主体作用于对象)、目标要求三个方面的概念。

　　环境审计人员包括国家审计人员、内部审计人员和民间审计人员三种类型,但不管是哪一种类型,对审计人员从事环境审计工作都有一种最基本的要求。根据这些要求可以引申出一些概念:独立性、道德素质、应有的职业关注,这是主体要求方面的概念;主体行为方面包括受托环境责任、内部环境控制、环境审计

---

①　陈正兴.环境审计[M].中国审计出版社,2001.

证据、重要性和风险;目标要求方面包括公允性、合法性和效益性。这符合上文所确定的全面性、系统性、理论性与实践性相结合的特征。

7. 环境审计本质

环境审计本质是环境审计内部所固有的属性,是对环境审计特征的抽象概括,是最基础的东西,它回答"环境审计究竟是什么"的问题。它是从环境审计理论和实务中抽象概括出来的,反映了环境审计实践的本质。

目前,对于环境审计本质存在三种认识,即"检查论""评价、鉴证论"和"经济监督论"。检查论认为环境审计是对适应于环境要求的有关经济业务及活动所进行的系统的、有证据的、定期的、客观的检查;评价、鉴证论认为环境审计是对企业环境管理责任和环境管理业绩进行评价或鉴证;经济监督论认为环境审计是一种监督活动,即监督企业环境管理责任的履行。而他们认为,环境审计是一种控制活动,即对企业受托环境责任履行过程的控制,其目的在于保证受托环境责任的全面、有效地履行。将环境审计视为一种控制活动,才能涵盖环境审计所有职能。检查、监督、评价和鉴证都是控制活动。环境审计是通过检查企业的环境报告,监督企业受托环境责任的履行,并对企业受托环境责任的履行进行评价和鉴证,同时对企业提出的有关环境管理问题提供咨询,从而实现对企业受托环境责任履行过程的控制①。

8. 环境审计主体

环境审计主体界定为环境审计中涉及的相关关系人,包括环境审计委托人和环境审计受托人两种主体。

9. 环境审计对象

(1) 被审计单位论。典型观点为:环境审计的对象按被审计单位分为三大类:企事业单位和基本建设单位(包括环境产业)、国家和政府机关、环境保护部门和其他承担环境保护任务的政府职能部门。

(2) 环境责任论。典型观点为:环境审计的对象是被审计单位的环境管理责任;环境审计的对象是环境保护部门和企事业单位的环境经济责任。

(3) 经济活动论。典型观点为:环境审计对象是指被审计部门或单位的环境管理及其有关经济活动,既包括企业环境管理活动,也包括涉及环境管理的经营活动和生产活动;环境审计的对象是环境政策、项目和活动。

(4) 其他。

10. 环境审计报告

环境审计报告是对环境报告或环境状态的证实,特别是对环境危害产生损失或治理业绩的数据,以及有关会计信息的真实、合规和体现效益所作的鉴证。它是环境审计的最终成果。

---

① 高方露,吴俊峰.关于环境审计本质内容的研究[J].贵州财经学院学报,2000(2):53-56.

　　审计环境较之审计假设包含了更广泛的容,同时又界定了审计目标所意欲表达的特定内容,并成为审计实务的基石,它能够反映出审计的根本属性。审计环境能与社会经济责任相联系,内容客观可知并且有很强的实践意义,而且,审计环境可以揭示出全部因素及其发展规律,作为审计理论实践研究的制约因素。

本章小结

　　环境审计是审计的一个分支,是审计发展到一定阶段的产物,环境审计理论结构与审计理论结构的关系应当是特殊与一般之间的联系。审计理论结构描述的是审计一般,是对所有审计类型的高度概括和提炼,反映的是所有审计行为所具有的最为一般的特点。而环境审计理论结构是一种相对具体的审计理论,着重反映审计特殊,它是对环境审计问题进行的透彻分析,目的仍然在于探求其本质。研究环境审计理论结构是开展环境审计实务和开展环境审计理论研究的的需要。

　　任何理论结构的建立或构筑总是需要一定的具体要素作为支撑,逻辑基点对整个学科体系中其他理论要素的建立和发展,以及对整个审计理论结构的构建起着基础性、决定性的作用。逻辑基点就是指从抽象上升到具体全过程出发点的一个或一组概念、范畴或是判断,环境审计理论结构逻辑基点的确定成为构筑环境审计理论结构的关键与开端。逻辑基点必须是环境审计理论结构中的一个要素,能紧密联系环境审计理论与实务,能联系环境审计理论与环境审计环境,能实现对其他环境审计要素的推导论证,能被人们所识别和理解,并具备较好的稳定性。关于逻辑基点有 8 种基本观点:哲学基础基点论、审计本质基点论、审计假设基点论、审计目标基点论、审计环境基点论、审计对象基点论、审计动因基点论、二元或多元要素基点论。

　　构建环境审计理论结构需经历以下 5 个步骤:①确定环境审计理论结构中应包含的要素;②确定环境审计理论结构的基点;③构建环境审计理论结构;④确定环境审计理论结构中诸要素的内在关系;⑤详细分析环境审计理论结构中各个要素。

　　环境审计理论结构中应包含的要素为:环境审计目标、环境审计假设、环境审计原则、环境审计准则、环境审计程序与方法、环境审计概念、环境审计本质、环境审计报告、环境审计主体和环境审计对象。应将环境审计目标作为环境审计结构的基点,因为环境审计目标能够联系环境审计理论与环境审计环境,环境审计目标是环境审计理论结构的组成部分,是环境审计理论和实务发展的推动力,环境审计目标能紧密联系环境审计理论与实务。在环境审计理论系统中,环境审计目标制约着其他理论要素的建立和发展,是确定其他理论要素的基础。以目标作为基点,不但能使理论和实务保持同步,而且能使理论最大限度发挥对实务的指导作用,从而间接地促进实务水平的提高。环境审计目标是环境审计理论结构中最基本、最重要的要素,它对其他要素起决定和制约作用。环境审计假设是为实现环境审计目标而建立的前提条件。环境审计原则是在环境审计假设的基础上制定的一般原则。环境审计准则是环境审计原则的具体化。环境审计程序与方法是对环境审计准则中有关程序与方法的规定的进一步细化。环境审计假设、原则、准则、程序与方法也会影响环境审计目标的确立。环境审计概念可以由第一类要素概括总结而得出;反过来,环境审计概念又对环境审计实践和第一类要素的建立和发展具有指导作用。环境审计本质可以由其他基本要素抽象概括出来,而且这些基本要素的发展变化对环境审计的本质也有一定的影响;同时,环境审计本质是环境审计的固有属性,是不以人的意志为转移的。每个基本要素中都不同程度地涉及环境审计主体及环境审计对象,从环境审计目标到环境审计方法是环境审计主体作用于对象的过程。环境审计概念是从主体要求、主体行为(主体作用于对象)、目标要求三方面进行界定的,环境审计本质是确定环境审计人员作用于环境审计对象这一过程的本质属性;而且,环境审概念和环境审计本质是从第一类要素中抽象概括出来的,它们反映了上述环境审计主体作用于环境审计对象的整个循环过程。因此,环境审计主体和环境审计对象完全可以从环境审计本质和环境审计概念中派生出来。

思考题

一、请简要阐述一下环境审计理论结构和审计理论结构的关系。

二、请简要阐述一下构建环境审计理论结构的必要性。

三、构建环境审计理论结构有哪些逻辑基点?每种逻辑基点的优点与缺陷是什么?

四、环境审计理论结构包含哪些要素?诸要素之间的内在关系是怎样的?

五、请简要分析一下环境审计理论结构的各个要素。

六、请问构建环境审计理论结构有哪些步骤?

参考文献

[1] 李雪,杨智慧.构建环境审计理论结构的必要性及基本思路[J].财会月刊,2004(9):31-32.

[2] 莫茨,夏拉夫.审计理论结构[M].北京:中国商业出版社,1990.

[3] 尚德尔.审计理论[M].汤云为,吴云飞,译.北京:中国财政经济出版社,1992.

[4] 阎金锷.构建审计理论框架初探[J].审计研究,1995(3):12-14.

[5] 亚生·吾拉木,斯坎德尔·吐尔夏.和谐发展视角下的现代环境会计研究[M].乌鲁木齐:新疆科学技术出版社,2007.

[6] 朱萍,刘志军.构建我国环境审计理论结构的设想[J].会计之友,2009(2):16-18.

[7] 熊国辉,张艳秋.试论审计理论结构的逻辑起点[J].财会通讯,1997(8):18-19.

[8] 李若山.审计理论结构探讨[J].审计研究,1995(3):15-18.

[9] 李雪,杨智慧,王健姝.环境审计理论结构研究[J].财贸研究,2002(5):107-111.

[10] 吴俊峰.环境审计研究[D].成都:西南财经大学,1997.

[11] 陈正兴.环境审计[M].北京:中国审计出版社,2001.

[12] 陈建明.独立审计规范论[M].大连:东北财经大学出版社,1999.

[13] 汤土云.审计理论研究起点论——兼论审计理论结构[J].山西财经学院学报,1997(1):55-57.

[14] 刘静,李宝刚.以审计动因为逻辑起点构建完善我国审计理论体系[J].审计研究,2005(6):79-81.

[15] 袁晓勇.关于建立我国审计理论结构的设想[J].财会通讯,1997(3):13-14.

[16] 张静,杨志强.关于审计理论结构逻辑起点的重新思考[J].财会研究,2004(1):53-55.

[17] 蔡春,陈晓媛.环境审计论[M].北京:中国时代经济出版社,2006.

[18] 杨智慧.环境审计理论结构研究[D].青岛:中国海洋大学,2003.

[19] 李雪,杨智慧.环境审计理论结构逻辑起点研究[J].中国海洋大学学报,2004(2):49-52.

[20] 徐政旦,谢荣.试论我国社会主义审计模式的若干原则[J].审计研究,1987(4):6-10.

[21] 祖建新,石道金.论审计理论研究的逻辑起点[J].财会通讯,2006(2):17-19.

[22] 李晓斌.审计理论体系的逻辑起点探析[J].审计理论与实践,2002(10):8-9.

[23] 王炜,王阳,雷东风.对我国开展环境审计的构思[J].环境监测管理与技术,2000(12):6-8.

[24] 靳永军.略论环境审计[J].陕西行政学院学报,2000(1):47-48.

[25] 刘力云.浅论环境审计[J].中国内部审计,1997(2):4-13.

[26] 辛金国,李青.环境审计准则研究[J].审计与经济研究,2000(6):13-16.

[27] 吴正大.对我国环境审计几个问题的探讨[J].审计理论与实践,1998(1):43-44.

[28] 高方露,吴俊峰.关于环境审计本质内容的研究[J].贵州财经学院学报,2000(2):53-56.

[29] 郭华平.中国审计理论体系发展研究[M].北京:经济管理出版社,2007.

[30] 刘明辉.以审计环境为逻辑起点构建审计理论体系[J].审计与经济研究,2003(4):3-7.

[31] 阎金锷,林炳发.审计理论研究的新起点——审计理论结构探讨[J].审计研究,1993(3):18-22.

[32] 李学柔,秦荣生.国际审计[M].北京:中国时代经济出版社,2002.

[33] 林炳发.审计理论结构模式初探[J].审计研究,1997(3):31-39.

[34] 刘丽娟.审计理论结构的构建[J].江西审计与财务,2002(2):21-22.

[35] 俞宏.审计理论结构要素及其构建[J].税务与经济,2001(4):78-80.

[36] 刘三昌,禹桂英.对构建我国审计理论结构的设想[J].中州审计,2003(4):19-20.

[37] 陈思维.环境审计[M].1版.北京:经济管理出版社,1998.

[38] 天津市审计学会,天津市审计科培中心环境审计课题组.关于环境审计基本理论探讨[J].审计理论与实践,2000(1):4-7.

[39] 张德坤.审计研究逻辑起点的二元选择[J].湖北审计,1998(4):8.

[40] 王汉民.论我国审计理论体系的重新构建[J].财贸研究,1993(6):55-58.

[41] 刘炜.如何构建审计理论结构[J].经济论坛,2006(14):139-140.

[42] 刘三昌.以审计本质为起点的审计理论结构[J].经济论坛,2003(1):29-30.

[43] 杨杰.对审计理论结构逻辑起点的探讨[J].当代审计,2003(6):9-10.

[44] 刘明辉.独立审计准则研究[M].大连:东北财经大学出版社,1997.

[45] 乌静君,毕秀玲.论审计理论结构[J].山东财政学院学报,2003(1):78-82.

[46] 汪新征,张奎生.构建审计理论结构框架的新设想[J].商场现代化,2007(1):377-378.

[47] 刘长翠.企业环境审计研究[M].北京:中国人民大学出版社,2006.

[48] 黄溶冰.我国节能减排的环境审计理论结构分析[J].中国行政管理,2012(5):30-33.

[49] 张晶,高运川.环境审计的理论框架[J].环境科学动态,2004(3):8-9.

[50] 吴联生.审计理论体系结构:一种新观点[J].中国注册会计师,2000(12):15-17.

[51] 刘丽娟.理论结构的构建[J].江西审计与财务,2002(2):21-22.

第五章　环境审计目标

内容简介

　　环境审计目标的研究涉及环境审计目标的定义、重要性、影响因素以及环境审计目标的内容4个方面。本章介绍了环境审计目标的主要定义;回顾并评价了现有环境审计目标的研究成果,并作了简要评述;针对现有环境审计目标研究的不足,构建了由外部与内部目标共同组成的环境审计目标体系。

学习目的和要求

　　通过本章的学习,你应当能够:
- 了解环境审计目标的概念;
- 掌握环境审计目标的内容;
- 了解环境审计目标体系。

第一节　环境审计目标概述

一、环境审计目标的定义

　　研究环境审计目标应该首先明确什么是环境审计目标,只有在明确什么是环境审计目标之后,才能有研究环境审计目标的明确方向,因此对环境审计目标定义的研究尤为重要。

　　然而,对于环境审计目标定义的研究,学者们在研究环境审计目标时涉及较少并且不同学者之间的观点也没有较大的分歧。在32篇环境审计目标文献中,仅仅有7篇文献涉及环境审计目标的定义,并且绝大多数基本上用一句话概括环境审计目标的定义,并没有过多的理论阐述。

　　李雪和杨智慧(2004)认为,"环境审计目标是为开展环境审计所期望达到或应当达到的目标"。蔡春(2006)、吴俊峰(2001)、蒋玮(2006)、张庆安(2008)、贺敬燕(2009)等认为,"环境审计目标就是环境审计行为活动意欲达到的理想境地或者状态"。孙岩(2006)定义了企业内部环境审计目标,认为"企业内部环境审计目标即企业开展内部环境审计所期望达到的或应当达到的结果"。李曼静和李国威(2010)认为:"环境审计目标是指在特定的社会政治经济环境中,人们希望通过环境审计行为活动所要达到的经济建设与环境保护互相协调平衡理想境地或者状态。"

从上述定义可以看出,虽然存在 3 类代表性的观点,但是观点的实质内容基本一致。都是从审计主体角度出发,指出环境审计目标是主体期望通过环境审计行为活动达到的理想境地或者状态。虽然李曼静和李国威(2010)的研究结合当前特定的社会环境,将环境审计目标的定义描述得更为具体,增加了对研究环境以及理想境地的描述,但是他们的研究也止步于此,并没有对环境审计目标定义中所指出的"特定社会政治经济环境"以及"经济建设与环境保护互相协调平衡理想境地或者状态"给出更为详细的解释。

二、研究环境审计目标的重要意义

贺敬燕(2009)认为,"环境审计目标是环境审计理论体系的重要组成部分,是环境审计理论与环境审计实践之间沟通的桥梁"。而陈正兴(2001)、张庆安(2009)进一步肯定了环境审计目标的重要性,指出"环境审计目标是环境审计理论结构的基础和逻辑起点,是环境审计活动的出发点和归宿,是联系环境审计理论与实务的桥梁"。蔡春(2006)、杨荣美(2010)将环境审计目标的地位又升到一个新高度,认为"环境审计目标在环境审计理论结构处于优先位置,它反映和体现了环境审计的本质要求,是一切环境审计活动的方向,同时环境审计目标又是环境审计理论联系实际的桥梁,环境审计直接反映社会环境的需求"。

如果我们从不同理论角度来看环境审计目标的重要地位和作用的话,那么它主要表现在以下几个方面:

(1) 从系统论角度看,任何系统及其构成要素的运行都必须围绕着既定目标,环境审计系统也不例外。只有得到目标的指引,环境审计行为才能按明确的方向前进,从而保证整个系统的有序与稳定。

(2) 从逻辑学角度看,环境审计目标具有作为环境审计理论逻辑起点的基本特征,其在环境审计理论结构中处于举足轻重的地位。

(3) 从行为科学角度看,整个审计行为活动正是从其特定的目标出发并围绕着其特定目标进行,并最终实现目标,即落脚于目标。

所以,它一方面是环境审计理论研究的逻辑起点,另一方面又是环境审计实践活动的出发点和归宿点,并能够作为一根主线贯穿于环境审计理论与实践的始终。只有做好对环境审计目标的研究,才能体现环境审计研究的目标,并以此为基础来推动环境审计理论和实践的发展。

上述观点对环境审计目标的重要性基本达成了一致,都肯定了其在环境审计理论研究与实践中的重要作用,基于审计目标导向的理念,认为目标是审计理论结构的逻辑起点,因此在构建环境审计理论结构体系之中,也是以环境审计目标为起点。

三、影响环境审计目标的因素

环境审计目标的影响因素包括两个方面,即影响环境审计目标确定的因素和影响环境审计目标实现的因素。3位学者分析了影响环境审计目标制定的因素。陈正兴(2001)指出,"环境审计目标的确定,除受审计对象的制约外,还取决于环境审计的属性、职能、技术手段,社会审计还要涉及委托者对审计工作的要求"。蔡春(2006)认为,环境审计目标的制定由环境审计本质决定,并且受社会客观政治经济环境的制约,此外,还受人的主观因素支配。贺敬燕(2009)在蔡春研究的基础之上增加了环境审计动因对环境审计目标制定的影响。

以上学者分析了影响环境审计目标确定的因素,分别是从微观与宏观角度进行研究;而张庆安(2009)通过问卷调查的方式分析了影响注册会计师环境审计目标实现的因素,张庆安对于实现因素的分析是从以下四方面进行的:营造良好的环境,建立完善的环境审计规范体系,各个环境审计主体的整合协同,环境审计控制手段和方式的保障。进而,他指出,"环境审计准则、人员能力促使环境审计目标的实现"。

第二节 关于环境审计目标的研究现状及评价

一、环境审计目标的研究现状

在环境审计目标的研究中,环境审计目标内容的研究占据了大部分内容。目前,国内学者的观点主要有3种:一元目标论、二元目标论以及三元目标论。在环境审计目标的研究趋势中,一元目标论仅仅出现在1997年;二元目标论从1997年兴起,一直活跃,并且在2000年达到了研究的顶峰;三元目标论则起步较晚,支持的学者也较少,虽然在2000年兴起,但是一直都没有占据主导的地位。1997年至2010年关于环境审计目标的论文、著作以及研究报告共计32篇,其中一元目标论3篇、二元目标论22篇、三元目标论7篇。目前,在学者们的研究中支持二元目标论的观点占到68%以上,在环境审计目标的研究中居于主流。随着可持续发展思想的发展,在环境审计目标内容的研究之中,在二元目标论、三元目标论中,将"社会与经济的可持续发展"引入到环境审计目标体系之中,作为环境审计目标的最高层次。

(一)一元目标论

一元目标论用列举的方式将环境审计应达到的目标进行列示,而不对各种目标的相互关系进行分析，各个目标之间不存在统领的关系，每个目标之间并没有直接的关系。支持一元目标论观点的学者有李学柔、张以宽、刘力云。他们在1997年分别撰写论文对自己的观点进行论述。虽然以上3位国内学者对环境审计目标列举的个数、内容不同，但是都试图涵盖所有目标。列举的环境审计目标大致都包括合规性、真实性。例如：李学柔和张以宽都涉及"评价环境管理系统的有效性"、张以宽与刘力云均提及"验证环境报告中所提供资料的真实性"。对这两方面的研究已经得到了一定的认可。而刘力云的研究将"评价环境工作和绩效的经济性、效率性和效果性"引入到环境审计的目标之中，使环境审计的目标更为完善。所以，我们认为一元目标论缺乏全面性、系统性。一元目标论是学者们对环境审计目标研究的初期成果，为初期环境审计实务的开展作出了一定的贡献，并为后来的环境审计目标的研究提供了基础。

（二）二元目标论

学者们借鉴传统审计目标，将层次概念引入环境审计目标体系之中，建立了2个层次的二元目标论。二元目标论将环境审计目标划分为2个层次。但对2个层次的内容有以下5个代表性的观点：

将环境审计目标分为最终目标和直接目标的学者有：陈汉文和池晓勃（1997）、陈淑芳和李青（1998）。陈汉文和池晓勃率先将"社会与经济的可持续发展""对履行环境管理责任的情况发表意见"引入到环境审计目标之中，他们认为"环境审计的最终目标是促进社会经济的可持续发展，直接目标是对政府部门及企事业单位履行环境管理责任的情况发表意见"。

将环境审计目标分为最高目标和具体目标的学者有：福州市审计局《环境审计》课题组（1997）、陈思维（1998）、陈东（1999）、袁素琴（2000）、靳永军（2000）。福州市审计局《环境审计》课题组完全是从政府环境审计的角度提出环境审计目标的，第一次将"监督环保资金的筹集、使用和管理"纳入目标体系之中，具有开创性。

将环境审计目标分为总体目标和具体目标的学者有傅东（1997）、赵春涛（1999）、天津市审计学会（2000）、梁森和杨卉（2000）、吴俊峰（2000）、蒋玮（2006）。天津市审计学会从政府环境审计的角度提出环境审计目标，关注财政财务收支的评价。将被审计单位与环境有关的财政财务收支及有关经济活动（即经济行为）的真实性、合法性和效益性作为总体目标。在梁森和杨卉的研究中，将"对履行环境管理职责的情况发表意见，以促进其履行环境管理职责"作为总体目标。

将环境审计目标分为一般目标和具体目标的学者有：李雪和杨智慧（2004）、张春梅（2005）、许全军（2008）。李雪和杨智慧（2004）将低层次的具体目标又划分为2个层次：第一层次是对公允性、合法性和效益性的进一步细化所得到的目标；第二层次是针对某一具体项目结合第一层次目标而制定的相对详细的目标。

将环境审计目标分为基本目标和具体目标的学者有:陈正兴、李永臣。陈正兴(2000)分析了以国家审计为主要力量的现代环境审计,认为其基本目标应为被审计单位环境财政财务收支的真实性、合法性与效益性。而具体目标划分为一般目标、近期目标和中长期目标3方面。李永臣(2007)认为,环境审计的基本目标是为了保护和改善环境。

除此之外,贺敬燕(2009)基于利益相关者理论提出环境审计的目标,认为"环境审计目标是由终极目标与直接目标共同构成。直接目标是指每一个环境利益相关者团体进行环境审计所要达到的低层次的目标;终极目标是利益相关者环境利益最大化"。沙珍珍等(2013)认为,环境审计最终目标是利益相关者环境利益最大化,即企业的自然环境对于不同的利益相关者来说都达到了一种最优状态,并基于各个利益相关者分析了其为实现最终目标的具体目标。

二元目标论将环境审计目标划分为2个层次,无论是它们之中的任何一类,只是在名称上有所区别,其实质基本相似。高层次目标都是反映环境审计最本质的要求,居于二元目标论的最高层次;而低层次目标是为了实现最终目标而需要完成的各个阶段性或技术性的目标,居于环境审计目标体系的最低层次。只有低层次目标的完成才能有助于高层次目标的实现。

"促进社会和经济的可持续发展""监管环保资金的筹集、使用和管理""确保受托环境责任的全面履行"是二元目标论中新增的内容,并且"促进社会和经济的可持续发展""监管环保资金的筹集、使用和管理"这两个目标被较多学者纳入二元环境审计目标体系之中。对于最高层次的目标,大多数学者(70%以上)认为是"促进社会和经济的可持续发展",而梁森和杨卉、李雪和杨智慧还有天津市审计学会将"确保受托环境责任的全面履行"作为环境审计目标体系中的最高层次。在二元目标论中,学者们大多认为最高层次的目标是单一的,认为最高层次的目标只有一个,例如,陈汉文和池晓勃将"促进社会及经济的可持续发展"作为最高层次的目标。但是张春梅(2005)、许全军(2008)认为环境审计目标体系中的最高层次的目标并不是单一的,而是由多个目标共同构成。因此,在二元目标论中虽然学者们在2个层次的构建上达成一致,但是对于2个层次目标的具体内容还是观点迥异。例如,陈汉文和池晓勃将"对政府部门及企事业单位履行环境管理责任的情况发表意见"作为直接目标(低层次),而梁森和杨卉却将"对政府及有关部门和企事业单位履行环境管理职责的情况发表意见"作为总体目标(高层次)。

在研究内容方面,二元目标论弥补了一元目标论的缺憾,明确了低层次与高层次环境审计目标之间的关系,对环境审计目标进行了相对系统性的分析,有利于形成相对完整的环境审计目标体系,并对三元目标论的形成奠定了基础。

总的来说,70%以上的学者认为"促进经济和社会的可持续发展"应作为最高层次目标,我们认为这种提法过于形式化,没有突出环境审计特色,与环境审计目标有些混淆；另外，第二层次目标内容较为凌乱，没有条理性和系统性。

（三）三元目标论

三元目标论将环境审计目标层次进一步延长，在最高层次与最低层次之间增添了衔接的层次，分为3个层次。

魏顺泽（2000）最早提出3个层次的目标体系，认为环境审计目标分为最终目标、直接目标和具体目标。最终目标是与我国经济建设的战略目标相一致；直接目标是评价政府部门和企事业单位履行环境管理责任的情况。

蔡春和陈晓媛（2006）、杨荣美（2010）认为，环境审计目标分为本质目标、具体目标和项目目标。本质目标是确保受托环境保护和管理责任全面有效履行；环境审计具体目标包括：检验和审计环境会计报告，评价环境管理系统的有效性和充分性，评价环境管理活动的绩效，确保现行环境保护政策、法规、标准的贯彻执行，揭示违反政策、法规、标准的行为；环境审计项目目标包括环境会计报告是否客观公允，环境管理系统是否有效、充分，环境管理活动是否具有经济性、效果性、效率性、适当性和环保性；环境保护政策的执行是否合法（规）等。

毛洪涛（2008）在第13期的审计署审计科研所研究报告中将环境审计目标分为最终目标、具体目标和项目目标。他认为环境审计的最终目标即从社会、经济、环境3个角度出发，谋求三者的协调统一，实现可持续发展。具体目标则根据合法性、真实性、经济性、效率性、效果性、公平性、环保性7个标准来细化最终目标。而项目目标从财务审计目标、合规性审计目标和绩效审计目标3个层面为具体审计目标的实现搭建桥梁。

李曼静、李国威（2010）认为，环境审计目标分为总体目标、中间目标和具体目标。总体目标是建立和完善环境保护管理体系，实施有效的环境保护管理，促进社会和经济的可持续发展，确保环境保护和环境管理责任得到全面、有效的履行，共同维护人与自然的相互协调与统一的理想环境；环境审计的中间目标的内容为：被审计单位环境会计报告的真实性，被审计单位环境方针、政策的合法性，被审计单位环境管理工作的效益性；环境审计的具体目标的主要内容有：被审计单位是否遵守国家有关环境保护方面的法律、法规，是否建立本单位的环境保护管理体系，环境管理系统是否充分、有效，环境会计报告是否客观、公允，环境管理活动是否具有适当性、效果性、经济性、效率性和环保性等。

在三元目标论中，已经开始有部分学者不再将环境审计目标作为一个整体进行研究，而是进一步细化研究不同主体的环境审计目标，对环境审计实践的开展提供指导。孙岩（2006）立足于企业内部，研究企业内部环境审计目标，并将其分为最终目标、一般目标和具体目标3个层次；张庆安（2008）则重点研究了注册会计师环境审计目标，认为环境审计目标分为3个层次：最终目标、具体目标和项目目标。毛洪涛和张正勇（2009）基于审计主体的视角提出了构建环境审计目标体系的初步设想，认为环境审计目标分为最终目标、一般目标和具体目标。

此外,在三元目标论中,其最高层次已不再像二元目标论中"社会与经济的可持续发展"目标那样异军突起,而是与"确保受托环境责任的履行"目标并驾齐驱。或者说,更多的学者已开始将"确保受托环境责任的履行"纳入环境审计目标体系之中,使环境审计目标逐渐体现环境审计的本质。学者们对环境审计目标的研究已经逐渐靠近环境审计的本质。

二、环境审计目标研究的简要评述

(一)与传统审计区别不显著

虽然学者们在环境审计目标体系之中增添了传统审计没有的"促进经济社会的可持续发展"目标,并且将其作为环境审计目标体系中的最高层次,认为这是与传统审计的区别。我们不否认"可持续发展"是环境审计的目标,但是本书认为仅仅在环境审计目标体系的最高层次引入"可持续发展",而在具体指导实践的目标之中没有体现可持续发展的思想,只是单纯地引入概念并未将其思想融合,将其束之高阁,并不能成为环境审计的一大特色,也无法成为与传统审计的区别。并且,将"可持续发展"作为环境审计的目标,恰恰不利于环境审计实务的开展。因为"可持续发展"只是一种思想,要求人们不能只注重眼前利益而忽视了长远的发展,然而面对要求实务操作较高的环境审计,却表现得力不从心。

(二)目标之间衔接不当

在现有的研究中,大多数学者将可持续发展引入环境审计目标体系之中,并作为目标体系中最高层次的目标,但是将"可持续发展"作为环境审计最高层次的目标,那么接下来的较低层次目标就应该围绕如何实现"可持续发展"这一目标而进行细分,为最终实现可持续发展而服务,换句话说,低层次目标的完成必然或者很大可能导致高层次的"可持续发展"这一目标的实现。那么按照目前的环境审计目标体系,无论是二元目标论还是三元目标论,低层次的目标都是围绕着"环境报告的真实性,环境方针、政策的合法性,环境管理工作的效益性"等传统审计的目标,而高层次的目标是"实现社会与经济的可持续发展",我们不可否认上述低层次的目标会对实现社会与经济的可持续发展起到一定的作用,但是它们发挥的作用是直接的吗?对最终实现社会与经济的可持续发展能起到多大的推动作用呢?也就是说,它们是否是实现可持发展的充分条件呢?完成它们就能实现可持续发展了吗?很显然不是这样的。然而我们知道,要想作为同一个目标体系之中的不同层次,不同目标层次之间必然要存在着直接的因果联系或者说是重大的间接关联,但绝不能是联系不明显。因此,不能将关联不显著的各个目标放在同一个目标体系之中。

(三)缺乏实际应用

通过对现有文献的梳理,我们发现对于环境审计目标的研究过于偏重理论研究,实证领域的成果偏少,与环境审计整体的研究偏重于实际应用相违背。大多数学者还是从理论上提出环境审计目标,并没有结合环境审计实际的案例来进行深入研究,这样不可避免地会与实际应用存在着一定的偏差,获得的应用价值很有限。规范研究是从理论的角度进行论证、推理。实证研究是用实践检验理论的成果,只有两者结合,互相补充,才能更好地达到指导、预测实践的目的。

从上述的评价中可以看出,现有的环境审计目标研究以环境审计目标的内容为重点,但是本书认为单纯地研究环境审计目标的内容,导致各个目标之间缺乏必要的衔接,难以构建完整的环境审计目标体系,不利于环境审计目标的研究。对于环境审计目标的研究,应该以广义的环境审计目标为研究对象,不应只局限于狭义的内容之中。因为,环境审计目标属于环境审计的基础内容,而环境审计目标的定义、重要性、影响因素等方面更是环境审计目标之基础,只有在对这些基础内容进行充分研究之后,将环境审计的含义、作用等一一确定后,再研究环境审计目标的内容就能水到渠成。综上所述,无论是从量上还是从质上看,都说明现有的环境审计目标的研究还不是很充分,后续环境审计目标的研究存在较为广阔的空间。

第三节　构建环境审计目标体系

我国学者对环境审计目标的研究已经取得了一定的成果,形成了一定的环境审计目标体系。但是无论是一元目标论、二元目标论还是三元目标论,都不十分完美,本身都存在着一定的不足。三个目标论的突出缺陷分别表现在:一元目标论采用一一列举的方式使其缺乏层次性与全面性;二元目标论中最高层次与最低层次目标之间缺少必要的衔接,不利于最高目标分解、落实;三元目标论未能区分不同主体各自的环境审计目标,不利于环境审计工作的开展;同时这3个目标论共同的不足表现在都没有充分体现环境审计特色,即还是用传统审计的眼光界定环境审计。虽然现有的目标中涉及了传统审计之外的其他学科内容,但只是进行概念性的引入,没有将其核心的思想理念融入到环境审计之中,不利于环境审计进一步丰富、发展。可以说,现有的环境审计目标体系的最大不足就是没有突出环境审计的特色。

因此,建立环境审计目标体系的最大瓶颈就是如何解决不同学科之间融合的问题,即如何将其他学科的思想融入环境审计目标之中,指导实务的开展,体现环境审计的特色。

一、环境审计目标体系的构建原则

环境审计目标体系的构建必须遵循的一定的原则。我们认为所遵循的原则包括以下3点:

（1）前瞻性和系统性原则。由于环境问题的复杂性和多变性，必须对未来将发生的事项有所预计，以便在新问题出现后及时采取措施，防止负面效应的出现。因此，环境审计目标的制定应具有前瞻性。前瞻性是指环境审计目标在可以预见的未来都具有实际运用性，不会过时。要为环境目标的发展留有余地，在制定环境审计目标时既要考虑审计目标能适用于当前的各种环境审计类型，又要考虑该目标可以适用于能预见的未来社会政治、经济环境的变化对审计目标变化的需求。环境审计目标的系统性是指环境审计目标是一个有机的系统、多层次的体系。

（2）可操作性原则。从一定程度上讲，环境审计目标是用来联系环境审计实践和理论研究的桥梁，它既是环境审计理论研究的成果，又是环境审计实践的直接指导，因此环境审计目标一定要具有可操作性。

（3）差异化原则。环境审计按审计主体可以分为国家环境审计、民间环境审计和内部环境审计，不同审计主体在环境审计活动中侧重点有所不同：如对国家的环境政策、法律、法规以及大型投资项目的审计必须由国务院辖属的国家审计署来组织审计；对各级政府的环保部门、环保投资项目，一般应由同级或上级政府审计机关进行审计；对接受委托参与具体的审计活动并提供咨询和鉴证业务，应由社会民间审计完成，以发挥其客观公正的作用；对本部门、本单位的环境效益和环保资金进行的事前、事中、事后的审计，应界定为内部环境审计的职责。显然，不同环境审计主体的目标也应有所区别，因此，构建环境审计目标要考虑这个因素。

二、构建环境审计目标体系的基本思路

针对现有的环境审计目标体系的不足，本书提出了构建环境审计目标体系的思路，如图5-1所示。本书构建的环境审计目标体系，进一步突出环境审计的特色、强调环境审计的本质、注重理论研究与实际应用的结合。为此，首先，我们

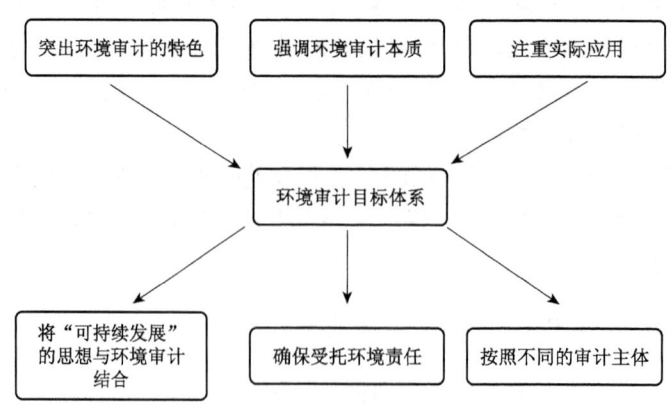

图 5-1　构建环境审计目标体系的思路

将"可持续发展"思想融入环境审计目标体系之中而不是将其进行概念性的引入,克服现有环境审计目标共同的不足之处;其次,我们将在环境审计目标体系之中进一步强调"确保受托环境责任的履行",体现环境审计的本质;再次,我们将针对现有的不同环境审计主体,根据其在实际开展环境审计工作时的不同侧重点以及其职责需要等对他们各自的环境审计目标进行分别研究,最终将建立包含不同环境审计主体的目标体系。

三、环境审计目标体系的具体内容

有鉴于此,我们构建的环境审计目标体系分为两大部分:外部目标与内部目标。外部目标居于统领地位,内部目标则为环境审计目标体系的核心。环境审计的外部目标是由于外部需求产生的,要求辅助环境保护,协调人类与环境的关系,最终实现可持续发展。它并不是环境审计由内自发而生的目标,而是外部刺激的结果,主要涉及人口、资源、环境、经济以及社会5个领域。内部目标又分为3个层次:第一层次为环境审计的本质目标,环境审计的本质目标由环境审计的本质所决定;第二层次为环境审计的具体目标,是本质目标的具体体现,有助于环境审计本质目标的实现;第三层次为环境审计的项目目标,由项目认定与具体目标共同决定。

(一) 环境审计外部目标

环境审计的外部目标就是通过环境审计活动所要达到的理想状态或境地,源于外界宏观环境对环境审计的需求——辅助环境保护,实现环境保护预期的目标。

由于工业发展使人类社会的物质财富与精神文明发展到了前所未有的丰富与繁荣的阶段,同时也带来了严重的环境污染问题,直接危及人类的生存环境甚至影响到人们的生命安全。处于危机意识下的人们,环境保护意识被逐渐唤醒。环境污染事件频发,使一些国家和国际组织开始寻求对策并积极采取行动。为了有助于环境保护,更好地实施环境管理,使采取的协调人类与环境关系,同时保障社会经济持续发展的各种措施有效实施并实现预期目标,环境审计应运而生。

由环境审计的产生可以看出,环境审计是为了辅助环境保护。人们最初期望通过环境审计实现环境保护的目的。因此,环境审计的目标离不开环境保护。

环境保护是为了解决现实的或潜在的环境问题,协调人类与环境的关系,保障社会与经济的可持续发展。环境保护的最终目标是寻求人类与环境的协调,实现可持续发展。这样作为环境保护的辅助者——环境审计也应与环境保护一样,将实现可持续发展作为目标。因此,实现可持续发展应该属于环境审计的目标,并且是环境审计的外部目标。

社会与经济的可持续发展是由人口、资源、环境、经济以及社会5个领域共同作用来实现的。合理利用资源是实现社会与经济可持续发展的前提;加强科技教育、提高人口素质、控制人口数量是实现可持续发展的关键;环境保护是可持续发展的终点和目标;经济发展和社会发展是可持续发展的途径和调节器。这5个领域是可持续发展的细分,共同构成一个有机整体,它们之间既有联系又有制约。社会与经济的可持续发展就是人口、资源、环境、经济以及社会这5个领域相互协调共同进步的发展,在任何时候这5个领域都不能割裂开来,缺一不可,否则就不可能实现社会与经济的可持续发展。因此,单一方面的发展不是可持续发展,只有这5个领域协调作用、共同发展,才能实现经济繁荣、社会公平和生态安全,最终实现社会与经济的可持续发展。

我们知道,人口、资源、环境、经济以及社会这5个领域都不是传统审计或者环境审计所研究的内容,它们共同反映的是整个社会的内容。实现这5个领域的发展不单单需要经济发展而是更多地涉及国际合作、国家发展战略以及民生等宏观层面的内容。但是正因为可持续发展是一种宏观层面的内容,却给了我们研究环境审计的一种指导思想。可持续发展的思想要求我们在追求经济发展的同时,兼顾社会的发展(包括经济、政治、文化、道德伦理等),也要注意人类自身利益的满足、资源的持续利用以及生态环境的保护。不能再坚持传统的发展思想——经济发展至上,只要经济发展而不惜牺牲一切。除此之外。可持续发展的思想还要求我们注重长远的发展,保证生态、经济、社会的持续性发展。

因此,环境审计外部目标在整个环境审计目标体系中居于统领地位,在思想上对环境审计进行指导,指导环境审计内部目标的构建,即将"可持续发展"的思想层层分解,指导环境审计实务的开展,进而体现了环境审计的特色,解决不同学科之间融合的问题。

从上述论断可以看出,作为环境审计外部目标的可持续发展只涉及思想理念而未涉及具体的实务操作,因此环境审计外部目标只能在思想上对环境审计进行指导,但是无法深入到具体实际操作。环境审计需要很强的实务操作,需要技术上的支持,因此需要能够进一步指导环境审计实务开展的目标,而环境审计内部目标承担了这一任务。

(二) 环境审计内部目标

环境审计内部目标是目标主体针对外界环境的刺激并根据自身的需求以及环境审计的职能进行反映的结果,它完整地反映环境审计的本质,并凸显出与众多同样以可持续发展思想为指导的其他学科的本质区别,体现出其在社会大分工中扮演的独特角色。环境审计内部目标在整个环境审计目标体系之中居于核心地位,具体指导着环境审计实务的开展,其借鉴传统审计的思想,并融合"可持续发展"的思想将目标层层细分,具有鲜明的层次性,具体指导着环境审计实务的开展。其由3个层次构成:环境审计的本质目标、环境审计的具体目标、环境审计的项目目标。所以,我们构建了如图5-2所示的环境审计内部目标。具体解释如下：

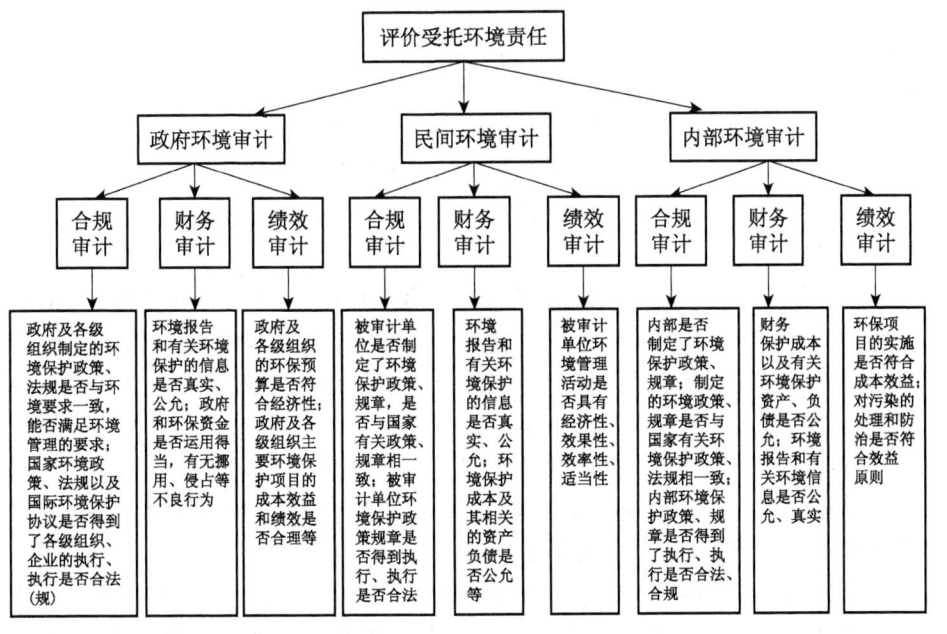

图 5-2　环境审计内部目标

1. 环境审计的本质目标

环境审计目标的形成不仅受外部需求的影响，还受到环境审计本身的本质、职能、技术手段的影响。其中，环境审计的本质决定着整个环境审计的发展方向，体现环境审计与传统审计、环境管理等的本质区别。因此，在环境审计的目标体系之中应该体现环境审计的本质，直接反映环境审计本质的精神和要求，这样才能明确界定环境审计的目标和职能。

环境审计的本质目标是确保受托环境责任的履行，评价受托环境责任。受托环境责任是环境审计的本质，环境审计因受托环境责任的产生而产生并因其发展而发展，环境审计的本质目标体现了环境审计的本质，使其与传统的审计既有联系又有区别。环境审计的本质目标在环境审计内部目标之中处于最高层次，适用于各种类型的环境审计，对环境审计其他内部目标起着统驭作用。其他目标都是其细分，为其实现而服务。

2. 环境审计的具体目标

环境审计的本质目标——评价受托环境责任，需要在环境审计实际工作中实现。而环境审计工作具有强烈的主观性，如审计风险的确定、审计资源的分配需要审计人员的专业判断，因此环境审计实践中最为主要的就是执行环境审计的审计人员——环境审计主体。环境审计主体有政府、注册会计师以及企业内部审计人员，在环境审计实务中他们各司其职，职能与关注点有所不同，必然会对不同的环境审计目标有所侧重。在实际工作中,政府、注册会计师、内部审计人员相互合作开展环境审计工作,因此就需要合理地明确各自审计的重点,使工作责任更加清晰。如果不区分不同主体而将环境审计的目标进行统一,对每个目标又进行平等地对待,无法将有限的审计资源合理利用,未免有失重点,也不符合现代风险导向审计的理念,不利于环境审计实务的开展。

因此,我们将环境审计的具体目标按照环境审计主体的不同进行划分,分为政府环境审计目标、民间环境审计目标以及内部环境审计目标,区分各主体之间的环境审计目标。

政府环境审计目标:应该侧重于监督政府受托责任,从民众角度出发,辅助环境保护部门进行环境管理,评价其制定环境环保政策法规的合理性、效益性并监督其执行情况,为其开展环境管理工作提供充分的依据,确保政府受托环境责任的全面履行,保障国家经济和社会健康持续发展。

民间环境审计目标:应该从保护社会公众利益的角度出发,侧重于评价被审计单位相关环境资产、负债的公允性,监督相关的环境活动的合法性,以及经营活动的环境效益性,确保受托环境责任的全面履行。

内部环境审计目标:立足于企业或者组织的内部,应该侧重于组织或者企业内部的环境监督,在内部进行环境审计;评价内部环境管理系统的有效性,并对各项业务进行环境审计;防止污染、加强内部环境责任以及产品责任,进而帮助企业或者组织规避环境风险,提高经营的效益、效果。

3. 环境审计的项目目标

环境审计的项目目标根据不同环境审计主体的具体目标并结合具体项目进行细分。环境审计的项目目标是基于受托人的认定。受托人首先会对自己的受托环境责任履行情况进行认定,然后审计人员会对其认定进行评价,此时就会以受托人的认定为依据,制定环境审计具体的项目目标,这与传统审计思路相似。我们可以借鉴比较完善的传统审计,例如,注册会计师的审计目标、国家审计目标以及内部审计目标,再融合环境审计的特色,确定环境审计的项目目标,以便更好地指导实践。

政府、民间、内部环境审计的项目目标共同之处都围绕着有关环境管理活动的公允性、合法性和效益性展开,主要涉及被审计单位从事的经济活动是否符合环境保护的要求,以及现行环境保护法律、法规的规定;评价环境管理系统的有效性;环境管理活动的效益性;环境报告以及有关环境信息的真实、公允、合法性等。

不同之处在于,政府环境审计的项目目标以政府独特的职能为出发点,评价立法者制定的环境保护政策、法规是否满足环境管理的需要,以及环保资金的筹集与使用的效益性,监督国家各项环保政策、法规的执行情况;民间审计充当第三人的角色,注重为委托人服务,对政府、管理当局出具的环境报告进行鉴证,评价被审计单位环境管理活动的经济性、效果性、效率性、适当性和环保性，评估环境保护成本及其相关环境资产、负债的公允性；而内部环境审计是为加强企业经营管理、避免损失、提高企业经济效益服务的，因此注重从企业多个方面着手，包括生产、技术、经营、贮存、运输等环节中查明是否存在违法环境保护的政策、法规的事项，减少企业的损失，实现企业未来的可持续发展。

四、体系的科学性和可行性分析

本书构建的环境审计目标体系，由外部目标与内部目标共同构成，并将可持续发展视为外部目标，作为整个该体系的指导思想。在内部目标体系之中，本质目标居于最高地位；具体目标按照不同的环境审计主体进行划分；项目目标根据项目认定与具体目标确定；进而突出环境审计的特色、强调环境审计的本质、实现理论研究与实际应用的结合。该体系的科学性与可行性表现如下：

首先，该体系以广义目标的构成为框架。目标是人们在各种活动中所预期和追求的客观标准在主观上的超前反映，它是人们为了满足需要而产生的一种主观期望。目标首先是外界环境对人们产生了诱因或刺激，然后作为目标主体的人们根据自身主观需要对外界的诱因或刺激进行反映，便产生了目标。由此可见，目标的产生不仅起源于外界诱因，而且同目标主体的主观需求和自身条件等有关。换句话说，一个目标的产生是内外部因素共同作用的结果。按照目标的定义，环境审计的目标也同样应该由外部目标与内部目标构成。

环境审计是由于社会经济发展带来了严重的环境污染问题，需要人们解决现有的问题而产生的。社会发展对人们提出了更高的要求——在发展经济的同时要保护环境，产生了外部需求，产生了环境审计，这是环境审计目标的起源。而它并不是环境审计从内自发产生的目标，体现不出环境审计的本质，只是外部强加进去的目标，与内部目标有着本质区别。因此，"实现社会与经济的可持续发展"是环境审计的目标，但只是环境审计的外部目标，并不能居于环境审计目标体系的最高层次，由于其与内部目标有着本质区别，不能与环境审计内部目标相混淆。

其次，该体系借鉴了传统审计的研究成果。在传统审计中，对于审计目标的研究已经形成了完善的目标体系，并在审计准则中予以明确的规定。目前，现有的审计准则有国家审计准则、注册会计师审计准则以及企业内部审计准则，并在各个准则中明确了各审计主体的目标，以指导实务的开展。因此，将传统审计完善的成果应用于环境审计的研究之中，即根据不同的环境审计主体确定各自的环境审计目标，并分析它们之间的异同，在实际开展环境审计工作中具有可行性。

本书构建的环境审计目标体系，将可持续发展作为指导思想，进一步突出了环境审计的特色；将"评价受托环境责任的履行情况"作为内部目标的最高层次，直接体现了环境审计的本质；注重理论研究与实际应用的结合，区分不同主体的环境审计目标，有利于环境审计实务的开展。因此，构建环境审计理论结构体系中的重要组成要素之一的环境审计目标,使环境审计理论结构体系更加严密完整,有利于环境审计的进一步发展。

第四节　环境审计目标的未来研究方向和建议

随着社会不断发展,对于环境审计目标的研究成果还会不断涌现。通过我们的研究分析,对于未来的研究方向我们提出以下建议:

(1) 加强对各个审计主体环境审计目标的研究。随着环境问题日益突出,治理和保护环境投资日益增加,环境审计的业务量也必将加大,注册会计师的介入是必然的;同时,企业作为一个经营主体,在考虑经济效益的同时,必须兼顾社会效益,达到两者的统一,这样内部审计部门的介入成为必然;此外,政府环境审计固有的一些缺陷和不足,如审计独立性较差、信息不对称等,也需要注册会计师和内部审计机构来加以配合和完善。目前,在西方一些环境审计开展较早的国家(如德国、荷兰等),社会审计机构和内部审计机构已广泛参与到环境审计项目中,且具有举足轻重的地位,而我国环境审计体系由于种种原因的限制主要还是政府审计,注册会计师和内部审计较少参与其中,理论界也很少对其目标进行专门研究,从长远来看必然不利于我国环境审计理论研究和实务的开展。因此,今后应加强对不同审计主体尤其是注册会计师环境审计目标和企业内部环境审计目标的研究。

(2) 处理好环境审计目标与常规审计目标的关系。环境审计运用了常规审计的基本理论,是对规审计的一种继承;是在受托经济责任向环境责任扩展后形成的,是常规审计的进一步发展。常规审计目标中包含财务审计、合规性审计和绩效审计;环境审计目标同样也包含这三部分。但不能因此认为环境审计目标就是常规审计目标的"移植",而现有的环境审计研究,大多却是在常规审计理论之前冠以"环境"两字,其内容在本质上并没有差别,没有体现出环境审计的独有特色。所以在今后的研究中,必须要处理好两者的关系:一是要挖掘常规审计目标与环境审计目标的相同之处,以资借鉴;二是要找出两者的区别,以突出环境审计特色。

(3) 注重理论研究与案例研究相结合。我国学者目前对环境审计目标的研究采用的方法主要是以规范研究为主,鲜有结合实际案例来探讨环境审计目标的,这就使环境审计目标缺乏实际的指导意义和参考价值。而像荷兰、德国等一些开展环境审计较早的国家,它们往往在总结环境审计的经验后再制定、修正环境审计的目标。因此,笔者建议在今后的理论研究中,应加大案例研究的比重,如可以采用实地调查、统计抽样以及问卷调查的分析方法来归纳总结环境审计目标,以期更好地推动环境审计的开展。

(4) 借鉴国外经验并结合中国实际在研究探讨环境审计基本理论时,我们应加强国际间环境审计的交流和协调,积极探索,减少在环境审计理论研究方面的重复劳动和盲目性,以推动我国环境审计工作的深入开展。但是,由于各国社会经济制度、法律环境以及审计人员素质等方面存在一定的差异,国外的情况未必完全适合我国,我国也有许多自己特殊的问题。因此,创新精神是必需的,我们在借鉴国外经验的同时应结合我国实际,不断加强创新,也只有不断创新,环境审计才能逐步完善,才能适合中国国情,体现中国特色,以解决中国的实际问题。

(5)加强各相关学科之间的融合研究。在今后的研究中,我们要善于从环境审计这个"圈子"中跳出来,综合运用于环境审计相关的多学科的知识来探讨环境审计目标。

本章小结

环境审计目标的研究有广义与狭义之分。广义的环境审计目标研究涉及环境审计目标的定义、重要性、影响因素以及环境审计目标的内容4个方面的内容;而狭义的环境审计目标研究仅仅指环境审计目标的内容。

环境审计目标在环境审计理论研究与实践中具有重要作用,基于审计目标导向的理念之上,目标是审计理论结构的逻辑起点,因此在构建环境审计理论结构体系之中,必然以环境审计目标为起点。在环境审计目标的研究中,环境审计目标内容的研究占据了大部分内容。目前,国内学者的观点主要有3种:一元目标论、二元目标论以及三元目标论。

构建的环境审计目标体系分为两个大部分:外部目标与内部目标。外部目标居于统领地位,内部目标则为环境审计目标体系的核心。环境审计的外部目标是由于外部需求产生的,要求辅助环境保护,协调人类与环境的关系,最终实现可持续发展。它并不是环境审计由内自发的目标,而是外部刺激的结果,主要涉及人口、资源、环境、经济以及社会5个领域。内部目标又分为3个层次,第一层次为环境审计的本质目标,环境审计的本质目标由环境审计的本质所决定;第二层次为环境审计的具体目标,是本质目标的具体体现,有助于环境审计本质目标的实现;第三层次为环境审计的项目目标,由项目认定与具体目标共同决定。

思考题

一、环境审计目标的定义。

二、环境审计目标的重要性体现在哪里?

三、影响环境审计目标的主要因素有哪些?

四、环境审计目标的主要内容。

五、现有关于环境审计目标研究存在的问题。

六、本章的环境审计目标体系有何特点?

参考文献

[1]　陈思维.环境审计[M].北京:经济管理出版社,1998:4-5,22-29.

[2]　陈正兴.环境审计[M].北京:中国审计出版社,2001:3.

[3]　蔡春,陈晓媛.环境审计论[M].北京:中国时代经济出版社,2006:4-5,33-39.

［4］ 李雪,杨智慧.对环境审计定义的再认识[J].审计研究,2004(2):26-30.

［5］ 吴俊峰.环境审计研究[D].成都:西南财经大学,2000.

［6］ 蒋玮.我国环境审计问题研究[D].大连:东北财经大学,2006.

［7］ 张庆安.注册会计师环境审计目标及其实现方式研究[D].成都:西南财经大学,2008.

［8］ 贺敬燕.基于利益相关者理论的环境审计基本理论要素研究[D].青岛:中国海洋大学,2009.

［9］ 许先春.走向未来之路:可持续发展理论与实践[M].北京:中国广播电视出版社,2002:99-102.

［10］ 刘培哲.可持续发展理论与中国21世纪议程[M].北京:气象出版社,2001:35.

［11］ 孙岩.我国企业内部环境审计理论与实务问题研究[D].兰州:兰州大学,2006.

［12］ 李曼静,李国威.我国现阶段环境审计目标的研究[J].现代管理科学,2010(5):113-115.

［13］ 杨荣美.循环经济下环境审计目标初探[J].社科纵横,2010(2):31-33.

［14］ 李学柔.也谈环境审计[J].广东审计,1997(7):5-8.

［15］ 张以宽.论环境审计与环境管理[J].审计研究,1997(3):23-30.

［16］ 李永呈.环境审计理论与实务研究[M].北京:化学工业出版社,2007.

［17］ 刘力云.浅谈环境审计[J].中国内部审计,1997(2):4-13.

［18］ 陈汉文,池晓勃.关于环境审计几个问题的探讨[J].中国内部审计,1997(2):1-4.

［19］ 陈淑芳,李青.关于环境审计几个问题的探讨[J].当代财经,1998(9):57-59.

［20］ 福州市审计局.论环境审计的对象、内容、方法和目标[J].中国内部审计,1997(8):18-21.

［21］ 陈思维.环境审计的理论结构[J].审计理论与实践,1998(3):12-14.

［22］ 陈东.环境审计若干理论问题初探[J].财经论丛(浙江财经学院学报),1999(3).

［23］ 袁素琴.浅谈环境审计[J].陕西审计,2000(1).

［24］ 靳永军.略论环境审计[J].陕西省行政学院,2000(1):47-48.

［25］ 傅东.试论环境审计[J].浙江经专学报,1997(4):23-26.

［26］ 赵春涛.浅议环境审计[J].甘肃广播大学学报.1999(2):51-52.

［27］ 天津市审计学会.关于环境审计基本理论的探讨[J].审计理论与实践,2000(1):4-7.

［28］ 梁森,杨卉.关于环境审计几个问题的探讨[J].山东审计,2000(8):20-21.

［29］ 张春梅.环境审计理论结构要素及其构建[J].山西财政税务专科学校学报,2005(1):39-43.

［30］ 许全军.环境审计目标及内容探讨[J].焦作大学学报,2008(2):65-67.

［31］ 魏顺泽.我国环境审计的探讨[J].现代审计,2000(5):26-28.

［32］ 张庆安.注册会计师环境审计目标及其实现方式研究[D].成都:西南财经大学,2008.

［33］ 毛洪涛,张正勇.我国环境审计目标研究:评估与展望[J].财会通讯(综合),2009(11):86-89.

［34］ 李雪,石玉,王纪瑞,对环境审计目标的再认识[J].财会月刊,2011(6):78-80.

［35］ 石玉,罗国磊.我国环境审计目标研究述评[J].新会计,2011(8):46-48.

［36］ 沙珍珍,王萍,杨李蔚.基于利益相关者理论的环境审计目标研究[J].财会通讯,2013(1):84-86.

第六章　环境审计假设

内容简介

　　本章介绍了环境审计假设。环境审计假设是对有关环境审计事物产生、发展与存在的一些尚未确知或无法正面论证的前提条件,根据客观的正常情况或发展趋势所做的合乎事理、合乎逻辑的推断或认定。环境审计假设应具备一系列的特征,它是审计理论的前提条件,对环境审计科学具有导向作用并加速环境审计理论的发展。目前,环境审计假设的典型观点有八大假设观、六大假设观、五大假设观等。

学习目的和要求

　　通过本章的学习,你应当能够:

- 掌握环境审计假设的性质;
- 了解环境审计假设的作用;
- 了解环境审计假设的应具备的特征;
- 了解当前环境审计假设的典型观点。

　　不论是自然学科还是社会学科,任何一项理论都离不开假设的前提。莫茨曾说:"在一个不确定性的世界中,承认假设的存在是比较现实的。当某项活动和最终结果尚未确知之前……对其未来发展作出假定是不可避免的。"葛家澍(1988)认为假设是理论构建的前提。因此,环境审计理论要得到全面的发展必须在环境审计理论领域加强环境审计假设的研究,明确环境审计假设至关重要。

　　环境审计假设是构建环境审计理论结构的必备要素之一。人们可以从环境审计假设出发,进行演绎推理,确立环境审计原则和制定环境审计准则;而且还能从环境审计原则和准则追溯到环境审计假设,以验证环境审计假设的正确性。这样,环境审计假设将演绎推理与归纳推理有机地结合起来,使环境审计理论结构的建立更加科学。没有环境审计假设,环境审计原则和环境审计准则的确立就失去了基本依据,其正确性也难以保证,更不用说如何来指导环境审计实务的开展。

第一节　环境审计假设概述

一、环境审计假设的概念

　　(1) 李雪、杨智慧、王健姝(2002)认为,环境审计假设是指为了实现环境审计目标而对尚未确知的事物作出客观、合理的推断,从而得出开展环境审计应具备的前提条件。它是根据客观的正常情况和趋势作出合乎情理的判断,是以人们无数次实践的正确认识为依据的,不是漫无边际的设想,并且随着客观环境的变化也需要相应改变,而其正确性也有待于实践的检验。比如,与环境管理相关的财务报表和财务数据是可验证的、审计人员与环境管理者之间没有必然的厉害冲突关系等都可以作为环境审计假设。认为环境审计假设是目标的前提,是准则制定的基础。

（2）张晶、高运川（2004）认为,环境审计假设是为了进行环境审计实践而对环境审计环境中的某些事项和现象所作的推断,从而得出开展环境审计应具备的前提条件,认为审计的假设同样适用于环境审计实务。

（3）朱萍、刘志军（2004）认为,环境审计假设是指为了实现环境审计目标而对某些尚未确知的事物作出客观、合理的推断,从而得出开展环境审计应具备的前提条件。它是整个环境审计理论结构逻辑联系的基点。因为在环境审计学科领域存在着一些能感觉到但还无法加以确证的最基本认识,这些认识的不可或缺性使其成为开展环境审计工作所必须具备的前提条件。它是根据客观的正常情况和趋势作出合乎情理的判断,是以人们无数次实践的正确认识为依据的,不是漫无边际的设想,并且随着客观环境的变化也需要相应改变,而其正确性也有待于实践的检验。朱萍、刘志军（2004）认为,在环境审计理论结构框架中假设主导概念,同时受概念的反馈影响;目标主导假设,同时受假设的反馈影响。

（4）蔡春、陈晓媛（2006）等认为,环境审计是审计的一个分支,环境审计假设概念与审计假设概念应该是一致的,所以在总结环境审计加深概念的基础上提出环境审计假设的概念,是对有关环境审计事物产生、发展与存在的一些尚未确知或无法正面论证的前提条件,根据客观的正常情况或发展趋势所做的合乎情理、合乎逻辑的推断或认定。

对环境审计假设的概念,各学者的认识很少不存在分歧,并且以蔡春、陈晓媛为代表的学者认为环境审计假设概念与审计假设概念应该是一致的。

根据上述学者对环境审计假设的解释,本书认为环境审计假设概念应该包括以下几点:①对环境审计产生、发展与存在的一些尚未确知的事物或者无法正面论证的前提条件。②是从无数次实践的正确认识基础上,根据客观实际及发展趋势作出的合乎情理的判断。③以实践为基础,同时需要接受实践的检验。

二、环境审计假设的作用

（1）环境审计假设是环境审计科学研究的先导,其导向作用具体表现在两个方面:

第一,由于环境审计假设确定的是环境审计事物的前提条件,这同时也就确立了审计科学研究的前提条件,也就是进行环境审计推理论证的一系列原始命题。

从这个意义上说,没有环境审计假设,环境审计科学研究也就失去了基本依据。

第二,环境审计假设是构建环境审计理论结构的基础,环境审计理论结构中其他要素的研究都将在它所圈定的框架内进行。

(2)环境审计假设的研究可以加速环境审计理论的发展,同样环境审计假设的发展会促进环境审计理论的发展。

(3)环境审计假设是环境审计理论的前提条件,正因如此,环境审计才成为一门科学。

三、环境审计假设应具备的特征

从逻辑学家和哲学家们的有关论述中可得出,环境审计假设应具备以下特征:

(1)具有主观见之于客观的特性。一方面,环境审计假设的提出必须以一定的经验、事实材料为基础,以一定的科学知识为依据;另一方面,对于环境审计事物前提条件的认定是由人来作出的,是人们主观推断的结果。

(2)假设应具有明确性。所谓明确性,就是要求所提出的假设要简单明了,使人一看即知道这个假设所包含的意义,因为明确的假设便于人们的理解,避免由于理解的偏差带来认识上的差异。

(3)假设应具有逻辑性和抽象性。假设的抽象性是指它应是在一系列经验、事实材料基础上的提炼与概括。

(4)作为一个完整的体系。假设还应该具有连贯性、有效性、一致性和独立性4个特征。连贯性是指在整个环境审计理论结构中,各项假设必须首尾贯通、浑然一体,构成一个完整的体系;有效性是指每项假设必须能推导出若干有效地论断;一致性是指各项假设之间必须互相协调,不得互相抵触矛盾;独立性是指各项假设之间应该相互独立,不得为其他假设所包含或相互包含。

第二节　环境审计假设的内容

一、环境审计假设的典型观点

目前,审计理论的研究已相对成熟,关于审计假设学界基本达成共识,由于环境审计理论的研究仍处于初级阶段,关于环境审计假设的研究比较少,主要存在3种典型的观点:八大假设观、六大假设观和五大假设观。

(一)八大假设观

1. 王学龙(1997)的八大假设观

王学龙将环境审计存在的前提归纳为8个方面,包括:

（1）与环境管理相关的财务报表和财务数据是可以验证的。这一假设的重要性是显而易见的。除非财务资料是可验证的,否则,审计就没有存在的理由。

（2）审计人员与环境管理责任者之间没有必然的利害冲突。环境管理责任者关心的是环保工作的绩效性和经济性,而审计人员作为"绿色卫士",以独立的、第三者的身份对责任者的工作业绩进行鉴证和评价,两者之间不存在必然的利害冲突。

（3）内部控制排除舞弊行为的或然性。众所周知,审计计划的范围取决于特定场合下内部控制的范围。一个良好的内部控制系统能消除舞弊行为的或然性。相反,如果内部控制不健全,错误和违法行为的出现就几乎成为必然。

（4）环境管理制度的可行性和可验证性。环境审计是应环境管理的要求产生并发展的。因此,环境管理制度是否可行、是否可予以验证,直接影响环境审计的研究工作。

（5）环保资金的使用要讲求经济性、效益性。有限的环保资金能否满足维护生态平衡,保护人类环境之需求,取决于环保资金利用的经济性和效益性。只有在此假设基础上,审计人员才能对环境管理责任者业绩优劣作出公正性评价。

（6）审计人员或尽职尽责。审计人员一旦接受审计业务,就需尽可能有效地、热忱地为他的委托者工作,同时阻止来自利益对方的任何干涉。

（7）过去认为真实,将来仍然认为真实。在被审计单位中过去认为真实的事项,若无确凿的相反证据,未来仍然被认为是真实的。除非审计人员这样假设,否则,就无法对环境管理者责任履行情况进行客观公允性评价。

（8）会计资料依据会计准则公允表达。为判断财务报表表达的公允性,审计人员应有一定的标准,公认会计准则提供了这种标准。如果没有公认的会计准则,审计人员的意见就失去了通用的公共"语言",因此毫无价值。

2. 严曾（2001）的八大假设观

严曾在众多学者研究的基础之上提出自己的观点,认为环境审计假设如下。

首先,审计假设对于环境审计假设同样适用:

（1）责任关系假设。审计是对受托责任的重认定和重计量,它因受托责任的发生、发展而发生、发展。它是以受托经济责任关系或公共责任环境存在为首要前提,由此推出审计的客观需要和审计人从事审计工作必要性的理论。

（2）可验证性假设。被审计对象及其提供的资料应具有可验证性,可以由有专业知识和能力的审计人来审查、鉴证,其审计结果也应可被检验。

（3）审计可信任性假设。审计的权威性、责任性要求其可信任性,审计人员和企业管理部门之间,不存在妨碍审计人员验证财务报表中会计信息可信性的利害冲突,应独立、客观、公正。尤其环境问题涉及全球利益,关系子孙后代的利益。

（4）审计可行性假设。审计可行性是指审计理论和相关学科及实践的关系,主要是指审计同法律、管理、财务、会计及相关科学技术的关系。要审查被审计对象的真实性、合法性和有效性,审计工作必须依据公认会计准则、环保法律和法规、经营管理规章制度、科学技术的客观规律等,联系与环境审计相关的实践和理论,保证可行性。

除此之外,根据环境审计的特殊性还应该考虑以下几条假设:

(5)环境问题的整体性。这种整体性体现在空间和时间两个方面。首先,环境是地球的环境,环境问题的全球化已愈来愈显著,涉及的利益是多方面的,其解决需要区域性的协调和合作。另外,在时间上,环境影响具有一定的时间跨度,特别是代际利益的均衡,环境影响的潜在性和累积放大性会随时间而作用。

(6)污染的可预防性。回顾工业革命以来的许多重大污染事故,其主要起因均是人为的。人们的活动可以产生污染,也可以通过适当的调节降低甚至避免污染的恶果。

(7)环境、资源的价值性。审计的本质即一种经济监督活动,审计最初、最主要的内容就是财务审计,环境、资源价值的存在是应该进行审计的前提。

(8)环境审计对象属性的复杂性。环境审计对象的资源与环境,与一般审计对象相比,其自然属性更为突出,如环境的自净能力,资源的有限性,是否属可再生资源。同时,由于人类对环境资源的作用,使其具有社会属性,体现在人与环境的交互作用,表现在人对环境的干扰(包括正、负作用)和环境对人类社会的正负反馈作用。因此,环境审计对象属性显得复杂多样。

(二)六大假设观

张以宽(1997)在《论环境审计与环境管理》中将环境审计概括为6个方面:

(1)"可持续发展"战略目标的实现,需要审计监督和鉴证。"可持续发展"战略要求加强环境保护与管理,和企业利益既有一致性,又有矛盾性,需要通过审计组织对它进行监控。

(2)企业履行环境保护法的法律责任是需要评价的。违反环境保护法,对环境造成污染,应受到法律制裁,因此,从企业来讲需要内部审计开展环境审计为其把关。国家审计机关应对它进行执行监督,评价履行法律责任,提示其违法行为。

(3)企业的环境管理工作是需要执行监督的。企业为了加强环境管理,防止污染环境,不仅需要加强日常管理,还需要定期进行执法监督,以加强企业法人代表和管理人员的执行保护环境保护法的意识。

(4)企业为加强环境管理所建立的内部控制系统的健全性和有效性是需要经过评价的,以揭示其中薄弱环节,健全内部控制制度。

(5)企业为加强环境管理的支出和污染环境造成损失的会计核算资料是需要鉴证的。

(6)国家审计机关和内部审计机构是有能力进行执法监督的。这不仅在理论上得到了充分的论证,西方国家已经通过审计实践作出了有力证明。

(三) 五大假设观

蔡春等人(2006)在沿用基本审计假设内容的基础上,针对每项假设,结合环境审计的特点,对环境审计包含的具体内容进行了扩充和完善,并最终形成了环境审计的 5 项基本假设:责任关系假设、正当怀疑假设、可确认假设、独立性假设以及有效性假设。

1. 责任关系假设

责任关系假设认为各种环境保护和环境管理责任的确认与解除必须有独立的第三者来进行客观、公正的鉴定,充当这种第三者的人就是环境审计人员,所以他们所实施的行为就是环境审计。这种环境受托经济责任关系实际上就构成了环境审计产生的前提条件。

2. 正当怀疑假设

正当怀疑假设认为,有理由怀疑受托人不能全面有效地履行环境保护和环境管理责任,因此,需要环境审计来保证其全面有效履行。因为,受托人作为理性经济人其目标是自身利益最大化,而履行环境保护责任不仅不会给企业带来利益相反还会增加企业的成本,尤其是当环境法规不健全时,受托人更易于不履行应有的受托环境责任。同时,"正当怀疑假说"的关键意义是明确了环境审计的直接原因,为实施具体的环境审计工作明确了目标、提供了依据。

3. 可确认假设

可确认假设假定环境保护和管理责任是可以通过手机证据、验证信息而得到确认的。它包含两个具体的假设:可审计假设和可计量假设。其中,可审计假设是指环境保护和管理责任是可以审计的,这种审计是通过收集和评价相关证据一验证有关环境会计信息来实现的。"可确认假设"是环境审计准则理论、环境审计程序理论与环境审计证据理论的基础,也是环境审计中运用概率理论之前提和确立审计师责任界限的依据。

4. 独立性假设

该假设假定环境审计机构和人员始终保持其在地位、精神、操作以及伦理上的独立,并有能力排除各种干扰和约束,进行独立的审计活动。独立性是所有审计的最根本特征,是审计的灵魂。环境审计要取信于人,同样必须保持其独立性。此项审计假设的意义在于,确立了审计的本质特征,使之区别于其他检查活动,成为一种自成体系的检查活动,成为一门独立的科学。

5. 有效性假设

有效性假设包括三层含义:一是环境审计行为能有效实施;二是环境审计的结果是有效的;三是环境审计人员必须具有专业胜任能力。

(四) 四大假设观

2003 年,杨智慧在《环境审计理论结构研究》中,提出四大假设观。四大假设观的确立原则是:环境审计假设的确立应当从环境审计人员资格条件和环境审计人员行为(审计主体作用于对象)2 个方面入手,并且符合上述 5 个特征。鉴于此,杨智慧在借鉴前人研究成果的基础上确立了如下 4 项环境审计假设:

(1) 环境审计人员应具备一定的职业胜任能力。一是环境审计是一门交叉学科,是审计与环境管理学、环境工程学、环境法学、环境医学等学科相互融合的产物;二是环境会计尚未形成较为完整、较为一致的体系,缺乏统一的环境会计制度,使环境审计相关资料的取得更加困难,必须借助一些专门的手段和方法。因此,环境审计人员应具备进行环境审计的学识和实践经验,以确保能胜任相关的工作。

(2) 受托环境责任是可以验证的。只有受托环境责任的履行情况是可以验证的,审计人员才有必要进行环境审计,这是进行环境审计的前提和基础。

(3) 环境内部控制具有排除舞弊行为的可能性。假设针对与环境有关的经济活动和事项而设计的内部控制是合理、有效的,并且能够得到一贯执行。

(4) 环境审计证据取得的困难性和效力的差异性。环境审计证据的取得,需要环境审计理论结构研究经过科学的测量和评估,专业性强,不易掌握;而且不同来源(外来和单位内部)、不同形式(书面、口头、实物和环境证据)的证据,其效力存在一定的差异。

二、环境审计假设观点的评价与思考

环境审计研究方兴未艾,环境审计假设作为环境审计理论的一项基本要素,还存在诸多有待继续深入探讨的问题。

环境审计假设的几种典型观点中,王学龙的八大假设观在一定程度上揭示了环境审计工作开展的约束条件,但从具体内容上看,除第 5 项外,其余 7 项均是常规审计工作的前提,未能突出环境审计自身的特点。虽然环境审计假设是审计假设的一条分支,但是环境审计的侧重点在于环境审计有其关注的重点,作为一门独立的学科逐渐发展起来,应该有独立的理论而不是绝大部分借鉴甚至直接运用相关理论内容。

严曾对于环境审计假设的探讨有一定合理性,如对于环境审计假设借鉴审计假设中的责任关系假设和后来提及的环境审计的特殊性,但是他没有提出环境审计假设的基本内容是什么,只是提出环境审计假设的发展需要注意的内容;或者说提出的环境审计假设的内容不具有全局性和代表性。

而张以宽的六大假设观中的前 5 项是在阐述环境审计存在的原因及环境审计工作本身的必要性,并非论述环境审计存在的前提条件,与环境审计的前提和约束相关性不大。

蔡春等人的五大假设观与其针对审计假设提出的 5 项假设主体是相同的,并没有结合环境审计的特点提出具有针对性的假设内容。虽然环境审计是审计的一个分支,但是作为一门独立的理论,环境审计有其独特的一面,环境审计假设应体现其独特性。

本章小结

本章主要从环境审计假设的概念、环境审计假设的特征、环境审计假设的作用、环境审计假设的典型观点、观点的评价与思考5个方面对环境审计假设作了全面介绍。

对于环境审计假设的概念,本书通过论述国内学者的观点得出了各学者对环境审计概念论述的内在一致性,认为环境审计假设概念应该包括以下几点:①对环境审计产生、发展与存在的一些尚未确知的事物或者无法正面论证的前提条件。②从对无数次实践的正确认识基础上,根据客观实际及发展趋势作出的合乎情理的判断。③以实践为基础,同时需要接受实践的检验。

对于环境审计的作用,本书认为环境审计假设是环境审计科学研究的先导,具有导向作用,并且环境审计假设是环境审计理论的前提条件,对环境审计假设的研究可以加速环境审计理论的发展。

对于环境审计假设的特征,本书认为,环境审计假设具有主观见之于客观的特性,具有明确性、逻辑性和抽象性,而且是一个完整的体系。

对于环境审计假设的内容,本书首先介绍了当前环境审计假设的典型观点,主要有八大假设观、六大假设观、五大假设观和四大假设观,并分别对这几种观点进行了简单的评价。

思考题

一、环境审计假设能否作为环境审计理论体系构建的逻辑起点?
二、环境审计假设和环境假设有何区别与联系?
三、环境审计假设应该具有稳定性还是动态性,是否应该随着客观环境的变化而变化?
四、对于环境审计假设的典型观点,作何评价?

参考文献

［1］ 葛家澍. 会计学导论[M]. 厦门:厦门大学出版社,1988:26-27.

［2］ 杨智慧. 环境审计理论结构研究[J]. 财贸研究,2002(5):107-111.

［3］ 张晶,高运川. 环境审计的理论框架[J]. 环境科学动态,2004(3):8-9.

［4］ 朱萍,刘志军. 构建我国环境审计理论结构的设想[J]. 湖北财经高等专科学校学报,2004(5):40-42.

［5］ 蔡春,陈晓媛. 环境审计论[M]. 北京:中国时代经济出版社,2006.

［6］ 王学龙. 也谈环境审计[J]. 兰州商学院学报,1997(4):67-68.

［7］ 严曾. 论环境审计定义及假设[J]. 环境科学动态,2001(3):29.

［8］ 张以宽. 论环境审计与环境管理[J]. 审计研究,1997(3).

第七章　国内外环境审计的开展现状

内容简介

　　本章首先分别从政府审计、内部审计、社会审计3个角度对国内外环境审计开展现状进行了介绍和评价，接下来对国内外环境审计的开展情况进行了对比分析，找出差异并分析原因，最后在借鉴国外先进经验的基础上，针对我国环境审计存在的问题，对我国环境审计的进一步开展提出了几点建议。

学习目的和要求

　　通过本章的学习，你应当能够：
- 了解国外环境审计的开展情况；
- 了解国内环境审计的开展情况；
- 对国内外环境审计开展情况的差异有所认识；
- 能够对我国环境审计未来的发展方向有所认识。

第一节　国外环境审计开展现状及评价

一、国外政府环境审计开展现状

（一）主要国家政府环境审计开展现状

1. 德国

　　环境问题已演变成整个社会关心的热点问题，环境审计作为一种专门的审计制度，自20世纪70年代以来，日益受到西方国家的重视。德国是欧洲和世界在现代意义上最早开始关注环境问题的国家之一，也是较早进行环境审计实践探索的国家之一，尤其在政府环境审计方面取得了突出的成就。

　　从机构设置上看，德国政府审计机构包括联邦审计院和各州的审计院，它们具有很强的独立性，没有任何隶属关系。德国联邦审计院在1992年成立环境审计处，针对联邦政策各部门分工的不同，设置了6个局13个处负责有关环境审计任务。联邦审计院负责对联邦预算环保资金使用情况进行审计监督,以确保资金合规有效的使用;州审计院则主要对本级预算安排环境资金使用情况进行审计。①

从环境审计的依据来说,联邦审计院的工作主要受到环境法、预算法的约束。德国的环境法是由数量繁多的单项法律所组成。从 20 世纪 70 年代起,有关环境方面的法律大量产生,德国先后制定了《废弃物处置法》《联邦水管理法》《大气污染控制法》等早期的环境法律。之后,随着 1976 年的《能源节约法》、1980 年的《化学品法》、1985 年的《原子能控制法》、1987 年的《废水纳税法》等法律的制定,到 80 年代末,德国环境立法的领域已经相当广泛。到 90 年代,随着一些有关全球环境问题立法的颁布,德国的环境法制体系达到了比较完善的程度。由于这些法律分别制定于不同时代,而且分别由欧洲联盟、联邦和联邦州所制定,故相互之间缺少足够的协调,往往有矛盾和冲突之处。1998 年,环境部综合了各项环境法的主要内容,编制了一部统一的环境法典。专家委员会的《环境法典》草案共 755 条,其中总则分为 8 章,包括一般条款;规划;项目;产品;干预措施和监督;公司内部的环境保护、环境责任、其他经济措施;环境信息;跨界环境保护,计 244 条;分则分为 9 章,包括自然保护;土壤保护;水保护;排放控制和能源供应;原子能和放射性保护;交通基础设施项目和专用管线;基因工程和其他生物技术;危险物质;废弃物;计 531 条。新的《环境法典》去掉了原来的不协调性。环境法为德国公民确立了环境保护的目标和标准,规范了人们在环境保护领域中的行为和意识,是运用各种方式对公民行为进行调控的基础和准绳,也是德国进行环境审计的主要依据。②

根据内容来划分,德国的政府环境审计包括合规性审计、经济效益审计与咨询服务 3 种。目前,德国环境审计的重点已由合规性转向经济效益性。而且,咨询服务在审计工作中的比重也日趋增大。这不但可以促使有限的预算资金得到更好利用,而且可以与环境保护和预防性原则结合在一起,大大提高环境保护政策、措施的有效性和预见性。

德国环境审计中的合法、合规性,除了包括一般审计中的合法、合规性之外,主要围绕预算支出来研究有关环境法的执行情况。例如,针对联邦预算资金对环境保护项目的资助,制定了专门的资助条例,它详尽规定了资助必须符合的各种条件:该项目是否符合联邦利益? 该项目是否技术先进、具有示范性? 资金是否按照工程进度拨付而不是过早支付? 此外,关于资助的期限、联邦资助的比例等,都有着严格的限制。联邦审计院在审计中,有时发现资助条例本身存在着不完善或落后于时代的地方,便告知有关部门或在年度报告中反映出来,以便及时进行修改,可以说这大大不同于注册会计师按照审计的一般意义提供的审计

---

① 葛曦,刘彦.德国环境审计的特点及其借鉴意义[J].审计研究,1999(4):48-49.
② 朱江.德国资源环境审计概况[J].中国审计,2009(23):50-51.

服务。

德国环境审计中的经济效益性,是研究资金投入和成果之间是否达到了最佳比例关系。它需遵循两个原则。若从产出考虑,经济效益审计研究管理工作是否有效,是否达到了预期目标,原有任务是否必要,称之为成果控制原则。若从投入考虑,经济效益审计研究投入的资金是否是完成任务所必需的,能否使之更小,称之为节约性原则。在经济效益审计中,环境法仍然是最基本的依据。例如,经济效益审计中最基础的工作,是对被审计单位工作成果的评价,这种评价需根据环境法,即与环境保护有关的法律、行政法规或环境监测指标来进行。由于形势的变化,在德国的环境审计中,经济效益审计已逐步取代合法、合规性审计,成为联邦(州)审计院审计内容的主流。

德国政府环境审计发展的另一趋势,是咨询的份量越来越重。合法、合规性审计和经济效益审计都是事后审计,是在管理部门作出决策之后进行的审计,而环境咨询是在管理部门作出决策前,由审计院予以调查研究并提出建议。根据巴登-符腾堡州审计院的介绍,环境咨询目前占全部审计任务的 25％,以后将逐步提高到 40％~50％。由于环境保护工作涉及面广、专业性强,这方面的咨询在被审计单位特别受欢迎,真正体现了审计院与被审计单位的友好协作关系。

从审计形式上讲,与在其他领域一样,德国环境审计也采用了多种形式,包括:①常规审计:广泛了解被审计单位在环境保护领域的预算执行和非预算资金管理的概况,由于涉及面很大,需投入大量人力、物力,故常常进行抽样审计。②项目审计:是常规审计的特殊形式,主要是对大中型环境保护投资或研究项目的审计。③重点审计:带着特定的问题,对部分审计对象从内容或时间上进行深入审计。④横向审计:对某个特定的审计题目,在尽可能广泛的范围里进行审计。其目的在于,通过比较与同一问题有关的多个部门,对其工作效率获得总体印象。⑤定向审计:对某一问题的情况或其发展趋势进行初步研究,为大型审计作一些准备。⑥跟踪审计:对于某项环境审计中的某些问题没有得到清晰的认识,或被审计单位没有承认、拒绝纠正自己的错误时,继续进行审计,以获得更多、更充分的信息。⑦措施审计:对行政机关的某项环保决策和措施进行审计,以考虑该措施的有效性。措施审计之后,如果觉得有问题,通常会伴随着重点审计和项目审计。

在审计形式中,德国最常使用的是项目审计和措施审计。由于联邦(州)审计院在环境审计领域的重要任务之一,是审计若干重大环保投资项目的合规性和经济效益性,故项目审计运用频率很高。措施审计是针对某项决策和措施的有效性进行研究,而且往往是项目审计的先导,故措施审计也是一种经常使用的审计方式。随着环境审计的重点从合法、合规性转向经济效益性,横向审计与跟踪审计开始受到越来越多的重视,因为横向审计便于在更广泛的范围内考虑经济效益问题,而跟踪审计便于使有关问题得到更彻底地解决。

2. 美国

早在 1969 年,美国审计总署就对水污染控制项目进行审计。1978 年,美国审计总署设立自然资源利用与环境保护司,内设环境资金审计处和环境绩效审计处。审计总署每年向国会提交环境审计报告 30 余份,为完善环保法案,促进合理使用资金,加强环境管理,改善环境质量作出了重要贡献。

从机构设置上看,美国实施环境审计的主体部门集中于美国审计总署(Government Accountability Office,GAO)和美国环境保护总局(The Environmental Protection Agency,EPA)。GAO 在美国政府环境审计方面起到举足轻重的作用,1969 年,就美国本土"水污染控制项目"进行了审计,这是最早对环境污染问题进行系统的审计。自然资源利用与保护司从资金的使用情况和从环保资金使用的效果方面分别进行常规性审计和绩效审计。EPA 是联邦一级的权力机构,目的是为减少人类的生产经营活动对自然环境造成的破坏,制定环境保护战略计划,颁布环境保护政策方针以及提供年度环境审计报告。EPA 鼓励美国各州、各公司使用环境审计作为公司管理的工具。EPA 积极主张自愿的环境审计,并鼓励公司董事会主动参与审计。但是,如果企业没有进行必要的环境审计或者 EPA 认为从正常渠道获得的资料不充分时,EPA 有权保留进行全面的或部分审计的权力。值得一提的是,EPA 的行政长官直接由美国总统任命,可以充分保证 EPA 工作的独立性和权利性。[①]

从审计内容上看,美国政府环境审计按照具体审计活动的内容分类,可以分为以下 7 类:

(1)符合性审计(compliance audits)。它是指对过去、现在或规划中的经营活动所进行的详细的就地评价。它主要是评价审计对象是否在法律规定的范围内从事各项作业和经营活动。符合性审计是环境审计中最普遍的形式。

(2)环境管理系统审计(environmental management systems audits)。它是为确保环境管理系统有效运行以控制未来环境风险而对其所作的检查、评价活动。当企业经营活动符合环境法规的要求并具有成熟的环境审计程序时,可以开展此项审计,可以加强企业环境管理决策的合理性、有效性。

(3)业务性审计(transactional audits),亦称"财产取得和剥夺审计""财产转让就地评估"或"财产转让评估"。由于使用某种资产可能引起的环境性负债(如使用某种可能产生污染的设备所带来的污染赔款等)通常高于相应资产的市价,因此该资产的购买者、贷款机构及其他有关人员均需了解与他们贷款购置的或作为礼物接受的资产相关的环境风险,以便作出合理的决策。

(4)治理、贮存及处理设备审计(treatment,storage and disposal facility audits)。这主要指对危险物品在其存续期内的追踪管理情况的检查、评价。美

---

① 何大庆. 美国环境审计述评[J]. 外国经济与管理,1994(5):47-48.

国环境法规要求所有危险物品都必须记录其产生至销毁的全过程。其"所有人"必须终生对其负责。

（5）防污审计（pollution prevention audits）。它是为寻求使废弃物最小化和彻底根除污染而进行的经营性评价。防污审计活动主要在制造业内进行。因为制造业在原材料的搬运、储存，化学用品的搬运、维护以及成品原料的搬运和处理等几个阶段最有可能产生对多种媒体的污染，如对空气、水和固体废弃物的污染等。

（6）应计环境负债审计（environmental liability accrual audits）。它是指从会计和法律两方面对已知环境问题的应计负债的确认、定量化以及揭示问题进行的技术性检查。目前，会计职业界正面临着判断在何时将环境影响以会计计量形式确认为财务负债的挑战，应计环境负债审计主要是审查、评价环境补偿的成本估计的合理性。

（7）产品审计（product audits）。它是对企业生产的产品是否符合化学产品的限制和环境利益的检查、评价。产品审计能促使企业生产无害产品或完全能再生利用的产品，从而维护消费者的健康、安全，减少环境污染。如以无铅油漆代替含铅油漆、以再生纸代替塑料纸作为包装用纸，这些都产生了极大的环境效益。[①]

在环境审计依据方面，政府环境审计作为一项特殊的经济活动，依据什么实施审计，有什么样的审计依据，会影响审计活动的实施及其效果。从1969年制定《国家环境政策法》后，30年间美国制定了一系列关于环境问题的法律、法规：《资源保护与恢复法》《纯净水和安全饮用水法》《联邦杀虫剂、杀真菌剂和杀鼠剂法》《有害物质管理法》《紧急情况和公众知晓权法》《净化大气及其修改法》《议会的综合环境的反应、补偿与责任法案》。在这些法律中既涉及联邦"成文法"，又包括"习惯法"。1980年的《议会的综合环境的反应、补偿与责任法案》，1986年的《优先补偿基金与重新授权法案》以及1990年的《净化大气环境法》，这些成文法都为实施环境审计提供了依据。

关于政府环境审计责任主体的范围。按1980年美国议会的《综合环境的反应、补偿与责任法案》、1986年《优先补偿基金与重新授权法案》以及1990年的《净化大气环境法》的规定，工业污染的环境责任的主体不仅包括被污染环境（地区）的当前所有者与经营者，也包括污染物的承运者，以及污染物原处理时的土地所有者和经营者。按有关判例，环境责任的主体可推广到为相关责任人提供信用担保的保证人（如为污染物的处理提供租赁设备的出租人），甚至于那些未直接参与污染物倾倒与制造的人（对污染物的处理选择施行了重大影响的人）。

---

① 郭志明.浅议美国环境审计及我国环境审计制度建设[J].江汉石油学院学报(社科版),2002(4)：23-24.

总而言之,利用环境进行生产经营及在进行环境行政管理中负有对环境保护和改善的直接与间接责任的主体,构成美国环境审计责任主体的范围。美国关于环境责任的主体范围规定明晰,由其环保局界定,强调环境责任主体的扩大化,过去的与当前的、直接的与间接的有关方面,都可成为环境责任的主体。

环境责任的范围性规定,即指环境责任主体承担环境责任的客体性规定,也即审计对象的具体内容是什么的规定。按美国成文法的规定是责任主体因未遵从现行的环境法规而造成人身伤害或财产损失以及对被审计财务报表使用者最重要的潜在的损失的责任。具体来说,被审计单位因经营产生了污染物,或排放、运输污染物,或为污染物的不恰当(不合法)处置提供资金担保、提供设备等经营行为或活动,因此产生环境债务以及相关的环境信息,就是环境审计的对象。

实施环境审计的 40 多年间,美国已经建立了比较完善的环境审计制度和治理环境的经验。审计内容和范围的拓宽、先进技术方法的运用、环保法律和法规的健全,这些都是美国在环境审计制度建设中努力的成果。作为一个高度法治化的国家,美国在环境治理中非常重视环境立法工作,主张"以治理为主"向"以预防为主"转变,由过去的"末端治理"转向"源头治理",更加重视企业的自觉守法。这都为我国环境审计制度建设和环境治理提供了很好的借鉴。

3. 荷兰

荷兰的政府环境审计可以说是走在世界前列的,它的一些独具特色的做法值得我们学习和借鉴。下面从主体、内容、依据和国际交流情况 3 个方面来介绍荷兰环境审计的开展现状。

在政府环境审计中,作为国家最高审计机关的荷兰审计院起着不可替代的作用,它由审计委员会、秘书处和一线审计部门 3 个层次组成。审计院的最高机构为审计委员会,由 3 位成员组成,其中 1 位是主席。委员会下设秘书处,包括两大部门,即人事管理和设备部,合作政策和交流部。一线审计部门分为 3 个部门:审计 I 部、审计 II 部和审计 III 部,总共包括 11 个审计局。其中,环境审计的业务主要由审计 II 部承担。审计 II 部下设 3 个局,即交通、公共事务和水管理,住房、空间规划和环境审计局;欧洲事务,政府范围的绩效审计,区域机构审计局;经济事务,农业、自然管理和渔业审计局。荷兰审计院最主要的任务是审计中央政府,所以审计院的审计战略主要是针对中央部门而制订的,其审计范围十分广泛,包括中央政府 13 个部委的 23 个政府机构以及森林、供水、公共设施等公共管理部门,主要是调查和评价这些部门、机构的能量节约、内部环境管理和降低流动性等情况。除了审计院外,荷兰还有其他开展政府环境审计的机构,包括:各地方和地区政府负责检查由他们负责开展的环境项目的绩效审计;环境检查局是住房、自然规划和环境部下设的一个机构,负责审计所有环境方面的法规和政策,并向住房、自然规划和环境部提供客观环境方面的信息;负责环境政策执行的机构;专门从事环境方面研究的大学或私营的学术机构。此外,还有越来越多的机构专门负责向私营机构提供咨询服务,帮助这些机构遵循国家的环境政策。①

关于政府环境审计的内容,荷兰的政府环境审计主要包括:①常规审计。需要广泛了解被审计单位在环境保护领域的预算执行和非预算资金管理的情况,以及是否遵守国家的相关法律、法规,由于涉及范围广泛,需要投入大量的人力、物力,故常常进行抽样审计,这时审计人员应对审计风险进行评价。②环境保护项目审计。其主要是对国家大中型环境保护投资和研究项目的审计,审计人员需要对环境项目的实施情况和效果进行分析和评价。③联合审计。对某个特定的审计问题,与他国或本国地方审计机关同期或合作审计。通过与他国比较或涉及同一问题有关的多个部门比较,对实施情况和绩效获得总体了解。④跟踪审计。对于某项环境审计报告中的审计意见和建议的采纳落实情况,或根据被审计单位采取改进措施情况,继续进行审计,以获得更多、更充分的信息,促进问题的解决。⑤政策审计。政策审计是对行政机关的某项环保政策和措施进行审计,以考虑措施的有效性。政策审计后如果有问题,通常会伴随重点审计和项目审计。

由于审计法院在环境审计领域的重要任务之一,是审计若干重大环保投资项目的合规性和效率性,故项目审计运用的频率很高。政策审计是针对某项政策和措施的有效性进行研究,其往往是项目审计的先导,故政策审计也是一种经常使用的审计方式。随着环境审计的重点从常规审计转向绩效审计,联合审计便于在更广泛的范围内考虑经济效益问题,而跟踪审计便于监督被审计单位是否采取有效措施,所以联合审计和跟踪审计开始受到越来越多的重视。

关于政府环境审计的依据方面,荷兰审计法院主要依据环境法律、会计法律实施环境审计。自 1972 年发布有关环境的《紧急政策文件》起,制定了大量的有关环境方面的法律、政策。1989 年,荷兰政府在 1987 年联合国环境会议宣言《我们共同的未来》的基础上制定了中长期战略计划,即《国家环境政策规划》。同年,荷兰政府制定了环境管理条例。1990 年,开始实行中央政府的内部环境管理审计。目前,荷兰已发布了第四个国家环境政策规划,为荷兰政府确立了环境保护的目标,这个规划和其他由中央政府和各省或联邦州所制定的法律、法规是对政府和公民行为进行调控的基础和准绳,也是荷兰进行环境审计的主要依据。②

关于环境审计的国际交流,荷兰审计院在国际审计组织中也发挥了积极的作用,曾于 1992—2001 年担任最高审计机关国际组织环境审计工作组主席国,

---

① 陈怀玉. 独具特色的荷兰环境审计[J]. 商业会计,2006(7):37-38.
② 贺桂珍. 荷兰的政府环境审计及其对中国的启示[J]. 审计研究,2006(1):30-34.

并起草制定了《关于最高审计机关如何在国际环境协议审计方面进行合作的指南》《环境审计前景工作指南》和《自然资源会计》等一些重要文件手册。1998—2002年,最高审计机关国际组织主要组织了对国际海洋环境保护公约的审计,如荷兰、波兰、挪威、土耳其等8个国家的最高审计机关联合开展了对《防止船舶污染海洋公约》的审计;荷兰审计院对《防止船舶污染海洋公约》的审计表明,荷兰政府对该协议的一些规定反应迟缓,没有在国内及时制定相应的规定,审计结果披露后,引起了政府的重视,加速了政府对规定的制定。另外,荷兰审计院于1999年开展关于湿地保护国际公约遵守情况的审计项目。荷兰是关于湿地保护的《拉姆萨公约》的签字国,而且还必须同时遵守《水禽法令》《栖息地法令》这两个欧盟的法令。审计发现,荷兰已经制定了许多关于湿地管理和恢复的计划,但在具体实施时却要么总是问题不断,要么进展极为缓慢。相关的国家政策里并没有充分地体现出国际义务——自然环境管理部尚未与各地方主管当局就履行国际公约义务签订协议。其结果造成各地方主管当局并没有充分了解有关义务规定的实质内涵。自然环境管理部并没有认真地研究现有自然遗迹的状况以及地方湿地政策的影响,也无法确定是否已经履行了国际公约的义务规定。①

4. 加拿大

综观世界各国,在环境审计领域,加拿大是较为先进的国家,这可能与其全国上下、各行各业对环境问题的重视有很大关系。加拿大在政府环境审计实践方面做了许多积极地探索,并取得了许多令人鼓舞的成果。

加拿大国家审计机关分联邦、省、市3级,各级审计机关相互独立,没有隶属关系,都独立于政府并向本级议会负责。联邦层面的环境审计主要由审计长公署下设的环境与可持续发展专员负责。1995年,审计长法修正案要求政府制定并每隔3年更新可持续发展战略,并提出要设立专员负责联邦政府在可持续发展方面的审计职责。专员每年向议会提交环境审计报告,内容包括了政府各部门环境与可持续发展目标和规划的实施情况,制定和更新可持续发展战略的情况,用于环境和可持续发展项目资金的使用效果,公众环境权利的落实情况。环境审计报告提交众议院环境与可持续常设委员会研究并提出意见后予以公开,政府部门在一定期限内对报告所提建议作出回应。②

加拿大政府各部门一般都设立了内部审计机构。开展内部审计的目的是加强部门内部控制和为风险管理提供建议,同时协助国家审计机关开展工作。国家国库委员会秘书处(TBS)负责制定内部审计政策,并提供专项资金支持内部审计政策得到执行。内部审计主要采用风险审计方法,这对内部审计人员要求较高,从事内部审计的工作人员一般都具有注册会计师、注册管理会计师或者特

---

① 王芳. 中外环境审计比较研究[D]. 大连:东北财经大学,2006:16-19.
② 尹淑坤. 加拿大的环境审计[J]. 中国人大,2010(3):53-54.

许会计师等职业资格证。内部审计部门通过对部门风险控制和管理过程进行独立分析和评价,形成审计报告并提出改进建议。为确保独立性,内部审计机构一般直接向分管副部长提交审计报告,有关部门要对报告中的问题进行答复。在一些部门,内部审计报告及部门答复都对外公布。[①]

完善的环境法律体系也为环境审计的开展提供了依据。20 世纪 70 年代后,联邦陆续制定了大量的环境保护成文法,如《加拿大水法》(1970 年)、《联邦清洁大气法》(1970 年)、《联邦环境评价及审查程序法》(1973 年)等。为贯彻实施上述法律,加拿大又颁布了一些行政法规,如《空气污染及烟尘控制条例》。1988 年 6 月又颁布了《加拿大环境保护法》,结束了加拿大长期无全国性环境保护综合性基本法的状况,使环境法形成了较完整的体系。1995 年 12 月通过的新《审计长法》直接对开展环境审计工作涉及的机构设置、信息披露和接受外界咨询等作了明确规定,这不仅使环境审计工作有了法律依据,使环境审计成为审计长公署的一项法律职责,也为在更大范围开展环境审计提供了法律保证。

(二) 最高审计机关国际组织环境审计开展现状

最高审计机关国际组织(International Organization of Supreme Audit Institutions, INTOSAI)是由世界各国最高一级国家审计机关所组成的国际性组织。INTOSAI 创立于 1953 年,1968 年在东京召开的第六次会议上,通过了该组织的章程,正式宣布成立最高审计机关国际组织,受联合国经社理事会领导。该组织总部设在维也纳,由奥地利审计法院负责日常工作,该组织的会费由各成员国按联合国缴纳会费的比例分摊。目前该组织有成员 189 个。我国于 1982 年加入该组织。该组织每 3 年召开一次全体成员国会议,就审计的原则、方向、理论、方法和技术等方面的问题进行交流,以有助于各成员国研究、改进和加强政府审计工作。

1992 年,INTOSAI 在美国首都华盛顿召开的第十二届大会上成立了环境审计委员会。INTOSAI 环境审计委员会的工作主要是:制定环境审计的指南和技术标准等;促进环境审计信息和经验交流;培训;鼓励各国最高审计机关开展联合审计等。[②]

1995 年,在埃及首都开罗召开的第十五届大会把环境和可持续发展问题的审计列为主要议题,要求参加大会的各国最高审计机关就环境审计的重要性和意义、各国最高审计机关在环境审计中的作用和责任以及环境审计中采用的技术和方法撰写论文并在会上讨论,会后发布了著名的《开罗宣言》。《开罗宣言》提出的环境审计定义框架包括财务、合规性和绩效 3 个方面。其主要内容包括:

---

① 孟凡利. 加拿大特许会计师协会在环境会计与审计方面的努力及成果[J]. 广西会计,1999(10):40-42.

② 王芳. 中外环境审计比较研究[D]. 大连:东北财经大学,2006:19-24.

国家环境政策和项目的审计;审计政府部门、国有公司、私营公司遵守国家环境法律和规章的情况;评估现有国家环境政策和项目的影响;评估拟议的国家环境政策和项目的影响;审计本国政府遵守国际协议的情况;国有企业履行国际义务的情况;审计非环境政策和项目的影响;审计地区或地方政府的环境政策和项目;鼓励政府制定新的环境政策和项目或修改现有的环境政策和项目。INTOSAI 环境审计委员会自 1998 年起成立了区域环境审计委员会。到目前,非洲、亚洲、欧洲、中东、北美洲、太平洋地区、南美洲已经建立了区域的环境审计委员会。根据 6 次环境审计问卷调查(分别在 1993、1997、2000、2003、2006 和 2009 年)的结果分析可以看出,各国对环境审计的研究逐渐增强,环境审计的实践工作也逐步开展,有的国家已取得很大成绩,环境审计的国际协作已经成功展开。根据 6 次环境审计的问卷调查的整理结果,总结各国的情况可见世界国家环境审计的有关情况。①

1. 各国关心的主要环境问题

目前,世界各国最关心的环境问题是:淡水、废弃物的处理、农业、杀虫剂、土地开发和森林、空气污染、海洋污染等。

2. 环境审计的定义

对于环境审计的定义,最高审计机关国际组织下属的环境审计工作组(Working Group on Environmental Auditing,简称 WGEA)公布的 2000 年环境审计调查结果报告对环境审计的界定基本与《开罗宣言》中所采纳的框架方法相同。该报告认为,环境审计与一般的审计没有明显差异;环境审计可以包括财务、合规和绩效审计,绩效审计同样包括经济性、效率性、效果性,是否包括环境性取决于各国的授权和环境政策;只有在成为将受到审计的政策或项目的一部分时,可持续发展概念才能成为环境审计定义的一部分。WGEA 2003 年的调查结果报告发生较大变化,放弃了框架性定义的方式,更加直接和具体。它明确提出环境审计是一项独立的审计工作,可能包括财务审计、合规性审计和绩效审计,提升了环境审计的地位。环境财务审计可能审查:防止、减轻或修复环境破坏的方案;可再生和不可再生资源的保护;违反环境法律、法规的财务后果;政府施加的替代责任的后果。环境合规性审计需要提供某种程度的保证,以确保政府活动的实施符合相关的国内外环境法律、标准和政策。环境绩效审计旨在确保与环境有关的业绩指标(在公共受托责任报告中提出)公允反映被审计单位的业绩,环境项目的实施是经济、高效率和有效果的。在 2003 年的基础上,WGEA 2006 年的调查结果报告进一步明确了环境审计的定义,而且更加简洁和清晰,提出环境审计与审计机关的其他审计类型无明显不同,可能涉及环境、自然资源和可持续发展问题。其中,环境财务审计旨在确定政府财务报表是否反映了环

---

① 姜毅. 我国国家环境审计的基本构想[D]. 青岛:中国海洋大学,2003:16-20.

境成本和债务。环境合规性审计旨在评价被审计单位是否遵守了开支授权和环境方面的法律、条约和政策。环境绩效审计旨在确定政府是否实现环境目标，以及是否经济、高效地开展环境保护活动。[1] 2009年的调查结果报告中环境审计的定义没有变化，说明对环境审计的认识已经渐趋成熟。

3. 环境审计的权限

在环境审计的权限方面，大多数国家有环境审计的权限，其中也有5个国家没有权限，环境审计也无从谈起。大多数国家有权审计国家政府环境方面的活动和国有企业的环境问题。有近一半的国家有权审计非政府的公共团体，另有15.4%有部分的审计权利，以上取决于接受公共资金的程度。只有12.5%左右的国家有权审计私营企业的环境问题，另有21.1%的国家有部分的审计权利，以上的审计权限取决于是否接受了公共资金。问卷调查对审计权限细分为事后审计和事先审计权利两大类型。在事后审计方面，基本上每个国家均授予了合规（财务）审计的权利，有80%以上的国家也授予了绩效（现金价值）审计的权利，有11%的国家只有合规审计的权利。环境问卷表明成员国通过审计建议和帮助政府的作用在加强，近一半的国家确实给予了政府环保部门环境审计方面的建议，有的涉及环境立法和环境政策方面，有的涉及环境指标、工作指标、监控体系等，有的也给予其他方面的建议，比如财政体系、控制程序等。有一些国家不是给予直接的建议，而是给予间接的建议，采取的方式有：在审计报告中提出建议，向国会递交的审计报告中提及，通过提供指南手册，出版有关的专业期刊和杂志等。带来的效果是环境部门实行了必要的修改，或修正部门或制度上的规程，以改正报告中指出的缺点。这说明间接建议的效果也是非常好的。

4. 审计开展状况和审计侧重内容

针对"你所在最高审计机关是否实施了一次或多次环境审计"的问题，在6次问卷调查中回答"是"的比例，按照时间顺序分别为42%、60%、57%、62%、74%和78%，比重逐次提升。可见，环境审计的趋势越来越普及，各国审计机关参与环境审计的积极性日益高涨。在审计内容上，反馈结果表明，在1997—1999年，各成员国关注的环境审计的内容是政府当局内部环境管理系统情况、淡水、废弃物及农业等。在2009年的问卷调查中，针对"你所在审计机关认为本国目前最重要的五大环境事项是什么"的问题，回答自然资源的占23%、水占21%、废弃物占20%、空气占13%、生态系统占12%、人类活动占11%。而且，在2009年的问卷调查中针对"你所在最高审计机关是否已启动或者完成专门针对本国可持续发展进程的审计"的问题，回答"是"的比重占到26%，与2006年的统计结果（25%）基本一致。可持续发展，是指经济、社会和环境三大支柱的有机整合。在2010年南非召开的世界审计组织第20届大会上，"环境审计与可持

① 李璐，张龙平. WGEA 的全球性环境审计调查结果：分析与借鉴[J]. 审计研究. 2012(1):33-39.

续发展"被确定为大会主议题。

5. 审计形式

从 1997 年到 1999 年提供的 560 份环境审计报告中,有 304 份是绩效审计,169 份是合规和绩效结合审计,87 份是单纯的合规审计。与 1994 年到 1996 年的审计报告的审计形式相比,有从合规审计逐渐向绩效审计过渡的趋势。绩效审计是被广泛应用的审计形式,在绩效审计中,1994—1996 年有两个内容被广泛关注,一个是环境规划的执行情况;另一个是政府部门及其他组织遵守国家环境法律和规章的情况。1997—1999 年,以上内容仍被关注,但侧重的内容有了新发展,侧重对政府环境管理体系的审计和对没有环境规划的环境影响的审计。2003—2005 年、2006—2008 年两个期间内,排在前三位的环境审计目标都是国内环境立法的遵循情况、政府环境项目的绩效以及国内环境政策的遵循情况。

6. 审计障碍

与其他审计类型相比,环境审计的起步时间比较晚,审计系统内外部均存在很多不完善的地方,制约着环境审计的推广和发展。根据 1996—2009 年 5 次全球性的环境审计调查结果,制约环境审计发展的最主要障碍是:缺乏相关技能和专业知识,缺乏有关环境状态的数据,环境监控和报告系统不健全,政府环境政策不明确,环境评价标准不充分等。针对这些障碍和困难,各国审计机关在问卷调查的回复中提出了解决方案,具体包括:培训审计机关人员,到现场收集环境数据,与各地区的环境审计工作小组合作,采用国际组织发布的权威性环保标准,制定环保绩效指标,与大学和科研院所联合研究,扩张审计机关的权限等。

7. 环境审计的国际合作

目前,环境审计的一个现象是国际合作的出现,第三次问卷调查列举了某些地区环境审计的成功案例,超过 3/4 的国家打算不久的将来同其他国家进行环境审计的国际合作。2001 年,在韩国汉城举办的第 17 届世界 INTOSAI 大会上,环境审计工作组织制定了 2002—2004 年的新的工作计划。2002—2004 年工作计划表明,目前委员会关注的主要问题是:一是各国最高审计机关联合起来对跨国环境问题进行审计;二是对环境政策及相关补充规定进行审计;三是对国际环境协定进行审计。环境审计委员会研究的主题和内容在 1995 年提出的"水资源"的基础上,将根据第三次环境审计的调查结果,考虑增加一些特别的主题如:"固体废弃物""气候变化"等。2009 年的调查结果报告显示,各国最高审计机关对于未来合作的态度都是一致的,即合作是未来环境审计的趋势,应当不断加强。各国审计机关倡议:建立交互式网站,以便快捷搜索需要的文档资料、实时解决问题、交换信息和分享经验;组织网络培训,制作易于获取的指导性文件。在 2010 年 11 月南非约翰内斯堡召开的第 20 届世界审计组织大会上,与会成员国认为,未来应更加积极地开展全球和地区间环境和可持续发展领域的合作审计,从而在跨界环境问题、知识分享、能力建设、检查标准和协议履行状况等方面发挥有效作用。

INTOSAI 是比较权威的世界范围的审计组织,其对各国的政府审计工作影响是很大的。它的倡导和鼓励对环境审计工作较落后的国家有重要的指导意义。INTOSAI 对环境审计发挥着协调和沟通纽带的重要作用,通过各成员国的努力,也必将发挥更重要的作用。

二、国外内部环境审计开展现状

企业内部环境审计是由企业内部设置的专职机构及人员对本企业的环境管理活动进行综合的、系统的审查与分析,依据有关的环境法律和法规、环境标准、企业各类环境管理政策和计划以及财务与会计核算准则,监督企业受托环境责任的履行,并对履行的公允性、合法性和效益性进行评价,进而发现企业在环境保护和环境管理等方面的问题,对其发表意见并对企业如何提高环境管理提出建议,促进其环境管理改善和绩效提高的一种审计活动。目前,在西方,不少企业尤其是重污染企业在内部设置专门的机构从事环境审计工作,以监督企业经营管理者受托经济责任的充分履行,监督企业环境方针和计划的贯彻执行,及时发现、纠正企业环境管理存在的问题,保护企业环境资产的安全完整,监督企业环境保护信息的真实、可靠,并取得了很大的成就。

环境审计的确立可追溯到 20 世纪 70 年代,环境质量的恶化使人们越来越关注环境问题,政府也积极制定各种环保法规,这两方面使企业面临着环境风险。一些西方经济发达国家的企业由于风险管理上的需要,在企业内部自发的制定了独立的环境审计计划,定期检查和评价企业的环境问题,确定环境风险并引起管理部门的注意。可见,环境审计最初是在内部审计领域产生的,作为审计的一个新的分支,作为企业内部的一种管理工具,不断为高层次管理部门提供制定管理标准的依据。最初进行的内部环境审计是合规性审计,主要审查组织的经营是否符合既定的环境保护法律和法规,其目的主要是防止因违反这些法规而可能引起的环境风险。后来随着环境审计过程的逐步成熟以及组织对他们的经营活动的合法性越来越有信心,审计的重点转到了环境管理系统,即所建系统在管理未来的环境风险上是否适当并运作良好。如根据美国内审协会 1995 年对 599 个公司的调查,内部审计对环境审计的认识有所提高,审计的内容和重点也有所扩大,主要包括以下几个方面:

(1) 环境保护合法性审计,如清洁空气法、清洁水法、有害物质控制法是否得到了贯彻实施。

(2) 环境保护政策及控制程序审计,重点审查企业是否制定了有关环境保护的政策及其执行情况。

(3) 环境管理系统审计,主要审查企业环境保护管理系统的运转及其结果。

(4) 有害物质的贮存与处置的审计,主要审查对有害物质处置是否安全可靠,是否会引起隐患或影响未来环境。

（5）环境经济责任的记录与披露，审查有关环境问题的账务处理，以及如何在财务报告中将这些信息加以披露。

下面就以德国和荷兰企业内部环境审计的典型做法为例，介绍国外内部环境审计的开展情况。在德国，大企业都十分重视环保工作，关注企业的经济效应、社会效应、生态效应如何达到最佳结合。企业自觉地重视原料和产品的环保性、可降解性，并不断地寻找更环保的可替代品，而不是单纯地追求低成本。这些在起初是为了应付检查，现在已经演变成为企业自觉的、获利的、良性的需求。按照德国法律规定，如果企业排放达到一定量（如污水排放大于 750 立方米/天），必须要设置环保特派员岗位。环保特派员必须具有环保方面专业知识和一定的能力水平，并直接对 CEO 负责。环保特派员的主要职能：一是确立企业应遵循的现有的环保法律、法规，寻找新技术、新方法改善产品以符合环保要求，反映对社会的义务，对企业的环保现状进行总结评估；二是具有咨询职能，向企业生产的各个环节提供环保咨询；三是充分发挥内部控制和监督作用，每年向 CEO 提交报告。劳动法律对环保特派员有特殊的解聘保护条款，支持其独立开展环保审计监督工作。环保特派员的设置，为企业开展内部资源环境审计提供了制度保障。①

在荷兰，企业的行为是环境管理的重点。在荷兰经济中，石油化工占了很大比重，而石油化工又是容易造成环境污染的行业。1989 年，荷兰政府制定了《环境管理条例》，规定企业对环境保护负有独立责任，其含义就是要把环境因素在企业内部解决。而解决企业环境污染问题最好的措施就是企业建立国际环境管理体系。为此，政府出台了相应的优惠政策，比如，如果企业建立环境管理体系，拿到国际环保认证书，国家环保部门就会信任企业的环境保护工作，并因此减少每年对企业的检查次数。而且，荷兰的环境执法非常严格，一旦出现违规事项，按照规定处罚会很重，所以企业一般都不敢以身试法。为了获得优惠政策并且避免处罚，荷兰的许多企业都设有内部审计部门，并把环境审计作为一项重要的审计内容列入审计计划，企业内部审计部门成为环境审计的主体之一。

各国开展内部环境审计研究的同时，国际组织也在致力于促进内部环境审计的发展。以国际内部审计师协会为例，介绍国际组织内部环境审计的开展情况。国际内部审计师协会（Institute of Internal Auditors，IIA）作为内部审计人员组成的国际性团体，通过研究在环境问题中内部审计师的作用，为内部审计师提供环境审计实务指导，以及设立注册环境审计师资格证书等，提升内部审计师在企业环境问题中的参与能力与作用。

（1）调研在环境问题中内部审计师的作用。由于环境审计所涉及技术的复杂性和法规的多样性，在一段时期里，环境审计领域是由具有环境科学或工程背景的人员占主导，而具有会计教育背景的内部审计师少有涉及环境审计，因其需

---

① 葛曦,刘彦.德国环境审计的特点及其借鉴意义[J].审计研究,1999(4):48-49.

要专业技术知识去评定对法规的遵循性。但随着企业要遵守更加严格和广泛的环境标准和法规,环境风险给企业生产经营带来更大的不确定性,以及为获取 ISO 14000 认证,企业建立起环境管理系统等变化,企业开始重新审视环境审计的定位,从验证对环境法规的遵循性,转而强调审计环境管理系统,评估环境风险和计量环境负债,这一转变为受过会计训练的内部审计师提供了机会(Tucker and Kasper,1998)。

IIA 鼓励审计师参与环境审计项目。1993 年,IIA 的研究基金会发布报告——《内部审计师在环境问题中的作用》(以下简称"报告"),指出要关注环境问题带来的内部审计师和其他专业人员间作用的重叠。报告认为内部审计师一直关注风险管理问题,环境问题可能导致财务风险增大,企业采取环境管理系统导向和审计师的专业训练及经验促使内部审计师在环境审计中扮演更重要的角色。报告主要帮助审计师识别环境问题,了解美国环境审计发展的驱动力和国际环境审计趋势,为审计师提供工业领袖先进环境管理实践的范例,总结环境审计文献和法规,有益于内部审计师在环境审计中发挥更大作用。在报告中还明确了环境审计的定义,即"环境审计是环境管理系统的一个组成部分,借此,管理部门可确定组织控制系统是否能充分确保组织的经营活动符合有关规章和内部政策的要求"。

(2) 发布内部环境审计准则与公告。1994 年,《内部审计快报》上发表了 IIA 制定的《环境审计:风险评估准则》,为帮助内部审计师适应环境法规和管理制度,自我评估其所在组织的环境问题提供了准则和一套通用的涉及事前、事中、事后审计活动的环境审计方法。此准则强调,环境审计方法的实际构思受内部审计部门所具备的专业技术知识的影响,不断改进传统能力才能支撑其发挥更高水平的监督作用,并告诫内部审计部门要明确其在组织的环境管理系统项目中的地位,以得到组织的支持。由于环境问题及责任的敏感性,内部审计部门的任何计划环境审计活动应与组织的法律顾问进行磋商,听取法律顾问的意见(邹传华,1995)。

IIA 还发布有《实务公告 2100-7:内部审计师在识别和报告环境风险中的作用》,旨在指导内部审计师组织识别和报告环境风险,以及在环境审计活动中保持独立性,指出内部审计师应该对可能因环境审计机构设置和报告关系而造成的潜在风险予以警惕。该实务公告就内部审计师在识别和报告环境风险中的最低要求提出建议,内部审计师应确保及时、恰当地报告重大环境问题,重点关注涉及环境违规处罚,以及其他管理不善的风险可能导致的组织重大损失。

(3) 设立注册环境审计师。缺少环境领域的技术知识和环境规章方面的相关知识,是限制内部审计师进行环境审计的因素(Byingtong 和 Campbell,2007)。环境审计师素质和技能参差不齐,执业水平缺乏衡量系统会阻碍环境审计的发展,为解决这一问题,1997 年,IIA 和国际环境审计圆桌会议共同成立一个独立的非盈利性组织——国际注册环境审计师委员会(The Board of

Environmental，Health & Safety Auditor Certifications，BEAC)，负责增强环境审计师的职业胜任能力，组织资格考试，颁发注册环境审计师资格证书，为注册环境审计师提供培训和后续教育。获得注册环境审计师资格证书的人员表明其具备一定的环境审计技能、知识和道德品质，有能力从事环境审计业务。

1999 年，BEAC 发布《注册环境审计师实务准则》，包括道德准则和环境、健康与安全审计实务的一般准则，适用于 BEAC 的所有会员和临时会员。道德准则中的行为准则规定环境审计人员基本的行为原则，环境审计人员依据这些原则进行自我判断，承担自律的义务。环境、健康与安全审计实务的一般准则又包括基本准则和执行准则，基本准则是对注册审计师独立性和职业熟练性的要求，执行准则规范审计工作的执行、审计的范围和审计部门的管理(吴晓春，2001)。《注册审计师实务准则》为内部审计师进行环境审计建立了道德标准和执业依据，也使环境审计工作质量有了衡量标准。

三、国外社会环境审计开展现状

社会中介机构是环境审计三大主体之一，由于其独立第三方的特殊性，其在环境审计的发展中起着不可替代的作用。

在一些典型西方国家，如德国，建立了实施环境审计的社会机构——经济审计协会，主要是在微观层面上负责对企业的水电气物以及产品、原料的环保技术指标进行审计。通过审计检查企业的环保管理制度的建立情况、各类污染指标的控制等，将结果向企业管理层、社会公众及相关信息使用者公布。

美国则建立了一系列环境审计的现场工作标准来指导独立第三方开展环境审计工作。由于重要环境灾害的披露会造成股票价格的急剧下降，被审计单位往往倾向于低估潜在的环境债务的数量。为了合理保证重要的环境债务得到恰当披露，确保重要的环境债务的错报得到发现，必须针对环境审计的特点，制订和执行环境审计的准则或标准。主要包括：[①]

(1) 关于不合法案件的环境债务问题。按照《审计标准的报告第 54 号》"客户的不合法案件"，审计师并无责任安排审计程序以审查涉及客户的间接不合法案件，除非有特别的信息吸引其注意潜在的债务的存在。如果有特定的信息(诸如媒体的报道及环保局的报告)表明存在潜在的环境债务，审计师必须设计和执行专门的程序以查明其是否存在，并制定与执行政策以防止污染环境，以保证遵循有关环境法规的规定，以合理估计环境清洁成本。

(2) 关于环境审计风险。受大量的环境灾害的影响，对于合理的职业谨慎，美国注册会计事协会发布了"审计风险警告"，建议审计师必须询问被审计单位的管理当局该公司是否成为潜在的环境责任主体，以及是否显示出有较高的环

---

① 王芳.中外环境审计比较研究[D].大连:东北财经大学,2006:12-15.

境债务的可能性。按照《审计标准的报告第 47 号》的"审计风险和在指导审计过程中的重要性",审计师对于不合法案件的特别信息应予以足够重视,在计划审计风险时,应考虑估计环境责任的内在风险是否在最高水平。

（3）关于环境债务的相关成本问题。按"财务会计准则委员会"的 EITF90-8 专题报告的"处理环境污染的成本的资本化",审计师应考虑被审计公司本期是否发生了环境清洁成本,以及是否在本期被记入费用科目中;审计师应按"财务会计准则委员会"所制定的《财务会计准则的报告第 5 号——关于突发性偶然事件的会计》等有关准则判断环境债务的披露是否恰当充分。

近年来,加拿大社会审计在环境审计中发挥了越来越重要的作用。加拿大政府部门专项审计一般通过招标方式交由社会审计力量实施。企业为降低法律责任、分散风险,也聘请审计师对自身和上下游企业进行审计监督。广泛的社会需求成为社会审计组织开展环境审计的基础。独立的注册环境审计师队伍为环境审计工作提供了条件。加拿大建立了注册环境审计师制度,认证了一批注册环境审计师,形成了环境审计的专业人才队伍。加拿大审计师协会开展认证和管理工作,有效保证了环境审计师的执业水平,推动了环境审计的发展。另外,在加拿大的社会审计中,值得一提的是加拿大特许会计师协会（The Canadian Institute of Chartered Accountants, CICA）的努力。CICA 是一个全国性的组织,拥有 55 000 名特许会计师会员,其中 40％在会计师事务所执业,其余 60％分别在行业和政府机构中任职。CICA 是依据议会立法建立的一个非营利组织,基本经费来源于会员的缴费,大量的工作是依靠其会员的自愿性无偿劳动来完成。CICA 开展环境审计方面的研究,出版多份研究报告,并开展环境会计与审计准则的制定,以及环境审计开展方面的指导工作。CICA 在其 1992 年研究报告《环境审计与会计职业界的作用》中详细分析了环境审计与会计职业界的关系,并提出了相应的建议。在报告中,它将环境审计划分为四大类:环境咨询服务、场所的评价、经营符合性评价、环境管理体系的评价。其中,经营符合性评价的目的是为了确认工厂和设施的运行是否与相关的法律和条例相符合。对环境管理系统进行评价是环境审计内容中综合性最强的一项,因为这种服务的目的就是为了向企业的管理当局就是否可以依赖其环境管理系统和程序来达到一个特定目标提供独立的确认。CICA 认为这两类业务与注册会计师目前所从事的审计最为相关。在提供环境管理系统评价的服务方面,注册会计师将起到主要的作用。注册会计师在这方面的主要作用,既表现在可以为联合专家小组提供审计技巧,也表现在注册会计师在掌握了其他的必备知识之后能够依据其职业经验为这种评价服务进行导向。注册会计师还可以为环境提供两种类型的确认:一是为环境信息的特殊项目提供确认;二是为企业的环境报告提供确认。在环境审计中注册会计师理应起到积极的作用。

一些国际知名会计公司在实践中也对环境审计的发展,尤其是环境审计技术方法层面的发展作出了积极贡献。德勤(Deloitte)在 1992 年为全球性企业环境管理组织开发出"环境自我评估规划",一方面帮助公司适应国际商会(ICC)关于可持续发展的战略,另一方面帮助公司优化环境改进措施。该公司在 1993 年进行了一次公司环境报告实务及动机的调查,并发布了详细的分析报告。毕马威(KPMG)在 1993 年进行的环境报告国际调查,包含 10 个国家的近 700 家公司。调查结果显示,有 400 多家公司将环境话题融入了其年度报告,有 100 多家公司编制单独的环境报告,大多数公司都将环境信息置于年度报告中的管理分析部分。安达信(Arthur Andersen)会计公司开发出了一种"生态会计"模型及配套软件程序,帮助企业对环境总成本及其主要组成部分进行确认、追踪、累积、估算及管理。安永(Ernst & Young)建立了专门的气候变化与可持续发展服务部门,利用其专业知识和服务为客户提供开展相关的气候变化与可持续发展审计业务,以应对温室气体排放对企业经营活动产生的影响。

四、国外环境审计开展现状的评价

通过上述对国外环境审计开展现状的探讨,我们可以看到,西方发达国家目前建立了一套由国家审计、社会审计和企业内部审计相结合的环境审计体系,三者定位合理、分工明晰、互相配合、各有侧重,充分发挥了环境审计的监督作用。我们也可以总结出国外环境审计的一些显著特点:

(1)一些发达国家对环境审计的研究不再是停留在定义、本质等问题上了,而是对环境审计进一步的问题开始了系统的理论研究和实践探索,它们的研究成果和实践经验对环境审计具有重大意义。

(2)发达国家的政府机构和环境审计组织拥有几十年保护和治理环境的经验,在环境保护方面取得了卓越的成效,一方面得力于众多环境管理优秀人才的培育和拥有丰富的技术力量,另一方面也是更加重要的原因在于这些国家的组织和政府部门大多都有雄厚的经济实力。

(3)国外各级环保部门把开展环境保护的讨论和宣传看成是自己的重要的责任,通过多年的辛勤努力,现在环保观念已经充分表现在民众的思想观念、思维方式之中,各行各业都树立起环保责任感,社会公众形成共同的环保意识。根据调查表明,20 世纪 90 年代美国在环保方面加大了投资力度,在环境保护方面投入的资金总额达到了工业总产值的 12%;意大利也打算投资 100 亿美元重建化学工业体系;为了能够达到欧共体制定的二氧化硫排放标准,英国电力公司预计在防治方面花费 70 亿美元。[①] 由此可知,西方国家现在没有只顾追逐利润,而把环保也放在了非常重要位置,不顾环境的时代已经过去了。

(4)现在经济绩效审计是国外环境审计的重点,结合多领域的专家共同制

---

① 余雁. 我国环境审计问题探析[D]. 南昌:江西财经大学,2009:27-28.

定具体的环境效益标准,持续对环境审计人员开展综合培训,环境效益审计已经基本走向规范化。

(5)一些国家清楚地规定了环境审计的权限,正在慢慢加大环境审计事前权限,即审计机关可以在国家制定相关的环境保护法律之前提供专家建议。

(6)国外的环境审计结合经济评价的方法进行审计,更多的依靠环境专家的知识来解决问题。

(7)环境审计已经不止局限于一国之内了,一些区域组织已经促使各国开始了环境审计的国际合作,增加了环境审计的国际交流与合作,极大地促进了环境审计的发展,在交流的过程中,可以提高学者研究成果的有效利用率,避免和减少各国学者在研究方面的重复劳动,为各国环境审计的实际工作提供指导,有利于环境审计理论与实践有一个良性的起点。

不过,这些国家的环境审计的发展过程也有一定的缺陷和问题:

(1)对于环境审计,虽然各国的环境审计组织都对它进行了不同程度、不同层面的研究和讨论,但是在现阶段,环境审计理论方面的研究仍停留在见仁见智的状态,国际上还没能建立一套相对完善的理论体系。

(2)与传统审计相比,各国环境审计都还不够成熟,没有制定完善、统一的环境审计标准,而且在实践中,开展环境审计的技术和运用的方法依然有一些问题。所以,环境审计在理论方面还有很多地方需要各国学者继续完善,在实践方面也需要各国环境审计实践工作者的共同探索。

第二节 国内环境审计开展现状及评价

在总结和评价我国环境审计开展情况之前,我们先看看西方几个发达国家环境污染事件时间和环境审计开展时间的比较,如表 7-1 所示。

表 7-1 环境污染事件和环境审计开展时间的对比

国别	环境污染重大事件	环境污染事件年份	环境审计开展重点时间	滞后年限
法国	大气污染（SO_2）	1930	1967	37
美国	大气污染造成 20 人死亡 6 000 人受伤	1948	1978	30
美国	伦敦大气污染事件	1952	1983	31
加拿大	酸雨事件	20 世纪六七十年代	1989	30 年左右
荷兰	农业污染	20 世纪 80 年代	1990	10 年左右

从表 7-1 可以看出,西方国家环境污染事件时间和环境审计开展时间呈正比关系,后者滞后 30 年左右。用管理学中的时间序列分析预测的方法来分析,可以得出结论,各国环境审计的诱因基本相同。从而,我们可以得知,我国环境审计起步比较晚的原因在于我国的经济相对比较落后,同时,由于人们的环保意识相对不高,导致环境审计在我国没有采用与发展的空间①。

一、政府审计中环境审计开展现状

(一)机构设置

我国于 1983 年根据《中华人民共和国宪法》第 91 条规定成立了最高审计机关——审计署。1998 年,国务院批准审计署设立专门的环境审计机构——农业与资源环境保护审计司,第一次将环境审计的职能明确赋予国家审计机关,驻各地特派办和地方审计机关也相继设立了有关机构,强化了环境审计的职能。

(二)环境审计对象及内容②

尽管政府环境审计的对象包括环境保护资金、环境政策、政府部门的有关活动等,我国目前的政府环境审计仍是以环境保护资金审计为主。这是因为,首先,按照我国有关法律的规定,对资金的审计是审计机关的主要职责。而我国环境保护资金的来源,在《国家环境保护"十五"计划》中,政府投资占投资总需求的 56％,而企业投资所占的 44％中有相当部分来源于国有企业,因此我国环境保护资金的大部分都在审计机关的审计范围内。其次,对环境政策、政府部门活动的审计,在宪法和审计法中都没有明确的规定,审计机关只能通过对环境保护资金的审计,反映环境政策、政府部门环境管理方面的问题以促进政府加强环境保护。再次,由于政府部门职责划分的不同,西方国家审计机关开展环境审计时所拥有的一些职责,在我国是属于其他政府部门的,如环境管理方面的职能,在我国属于环境保护部门。在目前没有开展与这些部门联合审计的情况下,审计机关的工作权限受到一定限制。

近几年来,中国国家审计署组织开展了生态林业建设资金审计调查、排污费审计,天然林资源保护工程审计,退耕还林审计,城市排污费征收、解缴和分配、使用情况,矿产资源开发利用保护及相关资金征管情况审计、领导干部自然资源资产离任审计以及重点地区水污染防治资金等环境审计项目,及时发现和纠正了环境保护资金使用中存在的违法、违规问题,并提出了有关完善环境保护政策、法规的意见和建议,有力保障和促进了环境保护资金合理有效使用,充分发挥了效益,推动了中国的环境保护工作。

(三)环境审计依据

自 20 世纪 70 年代开始,我国制定颁布了一系列环境保护和资源保护管理

---

① 顾全. 国内外环境审计开展状况对比分析[J]. 广西财经学院学报,2012(3):113-118.
② 李旭升. 我国资源环境审计研究[J]. 内蒙古环境科学,2009(6):69-72.

的法律、法规,建立了比较完整的环境法律、法规体系,为政府环境审计提供了法律基础。这个体系的构成是:

(1) 宪法中有关环境保护的规定。它是环境立法的依据和指导原则。

(2) 环境保护基本法。它是指我国《环境保护法》,它是我国有关环境保护的综合性法规,主要规定了国家的环境政策,环境保护的方针、原则和措施,是制定单项环境保护法规的依据。

(3) 环境保护单项法律。如《大气污染防治法》《海洋环境保护法》。

(4) 环境保护相关法律法规。如《土地法》《森林法》《渔业法》等多项资源管理、开发利用和保护法律;《建设项目环境保护管理办法》《征收排污费暂行办法》等多项法规。

(5) 我国还先后加入了一些保护资源和环境的国际公约组织,签订了多种协议和议定书。如《国际捕鲸公约》《保护臭氧层维也纳公约》《生物多样化公约》《京都议定书》等,以及 ISO 14000 等质量认证标准。

以上各种法律、法规为环境审计的开展提供了法律依据和政策保障。

(四) 环境审计实践活动及成效[①]

1985 年和 1993 年,审计署先后两次对兰州、重庆、广州等 20 个城市开展了环境审计,重点对排污费的征缴和使用情况进行审计,查明治理环境中收入和支出的真实性、合法性和效益性;但因当时人力、财力所限,尚未对政府的环境政策和环境绩效进行审计。1994 年 9 月,我国政府发表了《中国 21 世纪议程》,在《中国 21 世纪议程优先项目计划》中,审计署提出了 4 个环境审计示范工程,即以三峡库区为样本的水利工程项目环境审计示范;以滇池为样本的环境污染控制领域的环境审计示范;以烟台经济技术开发区为样本的经济技术开发区环境审计示范和以西双版纳和神农架自然保护区为样本的生物多样性保护项目审计示范,以此探讨中国环境审计的基本框架。1995 年开罗会议以后,我国加强了对环境审计的理论研究,并将环境保护审计作为 1997 年固定资产投资审计的重要内容。1996 年,审计署又组织了国有土地出让金的审计;1997 年,进行了三峡工程库区移民资金审计;1998 年,组织了水利资金审计、生态林业建设资金审计,1999 年,又组织了对扶持贫困地区经济发展资金审计;2000 年,审计署组织开展了对天然林保护专项资金和 46 个重点城市排污费征收、管理、使用情况的审计;2001 年,为揭露、纠正政府在 1999 年、2000 年 2 年中实施退耕还林试点工程而投入大量资金时在项目管理、落实和资金管理、使用中存在的问题,审计署组织地方审计机关和驻地方特派员办事处对四川等 17 个省(区、市)和新疆建设兵团 1999 年至 2001 年 6 月的退耕还林试点工程资金进行了审计;2002 年,根据服务西部大开发战略的需要,开展了退耕还林还草资金审计,组织开展对部分

---

① 王忖. 公共财政下的政府环境审计研究[D]. 保定:河北大学,2007:10-16.

城市环境总体投入的审计调查(沈阳特派办对辽河流域水污染防治资金审计、太原特派办对山西环保专项资金开展专项审计调查),开展对北京市医疗垃圾管理体系的审计调查。2003年,开展三峡库区水污染防治资金审计。2004年,国家审计署组织开展对"三河一湖"(淮河、海河、辽河、太湖)水污染防治资金审计。2005年2月,环境审计领导协调小组提出了《关于2005年至2007年环境审计工作的意见》,为国家审计署各业务司的环境审计规划了一个基本的蓝图。2009年9月4日,审计署制定《关于加强资源环境审计工作的意见》规定,从2010年起,省级和计划单列市审计机关每年应至少开展一项资源审计和一项环境审计。对于经济相对比较发达地区的市、县级审计机关,审计署也要求每年至少开展一项资源或环境审计。此外,为了逐步扩大资源环境审计领域,审计署要求各级审计机关逐步将审计范围从土地资源和水环境审计扩展到海洋资源、森林资源、矿产资源、大气污染防治、生态环境建设、土壤污染防治、固体废物和生物多样性等领域。2009年下半年以来,各地方审计机关和特派员办事处认真贯彻落实《审计署2008至2012年审计工作发展规划》和《审计署关于加强资源环境审计工作的意见》,纷纷成立了资源环境审计协调领导小组,积极构建多元资源环境审计工作格局。目前,审计署环境审计关注的重点领域主要是国家环境保护投资的重点地域,如"三河三湖",即淮河、海河、辽河、太湖、巢湖、滇池;"两控区",即酸雨控制区和二氧化硫控制区;北京市环境综合治理;渤海的污染治理;东北、华北、西北和长江中下游地区等重点防护林建设工程;退耕还林工程;京津风沙源防治工程;野生动植物保护及自然保护区建设工程等。近年来,根据审计机关应对国际组织和外国政府援助、贷款项目财务收支进行审计监督的要求,审计署积极开展了对世界银行、亚洲开发银行、全球环境基金和政府双边合作等渠道引进资金环境保护项目的审计。

同时,在审计实践领域,我国注重与各国的交流。2012年9月18日至20日,亚洲审计组织环境审计第四次研讨会在马来西亚召开。此次会议由中国审计署以亚洲审计组织环境审计委员会主席身份主办、马来西亚审计署协助承办,这是中国审计署与他国最高审计机关合作、第一次在境外举办国际会议。来自亚洲审计组织21个国家的51位代表参加了此次研讨会。此次研讨会分设"水审计""气候变化审计"和"环境审计领域合作"3个主题。在水审计领域,与会代表深入讨论,就水审计的方法、绩效审计及合规性审计方面达成共识。各国在开展水环境审计过程中,取得了一些基本经验,主要包括:在确定审计重点之前,咨询外部利益相关者及行业人员;在报纸上刊登消息,征集公众对开展审计的建议,有助于确定审计的广度和深度;通过应用"病理学分析"方法,不仅可以发现问题,还可以提出改善水污染防治管理流程的建议。在气候变化审计领域,也总结出一些经验:聘用专业的IT安全专家;审计的时机非常重要;发挥案例研究在审计报告中的验证作用等。从研讨的情况来看,亚洲各国最高审计机关在环境审计领域的合作有了进一步的加强,但同时也应当承认,亚洲各国的环境合作审计发展不平衡,合作领域还仅限于跨境森林保护、风沙防治、流域水环境保护等方面。

(五)我国政府环境审计的特点、存在的困难、建议及发展趋势

我国环境审计虽然开展较晚,但取得了一定成就,审计署及其派出机构、各级地方审计机关都参与到了环境审计工作中,及时发现和纠正了环境保护资金在管理、使用过程中存在的违规、违纪问题,确保了资金的安全完整,同时对环境专项资金管理使用中存在的典型性、代表性问题向政府和环境保护主管部门进行了反映,对有关环境保护的政策提出了一些建议,对于有关部门、单位加强环保资金的管理,合理使用有限的环保资金,改善环境具有重要意义。我国政府环境审计以重点审计为主,主要关注重点项目、重点工程及重点区域治理资金的合规性问题,环境审计的覆盖面不够广泛,且主要是事后审计。

虽然我国政府环境审计已经有了一定的发展,但目前我国的政府环境审计仍存在许多问题。孙贤荣(2008)将我国政府环境审计面临的问题及困难分为两类:一类是审计部门可以控制、解决的问题,这类问题为"主观原因造成的问题"或"审计部门可控问题";另一类与环境审计相关,是审计部门不能控制、解决的问题,可称为"客观原因存在的问题"或"审计部门不可控问题"。

关于政府审计部门可控的问题,主要有 4 点:一是缺乏政府环境审计准则。我国国家审计署经过多年努力,已制定了一些国家审计准则,如 2010 年 9 月 1 日,审计署 8 号令公布的于 2011 年 1 月 1 日起施行的修订后的《中华人民共和国国家审计准则》,但是仍缺少对环境审计比较直接的依据,缺乏对环境审计内容、评价标准、职责分工等直接的、具体的规定。缺乏环境审计准则的指导与规范,使环境审计工作遇到许多困难。很多审计人员对环境审计应遵循什么样的行为准则和规范,感到无所适从,只能套用其他类型审计的行为准则和规范,不能满足环境审计的特殊性。二是审计人员专业胜任能力不足。而我国现有审计人员大多是财经院校的毕业生,不具备相关的知识结构,对财务审计及合规性环境审计尚可勉强应付,真正涉及环境绩效审计就难以有所作为了。三是审计范围狭窄。政府环境审计主要包括环境保护资金审计,这些审计仅仅是针对某几个重点项目,围绕资金运行这条线展开,审查的重点是资金是否被截流、资金是否按规定用途支出等。但是,实际上政府环境保护资金的投入领域十分广泛,政府环保资金审计涉及的范围也应该非常宽泛,如企业和经济责任审计等。可以说,虽然我国的环保资金审计已经取得了一定的成绩,但是开展的幅度和力度远远满足不了现实需求。四是政府环境审计的理论研究落后。目前仍缺少系统的环境审计理论阐述,各个环境审计理论甚至相互矛盾,存在着从不同视角对环境审计认识的混杂,大部分学者侧重对环境审计应用性理论研究,且只限于规范性研究,缺少实证性研究,而对环境审计基础性理论研究涉及较少。这使政府环境

审计缺乏理论的指导，甚至存在理论与实践的脱节。

关于审计部门不可控问题：一是缺乏政府环境审计依据，审计部门工作受限。如前文所述，我国已在环境保护方面颁布了许多法律、法规和地方条文，它们为保护我国环境事业发挥了积极的作用，也为我国开展政府环境审计提供了法律依据。但相对于西方国家的法制，我国的环境法律还不完善，政府环境审计缺乏审计依据支持，使审计部门的工作受到限制。纵观我国现有的法律、法规和制度，无论是作为审计立法根本的《宪法》，还是国家审计专门法律规范的《审计法》，尽管对传统的审计依据作出了明确规定，但尚没有一部法规、制度直接阐述环境审计依据，也没有明确审计部门在政府环境保护中的责任和地位。二是审计结果的执行力不够。与西方国家相比，我国的执法手段、能力和违法制裁力度远远落后于现实需要。目前，我国审计部门只有审查监督权，没有对审计结果的执行权。因而，审计部门只能建议政府对审计结果采取相应措施，对违法行为也没有制裁的权利。同时，由于目前我国还存在地方保护主义，地方政府为了维护当地的经济发展而忽视环境保护的不在少数。这就造成有时地方政府擅自对审计结果的执行大打折扣，严重影响了审计的权威，也为审计部门今后的环境审计设置了障碍。三是整个社会的环保意识和法律意识不高。全民环境保护意识的提高、民众的积极参与等会为环境审计创建良好的审计环境。重视民众参与，提高全民族的环境保护意识，会使环境审计监督得到支持。但目前我国公众很少能参与到环境保护监督中来，只有当自己的利益被损害时才会诉诸于法律。整个社会环保意识和法律意识不强，使政府环境审计缺乏良好的审计环境。

针对政府审计部门可控的问题，建议如下：一是借鉴最高审计机关国际组织发布的环境审计准则或指南、欧美国家的先进做法，以及注册会计师准则制定过程中的经验，制定政府环境审计准则。二是建立高素质的政府环境审计人员队伍。三是进一步加大政府环境保护资金审计力度。在审计对象上逐步由重点项目、大工程拓展到政府投入环保资金的所有项目和工程。由于任务繁重、审计量较大，需要大量的人力和财力。所以，政府环保资金审计不会立即全面展开，需要我们稳扎稳打，分步、分类扩大所开展环保资金审计的范围，力争在未来将所有政府环保资金收支都纳入审计范围，保证所有环保资金都用在实处。四是开展政府环境绩效审计，建立政府环保绩效评价体系。五是开展跨国联合审计。六是加快政府环境审计的理论研究。

针对政府审计部门不可控问题，建议如下：一是制定专门的政府环境审计法规或修订原有法规，在相关环境保护法规中加入审计方面的内容。二是加强对审计结果的执法力度。环境保护部、审计署与司法部门等相关部门可以联合出击，提高执法能力，并对企业及其管理者的环境违法行为采取严厉的制裁措施，包括刑事处罚、民事处罚和行政处罚，提高法律的威慑力；另外，进一步强化审计机关的审计监督权，加大在审计结论和决定中对被审计单位和有关人员的行政处罚权,并强调审计决定的强制执行性,被审计单位和有关人员应当协助执行。三是提高全民环保意识,开展民众请愿活动。重视民众参与,提高全民族的环境保护意识,有利于环境审计监督得到支持。例如,在澳大利亚,所有单位和个人都有权对排污者的违法行为提起诉讼,不管其利益是否受到直接损害,因此企业会自觉遵法、守法。为更好地发挥民众的监督作用,我们可以效仿加拿大,开展民众请愿活动。

政府环境审计的发展趋势主要体现在如下3点:

(1)在审计对象和审计内容上,将逐步增强对环境经济政策的关注。

(2)在审计类型上,将逐步增加绩效审计。

(3)就环境问题开展国际联合审计。

二、内部审计中环境审计开展现状

(一)我国内部环境审计实践活动

现阶段,由于各方面条件的限制,我国进行的与环境相关的审计主要是以国家审计为主,审计内容只是停留在国家合规性审计上,即主要鉴证企业的经济活动是否遵守了现有的环境保护法律和地方颁布的环保法规,如污染物的排放是否超过了规定标准,是否按照规定的要求及时上缴各种费用等。相对而言,我国企业在内部环境审计上几乎是"零的记录",这与西方企业内部环境审计的产生与发展是截然相反的。我国的环境审计尚未发展至企业环境保护的层面,对企业领导人应承担的环境保护责任、企业环境管理制度、环境保护绩效、产品的清洁生产等,基本没有采取具体行动。有的企业即使进行所谓与环境有关的审计,也仅仅围绕环保资金一收一支这条线展开,很少有企业对单位污染治理情况、治理成本与效益进行分析与评价。也就是说,企业内部缺乏环境审计,环境审计并没有成为企业发展的动力与管理工具。可见,我国现阶段企业内部所实施的环境保护审计处于相对落后的状况。[①]

(二)我国内部环境审计开展缓慢的原因分析

1. 缺少理论界对企业内部环境审计的系统研究

从当前来看,我国缺少真正具有可操作性的研究,而国外也并不存在一个可以直接借鉴的模式。我国新准则规范的环境资产、环境负债仍散见于不同准则中,与美国、日本环境准则的系统性尚有一定差距。从我国现有的可作为环境审计标准来看,并未建立环境会计准则,对企业发生的环境资产、负债等要素难以确认和计量,反映企业环境保护情况的环境会计信息不能披露,从而限制了内部环境审计中的环境会计核算审计的开展。同时,法规中规定的价值指标往往只有一个非常广泛的范围,且很少有与相关技术指标水平严格对应的规定,标准没

---

① 王晶晶.我国企业内部环境审计的问题探讨[D].南昌:江西财经大学,2009:19-22.

有具体确定,可操作性和指导性不强。

2. 环境审计成本与企业利润最大化目标之间的矛盾是阻碍我国内部环境审计开展的主要原因

孙岩、杨肃昌(2006)认为,作为企业环境管理系统的重要组成部分,内部环境审计的开展会大大增加企业环境管理的成本。这些成本,一是包括开展和维持企业的环境审计计划所需的成本。例如,企业对现有的内部审计人员进行环境审计相关知识及技能培训的花费、聘请外部专家协助审计的花费、审计过程中所需各类资源的成本、内部环境审计影响企业正常生产经营而产生的成本等。二是纠正内部环境审计发现的问题所带来的成本。内部环境审计的意义不仅在于检查企业环境会计核算情况、环境法规执行情况以及环境管理系统运行状况,而且在于将发现的问题及时反映给企业管理部门,并使其得到纠正。这样一个反馈控制过程的实现,也会增加企业的成本。

但在市场经济条件下,企业作为独立的经济利益主体,追求自身利润的最大化是其主要目标。由于环境审计引起环境管理成本增加而给企业利润最大化目标造成的损害,会在一定程度上或是完全打消企业开展内部环境审计的积极性。

3. 企业只注重短期效益,环境保护意识不强、重视不够

在我国目前的内部审计模式下,内部审计部门受本企业负责人直接领导,企业负责人很可能出于对业绩的考虑,向内部审计部门施加压力,从而使其无法对企业环境绩效作出客观的评价,缺乏足够的权威性,加剧了我国企业进行环境保护审计的难度,势必降低环境保护审计的普及率。我国企业的发展往往表现为短期行为,注重于眼前的利益,对企业的长远发展甚至整个人类的生存和发展缺乏卓识远见。保护和治理环境是一项长远目标,其好处也往往要在若干年后才能显现出来,因此,许多企业在短期利益的驱动下,往往不重视保护环境,看不到投资环保可带来的长期利益。

4. 内部环境审计的开展缺乏法律及制度的支持

法律、法规上一直没有具体明确审计机构在企业环境管理体系中的地位,致使企业审计部门在开展环境审计时缺乏基本的法规支持。同时,内部环境审计的开展缺乏基本的环境会计准则或制度支持。环境会计信息披露制度的建立是实施环境审计的前提条件。但我国现行的企业会计制度中没有要求企业必须披露环保信息的规定,更没有对与环保相关经济活动记录、计量的具体标准,使真正意义上的环境审计难以开展。我国虽然颁布了一系列环保方面的法律和环境标准,但缺乏具体指导环境审计工作的法规及统一的环境标准尺度,这也是内部环境审计无从下手的重要原因。

5. 内部环境审计人员的素质有待提高

内部环境审计的主体是企业设立的内部审计机构,相应的执行内部环境审计业务的主要是内部审计人员。2013 年北京国家会计学院审计与风险管理研

究所发布的《2013年度中国企业内部审计行业调研报告》中总结了我国内部审计人员的特征：年轻化、高学历、经验少；专业背景仍偏重于财务、会计，兼职管理学科；内部审计从业门槛较低，持有的专业资格集中于会计师和经济师。因此，目前各企业内部审计人员规模难以满足当前需求，从事内部环境审计的人员少之又少。再加上内部环境审计还需要很强的专业技术知识以及与环境相关的知识，能够完全胜任内部环境审计工作的人员较少。因此，内部环境审计人员素质不高、胜任能力不强，也是内部环境审计开展缓慢的一个重要原因。

（三）关于我国进一步开展内部环境审计的建议

孙岩、杨肃昌（2006）认为，如何解决企业追求利润最大化的目标与环境审计成本之间的矛盾，成为促进我国企业内部实施环境审计首先需要思考和解决的一个问题，并在此基础上提出了使企业从被动地遵循法律规定到主动追求内部环境审计利益的解决思路。

一个是被动解决方式——加快环境审计立法。所谓环境审计立法，是指由国家或者政府机关订立相关的法律、法规，用以明确内部审计机构在企业环境管理中的地位，以及内部环境审计的内容、职责和评价标准等。政府可以通过环境审计法律条文的具体化，使内部环境审计成为企业的日常行为，使环境审计制度在企业内部真正建立起来，促进企业内部环境审计的开展。

另一个是主动解决方式——明确企业实施内部环境审计能够获得的利益。以立法的形式促进内部环境审计的开展，确实能够在较短时间内取得比较好的效果。但我们也应认识到，采取这种方式时企业完全处于被动的地位。按照管理学理论，如果企业仅仅是迫于国家和政府法律、法规的压力而实施内部环境审计，那么这种被动的行为是不会长久的，并且在实施过程中还可能出现各种各样的舞弊。因此，只有从根本上转变企业观念，使内部环境审计成为企业自愿、主动的行为，才真正有助于内部环境审计在我国企业中长期、健康地发展。在这一变被动为主动的过程中，一方面，我们要加强对企业的环保宣传，使企业改变观念，自觉地实施环境保护、环境治理的措施；另一方面，也是更为重要的，要使企业认识到内部环境审计在增加企业成本的同时，也能够给企业带来利益。企业这一独立的经济利益主体，决策时总是将自身利益作为首要考虑的问题。那么，如果内部环境审计的实施能够增加企业利润，它就会更快、更主动地为企业所接受，也就能在我国企业中更顺利地全面展开。

通过对各类资料的综合分析，可以得出了内部环境审计能够给企业带来的几方面利益：①避免环境法律、法规的处罚。内部环境审计有助于确保企业遵循应遵守的各类环境法律、法规，并能因此而避免经济惩罚或其他制裁。②提高企业经营效益。通过对现有生产流程、能源种类、能源来源和废弃物处理等进行评估，能够找出节约成本的机会，最终增加企业收益。例如，可通过减少资源、能源的使用和最小程度的浪费来减少储存和处理成本，实现成本节约。③减少保险费用。

国外环境审计研究发现,西方国家的保险公司在承保一个企业时,会关注这个企业是否存在因较差的环境绩效而造成的风险。当一个企业具有完善且有效的环境管理系统时(其中,必然包括有效的环境审计),保险公司就会认为他们存在较小的环境风险,而企业通常能够享受降低保费的待遇。④改进企业管理决策。企业在内部环境审计过程中收集到的大量资料,能够增加管理部门对资源配置、产品和服务、生产流程、需要的装置和设备、储存和处置危险废弃物的程序、出现环境和健康或安全紧急事件或灾害时采取的行动等事项作出决策时使用的信息量,使企业作出更加有效的管理决策。⑤改进环境管理并加强环境保护。内部环境审计促进企业的不同生产部门以及子公司之间环保状况的比较,而且审计人员的反馈和建议有助于促进整个企业进行最佳的环境保护实践。⑥改进企业风险管理。运用内部环境审计评价企业潜在的经营风险,是环境审计领域的一个新发展。以此为目标进行的内部环境审计,就是要识别或发现给企业持续经营带来风险的环境问题。我们都可以利用环境审计来发现并评价引起经营风险的环境问题,以提高企业的风险预知能力。⑦满足顾客需求并巩固与顾客的关系。当企业管理部门逐渐意识到顾客对环境保护的偏好时,它们就会对环境问题越来越敏感,越来越重视。企业就会开始寻找"环境友好型"的供应商和下级分销商。因此,开展内部环境审计的"供应商"和"下级分销商"就会受到青睐,使顾客对他们良好的环境管理和环境绩效产生信心,提高自身在顾客心目中的环境美誉度。⑧美化企业形象、提高企业声誉。如果企业进行内部环境审计,就能够向社会公众表明企业提高环境绩效的承诺,从而使企业形象得到改善,还可以抵制对企业环境态度的负面宣传。

如果在促进企业内部环境审计发展的过程中,能够使企业充分了解内部环境审计带来的利益,使企业认识到在付出内部环境审计成本的同时也扩大了企业收益,就能使企业由对内部环境审计的被动执行转变为自愿主动实施,进而使内部环境审计的推广工作取得更好的效果。

三、注册会计师环境审计开展现状

(一) 国内注册会计师环境审计开展情况

财政部于 2006 年 2 月 15 日发布了 48 项中国注册会计师执业准则,其中的《1631 号——财务报表审计中对环境事项的考虑》为注册会计师识别和表述环境事项对财务信息的实质性影响方面提供实际帮助,为注册会计师进行环境事项对财务报表的影响的审计提供审计指南,初步赋予了注册会计师开展环境审计的权利。该准则共分 5 章 40 条,其总则的第一条规定:"为了规范注册会计师在财务报表审计中对被审计单位环境事项的考虑,制定本准则。"总则中还规定了环境事项的定义、影响财务报表的环境事项主要内容等,同时规定注册会计师在财务报表审计中应当考虑可能导致财务报表重大错报风险的环境事项。除总则外,1631 号准则还包括实施风险评估程序时对环境事项的考虑、了解内部控制、考虑与环境事项相关的法律和法规、评估重大错报风险、针对评估的重大错报风险实施审计程序时对环境事项的考虑、出具审计报告时对环境事项的考虑以及附则等内容。1631号准则的出台标志着我国注册会计师开展环境审计业务的开始,我国注册会计师已开始涉足环境审计领域。在准则中,对影响财务报表的环境事项进行了一系列的定义,并对审计程序中对环境事项的考虑作出了相关规定和要求,有利于注册会计师在财务报表审计时有据可循。

但是审计准则对环境事项的考虑仍有欠缺的地方。薛培玲(2009)认为,准则中仍存在以下不足:第一,新审计准则对财务报表审计中考虑环境事项的研究不足。虽然审计准则中及准则指南里对财务报表审计中考虑环境事项主要从3个方面进行解释:在风险评估时对环境事项的考虑、在针对评估的重大错报风险实施审计程序时对环境事项的考虑、在出具审计报告时对环境事项的考虑。这些对注册会计师有一定的指导性,但仍有不足之处:3个方面中有关内容的解释不够详细,如对企业涉及环境事项的内外部环境进行了解及分析,准则并没有说清楚,亦即没有建立一个比较有效的了解企业内外部环境的框架,准则规定的了解内容就像一盘散沙,根据了解内容无法建立一个对企业财务数据的合理预期或者发现财务异常。准则应该让准则执行者清楚了解这些内容的目的是评估重大错报风险;在进一步审计程序中,准则并没有对控制测试作出解释,而直接进入实质性测试。另外,准则也没有构成一个针对考虑环境事项的财务报表审计结构体系。第二,新审计准则对某些概念解释不足。新审计准则中对环境事项的解释保持与国际审计准则趋同,但它所概括的内容仍不完整,且没有考虑其与环境风险的关系,而且在评估重大错报风险的章节,直接提及要归集财务报表层次的环境风险和认定层次的环境风险,可见也没有解释环境风险与重大错报风险的关系,只是两者关系模糊。第三,对财务报表审计中考虑环境事项这一准则在实际应用中的指导不足。虽然有关学者建立了考虑环境事项的审计风险模型,并对考虑环境事项的财务报表审计业务流程进行了设计,但是无论是具体审计业务流程还是总体审计业务流程都没有程序细节的解释,都缺乏对注册会计师的指导性。国外的某些会计师协会整理分析了在考虑环境事项的财务报表审计实务中遇到的问题,并得出相关结论,但是这些结论太琐碎,缺乏系统性。

为深入贯彻落实国务院办公厅转发财政部《关于加快发展我国注册会计师行业的若干意见》,中国注册会计师协会为具体指导会计师事务所拓展新业务工作,编订了《注册会计师业务指导目录(2012)》。在业务指导目录中明确提出了注册会计师可以根据市场需要和政策变化开展天然林资源保护工程财政专项资金检查、国家重点生态功能区转移支付管理的专项检查、中央分成水资源费管理情况的专项检查或评估、城镇污水处理设施配套管网建设项目资金的专项检查、企业温室气体声明鉴证业务、企业节能减排报告鉴证业务、企业碳排放审计业务等具体的环境审计业务。注册会计师业务指导目录的颁布,为我国注册会计师开展环境审计业务提供了依据和支持。

（二）我国注册会计师环境审计开展的特点及原因分析

但是在我国，因环境审计刚刚起步，进行环境审计的主要是政府审计机构审计人员，一些大企业的内部审计机构也开展了环境审计，而注册会计师却较少参与其中。在少数开展环境审计项目的几个事务所中，其审查范围也主要局限在环境财务审计和环境合规性审计，而较少开展环境绩效审计。注册会计师环境审计理论处于探讨阶段，注册会计师环境审计的推动力不足。注册会计师对企业开展的环境审计一般只是审核财务会计报表中涉及环境污染和保护的收益和支出项目，企业环境污染的外部不经济效应往往被忽视，审计结论不能客观反映企业生产活动中的全部环境成本和环境效益。

就目前来说，注册会计师及会计师事务所较少参与环境审计的原因主要有以下几点。

1. 企业开展环境审计的意愿不强，造成注册会计师环境审计需求不足

企业通常以自身利益最大化作为经营目标，往往不会全面、如实地披露对资源环境的社会责任和义务，对开展环境审计缺乏必要的动力和积极性。我国的环境审计尚处于一种自行其是的阶段，环境审计缺乏相应的约束与激励机制，开展好的单位得不到激励，开展差的企业得不到约束、制裁。机制的缺失影响到企业开展环境审计的主动性和积极性。同时，由于我国目前的独立审计市场比较混乱，资本市场尚不完善，很多投资者由于缺乏投资应具备的基本知识而造成对独立审计基本作用的需求不足，从而导致投资者对环境审计信息的要求也不高，这在一定程度上助长了企业对环境审计的漠视。这种外部需求的不足和自身意愿的不强使企业环境审计的开展几乎停滞不前，这在一定程度上影响到注册会计师环境审计业务的开展。

2. 审计人员自身能力受限

我国注册会计师队伍目前从知识结构和实践活动上讲，主要适合与从事财务报表审计业务，而环境审计的开展除了必要的审计基本理论知识外，环境科学方面的知识和技术是必不可缺的，专业能力的局限性在一定程度上限制了我国注册会计师大规模的开展环境审计业务。

3. 出于规避环境审计风险的考虑

环境审计属于一个新兴的审计领域，虽然本质上与常规审计相同，但在具体实施审计的过程中存在着许多不同，这样，注册会计师在实施审计时不能完全模仿常规审计的方法与程序进行，审计风险骤然加大。由于环境审计的研究刚刚起步，环境审计的实务工作也处于探索阶段，所以到目前为止，环境审计准则的研究还没有达成共识，更没有制定出一套被大家所共同认可的环境审计准则，这样，注册会计师进行环境审计就没有程序上的依据，环境审计责任就会存在不确定性，审计风险就会加大。

4. 审计人员在开展企业环境审计的过程中取得审计证据的难度很大

目前我国企业领导与职工的环境保护观念意识淡薄,企业更关注的是如何获取最大的利润。很多企业内部仍然没有设置环境管理体系或者只是为了应对上级监督部门的检查走走过场而已。大部分企业环境资料不全,环境监测和报告制度不健全。

(三) 我国注册会计师环境审计开展建议

1. 建立约束与激励机制,提升企业开展环境审计的积极性

我国应制定合理的约束与激励机制,对环境审计开展好的单位给与适当激励,对于环境审计开展滞后的单位予以一定的约束制裁。比如,环保部门对不重视环境审计的单位应加大对其环境污染行为的惩处力度,财政税收部门制定对违反环保法规的罚款、加收税金等的规定,银行等金融机构在发放贷款等时,将企业、单位的环境保护会计记录及其审计结果作为必要的审核程序,加强金融控制等。同时,应努力完善独立审计市场,增强投资者对开展注册会计师环境审计信息的需求,引导企业通过注册会计师环境审计来改善环境形象,并提高因完善环境信息质量而获得利益的意愿,从而提升企业开展环境审计的积极性,刺激其对注册会计师环境审计的需求。

2. 加强环境专业知识的培训和学习,拓展注册会计师的知识结构

注册会计师不仅要有财务专业的敏感性、审计业务的基本功,还需具备环境方面的基本知识,同时可以聘请和吸纳专家,为注册会计师提供业务咨询和指导。

3. 制定科学合理的环境审计计划

在具体执行环境审计程序之前,注册会计师应制定一份科学合理的环境审计计划,它可以保证合理的审计成本,提高环境审计工作的效率和质量,并可以避免与被审计单位之间发生误解,从而降低环境审计的风险。在编制环境审计计划时,应特别考虑以下因素:委托目的、审计范围和审计责任;被审计单位所在行业的性质、经营规模及其业务复杂程度;被审计单位在审计年度内经营环境、内部环境管理的变化及其对环境审计的影响;国家新近颁布的法律、法规对环境审计工作产生的影响;被审计单位的环境会计政策及其变更;对环境专家、内部环境审计人员及其他环境审计人员工作的利用;审计小组成员的业务能力、环境审计经历和对被审计单位情况的了解程度;如果是首次接受委托,注册会计师还应当考虑是否向前任审计人员查询审计工作底稿。

4. 了解企业环境管理系统和评价风险

现代风险导向观要求注册会计师在审计过程中充分考虑产生重大错报的风险,因此,注册会计师在审计之前,应当了解企业环境管理系统,并对审计风险进行评价。如研究和评价环境管理系统的可靠性、环境管理层环境事项制定的内部控制措施和方法等。

5. 在环境审计过程中加强与公司的沟通

与公司的沟通主要包括两部分,一是与管理部门的沟通,这里主要是指管理部门声明;二是与公司内部审计部门的沟通。与管理部门的沟通主要是指注册会计师应获得管理部门就其环境事项的计量和披露所作出的书面声明。同时,注册会计师应当确认:公司的内部审计部门对于管理部门进行环境会计估计的过程和形成环境会计估计的基础有着清楚的了解。

四、国内环境审计开展现状的评价

通过上面的现状分析,我们可以看到,在各方面的努力下,我国的环境审计工作尤其是政府环境审计工作,取得了一定的进展,环境审计的开展为我国环境保护事业和社会的可持续发展贡献了自己的一份力量。政府审计的特点是审计监督的强制性、审计机构设置的系统性、审计工作的独立性和审计范围的广泛性;内部审计的特点则是审计服务的内向性、审查范围的广泛性、审计业务的多样性、审计效果的显著性、审计作用的稳定性、微观监督与宏观监督的统一性;社会审计的特点是受托有偿审计、审计内容依照业务约定书而定、审计结果表现为对外提供的审计报告。

但是由于我国审计机关的环境审计起步较迟,目前尚处在理论探讨的初级阶段,仍然有许多不完善的地方,表现在以下几个方面:

(1)环境审计主体较为单一。我国环境审计的主体主要是国家审计机关,大多数的环境审计任务基本上由国家审计承担,而社会环境审计和企业内部环境审计尚未有效开展,这样难以保证环境审计的质量,也难以使环境审计充分发挥其应有的作用。

(2)环境审计内容拘泥于财务审计,很少涉及绩效审计。审计的重点仍以财务收支的真实、合法性为主。目前我国审计机关由于体制、经费、时间等因素的限制,很难达到环境绩效审计的要求,只是很有限地在某些单项方面开展资金效益审计,离全面开展环境绩效审计的要求还有一定距离。

(3)环境法规、环境审计规范不完善,缺乏环境审计具体实施办法和评估标准,环境成本、环境效益评价指标体系缺乏。

(4)企业环境会计和审计制度有待建立,我国尚未建立环境会计制度,不能为环境审计提供所必须的资料。

(5)环境审计的方法和技术落后。我国国家环境审计由于人才的缺乏和审计侧重财务收支审计,所以应用的经济方法不是很多,仍局限于传统的审计技术和方法。

(6)环境审计人员的素质有待提高。目前,我国缺乏一支由复合型专业人员组成的环境审计队伍。审计人员必须懂得环境方面的知识,如环境经济学、环境法学、环境管理学等,另外,还要具备社会学、统计学、工程学等方面的知识。

而目前,由于环境审计起步较晚,对审计人员的素质还没有作这些方面的要求,因此,审计人员的素质还不能适应环境审计的要求。

(7) 环境审计的国际联合审计尚未开展。对于跨国的环境问题,我国尚未开展双边或多边的联合审计,在对国际环境协议的审计方面我国也未涉足,这与目前审计署担任最高审计机关亚洲组织环境审计委员会主席的身份也不相符,此方面的工作有待于提高和发展。

(8) 对环境审计缺乏全面了解,意识模糊,环境审计的推动力有限。这表现在以下几个方面:

第一,政府环境审计的推动力有限。其一,社会公众对开展政府环境审计的必要性认识不足。相对于保护环境来说,社会公众更加关注经济的发展,有时甚至误将保护环境和发展经济对立起来,对一些污染环境的现象采取默许容忍的态度;其二,现行制度使政府对环境审计的需求不足。我国实行中央集权式的管理,对社会具有强大的控制力量,监督力量主要是自上而下的,环境保护的任务可以在政府的控制下由专门的行政部门去完成。利用审计机关的监督职能,不但不能解脱政府的环境受托责任,反而容易引起社会对政府的不满,不利于社会的稳定。所以,政府对环境审计的需求并不迫切。

第二,内部环境审计缺乏推动力。目前,我国的内部环境审计基本上是一片空白,主要原因是来自环境方面的经营风险不大,环境问题尚不能构成企业的主要问题,尚不用通过审计手段来解决。这表现在两个方面:一方面,环境保护法规的不健全、不规范;另一方面,来自企业外部的环境保护压力不足。

第三,独立环境审计的推动力空缺。我国的资本市场目前尚不完善,投资主体尚不成熟,存在着很强的投机心理,企业的环境信息对社会公众来说重要性不大、有用性不高,对环境审计信息的要求也就不高;企业的环境形象和环境信息对企业的利益相关者来说并非关键问题,企业通过独立环境审计改善环境形象、提高环境信息质量获得利益的积极性不高,因此,企业缺乏主动要求进行独立环境审计的积极性。

从总体上看,我国环境审计目前仍处于起步阶段,困难较多,环境审计的现状尚无法适应建设“和谐社会”的需要,无法满足实现经济、社会协调可持续发展的“科学发展观”的要求,亟需提高和改善。

第三节　国内外环境审计开展现状的差异及其原因

一、国内外环境审计开展现状的差异分析

从以上现状及评价可以看到,我国国家环境审计与国外环境审计的差距是

明显的。开展环境审计较早的欧美国家已在环境审计的深层次问题展开研究和实践工作，取得了很大的成绩，在国家审计中发挥了重要的作用，而我国环境审计处于探索阶段，理论研究和实践工作均处于初级阶段。在此，我们对国内外环境审计的开展情况进行了对比，通过对比我们发现了以下几方面的差距。

（一）环境审计主体的差异

目前，我国环保资金大部分是国有资金，环境审计的主体主要是国家审计机关，大多数的环境审计任务基本上由国家审计承担，而社会环境审计和企业内部环境审计尚未有效开展。而且，国家审计机关在实施环境审计时遇到了来自与省、市地方政府的阻力，审计机关提出的很多有建设性的改正措施和建议往往被延误执行或根本不被重视。前述西方国家不仅仅政府环境审计开展得卓有成效，企业内部环境审计、注册会计师环境审计在整个环境审计中也占据着重要地位。

（二）环境审计内容的差异

我国开展的环境审计项目主要是对环保专项资金的财务收支审计和重点项目的专项审计。审计重点是环保资金收支的真实性、合法性及审查企业的经济活动是否遵守现有的环境保护法律和地方颁布的环保法规，对于环境效益的审计重视不够，很少评价环保资金使用的经济性、效率性、效果性，对国家在国际环境保护政策公约履行、政府环境政策执行等方面的审计和评价基本是空白。前述几个西方国家环境审计内容较全面、内容较具体，不仅仅包括合规审计和财务审计，绩效审计也占据重要地位。尤其是德国环境审计的客体范围还包含审计咨询服务，即咨询服务审计。

（三）环境审计依据的差异

由于环境问题的复杂性和多样性，我国的环境法规还不够完善，环境审计的规范几乎是一片空白，我国对环境技术规范的制定尚处于准备状态，这使我国开展真正意义上的环境审计受到严重的制约。环境审计制度、环境会计准则等都还没有制定，环境审计的行为规范和评价标准也尚不明确。而美国、荷兰等西方国家则建立了相当完善的环境法律体系，为环境审计提供了依据。在环境准则及标准体系上，国外已经有了一定的进展：比如，1992年，英国标准协会制定了全球第一个环境管理体系标准 BS7750；欧盟于1993年发布了一套环境管理体系标准——环境管理及审核体系（EMAS）。国际化标准组织（ISO）制定出直接与环境审计方面有关的有3个标准：ISO/DIS14010 环境审核指南——通用原则；ISO/DIS14011 环境审核指南——审核程序：环境管理体系审核；ISO/D1514012 环境审核指南——审核员资格要求。国际注册环境审计师委员会（BEAC）在1999年12月发布了《注册环境审计师实务准则》，用作会员和临时会员的行为和执业规范。[①]

---

① 王健姝.环境审计准则研究[D].青岛：中国海洋大学，2003：1-4.

（四）环境审计方法的差异

我国国家环境审计由于人才的缺乏和审计侧重财务收支审计,所以应用的经济方法不是很多,仍局限于传统的审计技术和方法。西方国家在传统审计方法技术的基础上,结合了不少环境管理方面的技术,形成了具有环境审计特点的审计方法,包括对比分析法、成本效益分析法、环境费用效果分析法等。国外的环境审计方法值得我们借鉴。

（五）环境审计人员的差异

我国的环境审计目前主要是由政府审计机关开展,环境审计的实务操作人员大多数是政府审计部门的工作人员,另外会聘请环境方面的专家予以咨询。总体上说,未能形成一支专业能力强、综合素质高的审计队伍。在国外,由于环境审计主体的广泛性,政府审计人员、企业内部员工、注册会计师以及相关专家都参与到了环境审计工作当中,尤其在部分国家,如加拿大,专门认证了一批注册环境审计师,并有统一的协会组织进行管理,保证了注册环境审计师的执业水平,形成了一支专门化的、高素质的环境审计人才队伍。

二、国内外环境审计开展现状差异的原因分析

造成以上差距的原因是多方面的,我们对造成差距的原因进行了总结,主要有以下几点。

（一）我国的环境管理投入不足,环境管理基础差

近几年,我国虽然越来越重视环境保护工作,但环境保护方面的投入远远落后于西方国家,使我国环境管理的基础较差。没有良好的环境管理基础,环境审计的开展也就无从谈起。我国"十一五"规划期间,全国环境保护投资占同期国民生产总值1.4%,且"十五"期间该比例已达到1.3%,"八五""九五"期间的环保投入均不足1%,"九五"前4年环保方面的累计投资仅占同期国民生产总值的0.78%。而且我国环保欠账数额较大,仅三河(淮河、运河,海河)、三湖(太湖、巢湖、滇池)的工业污染历史欠账就高达1 185亿元,两区(二氧化硫控制区和酸雨控制区)内仅老电厂的脱硫设备一项就亏欠285亿元。同时,我国城市基础设施,特别是城市环保基础设施严重不足,全国600多座城市中只有160多个污水处理厂。我国环境保护不仅投入低,而且在有限的环保资金利用中,我国也存在很大的问题,如我国水污染防治费用仅占国民生产总值的0.2%,然而就是这些有限的资金也未用好,10多年来建成的2万套多工业废水处理装置,运行有效的仅为30%。没有一个良好的环境管理基础,环境审计工作很难有效开展。而在国外,有较好的环境管理基础。据统计,美国20世纪90年代,用于环保方面的投资占工业总产值的12%;意大利在化学工业方面正在进行一个耗资100亿美元的重建计划;英国电力公司为了达到欧共体排放标准,计划耗用70亿美元用作防治费用。欧美国家为了治理和保护环境不

惜花费重金,与我们国家形成鲜明对比。①

(二) 环境保护意识差

我国与西方国家民众的环保意识有差异。在美国,各级环保部门的一个重要职责,就是在全社会各阶层、各领域组织开展环境保护的讨论和宣传。经过几十年的努力,这项工作的确卓有成效。今天,环境保护理念、意识已充分反映在美国的政治、经济、日常生活之中,也充分体现在美国人的思想观念、思维方式之中。可见,只追求利润、忽视环保的时代已经结束。尽管中国环境保护从1978年开始走上了法制化轨道,但是由于全民性的环境意识普及还相当滞后,环境保护的意识在普通民众中十分淡薄,社会公众的环保意识有待加强。目前,在我国大多数面向国内消费者的企业仍然不注重环保,很少制定一个节能环保的长远策略。企业及其管理者、股东、员工等利益相关者没有将环境保护作为一种强大的内在激励和约束因素,没有将环境管理作为一项与企业命运生死攸关的大事来对待。各地区环境保护工作参差不齐,有些地区迫于发展经济的压力和经济指标的要求,盲目引进一些项目,追求短期利益,根本不把环境问题放在眼里,自然也就不会重视环境审计工作。

(三) 法律环境与国外相比有差异

一个良好的法律环境不仅要有健全的法律体系,还包括严格的执法和较强的法制观念。依法审计是法制监督的重要特征,健全的法律、法规,全社会的法律观念和法律意识是审计的基础。我国法制环境较差。与西方国家相比,在环境管理方面有法不依、执法不严、违法不究的现象仍普遍存在。虽然有关环境管理方面的法律和规章很多,但环境法律所规定的各项基本法律制度并没有得到很好的贯彻执行。有些地方政府和经济部门并没有坚持"环境经济与社会协调持续发展"的环境法律基本原则,重开发、轻保护,先污染、后治理,在进行重大经济发展规划和生产力布局时不进行环境影响评估,个别地方政府和部门甚至知法犯法,作出明显违反环境法律规范的经济发展决策。有些地方的领导环境法制观念淡薄,以言代法,以权代法,搞地方保护主义,对企业违反环保法规,造成严重后果的行为听之任之,甚至帮助企业逃避法律制裁,环境保护的力度受到很大的影响。

(四) 审计社会需求的差异

造成我国环境审计与国外差异的很重要的一点在于我国目前对环境审计的社会需求不足。对环境审计的不重视直接导致了环境审计社会需求不足。在大多数情况下,环境审计的开展是强制进行的,社会缺少自愿接受环境审计的需求。淡薄的环保意识使人们不重视环境审计,不重视自然不会去花费大量的时间、资金去开展环境审计。同时,环境执法不够严厉,对于一个企业来说,有时违

---

① 王芳.中外环境审计比较研究[D].大连:东北财经大学,2006:34-36.

反环境保护法所带来的收益要远远大于受到处罚产生的成本,使企业在日常生产经营过程中忽视环境审计的作用。同时,我国资本市场本身不够成熟,公众以及投资者对环境的漠视,即便上市公司出现环境问题,也丝毫不能撼动投资者与消费者的热情,上市公司融资渠道依然较充裕,长此以往,形成了反向炒作,导致部分股价不仅不跌,反而出现上涨的尴尬情况。对环境信息披露方面不够重视,环境信息的作用未能得到应有的重视,使注册会计师环境审计需求不足。

(五) 审计体制的差异

从审计体制来讲,综观世界各国的国家审计体制一般可分为 4 种模式,分别是立法模式、司法模式、行政模式和独立模式。目前,我国的审计体制是行政模式。我国的审计领导体制有 3 个显著的特征:一是审计机关直接受本级政府行政首长领导;二是地方审计机关实行双重领导体制,同时受本级政府行政首长和上一级审计机关领导;三是地方审计机关的审计业务以上级审计机关领导为主。一般而言,行政模式下审计机关的独立性和权威性都比较差。在政府审计开展较好的国家如美国、英国、加拿大、德国等国家很少采用这一模式。仍以美国为例,美国是世界上综合经济实力最强的国家,其政治上实行立法、司法、行政三权分立的制度,政治上的三权分立为日后美国立法模式审计制度的形成奠定了必要的基础。立法型审计机关向议会负责,行政型审计机关向行政首长负责,美国国家审计的独立性和权威性比较强,有利于开展绩效审计等深层次的审计工作。美国审计总署的审计长有着较长的任期和优厚的待遇,这些都为其独立、客观开展审计工作提供了有效保障。美国审计总署之所以能对如此广泛的审计对象实施审计,无疑是得益于其独特、超脱的地位。可以说,我国目前的国家审计部门受行政机关领导,却要对行政机关的工作环境绩效展开评价,加上我国对环境绩效审计没有明确的法律规定,我国环境绩效审计开展所受阻力较大,这样的体制使我国环境绩效审计难以有效开展,这是我国环境审计内容上较国外狭窄的一个重要原因。

第四节　我国进一步开展环境审计的建议

基于我国目前环境审计存在的问题,借鉴国外环境审计发展的先进经验,对我国进一步开展环境审计提出以下建议。

一、关于优化审计环境的建议

(一) 加大宣传力度,优化环境审计环境

环境审计是一种新兴的、与可持续发展相适应的审计。但目前企业和社会各界对环境审计的作用、重要性认识不足。因此,在加强环境保护和环境治理法

律、法规宣传的同时,还应加大环境审计宣传的力度,使各级领导重视、支持环境审计工作,企事业单位积极配合环境审计工作,社会各界关注环境审计工作。同时,提高公众的环境保护意识,为环境审计的开展创造良好的环境。

(二)加快环境审计立法及标准制度建设

尽快对环境审计立法,确立法律的权威性,做到有法可依,有法必依。同时,制定环境审计准则,建立评价环境成本和效益的指标体系。在提高可操作性的同时,统一环境审计的评价依据,减少审计人员的审计风险。我们可以借鉴英国制定的环境保护标准(BS7750)、欧盟实施的环境审计制度(EMAS)和国际标准化组织制定的 ISO 14000 等,并结合我国的具体国情,取长补短,建立一套既与国际审计法规相衔接又适应我国国情的环境审计法规和制度。[①]

(三)环境会计制度建设,为环境审计提供依据

环境会计是会计学、环境科学、现代经济理论和可持续发展理想的结合,主要反映、报告及考核企业的自然资源、人力资源和生态环境资源等的成本价格内容。当这些相关信息经独立审计以后,宏观管理部门就可以此作为环境管理的决策依据,从而使我国的可持续发展战略建立在更加规范化、制度化的基础之上。目前,环境会计在发达国家已进入操作阶段,污染损失、资源价格等已列入核算科目。在我国,环境会计虽从 20 世纪 90 年代初开始了理论探讨,但还缺乏足够的实践,应尽快建立相应机构,研究和制定一套统一的环境会计准则和基本核算体系,逐步开展试点,并建立实施环境会计的奖惩制度。争取从环境会计和环境审计两方面着手,共同促进我国经济的可持续发展。[②]

二、关于完善环境审计主体的建议

(一)发挥环境审计主体的积极性

1. 强化政府审计机构的独立性

解决环境问题,需有一个强有力的权威机构统一协调、规划和控制,而作为环境审计领导部门的各级政府审计机构,应拥有较高的独立性,这一点非常重要。各级政府审计机构具有独立性,并不意味着政府审计机构独断专行,恣意妄为,而是指其具有独立的决策权、处理权和建议权,有明确的问责程序和信息披露机制。审计机关可以对政府的环境或非环境政策进行审计,而不单单是对项目实施的过程和结果进行审计。

2. 重视内部审计的作用

企业内部环境审计有自身的优势,不仅能及时消除企业环境法律风险,而且能促进企业按环保要求进行生产,帮助企业很好地利用环境资源,增强企业的市

---

①② 李雪,詹原瑞.我国环境审计基本问题的研究[J].北方交通大学学报(社会科学版),2003(2):48-51.

场竞争能力。环境污染中最大的污染源来自企业的生产经营活动,获得了最大利益的企业必须为其造成有害环境的后果承担起相应的责任。内部审计可以从两方面帮助企业:一方面,通过建立企业环境管理体系,从源头上控制有毒物质和致病因子进入环境,并对已经造成的负面后果进行治理和还原;另一方面,通过对企业环境政策的执行情况进行监督,实行奖惩机制,可以调动人们的主观能动性。

3. 加大注册会计师审计比重

由于政府审计在选择审计范围上存在局限性,因而不可能做到面面俱到;而企业内部审计由于与企业各方面有着千丝万缕的联系,很难完全做到客观、公正。注册会计师通过独立的检查和评价受托环境责任的履行情况和结果,既可以减少信息的不对称,又可以大大提高环境审计报告的可信度,增强环境审计信息的有用性,加之社会审计面的宽广性,对整体推进环境审计具有十分重要的作用。未来环境审计的重要实施者是注册会计师审计。因为注册会计师审计不仅地位超脱,而且审计专业能力强,所以应充分利用注册会计师审计的优势进行环境审计。

(二) 提高环境审计人员综合素质

由于环境审计的技术性、专业性、综合性很强,从事环境审计的人员不仅应懂得财经知识,还必须具备包括社会学、环境学、工程学、环境经济学等知识,才能适应环境审计的要求,才能在保护环境,促进社会和经济的可持续发展中发挥审计的应有作用。因此,必须重视和加强对审计人员进行环境审计培训,建立起一支能胜任环境审计工作、素质较高的环境审计队伍。

(三) 加强与环保等部门的合作

国家各级环境保护部门是各级政府环境保护工作的主要部门,对辖区的环境保护工作向本级政府负责,包括环境保护规划、管理、监督工作,是环境保护的专门管理机关。环保部门和审计机构在某些项目上可以携手合作,既能节省人力资源,又可在必要时共同出击。例如,可以在政府的统一协调下,由审计部门联合环保部门开展绩效审计,这样使绩效审计既能得到环保部门的技术支持,又能避免审计部门的"越权",使政府环境审计得到良性发展。如审计部门在立项阶段开展立项咨询,征求环保部门的意见,参考环保部门的年度工作计划;在实施阶段开展联合审计,继续引入专家咨询机制等;在报告阶段,更广泛地征求环保部门和有关专家意见,对一些联合审计或调查项目,可尝试联合对外公告。

(四) 开展国际联合审计

随着人类活动对环境影响的深度和广度的加强,环境问题超越国界,形成和发展为国际环境问题。随着经济活动对环境的潜伏性影响不断显露,越来越多的环境问题不再是仅依靠一国的力量就可以解决的,应对国际环境问题的是国际环境保护,即各国政府、国际社会、各国民众共同对环境问题采取措施或行动。

审计机关关注环境问题也应该注意环境问题和环境保护国际化的特点。在对跨国环境问题进行审计方面，我国的地理位置决定了在海域污染、河流污染、土地荒漠化等问题上都需与邻国共同采取措施治理。这也给我国审计机关与其他国家审计机关联合进行环境审计提供了条件，而且审计署可以利用其担任最高审计机关亚洲组织环境审计委员会主席的身份，鼓励其他亚洲国家最高审计机关开展对跨国环境问题的审计。

三、关于完善环境审计内容的建议

(一) 加强重点审计，讲求审计实效

环境审计涉及面很广，由于受到经费、人力等因素的制约，不论现在还是将来，环境审计都不可能面面俱到，而应突出重点，以达到事半功倍的效果。

1. 加强重点资金审计

保护和治理环境，政府要通过各种方式投入资金，如财政投入的环保资金、用于环境治理的财政贴息和银行低息贷款等。加强对这些资金的审计监督，促进其合理分配使用，提高其使用效果。

2. 加强重点建设项目和重点工程的审计

通过对影响经济发展和国家财政收支的重点项目和重点工程的审计，以期达到促进经济和环境动态平衡的目的。

3. 加强重点企业审计

审计要抓好对环境污染严重、耗用环境资源较多、接受财政用于环境治理补贴较多的企业的审计。通过审计，促进这些企业加大环境治理的力度，合理利用环境资源。从源头上治理好环境问题，从而推动整个社会的可持续发展。

(二) 大力发展环境绩效审计

环境绩效审计主要是对环保资金分配使用的经济性、环保投资项目的效益性和环保部门的业绩进行的审查。我国的环境审计要跟上国际发展，必须在审计类型上从财务收支审计向绩效审计拓展。加强环境绩效审计，政府一方面要建立有效的环境问责制度，将环境指标真正纳入官员考核机制，建立全新的环境经济政策体系，利用政府、社会和企业三重力量来遏制污染恶化趋势；另一方面要建立公众参与的环境督察和评估机制。

四、关于改进环境审计技术方法的建设

(一) 环境审计重心前移

长期以来，环境审计工作的重心都是集中在事后的财务审计，缺少事前的把关和事中的监控，无法在环境问题严重前及时发现并制止。随着环境审计工作内容的不断深入，环境审计不能仅仅局限于传统的财务审计，要把重心转移到以评价环境项目效益性，经济性以及环境政策合规性上来，以突出环境工作"防治

结合、以防为主"的工作思路。只有通过事前的审计，才能有效地预防恶性环境事件的发生，最大限度地减少对资源、财力的消耗。

（二）综合运用地理学、生态学等学科技术

环境审计是集审计学、会计学、财务学、环境学、生态学、地理学、工程学、管理学等多个学科融合而形成的一门边缘性科学，因此，在环境审计中要综合运用各学科的知识和技能。

环境审计并非是多种学科的简单加总而是一门多学科相互融合形成的一门独立的学科。因此，在开展环境审计工作时，要开拓思路、大胆创新，不能仅仅局限于传统审计理论，而要不断地提出新的理论、新的方法去分析问题、解决问题。

本章小结

随着经济的发展，人类的生存环境正受到严重的破坏，环境污染已成为全球化的问题，生态的破坏和环境的污染已成为阻碍经济发展、危害人民生命与健康及影响社会稳定的重要因素，保护环境的呼声也越来越高，作为增强环境监督和治理的手段，环境审计应运而生。环境审计自诞生以来，在世界各国得到极大关注，尤其在西方国家如德国、美国、荷兰、加拿大等国更得到巨大发展，政府环境审计、内部环境审计和注册会计师环境审计均取得了很高的成就，发展水平较高；我国的环境审计经过近些年的努力也取得了不少成就，但状况依然不容乐观，存在的问题较多。借鉴发达国家的成熟经验和做法，针对我国环境审计的现状，探讨未来环境审计的发展之路，对加快发展我国的环境审计工作，促进环境保护事业和可持续发展具有重要意义。

思考题

一、请简要阐述环境审计在国外的发展状况并对其进行评价。

二、请简要阐述环境审计在国内的发展状况并对其进行评价。

三、国外环境审计的发展对我国有何借鉴意义？

四、你认为我国环境审计与国外环境审计在发展上存在着哪些不同？

五、我国环境审计与国外存在差距的原因有哪些？

六、请为我国环境审计的进一步发展提出政策建议。

参考文献

［1］　刘长翠.企业环境审计研究［M］.北京：中国人民大学出版社,2005:55-57.

［2］　蔡春,陈晓媛.环境审计论［M］.北京：中国时代经济出版社,2006:13-17.

［3］　王英姿.注册会计师审计质量评价与控制研究［M］.上海：上海财经大学出版社,2002:15.

［4］　李永臣.环境审计理论与实务研究［M］.北京：化学工业出版社,2007:12-13.

［5］　朱江.德国资源环境审计概况［J］.中国审计,2009(23):50-51.

［6］　陈晓洋.环境审计的现状与对策［J］.环境污染与防治,2009(4):100-101.

[7] 刘旭红. 我国环境审计现状、问题与对策[J]. 审计监督,2008(6):25-27.

[8] 张正勇. 我国环境审计现状及发展对策研究——基于实务界的问卷调查[J]. 兰州商学院商报,2009(3):98-103.

[9] 耿建新,房巧玲. 环境审计研究视角的国际比较[J]. 审计研究,2004(2):19-25.

[10] 韩竞一. 中国环境审计实务问卷调查及初步分析[J]. 审计研究,2005(4):46-48.

[11] 张红霞. 开展环境审计的目的、现状及对策研究[J]. 社科纵横,2006(9):54-55.

[12] 李旭升. 我国资源环境审计研究[J]. 内蒙古环境科学,2009(6):69-72.

[13] 薛富平. 我国环境审计存在的问题与对策建议[J]. 财会研究,2009(1):69-71.

[14] 黄飞. 我国环境审计现状、问题与对策[J]. 林业财务与会计,2005(5):44-45.

[15] 郭志明. 浅议美国环境审计及我国环境审计制度建设[J]. 江汉石油学院学报(社科版),2002(4):23-24.

[16] 祝圣训,李晓龙,谢芳,于宝琴. 国内外环境审计发展状况比较评述[J]. 中国环保产业,2004(8):19-21.

[17] 黄飞. 我国环境审计现状、问题与对策[J]. 林业财务与会计,2005(5):44-45.

[18] 兰小平. 我国开展环境审计的重构分析[J]. 事业财会,2004(5):49-51

[19] 童心成. 对我国环境审计有关问题的思考[J]. 科技情报开发与经济,2006(2):141-142.

[20] 苏振川. 对开展环境审计的思考[J]. 财税与会计,2003(5):35-37.

[21] 李雪,詹原瑞. 我国环境审计基本问题的研究[J]. 北方交通大学学报(社会科学版),2003(2):48-51.

[22] 尤孝才,杨淑兰. 我国环境审计的现状、披露内容及实施建议[J]. 中国地质矿产经济,2003(1):14-16.

[23] 周君英. 试论我国环境审计的观念、前提和突破口[J]. 审计与经济研究,2010(2):6-9.

[24] 孙振涛,金宏洲,庄世金. 我国环境审计存在的问题及对策[J]. 山东环境,2003(2):35-36.

[25] 鄢波,杜军. 我国环境审计发展模式探讨[J]. 四川经济管理学院学报,2006(3):12-14.

[26] 刘伟四. 环境审计及我国环境审计发展探讨[J]. 商业研究,2001(5):120-122.

[27] 李小菊,张晓鸣. 开展环境审计的障碍与构想[J]. 中国注册会计师,2001(7):20-21.

[28] 韩竞一,吕永龙,贺桂珍,王晓龙,刘达朱,王本强. 中国环境审计实务问卷调查及初步分析[J]. 审计研究,2005(4):15-23.

[29] 魏顺泽. 论我国环境审计及其运作模式. 经济体制改革,2001(2):23-24.

[30] 葛曦,刘彦. 德国环境审计的特点及其借鉴意义[J]. 审计研究,1999(4):48-49.

[31] 夏凌. 德国环境法的法典化项目及其新发展[J]. 甘肃政法学院学报,2010(3):110-115.

[32] 洛建华. 荷兰德国的环境保护法制建设[J]. 世界环境,2002(1):18-19.

[33] 张爱民,郭坤. 国外环境审计主体研究[J]. 审计监督,2009(7):28-30.

[34] 何大庆. 美国环境审计述评[J]. 外国经济与管理,1994(5):47-48.

[35] 孟凡利. 加拿大特许会计师协会在环境会计与审计方面的努力及成果[J]. 广西会计,1999(10):15-16.

[36]　陈怀玉.独具特色的荷兰环境审计[J].商业会计,2006(7):37-38.

[37]　尹淑坤.加拿大的环境审计[J].中国人大,2010(3):53-54.

[38]　孙岩,杨肃昌.从被动到主动:促进内部环境审计开展的新思路[J].生态经济,2006(2):85-87.

[39]　毛洪涛,张正勇.现代风险导向观下的注册会计师环境审计[J].会计之友,2008(9):62-64.

[40]　王芳.中外环境审计比较研究[D].大连:东北财经大学,2006:19-24.

[41]　蒋玮.我国环境审计问题研究[D].大连:东北财经大学,2006:17-20.

[42]　姜毅.我国国家环境审计的基本构想[D].青岛:中国海洋大学,2003:16-20.

[43]　王晶晶.我国企业内部环境审计的问题探讨[D].南昌:江西财经大学,2009:45-49.

[44]　王忖.公共财政下的政府环境审计研究[D].保定:河北大学,2007:15-16.

[45]　余雁.我国环境审计问题探析[D].南昌:江西财经大学,2009:34-36.

[46]　刘旭红.环境审计比较研究[D].兰州:兰州商学院,2009:77-78.

[47]　孙贤荣.中国政府环境审计若干问题研究[D].济南:山东大学,2008:13.

[48]　毕丽霞.企业内部环境审计运作模式的研究[D].青岛:中国海洋大学:15-17.

[49]　王健殊.环境审计准则研究[D].青岛:中国海洋大学,2003:25-29.

[50]　顾全.国内外环境审计开展状况对比分析[J].广西财经学院学报,2012(3).

[51]　杨智慧,环境审计理论结构研究[D].青岛:中国海洋大学,2003.

[52]　邢剑锋.2012亚洲审计组织环境审计第四次研讨会综述[J].审计研究,2013(3).

[53]　李璐,张龙平.WGEA的全球性环境审计调查结果:分析与借鉴[J].审计研究.2012(1).

[54]　李明辉,张艳,张娟.国外环境审计研究述评[J].审计与经济研究.2011(4).

[55]　程亭.环境审计:国际组织推动下的发展与借鉴[J],财会通讯,2015(4):12-16.

[56]　张建平.低碳背景下企业内部环境审计现状及对策研究[J],中国证券期货,2013(7):113-115.

[57]　王翔,我国环境审计存在的问题及对策探析[D].南昌:江西财经大学,2014:43-44.

[58]　李雪,詹原瑞.我国环境审计基本问题的研究[J].北方交通大学学报(社会科学版),2003(2):48-51.

第八章 政府环境审计实务探讨

　　本章介绍与政府环境审计实务相关的内容。第一节阐述有关环境管理体系的内容,并指出政府环境审计在整个环境管理体系中的作用。第二节至第五节,分别阐述国内外政府环境审计的重点、政府环境审计的形式、政府环境审计的程序、方法以及报告,从而对政府环境审计实务中涉及的内容进行全面的了解。第六节,介绍我国政府环境审计的现状以及存在的主要问题,由此提出促进政府环境审计发展的解决途径。

学习目的和要求

　　通过本章的学习,你应当能够:
- 认识环境管理体系的构成与作用;
- 了解政府环境审计在环境管理体系中的作用;
- 掌握国内外政府环境审计的重点;
- 了解政府环境审计的主要形式;
- 了解政府环境审计的程序和方法;
- 了解与政府环境审计报告相关的内容;
- 了解我国政府环境审计的现状、问题及解决途径。

第一节　政府审计机构在环境管理体系中的作用

一、环境管理体系及其层次

　　从广泛的意义上说,环境管理体系是一个组织(中央、地方政府或企业等)内部设立的旨在实现环境目标而对环境实施有效控制的一系列相互联系、相互作用的政策和程序。这些政策和程序是针对实现组织环境目标所可能涉及的风险而采取的必要的防范或减少损失的措施。环境管理系统能使一个组织得以将环境目标与具体的经济效益联系起来并确保将资源投向最能取得经济效益和环境效益的地方。从实质上来分析,环境管理系统是由一系列为保证管理指令得到实施的控制过程。一个有效的环境管理系统是对组织内所有部门、所有环节和所有人员实施的全方位、全过程的控制。有效的控制不仅要求出现偏差后能及时进行纠正,而且还必须能对经济活动的每个阶段、每个环节的环境问题进行分析预测,预见可能出现的偏差并采取相应的控制措施,使偏差不至于发生或将偏差的危害减少到最低限度。

环境管理存在着宏观与微观两个层次。宏观环境管理的主体是政府,微观环境管理的主体是企业。环境管理系统既可以是某个地方政府,又可以是某个部门或企业。环境管理系统的主要内容可分为3方面:①环境计划的管理:环境计划包括工业交通污染防治、城市污染控制计划、流域污染控制计划、自然环境保护计划,以及环境科学技术发展计划、宣传教育计划等;还包括调查、评价特定区域的环境状况的基础区域环境规划。②环境质量的管理:主要有组织制定各种质量标准、各类污染物排放标准和监督检查工作,组织调查、监测和评价环境质量状况以及预测环境质量变化趋势。③环境技术的管理:主要包括确定环境污染和破坏的防治技术路线和技术政策;确定环境科学技术发展方向;组织环境保护的技术咨询和情报服务;组织国内和国际的环境科学技术合作交流等。

我国于1983年将环境保护定为一项基本国策,实行"预防为主,防治结合""谁污染,谁治理"和"强化环境管理"的三大政策。目前,我国基本形成了以《宪法》和《环境保护法》为主体的环境法律体系,有关环境保护的法律、法规以及各项环境标准也已基本具备。国家环境保护部是国务院环境保护委员会的办事机构,负责全国环境保护的规划、协调、监督和指导工作。根据相关法律规定,我国已建立了以各级政府环境保护部门为主管、各有关部门相互分工的环境保护管理体制,形成了国家、省、市、县、镇(乡)5级管理体系。[①]

159

二、环境审计与环境管理的关系

环境审计是环境管理的一个内涵丰富的分支,由第三方(包括政府审计机构和民间审计组织)对企业开展环境审计有助于明晰企业环境责任,实现经济效益和环境、社会效益的协调发展。

改革开放以来,全国人大先后颁布了6部环境保护法律和9部相关资源法律,初步形成了符合我国国情的环境保护法律体系。国务院也发布了一系列决定和行政法规,环境管理机构和执法力量逐步加强,全国环境管理体制基本形成。但是一个完整的环境管理体系,无论是宏观的还是微观的,都必须设有相应的监督检查制度,环境审计就是这种监督检查的一个重要方面,必须将环境审计纳入整个国家环境管理体系,使之成为环境规则和政策制定、执行、协调、组织、监测和审计六大管理环节中一个不可缺少的组成部分。因此和其他组成部分一样,环境审计是服务于环境保护的环境管理体系的子系统,根本目的是通过自己

---

① 张艳萍,张庆安.谈完善和加强政府机构环境审计[J].财会月刊,2009(2):78-80.

的活动来促进资源的合理开发、合理利用、保护自然和生态环境免遭污染和破坏,使环境与经济、社会发展相协调,并最终实现经济与社会的可持续发展。

尽管环境审计是环境管理体系的重要组成部分,但在具体工作中由于各个组成部分各自的工作特点,在环境管理体系中,环境审计与其他管理各有侧重,使环境审计与其他环境管理既有联系又有区别,根本区别在于审计是独立的第三方的监督,是对实施环境管理监督职能的专职环保机构及其管理监督活动进行的再监督。因此,环境管理离不开环境审计,环境审计不能替代环境管理,环境管理是环境审计的基础,又是环境审计的对象,环境审计的目的之一是促进环境管理的完善。

三、政府审计机关在环境管理体系中的地位和作用

保护和治理环境、防止环境恶化,实现社会和经济可持续发展战略,是一项庞大而又复杂的系统工程,环境审计在这个系统工程中占有重要地位。不同审计主体实施的环境审计构成不同层次环境管理系统的组成部分。因此,环境审计需要国家审计机关、内部审计机构和社会审计组织全方位、多层次地审查和评价被审计单位环境保护法规和政策的执行情况,以及环境保护和治理情况及取得的绩效等,从而增强审计组织体系在解决环境问题中的整体功能。

自从 1987 年《布伦特兰报告》《我们共同的未来》发表和 1992 年联合国环境与发展大会召开以来,环境问题愈来愈成为许多发达和发展中国家政府机构关注的内容。与此同时,环境审计逐步得到世界各国的普遍重视,许多国家审计机关开始把环境问题纳入审计的范围。由于最高审计机关国际组织的大力倡导和推动(第 13 届、第 14 届和第 15 届审计大会决议),各国依据具体情况,相继开展了不同形式、不同程度的环境审计工作,使环境审计日益成为一支活跃的审计分支。审计也已成为监督环保资金合理有效运用,促进国家环境政策有效实施,提高各级机构的环境管理水平进而推进环境保护事业发展的重要手段。

肖文八等(1999)认为:首先,政府是"环境产品"(属于一项公共产品)的主要投资方和管理者,当然有权委派政府审计机构对其审计;其次,政府审计可借用国家力量,更具有权威性;再次,由于受到传统计划经济的影响,"官厅审计"在我国传统审计业务中一直占据主导地位,是路径依赖的必然选择。

环境审计的目标是促进环境管理系统的积极有效运行,控制社会经济活动的环境影响,促进可持续发展目标的实现。同时,依照我国现行的审计体系,政府环境审计负有监督和指导民间环境审计和内部环境审计的责任,更何况我国环保资金绝大部分来源于国家投入,重点用于公益性的环境项目建设,而且从审计的权威性和审计主体的力量构成上说,政府审计有足够的能力吸纳大量技术人才参与实施环境审计,因此大多数人一直认为政府审计机关是环境审计的主要执行者,它通过审查环保法律、法规的制定和执行情况,提高了完善环境政策

的科学性和可行性;通过审查环保规划、环保资金,确保经济效益、社会效益和生态效益的统一;通过审查企业环境报告和经济活动的环境影响,监督控制着企业社会环境责任的履行情况。[①]

李永臣(2006)提出,应该从公共受托环境责任来看政府部门在环境管理体系中的职责,进而明确政府审计机关在环境管理体系中的角色定位。自然生态环境的公共物品属性以及外部不经济性等特性决定它需要公共利益团体的共同代表对其实施管理;决定了解决环境问题的出路需要一个强有力的权威机构统一协调、规划和控制,能够实现这一管理功能的机构只有政府系统。因此,政府环境责任主要体现在其研究制定国家的环境管理的方针、政策;环境发展规划责任;环境法规制定;以及协调各方环境利益,筹措、预算、使用监督环保资金等。[②]

政府部门要对这 3 个方面进行分析,首先,审计部门须和司法部门、环境部门结合,共同向全国人民代表大会提议制定环境审计方面的法律、法规,确保审计人员的环境审计有法可依,这是前提;其次,审计部门和环境监管部门要根据国际环境评价标准,结合我国的具体国情制定环境审计标准,为审计人员的审计提供执行准则,这是基础;最后,政府部门在制定对违规企业的惩治措施的同时,要提供一定的奖励机制,在思想上和行为上给企业及事业单位以良性诱导,这是有力补充。这样才能真正做到从"警察"到"法官"的角色转变,才能保证政府环境审计的高效率和可靠性。[③]

在实务中,1998 年国务院在批准审计署的机构改革方案中强化了环境审计的职能,第一次将环境审计职能明确赋予审计机关。审计署专门设立环境审计机构——农业与资源环境保护审计司。这极大地肯定了政府审计机关在环境管理体系中的地位和作用。无论是制定环境审计法律、法规,排污收费制度改革,还是积极实施绿色审计,都是以政府部门为主体进行的,政府审计机关又从工作指南、审计依据等方面规范和指导着社会审计和内部审计实施环境审计工作,因此政府审计在环境审计中起着主导作用。在环境审计过程中,只要我们充分发挥政府审计机关的主导作用,坚持以"政府审计为主线",以"社会审计"和"内部审计"为支线,从上到下构筑起一个强大的"审计网络",以"绿色审计"为环境审计的最终目标,经济发展和环境保护的矛盾一定能顺利解决。[④]

总体而言,无论是在理论还是实务方面,比较一致的观点是政府审计主导着环境审计,而环境审计在环境管理体系中又具有不可取代的检查监督作用,因此,可以说在环境管理体系中,政府审计机关起着主要的监督作用。另外,它还能帮助制定和完善环境法规和政策等。

① 李雪,詹原瑞. 我国环境审计基本问题的研究[J]. 北方交通大学学报,2003(4):48-51.
② 李永臣. 环境审计理论与实务研究[M]. 北京:化学工业出版社,2006.
③ 郭坤. 环境审计中的政府责任[J]. 财会研究,2008(3):68-69.
④ 李胜. 政府审计在环境审计中的主导作用[J]. 经济研究导刊,2009(20):124-125.

对于政府审计机关是否能发挥有效的检查监督作用,我们认为政府审计机关与环境管理体系中的其他部门如国家环保机构身份相同,它们的行政关系都隶属于政府,在环境管理体系中这样的平级关系很难使审计机关发挥应有的检查监督作用;政府审计机关与国有企业很难从产权主体的角度划清界线,并且作为规则的制定者(如审计标准等)、审计业务的执行者、审计结果的监督者,具有更多重身份介入环境审计事项,很难保证审计结果的公允、公开和公正,更难免不出现委托代理链条中的合谋,政府审计机关无法保证身份的独立。

第二节 政府环境审计的重点

一、国外政府环境审计的重点

(一) 美国

美国国家审计总署是美国最高国家审计机关,其早在 20 世纪 60 年代就开展了环境审计,如 1969 年就对水污染控制项目进行了审计。但真正建立环境审计机构是在 1978 年。美国国家审计总署设立自然资源利用与环境保护司,内设环境资金审计处和环境绩效审计处。审计监督的对象是联邦政府部门,目的是为国会提供依据,促进有关部门改善管理,提高效率,更好地为社会服务。美国政府审计的范围是非常广泛的,除中央情报局和总统办公室以外的联邦政府各部门及其所属企事业单位和公共开支有关的事项均属审计的范围。美国政府环境审计的类型包括财务、合规性和绩效审计 3 种。美国民众法制意识较强,会计的真实性和合法性遵守情况较好,此方面的审计可以委托社会中介机构,所以,美国审计总署早在 20 世纪 70 年代就把审计范围从财务审计扩展到经济性、效果性、效率性审计。

具体而言,美国国家环境审计的重点包括以下 5 个方面:

(1) 评估联邦土地开发经营项目的成本和效益,分析项目运作的合法性。其主要内容包括:一是评估联邦土地经营管理部门开发经营项目是否能够维持生态平衡,有无掠夺性开发利用自然资源的问题;二是评估太平洋西北部经济开发项目管理情况,14 亿美元开发资金使用是否有效;三是评估森林管理部门履行政策、防止森林火灾、降低损失的情况;四是分析联邦部门对佛罗里达州沼泽地开发政策和管理情况;五是检查评估联邦森林管理部门与土地管理部门工作的协调配合性;六是评估联邦 50 亿美元物资储备管理情况;七是评估联邦森林管理部门森林保护费征收、使用和管理情况;八是分析联邦土地管理部门成本开支和公共资源销售情况。

原因:联邦政府有丰富的自然资源,其中,许多是联邦所有或由公共使用,但这些资源是有限和可耗尽的。美国联邦政府有拥有 650 万英亩土地，占全国土地面积约 30％，同时拥有 30 亿英亩沿海大陆架。这些土地部分属于经营用地，如石油和天然气开发、种植经济林等；部分属于非经营性用地，如鱼类和野生动植物栖息的海域、地域、荒地等。在满足未来子孙后代需要的同时，又满足现代生产和消耗，这是一个严峻的挑战。1999 年，这些土地和资源的开发经营创造大约 60 亿美元联邦财政收入，保证这些收入有效地回报于社会就成为一个重要任务。

（2）评估美国能源与环境政策对保证能源来源、满足市场需求的影响。主要内容包括：一是评估联邦政府对水力发电和能源市场控制政策的效果；二是评价和分析有关能源技术和环境与安全方面的规定；三是评价生态环境要求对企业成本与运营及设施的影响，同时对核能、煤炭、水电以及其他重复使用的能源系统的影响。

原因：美国是一个需要大量能源的国家，能源的生产与消费之间存在着复杂的关系，它影响经济与环境，在建立和保持美国人民高质量生活方面起着重要作用。美国正在协调能源、政策与环境和经济发展目标之间的关系，面对 21 世纪的挑战，重新构造电力工业，依照国会《清洁空气法案》的规定，调整国内和全球能源市场。这就提出一个问题：美国现在的能源，如核电和煤炭未来将发挥什么样的作用？

（3）评估联邦污染治理项目的投入和效果，改进控制污染措施，完善环保法规。其主要内容包括：一是检查国家环保总局对 1990 年国会关于《清洁空气法案》修正案的执行情况；二是评估当前水污染治理的方法，促进加快改善国家地表水质量；三是评价国家环保总局对 1996 年国会关于《联邦杀虫剂和杀真菌剂及灭鼠剂法案》修正案的贯彻落实情况；四是评估污染控制策略，检查环保项目成本支出情况。

原因：在过去的 30 多年里，美国解决了大量影响生活质量的环境污染问题，为此投入了巨额资金；同时，环境保护成本费用明显呈上升趋势。因此，进一步改善环境质量将面临资金问题的挑战，这就要求各个部门加强管理，降低成本。目前，美国生态环境还存在着许多问题，如空气污染影响人们身体健康，每年释放数百万吨的化学物质；农业大量使用农药，影响食品安全与卫生等。美国国会非常关注这方面的问题，以便进一步完善《清洁水法案》《清洁空气法案》《安全饮用水法案》等，以维护人民健康。

（4）评估对垃圾和核废料管理及处理情况。其主要内容包括：一是分析国家环保总局确定的垃圾清理项目，包括项目确认、补助金分配，以及执行《资金补助法案》和《环境保护与恢复法案》的情况；二是评估国家能源部和国防部及国家环保总局清理垃圾支出，以及保护公众健康，关闭核废料和垃圾处理场的情况；三是评估国家能源部安全存储和综合清理核废料的情况。

原因:如何有效地处理垃圾和有害废物使美国面临着财政和管理两方面的挑战。过去对垃圾的处理是允许将其埋入地下,放置在千百个联邦或私人所有的垃圾场。这些处理方式涉及每个州,并且给环境和人们的健康带来了危害。经过20多年对垃圾的处理后,目前国家环保总局资助的垃圾处理项目还有数百个,另外还有许多垃圾场需要资助扶持。可以预计,这方面的支出会给财政带来沉重的负担。国家能源部每年需支出60亿美元来转移和清理核废料,同时,国防部每年环境保护费用总额40亿美元,其中20亿用于处理垃圾。此外,清理国有核废料、废气军用品和垃圾场,总计联邦政府需要支出大约3 000亿美元,且私营企业也需要支出数千亿美元。而在这些工作完成后,将来的有害垃圾处理仍然是个严重的问题,并且要求更有效地使用资金,保护环境,维护公众利益。现在的问题给联邦投资带来较大的风险,使之很难避免资金浪费、欺骗滥用和管理不当等问题。所以,现在的问题就是:如何向垃圾处理厂合理分配联邦补助金?如何监控项目承包者有效使用联邦资金……

(5)面对全球化和国际化环境问题,评估美国采取国际协调策略的情况。其审计内容主要包括:一是分析全球性环境生态问题,评价履行协议给美国带来的影响;二是分析全球气温变化趋势和美国相应采取的政策。

原因:目前,环境污染已成为全球化的问题,如动植物栖息地被破坏、气温变暖、滥伐森林等已成为复杂的国际性问题。在过去的20多年里,美国对环境和全球自然生态问题有了深刻认识,并且与其他国家签署了170多个关于环境保护方面的协议。美国担心如果其他国家不履行义务,仅自己坚持履行协议的话,那将可能损害国内经济,并削弱美国在国际市场上的竞争力。在国际上,取得一些环境保护方面的成果并非易事,因为各个国家的工业化程度,技术能力和自然资源不同,很难协调各国共同实现一个目标。保证签约方履行义务是一个重要的问题。不仅各国难于达成一致的意见,而且监督各方履行协议的机制尚不健全。例如,关于控制二氧化碳和温室气体的排放量问题。这是一个重要的协议,如果签约方继续大量排放二氧化碳等废气将使地球温度升高,未来10年将在更大的范围内产生严重后果。例如,据预测,到2100年地球表面平均气温将上升3度,这可能造成严重的后果。1997年,美国和其他发达国家同意严格履行有关国际协议,限制二氧化碳等温室气体的排放量。同年,美国投资数十亿美元,减少排放温室气体。[①]

(二)德国

德国的政府审计机构包括联邦审计院和各州的审计院,这两者之间具有很强的独立性,没有隶属关系。德国联邦审计院在1992年成立环境审计处,针对联邦政策各部门分工的不同,设置了6个局13个处负责有关环境审计任务。联

---

① 张东华.美国国家环境审计[J].审计理论与实践,2001(5):51-52.

邦审计院负责对联邦预算环保资金使用情况进行审计监督,以确保资金合规有效地使用;州审计院主要对本级预算安排环境资金使用情况进行审计。

德国的环境审计按内容划分为合规性审计、经济效益性审计与咨询服务 3 种。目前德国政府环境审计的重点已经由合规性审计转向经济效益性审计。(关于德国政府环境审计的具体情况见第七章第一节)

(三) 荷兰

荷兰审计法院是独立的国家最高机关,与议会上院和下院、政府和廉政委员会三个机构并列。它主要依据环境法、会计法实施环境审计。自 1972 年发布有关环境的《紧急政策文件》起,制定了大量的有关环境方面的法律、政策。1989 年,荷兰政府在 1987 年联合国环境会议宣言《我们共同的未来》的基础上制定了中长期战略计划,即《国家环境政策规划》。同年,荷兰政府制定了环境管理条例。1990 年开始实行中央政府的内部环境管理审计。目前荷兰已发布了第四个国家环境政策规划,为荷兰政府确立了环境保护的目标,这个规划和其他由中央政府和各省或联邦州所制定的法律法规是对政府和公民行为进行调控的基础和准绳,也是荷兰进行环境审计的主要依据。

在政府环境审计类型中,绩效审计是荷兰环境审计的主流。历年环境审计项目统计如下:常规审计 11 个,占总审计项目的 20% 左右;绩效审计 39 个,约占总审计项目的 80%,而且所有的常规审计项目都是在 1996 年以前开展的,1997 年以来几乎都是绩效审计。可见,绩效审计已经成为荷兰环境审计的主流。

在涉及的环境问题方面,荷兰审计院将环境问题作为其绩效审计计划的 6 项主题之一,重点关注的环境问题有包括生物多样性的减少、气候变化、对自然资源的过度开发、对健康的威胁和物理环境的退化等。近年来,审计院围绕上述环境问题开展了多项环境审计。其中,一个重点项目就是对气候变化政策(主要是温室气体排放)的审计。

这是因为,温室效应是一个全球性的环境问题,它最严重的后果是导致海平面的上升。各国政府为减少温室气体的排放,都制定了相应的政策,而荷兰是低于海平面的国家,所以对温室效应更为关注。其所制定的气候变化政策涉及经济事务部、环境部、交通部、农业部、财政部等多个部门。1989 年,《全国环境规划政策》公布后,荷兰即制定了能量节约政策,规定到 2000 年 CO_2 排放要全面削减 3%;1997 年,《京都议定书》签订之后,又规定到 2008 年至 2012 年间,《京都议定书》各签字国的温室气体排放与 1990 年相比要削减 6%,其中包括荷兰在内的欧盟国家要采取各种措施完成 50% 的目标。

1990 年以来,荷兰温室气体的排放仍在以每年约 3% 的速度递增。2000 年,排放的温室气体中 CO_2 占 80%,CH_4 及 N_2O 等其他温室气体约占 20%。针对这种情况,荷兰审计院于 2000 年 12 月至 2001 年 10 月,对 1989 年至 2001 年间的温室气体排放情况进行了审计,目的在于检查温室气体有关政策目标是否明确、可行,有关政策制定与实施效应的信息提供是否充分、可信以及相关政策的协调配合等。审计范围涵盖了工业、能源、交通、农业及个人家庭等温室气体排放政策涉及的主要社会、经济部门。审计院研究分析了各个行业的政策措施,审核了执行气候变化政策所用的一般财政工具,并检查了荷兰依据《京都议定书》的承诺制定的各项政策等。审计涉及的部委包括住房、自然规划和环境部,经济事务部,交通、公共工程和水利管理部,农业、自然环境管理和渔业部以及财政部。[①]

(四) 澳大利亚

澳大利亚的政治体制是议会制,分为联邦、州和地方政府3级。澳大利亚的审计体系是,联邦政府设立审计长公署,审计长由联邦议会任命,审计长向联邦议会负责,保持绝对的独立地位;各州分别设立州审计局,审计局长由州议会任命。联邦政府审计长与州审计局长按照国家与各州相关法律、法规独立行使职权,对国家资金进行审计监督,对国家的重点项目(包括环保项目)进行绩效审计。近年来,围绕环保资金使用效益开展的环保审计内容进一步深化。联邦审计署设有负责环保审计的工作人员,负责重大环保项目的可行性投资方案,负责项目计划的审核,负责各州环保审计工作的统一组织、协调以及相关法律的监督执行。联邦审计署环保审计工作侧重全局性的、指导性的工作。新南威尔士州审计局除完成联邦审计署指定的环保审计项目外,主要是根据州政府的要求完成一部分环保审计项目。关于环境保护的管理和监测,主要是由州环保局承担的[②]。

(五) 英国

英国是地方分权的联邦制国家,其地方审计机关,如地方政府下议院设独立的地方审计委员会负责环境审计工作。这是因为由地方审计委员会实施环境审计比国家审计署实施环境审计更加有利于促进可持续发展。地方政府实施环境审计的最早证据来自大都会政府协会一个名为《面向未来:环境为先》的文件,该文件第一次提出对地方政府的审计要包含环境政策方面的审计。从此,环境审计就成为英国政府审计的重要内容之一。然而,低碳审计的出现更是促进了环境审计的发展,成为环境审计中最重要的部分。

英国环境审计的发展阶段如下所示:

(1) 早在1989年,地球的朋友(Friends of the Earth, Foe)协会在其章程中就拟定了地方政府应实施的环境审计框架。该协会章程认为环境审计是打造绿

---

① 贺桂珍,吕永龙,王晓龙,刘达朱,王本强.荷兰的政府环境审计及其对中国的启示[J].审计研究,2006(1):29-34.

② 潘恒仁,姚国君.澳大利亚环境保护审计培训考察报告[J].当代审计,2001(3).

色地方政府的一项有效措施,并且随后发布了《地方政府环境实务》,从此"环境审计"成为正式的术语。

(2) 英国标准协会(The British Standards Institute)在 1992 年,制定了全球第一个环境管理体系标准 BS7750。随后欧盟于 1993 年发布了环境管理体系标准,即《环境管理和审计体系》(Environment Management and Audit System, EMAS)。EMAS 与国际质量标准 ISO 14001 相似,均包含地方政府提供服务时对环境的直接影响,也包括了服务本身对环境的影响。欧盟为了衡量此体系是否达到既定的实施目标,在 2001 年发布了 EMAS 第三条,要求所有的注册者在 36 个月内,对其环境管理体系至少进行一次审计,并且要求每年公布关于环境报告是否合法。随后,英国政府采纳了欧盟 EMAS 的环境审计指南。

(3) 2003 年英国在《我们未来的能源:创建低碳经济》的白皮书中第一次提出了低碳经济的概念。白皮书把低碳经济定义为:通过更少的自然资源消耗和更少的环境污染,获得更多的经济产出,是创造更高的生活标准和更好的生活质量的途径和机会,也为发展、应用和输出先进技术创造了机会,同时也能创造新的商机和更多的就业机会。

(4) 英国环境审计委员会于 2009 年 12 月 7 日发布了 2008—2009 年工作情况的报告(以下简称报告)。该报告详细阐述了政府针对环保问题、可持续发展问题与气候变化问题采取的低碳措施和执行情况,环境审计委员会对这些问题进行了深入研究,并且提出了相应意见[①]。

二、我国政府环境审计的重点

政府环境审计是政府环境管理活动的一个重要环节,也是政府审计工作的一项重要内容。随着人们对经济社会发展与生态环境关系认识的不断深化,以及公众对良好的生态环境要求的不断提高,我国环境审计理论研究和实践有了一定的发展。对于政府环境审计,一般认为应该包含环境管理部门财政财务收支审计、环境专项资金审计、环境管理系统审计和环境责任审计等内容。政府环境审计是环境审计的一部分,也是经济责任审计应该关注的一项重要内容。[②]

总的说来,我国的政府环境审计目前处于探索阶段。自 1998 年以来,审计署在全国范围组织实施的主要围绕当前国家环境保护的重点开展的环境审计项目主要有:森林生态环境关系认识的不断深化,林业生态建设资金审计调查、46 个重点城市排污费审计、天然林资源保护工程资金审计、退耕还林试点工程资金审计等。各省、自治区、直辖市的审计机关也针对当地环境保护的特点,开展了一些环境审计或调查。通过几年的探索,逐步明确了以下一些问题:

① 王帆.英国低碳审计:回顾、框架、启示[J].经济与管理,2010(11):70-74.
② 牛鸿斌,崔胜辉,赵景柱.政府环境责任审计本质与特征的探讨[J],审计研究,2011(2):29-32.

（1）在审计对象上，以环境保护资金为主。尽管政府环境审计的对象包括环境保护资金、环境政策、政府部门的有关活动等，我国目前的政府环境审计仍是以环境保护资金审计为主。这是因为：

首先，按照我国有关法律的规定，对资金的审计是审计机关的主要职责。而我国环境保护资金的来源，在《国家环境保护"十五"计划》中，政府投资占投资总需求的56％，而企业投资所占的44％中有相当部分来源于国有企业，因此我国环境保护资金的大部分都在审计机关的审计范围内。

其次，法律依据不足。对环境政策、政府部门活动的审计，在宪法和审计法中都没有明确的规定，审计机关只能通过环境保护资金的审计，反映环境政策、政府部门环境管理方面的问题以促进政府加强环境保护。

再次，由于政府部门职责划分的不同，西方国家审计机关开展环境审计时所拥有的一些职责，在我国是属于其他政府部门的，例如，环境管理方面的职能，在我国属于环境保护部门。在目前没有开展与这些部门联合审计的情况下，审计机关的工作权限受到一定限制。

（2）在审计类型上，以财务收支审计为主。尽管在最高审计机关国际组织《从环境视角进行审计活动的指南》这份指导性文件中提到"政府审计的全部内容——财务审计、合规审计和绩效审计也应用于环境审计领域"（最高审计机关国际组织环境审计委员会，2001），但在我国政府环境审计的具体实践中，目前是以财务收支审计为主的。

首先，从法律依据看，对被审计单位财务收支的审计监督，是我国法律赋予审计机关的法定职责和权限，政府环境审计也必然要履行这项职责。而虽然法律对审计机关开展绩效审计作出了一些规定，例如，《中华人民共和国审计法实施条例》第二条就规定"审计是审计机关……监督财政收支、财务收支真实、合法和效益的行为"，但仅是在资金的效益方面作出了规定，而绩效审计所包含的其他很多内容，如对政策制定的评价、对政府环境管理绩效的评价等，没有在法律上予以直接规定。

其次，从我国环境保护的形势看，国家投入的环境保护资金大部分用于加强国家生态环境安全和降低生态环境脆弱度方面，政策、项目，甚至政府部门环境管理的绩效首先取决于资金使用各环节的真实、合法。而目前在这方面还存在一些问题，这几年开展的审计都发现在环境保护资金的管理、拨付、使用等环节上，在资金的管理单位、使用单位中，存在违反国家财经规定及专项资金管理和使用规定的现象，直接影响了有关政策、项目的绩效。例如，在2001年审计署组织的对退耕还林试点工程资金审计中，查出违纪违规问题金额214亿元，占审计资金总额的8.3％。而且，环境保护资金中有很大一部分具有使用的分散性，如退耕还林工程资金中的粮食补助费落实到退耕农户，天然林保护工程资金中的安置费落实到森工企业职工，如果资金使用、管理上出现问题，最基层的个体因为保护环境而付出的成本就得不到补偿,必然影响环境保护事业的发展。所以,必须首先保证环境保护资金管理和使用的真实、合法。

再次,从审计资源看,开展绩效审计需要运用环境管理、环境经济评价领域的一些知识。在目前我国的会计核算在这方面缺乏完整的资料和完善的方法的情况下,对审计人员知识结构的要求更高。国外审计机关满足开展绩效审计所需审计资源的做法主要是审计人员知识结构的多样化和利用外部专家。我国审计机关虽然也努力满足这项需求,但由于体制、经费、时间等因素的限制,目前只是很有限地在某些单项方面能够满足,离全面开展环境绩效审计的要求还有一定距离。

(3) 在审计内容上,受上述审计对象和审计类型的影响,目前我国政府环境审计主要包括对环境保护资金筹集、使用和管理的审计,对环境保护投资项目的审计,对环境保护制度的合理、有效性的审计等内容。其中,后两项内容,是以环境保护资金为载体展开的。[①]

虽然目前我国的政府环境审计还存在诸多问题,财务收支审计仍占主流,但是最近几年,我国已经开始重视绩效审计,环境审计实践从以财务收支审计为主逐步向绩效审计转变,如对浙江省"811"环境污染整治行动建设资金、"三河三湖""环渤海"、长江上游水污染防治及资金管理使用情况、"两江一湖"流域水污染防治情况和重点企业节能减排情况等审计调查,逐步在关注资金使用真实、合法和效益的基础上向关注体制、机制、政策等绩效转变。自 2008 年起,国家审计署率先在省长任期经济责任审计中将节能减排和环境保护等事关各省经济社会发展全局的事项作为重要内容,在中国工商银行、中国建设银行和中信银行等金融机构审计和专项审计调查中将金融机构贯彻落实国家宏观调控、环境保护政策以及履行环保社会责任的情况作为重要的审计(调查)内容,环境审计内容和领域得到不断拓展。[②]

第三节　政府审计机关开展环境审计的形式

一、政府环境审计形式的划分

(一) 按内容不同,对政府环境审计形式的划分

按内容不同,政府环境审计形式可作如下划分:

(1) 常规审计(财务审计、绩效审计和合规审计)需要广泛了解被审计单位

---

① 刘达朱,王本强,陈基湘. 政府环境审计的现状、发展趋势和技术方法[J]. 审计研究,2002(6):17-23.

② 杨丽萍. 改进和加强政府环境审计的思考. 环境污染与防治[J]. 2010,32(2):92-94.

在环境保护领域的预算执行和非预算资金管理的情况,以及是否遵守国家的相关法律、法规,由于涉及范围广泛,需要投人大量的人力、物力,故常常进行抽样审计,这时审计人员应对审计风险进行评价。

(2) 项目审计,主要是对国家的大中型环境保护投资或研究项目的审计,审计人员需要对项目的实施情况及效果进行分析和评价。

(3) 联合审计,是对某个特定的审计问题,通过与他国或本国地方审计机关同期或合作审计。通过与他国比较或涉及同一问题有关的多个部门比较,对实施情况或绩效获得总体了解。

(4) 跟踪审计,是对于某项环境审计报告中的审计意见和建议的采纳落实情况,或被审计单位采取改进措施的情况,继续进行审计,以获得更多、更充分的信息,促进问题的解决。

(5) 政策审计,是对行政机关的某项环保政策和措施进行审计,以考虑该措施的有效性。政策审计之后,如果觉得有问题,通常会伴随着重点审计和项目审计。

(6) 随着环境审计的不断发展,还出现了一种新形式,即环境咨询服务。环境咨询服务是在管理部门作出决策前,由审计主管部门予以调查研究并给予建议。

(二) 按分类标准不同,对政府审计形式的划分

按分类标准不同,政府环境审计形式可作如下划分:

(1) 按照组织方式的不同,可分为单独审计和联合审计。

(2) 按照介入时间的先后,可分为事前审计、事中审计以及事后审计。合规性审计和绩效审计都是事后审计,而环境咨询是事前审计;如果是在项目实施过程中进行的审计,项目审计即为事中审计;如果在项目完成后进行的审计,即为事后审计。

(3) 按照审计活动的连续性,可分为跟踪审计和对结果进行评价的审计。对结果进行评价的审计包括常规审计和政策审计,通过对被审计单位的环保资金使用以及政府环保政策的实行情况等结果进行审计。

(三) 按模式不同对政府环境审计形式的划分

各审计主体实施环境审计时,针对不同类型的环境问题应选择不同的审计模式。

(1) 以环境信息为导向的审计模式。它是以被审计单位记录的环境信息为线索,追踪到相应的业务活动,进而对环境保护的合规性和绩效性进行评价的一种模式,这种模式要求企业有比较完善的环境会计信息系统,真实全面的计量、确认和披露环境会计信息。

(2) 以问题为导向的审计模式。它是以被审计单位暴露的问题为线索,通过调查、收集证据,分析问题的成因,帮助企业制定已识别缺陷弥补性计划的一种审计模式,当企业在环境方面发生重大事故或暴露出突出问题时比较适用该审计模式。

（3）以项目为导向的审计模式。它是以被审计单位涉及环境问题的重大项目为线索，对项目实施的过程和结果进行检查分析，找出导致项目活动发生偏差的因素，并帮助纠正错误的一种审计模式。该审计模式能尽早地发现经济活动对环境的影响，及时纠正偏差的因素，最大限度地降低经济活动对环境的影响。它不同于一般的事后审计，而是对涉及环境问题的项目全过程进行审计，避免了环境问题"先污染，后治理"的老路子。

二、不同国家和组织开展政府环境审计的形式

（一）最高审计机关国际组织

2001年年初，最高审计机关国际组织（INTOSAI）环境审计委员会向各成员国印发了《从环境视角进行审计活动的指南》（以下简称《指南》）。《指南》主要包括INTOSAI审计准则在环境审计中的运用、环境审计实务与方法以及建立环境审计技术标准的框架等内容。《指南》为各国最高审计机关开展环境审计提供了指导，促进各国最高审计机关更好履行环境审计义务。《指南》中指出："政府审计的全部内容——财务审计、合规性审计和绩效审计也应用于环境审计领域"。

（二）荷兰

荷兰审计法院最常使用的是项目审计和政策审计。由于审计法院在环境审计领域的重要任务之一是审计若干重大环保投资项目的合规性和效率、效果性，故项目审计运用频率很高。政策审计是针对某项政策和措施的有效性进行研究，而且往往是项目审计的先导，故政策审计也是一种经常使用的审计方式。

随着环境审计的重点从常规审计转向绩效审计，联合审计与跟踪审计开始受到越来越多的重视，因为联合审计便于在更广泛的范围内考虑经济效益问题，而跟踪审计便于监督被审计单位是否采取有效措施，从而使有关问题得到更彻底的解决。[①]

（三）美国

美国政府环境审计的类型包括财务审计、合规性审计和绩效审计3种。美国民众法制意识较强，会计的真实性和合法性遵守情况较好，此方面的审计可以委托社会中介机构。所以，美国审计总署早在20世纪70年代就把审计范围从财务审计扩展到经济性、效果性、效率性审计。

（四）德国

德国政府环境审计的类型包括合规性审计、绩效审计和咨询服务3种，目前

---

① 　贺桂珍，吕永龙，王晓龙，等. 荷兰的政府环境审计及其对中国的启示[J]. 审计研究，2006(1)：29-34.

绩效审计成为审计的主流。德国环境审计发展的另一趋势是咨询业务的比重越来越高。因为合规性审计和绩效审计都是事后审计,而环境咨询是事前审计,由审计院予以调查研究并提出建议,可见德国环境审计具有对有关部门作出决策的事先建议权。德国联邦审计院独立于立法、司法、行政三权之外,独立性非常强,对于联邦、联邦州政府在环境保护上的措施和进行的投资,对于公、私机构利用政府预算实施的项目,联邦审计院和联邦州审计院都有权进行审计,仅1991—1998年就审计了 102 个环保项目。

(五) 中国

我国环境审计形式有财务收支审计、绩效审计以及合规性审计,但缺乏对绩效的全面评价,在审计中都是发现一些在资金使用过程中存在的违规、违纪问题,同时,对环境专项资金管理使用中存在的典型性、代表性问题进行审计。此外,在近几年开展的环境专项资金审计中,在审计方案的制定、审计实施和审计报告等环节上都尽可能地将一些绩效评价的内容纳入考虑范围,但不够全面。例如,对天然林保护资金、退耕还林试点工程资金的审计,通过检查林木成活率、树种比例等指标,对工程完成质量进行了检查;在排污费审计中,通过对排污费征收、管理环节的检查分析,提出完善排污费政策的建议。

(六) 其他国家

其他国家的环境审计,基本包括财务、合规性和绩效审计 3 个方面,但在细节上稍有不同。如澳大利亚国家审计署有充分的权限对联邦被审计单位的工作进行合规和绩效审计,但不允许对政府政策的合理性进行评价。英国国家审计署主审计长对于他可以选择调查的对象拥有完全的自主权,但受 1983 年《国家审计法》的限制,不能"对政策目的的价值提出质询",因为这些事项应该由政府决定,但对政策执行情况的绩效分析仍有很大余地。韩国的审计监察院同时具有审计和监察职能,根据韩国宪法所赋予的权力,在环境监察和环境审计中发挥重要作用。

三、总结及建议

(1) 通过对世界其他国家和 INTOSAI 环境审计的研究,可见国外政府环境审计的一些特点:其一是在国外特别是西方发达国家的环境审计很早就已开展,环境审计的理论和实践已有了一定的基础;其二是环境审计形式基本包括环境财务审计、合规审计和绩效审计 3 种形式,环境绩效审计是运用最广泛的形式;其三是环境审计的权限比较明确,而且环境绩效审计的内容是重点审计的部分,环境绩效审计已深入到对环境管理体系和环境规划的影响评价方面,而且在有的国家,环境审计事先权力的影响逐步扩大,在国家制定有关环保法律之前,审计机关有事前审计和提供专家建议的权利;其四是环境审计在整个国家审计中占比较大,环境审计是国家审计中的一项重要任务,发挥着非常重要的作用。其五是环境审计运用较多的经济评价的方法,更多借助环境专家的力量;其六是环境审计的国际合作已成功展开,特别是在欧盟等区域组织内;其七是在环境审计中环境咨询的分量越来越重。①

(2) 就传统审计在环境领域的拓展而言,西方国家和我国的相关研究都涵盖了财务审计、合规性审计和绩效审计这3种类型。尽管不同研究主体在阐述各种环境审计类型时采取的表述方式不尽相同,但所指的含义大体相近。但我国环境审计形式拘泥于财务审计。目前,由于环保资金的真实性、合法性尚存在很多问题,审计的重点仍以财务收支的真实、合法性为主。另外,由于人员素质、经费限制等方面的原因,我国只是部分地开展了环保项目的绩效审计试点,离全面开展环境绩效审计的要求还有一定距离。同时,我国政府环境审计尚未对政府的环境政策和绩效进行审计。政府对企业进行的与环境有关的审计主要是合规性审计,即主要鉴证企业的经济活动是否遵守现有的环境保护法律。②

(3) 目前,环境审计开展较早的国家已积极采用专家联合审计的模式,例如,加拿大审计长公署的环境审计工作组是由注册会计师、渔业科学家、环境工程师和取得化学或数学博士学位的专业人员组成。目前,我国环境审计由于侧重于财务收支审计,因此,由专家开展的联合审计不是很多,但在遇到比较专业的问题时也采取了与环境部门联合审计的方式。但目前的联合审计还不能算真正意义上的联合审计,因为在审计过程中并不一定有专家参与。有的只是听取专家的意见,由审计人员实施具体工作,专家不是审计组的正式组成人员;有的虽然专家参与了审计,也在审计材料中签署了自己的名字,但最终审计报告由审计人员起草,审计报告由审计人员负责,专家不负任何责任。在法制日益完善的今天,若不对联合审计的方式予以规范,使之制度化、规范化乃至法制化,联合审计的生命力将会越来越弱。③

(4) 根据以上内容,提出几点建议:

第一,我国应建立健全有关环境保护方面的法律、法规,使环境审计有法可依,有法能依,不断完善有关环保资金以及环保项目的使用规范,同时加强监督管理,使其合法化,加强其数据的可靠性、真实性。

第二,我国应拓展政府环境审计的范围,加大其他审计形式的开展,尤其要加大绩效审计,有效促进环境政策的实施;同时,政府应在环境政策实施前对其进行评估,并给予企业适当有效的咨询。

第三,加大联合审计的力度,一方面需要政府其他部门的大力配合,尤其是环境生态方面的专家的配合,提高环境审计的工作效率;另一方面,我们可以加

---

① 姜毅.我国国家环境审计的基本构想[D].青岛:中国海洋大学,2003:57-59.

② 王忖.公共财政下的政府环境审计研究[D].保定:河北大学,2007.

③ 李玮,许华,胥佚萱.西方与中国环境审计实施的现状分析[J].审计月刊,2004(3):24-25.

强与国外政府的合作,通过学术交流、协助审计等方式互相学习,不断提高我国环境审计的水平。

第四,不断提高政府审计人员的素质,专门培养具有环境知识和审计技能的综合性人才。

第四节　政府审计机关开展环境审计的程序与方法

一、政府审计机关开展环境审计的程序

环境审计程序是审计人员对审计项目从开始到结束的整个过程中所采取的行动和步骤。它有广义和狭义两种涵义。狭义的环境审计程序是指审计人员在实施环境审计的具体工作中所采用的审计方法和审查内容的综合,包括准备阶段、实施阶段、报告阶段、后续阶段。广义的环境审计程序是指审计工作从开始到结束的整个过程,包括从制定审计项目计划开始到建立审计档案并完成后续审计为止的全过程。

(一) 国外政府环境审计的程序

从国际上看,荷兰审计法院的审计程序包括以下几个阶段:第一阶段是根据审计战略选择项目,进行审计项目的准备工作,在此基础上形成预调查报告;第二阶段是实施审计,报告审计发现并与被审计机构进行交流;第三阶段是报告阶段,起草审计报告后先与上司交换意见,然后公布审计报告。经过一段时间的整改,进行审计追踪,这主要通过自我评估和效果评估的方式进行。[①]

在澳大利亚,维多利亚州审计署将其开展的环境审计归于效益审计范畴。项目立项时,审计署的战略计划部门会与环保部门进行正式和非正式的沟通,根据沟通结果和社会关注的焦点拟定环境审计项目,审计长最终决定审计哪些项目。州审计署从事环境审计的人员有5～6人,此外也外聘专家从事环境审计并向其支付费用。

州审计署按照澳大利亚效益审计标准开展环境审计的做法主要包括:第一,预备研究。在具体项目实施以前,审计人员首先进行预备研究以确定是否进行效益审计。在有些情况下,进行效益审计是由其他因素决定的,如议会要求等,如此则不再进行预备研究。预备研究通常采取桌面调查(互联网等)、文献研究和与被审计单位适当级别的管理人员面谈等方式。在确定实施效益审计的项目后进入编制审计计划阶段。第二,审计计划。审计计划包含了解被审计单位的基本情况(包括经营目标、经营状况、管理程序以及外部经营环境等);确定审计

---

① 贺桂珍,吕永龙,王晓龙,等.荷兰的政府环境审计及其对中国的启示[J].审计研究,2006(1):29-34.

目标和审计范围;计划聘用外部专家;制定具体审计标准;评估潜在的审计影响;制定审计实施的具体时间安排和经费预算。此外,还制定风险管理方案(如何降低审计风险)和与客户的沟通方案等。第三,现场审计。审计人员通常使用检查文件、外聘专家、调查、数据分析、实地观察等方法收集审计证据。第四,审计报告。报告的内容包括收集的证据、对证据进行的分析、评价公共部门效益的标准、审计结论和审计建议等。效益审计报告直接报给议会、在审计署网站公布或对外出售。第五,后续工作。在提交审计报告 2 年后,审计人员检查被审计单位根据审计建议采取了哪些措施。①

(二) 我国学者有关政府环境审计程序的研究

从政府审计机关开展环境审计的具体程序角度,陈正兴(2001)认为环境审计程序包括准备阶段、实施阶段、报告阶段、后续阶段。

环境审计的准备阶段是指从确定环境审计项目起到具体实施审计工作之前的过程,主要包括以下工作:①确定审计任务,进行审计立项;②指定审计人员,明确职责分工;③充分了解情况,初步评价披审计单位的内部控制制度,掌握审计依据;④下达审计通知书;⑤编制环境审计工作方案。

环境审计的实施阶段是指审计人员进驻被审计单位进行实地审查,到查清事实,取得充分有效的审计证据的过程。该阶段的工作内容具体且复杂、工作量大,是审计工作程序中的关键性阶段。其主要工作是按照审计方案的要求,采用各种不同的审计方法,对被审计单位内部控制制度的建立及其遵守情况进行检查,对环境报告项目的数据实施重点、细致的检查,取得审计证据。审计实施阶段的内容有:①进驻被审计单位;②对内部控制制度进行符合性测试及评价;③实施实质性的测试;④编写审计工作底稿。

环境审计的报告阶段是指在环境审计的实施工作结束之后,提出审计报告,作出审计结论和决定并建立审计档案的工作阶段。本阶段主要工作有:分析综合审计证据,起草审计报告,征求意见修改报告,审定和报送审计报告,作出审计结论和处理决定,总结、整理、归档等。审计报告是审计工作的最终成果,是审计人员完成审计任务、报告审计情况、形成审计意见的书面文件。在审计报告中,要写清审计的内容和范围;审计的步骤和方法;查出的问题和依据;问题的性质及发生的原因;对被审项目进行评价;提出审计意见和改进建议等。国家审计机关对被审计单位进行审查,如果发现存在严重违法乱纪问题,要作出审计结论和处理决定,责成被审计单位遵照执行,并通知环保、财政、税务、银行等有关部门协助执行。对违反国家财经法纪情节严重的有关责任人员,审计机关应向其领导部门提出给予纪律处分的建议,或移交有关部门视情节轻重分别处理。对于触犯刑律的有关责任人员,则应提请司法部门依法惩处。最后,全面总结审计工

---

① 孙贤荣.中国政府环境审计若干问题研究[D].济南:山东大学,2008.

作,将审计文件整理归档。

后续阶段包括复审和后续审计。复审是被审计单位对审计机构的审计结论提出异议,审计机关对被审计单位有关事项进行的重新审查。后续审计是审计机构就被审计单位存在的问题提出处理意见和改进措施后,对其执行情况进行的审查。开罗会议大部分代表认为对环境审计作出审计报告后应实施后续审计,并就以前审计中发表的意见和建议进行追踪审计。[①]

姜毅(2003)认为,环境审计的基本程序可分为审计项目计划、审计前期准备、现场审计、完成审计报告及后工作等部分:

第一,审计项目计划。审计项目计划是国家审计特有的程序。在编制环境审计项目计划时,主要根据国家环境保护规划和社会关注的环境保护热点问题等确定当年的审计项目。

第二,审计前期准备。这一阶段主要是组织审计小组、审前调查、编写审计方案。环境审计小组的组织需特别注意对审计人员的培训。环境审计的审前调查应该侧重以下方面:环境保护项目的背景和实施情况;地区和行业环境保护基本情况;各地的主要环境问题和当地政府的环境保护计划;其他政府部门所进行的对审计可能有帮助的工作等,可以采取实地调查、查阅资料、学习文件、与有关人员交流等多种方法进行。环境审计方案一般可分为审计机关组织的审计方案和审计小组的审计方案。审计机关组织的环境审计方案是实施审计的基本依据,包括审计目的、审计范围、审计对象、审计内容、审计重点、审计的组织和方法、具体要求等内容。审计小组的审计方案是对操作的具体、详细的安排。

第三,现场审计。现场审计包括符合性测试和实质性测试两个阶段。现场审计主要是搜集审计数据和材料,分析问题,找出原因,寻找对策以完成审计任务。为搜集到全面、真实的审计数据和材料,可能需要深入到最基层。为确保真实性和客观性,应尽量不从与项目有直接关系的人或部门获取信息。审计机关组织的跨地区的环境审计,在实施过程中,必须保证强有力的协调。对问题的认定,不仅依赖资金量的大小,更重要的是考虑对环境的影响程度和对当地长远发展的影响,注意项目、行为的实际影响和潜在影响在成本、效益上的体现。

第四,完成审计报告及后续工作。环境审计报告需突出以下内容:对采用的计量方法的说明,对无法直接用数据支持的观点可采用定性描述和相关方面数据侧面支持的方法。另外,在完成审计报告后,审计人员可根据情况安排跟踪审计。环境审计的跟踪审计应集中于对环境保护项目完成后效果的评价方面。[②]

崔献华(2007)综合阐述了环境审计的程序和各阶段的方法。他认为,环境审计是一个有内在逻辑关系的工作过程,须按一定的顺序进行,一般来说,其程序和

---

① 陈正兴. 环境审计[M]. 北京:中国审计出版社,2001:227-250.
② 姜毅. 我国国家环境审计的基本构想[D]. 青岛:中国海洋大学,2003:57-59.

一般审计程序没有大的不同,也包括审计计划阶段、审计实施阶段和审计报告阶段。

环境审计计划阶段是从确定环境审计项目起到具体实施审计工作之前的过程。一般来说审计计划工作包括:①确定审计目的;②对被审计情况进行了解,对有关事项做初步评价;③编制环境审计工作方案。

环境审计实施阶段是审计人员进驻被审计单位进行实地审查、查清事实,取得充分有效的审计证据的过程。一般说来,实施阶段的工作包括:①环境内部控制系统的测试和评价;②实施实质性测试程序。

环境审计报告阶段的主要工作包括:①分析综合审计证据;②起草环境审计报告;③征求意见,修改报告;④后续审计。[①]

邵丽(2010)认为,政府环境审计程序包括3个阶段,并指出各阶段工作重点:

一是编制审计方案。在本阶段,第一,要深入调查了解被审计单位的基本情况,以便把握审计方向。第二,审计人员应当保持应有的职业谨慎,充分运用专业判断,对被审计单位内部控制制度进行调查、测试和评价,在此基础上,确定审计范围、程序和方法。第三,审计组组长应组织全体组员共同讨论,增强审计分工的科学性。第四,审计机关在确定审计组时,审计组成员应该具有较强的政治素质和业务素质,能够胜任审计任务;应选拔专业技能较高、职业道德过硬、组织才能较强的人员担任审计组组长。

二是审计取证。在本阶段,第一,对被审计单位提供的相关资料进行登记,防止丢失时因责任不清而造成审计风险。第二,在取证过程中对重点疑难问题要追踪审查,以防止疏漏重要的证据,并对所掌握的资料和证据进行归类汇集和综合分析,客观公正地评价所查的项目和问题。第三,在取证过程中要突出审计证据的客观性、充分性、相关性和合法性。第四,利用先进的信息技术和手段获取充分的审计证据。

三是编写审计报告。在本阶段,第一,审计组集体讨论。第二,建立审计报告三级复核制度,即审计组组长、部门负责人、专职人员三级复核制,把关审计的质量。第三,审计报告形成后,按照规定及时征求被审计单位意见。对于被审计单位提出的异议,应该给予充分的重视,进一步查证核实,查深查透,不当之处及时加以纠正。第四,出具审计意见书和作出审计决定。[②]

二、政府审计机关开展环境审计的方法

(一) 政府环境审计方法的定义、特殊性与选用原则

环境审计方法是指审计人员检查和分析环境审计对象,收集环境审计证据,

---

① 崔献华. 我国环境审计研究[D]. 大连:东北财经大学,2007:25-29.

② 邵丽. 政府环境审计风险成因及应对[J]. 财会通讯(综合),2010(1):92.

对照环境审计依据,据以编写环境审计报告,作出环境审计结论,提出审计意见而采取的各种手段的总称。[①]

环境审计要求在开展审计时,必须充分考虑可持续发展的 3 个因素,即经济增长、环境保护和社会进步。但环境审计中包含很多不能量化的事项,因此环境审计要求运用有别于传统审计的方法和技术。[②] 环境审计方法的特殊性在于:环境审计中对环境专业技术要求比较高,这些专业不仅限于环境方面,还包括社会学、统计学、经济学、工程学等各个门类。因此,环境审计方法的技术综合性强,只有懂审计技术和社会学、经济学、统计学、工程学、法学、数学、化学、医学和环境学的人,才能获取环境中所含的绝大部分数据信息,从而较精确地衡量被审事项的环境成本和效益。因此,除运用一般常规审计方法外,还要扩大现有审计技术方法的覆盖面,引入相关学科的方法。

陈正兴(2001)认为,在选用审计方法时必须遵循以下原则:与环境审计的特定目的相适应;与被审计单位的具体情况相适应;与审计主体的性质和任务相适应。环境审计是审计的一种类型,常规的财政财务审计、绩效审计和合规审计方法同样适用于环境审计,只是这些审计方法要与环境问题的产生和治理紧密联系起来。

(二) 一般审计方法在政府环境审计中的应用

陈建(2008)认为,环境审计的本质还是审计,所以一般的审计方法对环境审计仍然适用,如审阅法、面询法、观察法、调查法、分析性复核、函询法、复算法、统计抽样等多种审计方法仍然适用。另外,环境管理系统图法、环境控制调查表法、发展诚实方案、实施检查特权、"红旗"标志法、环境资源价值量化法和目标导向法等都是环境审计的特有方法。他逐一分析了一般审计方法的优缺点。

审阅法是审计人员对有关书面资料的仔细审视和阅读,查明有关资料及其所反映的经济活动是否合法、合理、有效,是否需要采用其他方法进一步审计的一种审计技术,是审计中获取数据资料最基本、最直接也是最有效的方法。其优点是简便易行,在时间地点上具有灵活性;其缺点在于所取得的证据有时不能单独作为审计证据,需要进一步取得其他审计证据来证明。而且这也需要审计人员的专业判断和应有的职业怀疑态度。尤其是在环境审计时,要求审计人员具备广博的环境学知识和丰富的实践经验,才能作出正确的职业判断。

面询法又称访谈法,是审计人员与被审计单位的有关人员进行面对面的交谈,以了解有关情况,收集审计证据的一种方法。访谈大致可以分为两类,即"结构性访谈"和"非结构性访谈"。其优点是使用灵活,适用面广,内容有弹性;缺点在于对面询结果的处理和分析比较复杂,要求由专门的人员进行,易受主观因素

---

① 陈正兴.环境审计[M].北京:中国审计出版社,2001(1):227-250.

② 张艳萍,张庆安.谈完善和加强政府机构环境审计[J].财会月刊,2009(2):79.

影响,一般不能单独使用,最好与其他方法配合使用。

观察法是审计人员对被审计单位的经营场所、实物资产和有关业务活动及内部控制的执行情况等进行实地察看的一种审计技术。开展环境审计时,注重观察,主要是因为通过观察找出可疑的迹象有利于发现事情的真相。其优点是运用方便,通过对工作的直接观察和工作者介绍能使审计人员更多、更深刻地了解工作要求,所观察到的情境是当时的实际情况;其缺点是观察可能发现不了里面隐含的问题,观察结果的质量在很大程度上依赖于观察者的能力和所接受的培训,尤其是环境审计项目,一般的审计人员必须经过专业训练和培训才能对所观察的项目有所了解和认识,才能发现问题。

分析性复核是指审计人员对被审计单位有关财政收支、经济指标进行研究分析,并对异常变动和异常项目予以重点关注的审计方法。其优点在于适用范围广、效率高;其缺点是有一定的难度,需要审计人员有较高的素质、较强的职业判断能力和一定的分析问题的能力。

环境内部控制调查表法是采用特定的形式从特定群体中系统的获取有关环境信息的方法。环境内部控制调查表法获取信息的方式是非交互式的,通常采用问卷的形式,一次性获取特定信息。除此之外,还可以采用信件、电话、电子邮件、互联网等形式。其优点是问卷易于操作,所收集的数据比较可靠;其缺点在于被调查者可能不愿意或不能够提供所需的信息,问卷设计难度较大。

目标导向法是指对被审计事项事先分析,分解为多个目标、多层目标,然后依照一定的标准,采用一定的审计方法进行审计从而提供审计建议的一种方法。其优点是使审计工作更有计划性和可操作性,提高其工作效率;其缺点在于目标的确定分解有一定的难度。[①]

(三) 环境费用效益分析方法

运用环境费用效益分析方法,首先要界定环境费用、环境效益,这是环境费用效益分析的前提。界定环境费用与效益,使环境损益的外部化转为内在化,是通过经济机制本身有效控制环境污染的核心问题。将企业的环境费用、效益以及环境责任履行情况用财务报告的形式加以反映和揭露,并由执业独立审计人员加以验证,可以加强环境报告信息的决策有用性。其中,环境费用(也称环境成本)是某一会计主体在可持续发展过程中,因进行环境活动而付出或耗用资产的转化形式,可分为虚拟费用和实际费用两种类型。环境效益是指在一定期间内,环境资产给人类带来的已实现的能够用货币计量的效用,包括直接环境效益、间接环境效益和其他环境效益。在利用费用效益分析进行环境经济评价时,由于采用的评价标准不同,因而存在不同的具体方法。其中,通常采用的方法为经济净现值法、经济内部利润率法和效益费用比法3种评价指标。环境费用效

---

① 陈建.费用效益分析法在环境审计中的应用研究[D].沈阳:沈阳理工大学,2008:15-37.

益分析方法具体如图8-1所示。

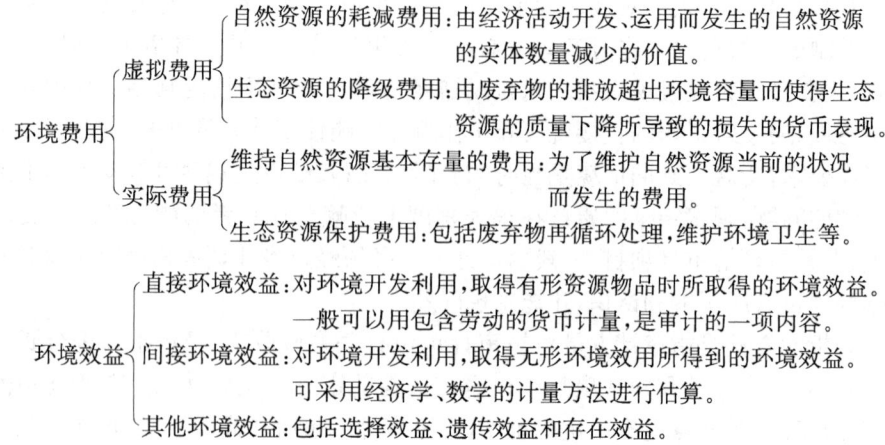

$$环境费用\begin{cases} 虚拟费用\begin{cases} 自然资源的耗减费用：由经济活动开发、运用而发生的自然资源\\ \qquad\qquad\qquad\quad的实体数量减少的价值。\\ 生态资源的降级费用：由废弃物的排放超出环境容量而使得生态\\ \qquad\qquad\qquad\quad资源的质量下降所导致的损失的货币表现。\end{cases}\\ 实际费用\begin{cases} 维持自然资源基本存量的费用：为了维护自然资源当前的状况\\ \qquad\qquad\qquad\qquad而发生的费用。\\ 生态资源保护费用：包括废弃物再循环处理，维护环境卫生等。\end{cases}\end{cases}$$

$$环境效益\begin{cases} 直接环境效益：对环境开发利用，取得有形资源物品时所取得的环境效益。\\ \qquad\qquad\quad一般可以用包含劳动的货币计量，是审计的一项内容。\\ 间接环境效益：对环境开发利用，取得无形环境效用所得到的环境效益。\\ \qquad\qquad\quad可采用经济学、数学的计量方法进行估算。\\ 其他环境效益：包括选择效益、遗传效益和存在效益。\end{cases}$$

图 8-1　环境费用效益分析方法

（四）环境经济评价方法

环境经济评价方法是指审计人员对环境状况、质量和为环境提供服务的经济价值直接进行定量评价的方法。

环境经济评价方法可按不同的方式进行分类，根据对市场数据的依赖程度的高低可分成 3 类：第一类是直接根据市场价值或劳动生产率的市场价值法；第二类是利用替代物的市场价值的替代市场法；第三类是假想市场法，利用人为创造的假想的市场来衡量环境质量变动的价值，其主要代表是调查评价法。[①]

（五）政府环境审计的其他方法

杨忖（2007）认为，与传统经济效益审计不同，对环境项目的效益审计，一方面要评价资金使用上的经济性、效率性和效果性，即在经济上是否存在铺张浪费、挪作他用，在项目建设上是否达到技术和规划要求，确保了工程质量；另一方面要对项目的社会效益、环境效益进行评价，特别是环境效益要重点进行评价。可以采用以下几种评价方法。

1. 对比分析法

（1）与预期目标进行比较。即将该环境项目实际取得的效果与预期目标进行比较分析，以验证目标的实现程度。

（2）与类似项目进行比较。基本思路是当两个或两个以上的单位在生产性质、经营方式、规模及社会影响等方面相似时，它们具有可比性。以其中公认履行受托环境责任较好的单位作为参照物来对比，评价另一单位。

（3）与历史数据进行比较。即审计人员利用环境项目实施后该区域生态环

① 陈正兴.环境审计［M］.北京：中国审计出版社,2001：179-212.

境的统计数据、统计报表和文献资料,与实施前的历史数据或指标进行比较,以反映现在与过去的生态环境改变,验证环保资金的使用效益。

2. 指标评价法

指标评价法是指审计人员通过反映和评估环境项目效益状况的一系列指标,对环保资金的使用效益进行检查和评价的方法。效益审计的难点之一就是评价指标的选定,这一指标不但要比较直观地反映出项目的效益情况,还要得到被审计单位的认可,保证审计结果科学、准确、合理、公证。实践中,科学合理的评价指标体系对绩效评价至关重要。

3. 专家评估法

由于数据缺乏及技术方面的原因,有些项目的效益评价需利用专家的工作,如土地退化治理率,要查清退化面积、退化程度、退化类型,如土壤的风蚀、水蚀、潜在沙漠化还是土壤肥力下降,治理的程度、类型和数量问题。这些问题非专业人士是难以掌握的,须聘请专家对项目的成效进行识别、评判,以提高审计的质量,保质保量地完成审计任务[①]。

耿建新(2006)等主张开展审计调查。从我国审计实践看,审计调查的组织方式灵活,不受常规审计程序的限制,可以应用调查问卷、座谈、政策咨询等各种方式展开;它既可以对财务经济数据的真实性和政策执行情况进行核实,也可以搜集、分析非财务数据,从管理控制的角度入手,对数据产生的内部控制情况进行调查。通过审计调查,可以掌握大量第一手资料,为以后的项目投资做参考。[②]

苏州市审计局课题组(2009)认为,环境审计方法不同于传统审计方法,在环境审计中,可采用以下方法:

一是环境成本效益分析。分析项目建设运行的全部影响,包括间接的、难以估量的影响,能定量的要数量化,不能定量的则加以定性分析。成本费用包括实际费用和自然消耗降解费用,项目效益可从环境生态效益、社会效益、经济效益3方面分析。

二是运用分析比较方法,把项目分析和政府政策财政投入结合起来,评价绩效。通过项目实施前后的环境质量数据变化对比分析,项目计划要求与实际完成数据分析对比,分析项目建成对环境的改善,分析评估项目是否达到计划要求。

三是以审计信息化建设为依托,探索环境信息系统审计方法。以审计信息化为依托,充分研究分析这些信息管理系统,并推进环境审计信息库建设。

四是实地调查取证,倾听民众心声。环境审计从本质上说就是民生审计。

① 杨忖. 公共财政下的政府环境审计研究[D]. 保定:河北大学,2007:36-39.
② 耿建新,肖振东,张宏亮. 城市水资金有效循环过程的保证措施探讨——政府环境审计的作用与实施方式[G]. 中国环境科学学会学术年会优秀论文集,2006:1876.

环境好坏直接关系到人民群众生活质量和身心健康,是人民群众最关心、最直接的利益问题。要深入项目现场,通过实地暗访、群众走访、调查表发放和实地调查了解周边人民群众的想法和意见;对一些污染审计事项要现场取样、取证明。

五是加强环境项目跟踪审计。环境保护、污染治理是一项长期艰巨的任务,是个系统工程,一些项目需要多年连续投入才能见效,加强项目的跟踪审计显得尤其重要。因此,环境审计也是项艰苦而长期的任务,必须加强审计跟踪。①

三、评价

从上述内容来看,对政府审计机关开展环境审计工作的程序和方法的分析较为全面、详尽,但我们认为仍然存在诸多问题,表现在如下方面:

(1)缺乏具体审计准则的指导。审计准则是开展审计工作的指导,目前我国没有制定相应的环境审计准则,在审计实务工作安排中有很大的主观随意性,致使工作不到位。

(2)审计程序和方法没有体现出差异性。环境审计的形式是多样的,而且不断发展,形式的不同必然导致工作开展程序和使用方法的差异。目前的分析主要着眼于一般性的程序和方法,没有体现出差异性,对环境审计实务的指导作用不强。

(3)审计程序的滞后性。环境审计涉及项目往往具有造成影响不可逆转的特征,因此,在项目决策建设之初就需要环境审计部门的介入。目前,政府环境审计程序具有一定的滞后性,未能体现在决策阶段介入的要求。

(4)审计方法的系统性和针对性不强。虽然有上述众多方法,但是实际开展审计工作时往往无能为力。其原因在于这些方法缺乏针对性,尚未形成适用于我国政府审计的系统的方法体系。

第五节 政府审计机关开展环境审计结果的报告

一、环境审计报告的定义与类型

环境审计报告是环境审计的最终产品,是国家审计机关、内部审计机构或社会审计组织依据环境法规和环境审计准则对被审计单位或项目实施了必要的审计程序后出具的,用来对其受托环境责任的履行情况发表审计意见的书面文件。

从审计内容的角度,可将环境审计报告分为环境财务审计报告、环境合规性审计报告和环境绩效审计报告。环境财务审计报告是审计人员在环境财务审计

---

① 苏州市审计局课题组. 深化环境审计促进地方社会经济可持续发展[J]. 审计月刊,2009(11):41.

工作完成以后出具的关于被审计单位或项目环境财务信息是否具有公允性的审计报告。环境合规性审计报告是审计人员在环境合规审计工作完成以后出具的关于被审计单位是否遵守环境保护法律、法规情况的审计报告，它着重指出被审计单位在环境保护违法、违纪方面存在的问题，并提出相应的意见或建议。环境绩效审计报告是审计人员在环境绩效审计工作完成以后出具的关于被审计单位环境资源的效益性方面的审计报告，它应着重指出被审计单位在环境绩效方面存在的问题和原因，并提出相应的意见或建议。

二、环境审计报告的格式

姜毅(2003)从模式选择、报告格式以及报告内容等方面分别对环境财务审计报告、环境合规性审计报告和环境绩效审计报告提出了规范性的建议。他认为环境财务审计报告的格式可以采用常规报表审计报告的格式，即采用标准式的适合对外公布的审计报告格式。而对于环境合规性审计和环境绩效审计而言，则不应采用简式审计报告模式。这是因为：一方面两者涉及的内容较多、较细，简式审计报告不能充分阐述企业环境保护政策或项目的概况，也不能详细阐述审计发现的问题及原因，不利于充分地表达审计意见与建议；另一方面是两者往往涉及企业的秘密，有的不宜对外公布。所以，详式审计报告模式是环境合规性审计报告和环境绩效审计报告的合理选择。

环境财务审计报告应包括以下基本要素：①标题；②编号；③审计报告的主送单位；④正文；⑤出具单位；⑥报告日期。其中，正文包括：①引言段；②责任段；③意见段；④处理处罚段。

环境合规性审计报告正文应包括以下基本要素：①标题；②编号；③审计报告主送单位；④正文；⑤出具单位；⑥报告日期。其中正文包括：①审计报告内容摘要；②引言，包括审计对象、审计时间；③审计方与被审计方的责任；④被审计单位的基本情况；⑤审计的实施情况及结果，包括审计的法律、法规依据、审计方案及其执行情况、审计发现和审计评价意见、处理处罚意见；⑥对保密级别的特别说明；⑦附件。

环境绩效审计报告正文应包括以下要素：①内容摘要；②引言；③审计方与被审计方的责任；④被审计事项的背景；⑤审计实施情况及结果；⑥处理处罚意见和审计建议；⑦被审计单位的反馈意见；⑧对保密信息的特别说明；⑨附件等。

三、环境审计报告的公布

对于环境审计报告的公布，迟忠芹(2008)认为，公共环境项目涉及广大社会公众的利益，从制度经济角度考虑，审计结果公开制能更好的解释政府的受托责任，促进政府的公共管理。评价环境项目建设的绩效，审计结果公开制一方面将审计监督与社会监督结合起来，增强了审计人员的责任性，有利于各环节审计质量的提高；另一方面反馈机制对审计过程中的疏漏环节有着很好的补充作用，拓宽了审计证据的获取来源和审计指标的设计。①

姜毅（2003）认为，对外公布环境审计报告是受托环境责任的体现，有利于提高审计威慑力，充分发挥环境审计的监督作用，有利于提高审计质量，也有利于提高其他有关部门的工作效率，这也是对社会成本的节约，所以有必要对外公布环境审计报告。同时，对外公布环境审计报告也要处理好对外公布与保密的关系，应该遵循"公开为正常，保密属例外"的原则，要从国家安全、社会公众利益出发，有些审计结果不能全部公开，或暂时不能公开，或全部不能公开。②

四、国外政府环境审计报告实例

（一）澳大利亚政府环境审计报告实例

澳大利亚审计署负有对法律的执行情况进行审计并发布审计报告的责任，以便对政府的环境保护政策及其执行情况进行评价，并提出相关建议。例如，2002 年 3 月，澳大利亚审计署（ANAO）发布了第 38 号《执行环境保护生态多样化法案 1999 中提交、评估和批准程序情况审计》和第 41 号《生态可持续发展年度报告》审计报告。

在第 38 号报告中，ANAO 对上报给环境部及其环境部审批提交文件的效率进行了分析，还对经审批的各提交文件进行了抽查（为报告比例的 10% 左右），并对抽查结果进行了说明；在此基础上，报告针对几个特殊案例（如风力农场、水文化、采矿业）的分析，对澳大利亚环境部提出了要求进一步做好提交文件工作质量的审计建议（该报告中的第 1、第 2 号建议），并且在审计报告中说明了环境部对审计建议的反应；除上述内容之外，审计署还对提交与审核各文件的及时性进行了核查。审计署的工作进一步扩展到了联邦的范围，并对涉及移民、航空、国防等的相关事项进行了审计；同样的情况，审计署也提出了面对联邦的建议（该报告中的第 3、第 4、第 5 号建议，甚至将破坏环境的实物照片加载在报告中），也在报告中说明了联邦政府的反应。这份报告的性质基本上属于政府管理、工作效果方面的审计，而报告的核心内容是环境部和联邦在执行环境法律时的态度和遇到的具体问题。

从第 41 号审计报告中可以看到这样的内容："联邦政府已经认识到通过它的政策和措施，会对生态可持续性产生重大影响。联邦政府为此每年拨出大约 150 亿澳元的款项，占到 GDP 的 21.50%"；"从 2000 年开始，《环境保护和生物多样性保全法案 1999》要求联邦政府部门每年报告环境绩效以及政府对所采取的环境保护措施所作的贡献"；"审计目标是检查并报告联邦政府部门在年度报

---

① 迟忠芹. 公共环境项目绩效审计模式研究[D]. 青岛：中国海洋大学，2008：39-41.
② 姜毅. 我国国家环境审计的基本构想[D]. 青岛：中国海洋大学，2003.

告中反映的环境保护措施绩效的质量";"审计范围包括检查环境部提供给政府部门的指导的质量、政府部门为报告有关环境保护措施而使用的框架以及它们报告的质量";而澳大利亚审计署则"进行了一项涉及 45 个联邦部门、政府部门和其他分支的调查"。

该审计报告对联邦政府和环境部在执行 EPBC 法案方面进行了整体评价,即"由于联邦政府部门从 2 年前才开始被要求在年度报告中反映它们操作上的环境绩效以及对环境保护措施的贡献,所以能够理解大多数政府部门目前仍在探索合适的管理和报告框架,包括绩效指示指标,以此来实现有效的绩效监控和报告。因此,有关政府部门年度报告的质量需要改进的余地还很大,尤其是在有关遵循 EPBC 法案和将政府部门的贡献与更广泛的环境保护措施结果相联系方面"和"环境部在帮助政府部门提高环境保护措施报告质量方面负有重大责任。它已经通过网站向政府部门提供了如何满足 EPBC 法案要求的指南。这些指南得到了广泛好评。然而,这些指南也需要改进和扩充,而且环境部可以通过宣传实用的报告工具来更有力地支持这些政府部门;也应该更主动地宣传 EPBC 法案的要求,并且在政府部门间分享更好的操作范例"。联邦政府及环境部也对审计署的评价作出了反应。

这份报告的性质则应属于政府在执行环境保护法案工作效率方面的审计,报告的核心内容是联邦和环境部在执行环境法律时的工作方式、工作程序及其效率,也包括了环境保护法案本身需改进之处。[①]

(二)加拿大政府环境审计报告实例

以下是加拿大国家审计署 2002 年度对环境和可持续发展的审计报告大纲。

第一章 有毒物质的再生

在加拿大,各种化学制品、杀虫剂及其副产品的生产、使用和处理,都会对加拿大国民和环境产生巨大威胁。部分化学制品与健康方面的问题,如癌症、生殖能力下降及神经系统紊乱等有直接关系。1999 年,我们曾经就有关联邦政府对现存工业化学制品和杀虫剂的科学调查,及其使用的管理情况进行过审计。本次审计将对上述被审计单位执行前述审计决定的情况进行评价。

第二章 联邦境内各种污染源的处置

在加拿大境内还有数千个污染源存在。这些污染源会导致水质下降、土地丧失耕种价值、甚至威胁到人类的健康和生存。1995 年和 1996 年,我们曾经对联邦政府管理这些污染源的各个方面进行了全面审计。本次审计将检查联邦政府经过上次审计后在管理污染源方面取得的进展。审计将覆盖这些污染源拥有产权和管理权的 15 个联邦部门和机构,其中 4 个主要部门是重点审计对象,它们是加拿大渔业和海洋部、印第安人和北方事务部、国防部和交通部。

---

① 耿建新,牛红军. 关于制定我国政府环境审计准则的建议和设想[J]. 审计研究,2007(4):8-9.

第三章　北方地区的废弃矿井

过去由私营业主经营的矿井在被联邦政府收为国有后,有许多已经废弃在加拿大北部地区。它们是非常严重的污染源,不仅影响居民健康,而且对环境构成威胁。本次将审计加拿大、印第安人和北方事务部对这些废弃矿井的管理情况,以及该部门是否已采取措施保证这些北部地区的矿井公司要为它们已经和即将造成的环境问题受到惩罚。

第四章　生物的入侵

加拿大正面临着许多生物的入侵,它们已经对我们的生态系统和国民经济发展构成了严重威胁。本次审计的目标也包括:自从 1992 年在国际生物多样化大会上签字后,联邦政府是否已对生物入侵作出有效反应,尤其是自从 1995 年确定了加拿大生物多样化战略以后的这段时期。对于生物入侵给加拿大所带来的风险,本报告也将用实例来进行定性和定量的阐述。

第五章　可持续发展战略

被联邦政府各部门机构广泛采纳的可持续发展战略,意味着政府在发布政策、制定规划以及组织活动等方面将会有新的举措,以实现该目标。本次审计将主要针对负责自然资源事务的两个部门,确定实施可持续发展战略的进程是否改变了它们处理事务的方式。本章还包括一个报告以反映该进程,同时还要检查这两个部门是否已就其为实现可持续发展目标而取得的进展向国会做了准确的报告。

第六章　公众有权了解关于环保请愿活动的情况

在总审计长法案下的环保请愿活动已经越来越广泛地被人们所了解。环境和可持续发展委员会确信这项活动具有重要意义。本章将报告收到的请愿和政府部门回复的有关情况。本报告将公布一个综合性的网站,所有加拿大公民都可以访问它。在这个网站里,可以看到截止到目前收到的所有请愿的内容,以及各部门的回复意见。[①]

到目前为止,无论是国内还是国外,环境审计理论的研究依然处于初步发展阶段,没有形成系统的理论体系,且内容侧重于对环境审计最基本的理论、环境审计理论结构或框架、环境审计的步骤和方法等问题的研究,对审计报告的研究较少,更没有准则或制度的出台。因此,目前审计人员出具的环境审计报告具有随意性和不规范性,审计报告的使用者从各式各样的审计报告中获取有用的信息就会有一定难度。此外,政府环境审计报告公告制度尚未形成。社会公众难以了解审计工作的结果,不利于被审计单位环境问题的纠正,不利于社会舆论监督的形成,影响政府环境审计工作的效果。

① 周榕.加拿大环境审计报告一例[J].湖北审计,2003(2):20.

第六节　政府环境审计的现状、问题和解决途径

一、政府环境审计的现状

自国务院召开第一次全国环境保护会议以来，党中央、国务院就高度重视环境保护工作，把保护和改善生产环境与生态环境，防止污染和其他公害作为一项基本国策，并制定了环境与经济社会相互协调和可持续发展的战略方针。国家审计署从成立之日起就开始进行环境审计工作，环境审计工作范围逐渐拓宽，包括了工业、农业、渔业、林业领域环境影响评价，还包括与可持续发展有关的领域，如绿色食品、清洁街道生产等方面。

随着荷兰、加拿大、德国等西方发达国家政府环境审计工作的开展，尤其是在世界审计组织（INTOSAI）环境审计工作组（WGEA）的推动下，我国政府环境审计的内容大大拓展，已经覆盖环境立法、规划和计划、环境政策和项目等各个领域。目前，围绕政府环境审计实施，已经形成了一套相对完善的实施运行机制和配套的制度及技术保障体系。政府环境审计已逐步成为政府环境审计管理与保护的最有效工具之一。

我国早在20世纪80年代开始就在资金审计的基础上，开展了部分资金的绩效审计。为此，国家审计署专门成立了农业与资源环保审计司，负责组织审计国务院主管部门和省级人民政府管理的资源能源、环境保护资金和项目。从环保部门来看，目前对各级政府环境质量保护责任的落实，主要通过检查评估和考核手段进行鉴证，由于考核手段偏软，考核结果对地方政府领导干部难以产生实质性影响，无法完全改变地方领导干部为追求政绩而盲目破坏资源环境的做法，造成我国目前环境管理手段部分失灵，加剧了环境污染和生态破坏。

"十二五"规划期间，环境保护部对政府环境审计工作的重视程度不断提高，2014年全国环境保护工作会议指出，要"研究推行环境审计制度，尤其是溯源审计，落实排污者责任"，并将建立环境审计制度作为2014年环境保护部重点改革任务之一。在环境保护部的大力支持下，环境规划院联合中国环境与发展国际合作委员会、中国人民大学、南京大学等研究机构，先后编制完成了《环境审计试点技术指南》及《企业环境核算技术指南》两个技术指南，完成《政府环境审计制度框架研究》《环境审计评价指标体系的建立和应用》《国际环境审计制度经验和案例研究》等多份研究报告，形成了建立和实施政府环境审计制度的总体技术框架。

2015年2月15日，环境保护部印发了《关于开展政府环境审计试点的通知》（环办函〔2015〕240号），标志着政府环境审计工作的正式启动。随着政府环

境审计试点的深入开展,政府环境审计制度将不断发展完善,并对我国环境保护工作产生巨大的推动作用。

二、政府环境审计的问题

审计署在《关于加强资源环境审计工作的意见》中指出,"仍有一些审计机关存在对资源环境审计重要性认识不足、工作局面没有完全打开、审计领域比较狭窄、机构和队伍建设还不适应资源环境审计工作需要等问题"。具体说来,政府环境审计中依然存在如下几个方面的问题。

(一)环境审计理论研究需进一步深化

我国在政府环境审计上的理论依据不充分,没有一整套独立的环境审计理论体系,对实践缺乏有力的理论支撑,使政府审计工作人员在进行环境效益审计中没有系统的环境审计准则可以依据,导致审计工作人员的工作质量缺乏权威依据,也增大了审计风险。

(二)环境审计思想认识不足

我国《审计法》对审计机关职责的界定并未明确涉及政府环境审计的有关内容,并且由于我国的政府环境审计工作起步较晚,省以下政府审计机关单独开展综合性的环境审计工作较少,部分审计人员对我国环境污染形势的严峻性、环境破坏对人民身体健康和生活影响的严重性和危害性、开展环境审计的紧迫性认识不足。[①]

(三)环境审计的授权不足

环境审计的法律依据主要涉及两方面:一是以《审计法》为主体的审计法规体系,二是以《环境保护法》为主体的环境保护法规体系。根据我国《宪法》和《审计法》,审计机关的职责只是"审计国务院各部门和地方各级人民政府及其各部门的财政收支,国有金融机构和企事业组织的财务收支,以及其他依照《审计法》应当接受审计的财政收支、财务收支。"我国现行《审计法》规定审计机关只能对国有控股企业进行审计监督,没有授权审计机关审计乡镇企业、外商投资企业和私营企业及其他非国有控股企业。当这类企业存在环境问题时,将没有审计机构对其进行审计,而这一类企业在工业企业中已经占有相当大的比重,在乡镇企业和私营企业较多的地区,环境污染问题已相当严重。环境保护部门虽有监督权和处罚权,但执行的效果如何不得而知,审计机关也无权审计。

(四)环境审计的地位有待提高

审计署虽设立了农业与资源环保审计司,但环境审计同农业与资源审计由同一个部门开展,因而不能突出环境审计的特殊性和重要性。目前,地方审计机关受本级地方政府和上一级审计机关双重领导,而且人事任免主要由地方领导

---

① 杨丽萍.改进和加强政府环境审计的思考[J].环境污染与防治,2010(2):92-94.

负责,因此环境问题是否受到重视与当地政府有直接关系。在环境问题不受重视的地区,环保投入很难达到要求,环境审计工作也就很难开展。目前,环境审计在国家审计中的地位不高,受重视程度不够。

(五) 环境审计的范围和内容比较单一

根据审计署对各部门职责的规定,农业与资源环保审计司的主要职责是:负责审计国务院农业与资源环保主管部门及其在京下属单位的财务收支;负责审计由国务院农业与资源环保主管部门和受国务院委托由社会团体管理的农林水利、资源环保资金的筹集、管理、使用情况;负责审计省级人民政府管理的农林水利、资源环保资金的筹集、管理、使用情况;开展专项审计和审计调查;指导地方农业与资源环保审计业务。由此可见,该机构设立之初并没有单独明确环境审计的范围和内容,这与我国刚刚开展环境审计,理论和实践经验均不足有关。经过近几年的审计实践,审计署将我国的环境保护理解为生态(生活)环境建设和环境污染治理两个方面,环境审计的范围也因此确定为生态(生活)环境建设审计和环境污染治理审计两个方面。环境审计的基本内容与上述两个方面有关,而且以环保资金审计为主。以上环境审计的范围和内容比较单一,与发达国家的环境审计相比还有一定距离,而且以上环境审计的范围和内容均未在国家审计准则等审计规范中予以明确。

(六) 环境审计形式拘泥于财务审计

目前,我国环境审计的形式以财务审计为主,审计的重点仍以财务收支的真实、合法为主。这一方面是由环境审计授权不足造成的,虽然相关法律、法规对审计机关开展绩效审计作出了一些规定,但仅限于对资金的使用效益进行评价,而绩效审计还应包含对政策制定的评价、对政府环境管理绩效的评价等内容,此部分权限的不明确限制了环境绩效审计的开展。另一方面从我国环境保护的发展形势看,国家投入的环保资金大部分用于国家生态(生活)环境建设和环境污染治理两个方面,而环保资金在使用的真实、合法性方面尚存在很多问题。在2001年审计署组织的对退耕还林试点工程的资金审计中,查出问题金额2.4亿元,占环保资金总额的83%。另外,从审计资源看,开展绩效审计还需要运用环境管理、环境经济评价等领域的知识,绩效审计要求对所有环境保护项目的成本、效益进行评价,这其中包括不能或很难用货币计量的部分。目前,我国审计机关由于体制、经费、时间等因素的限制,很难达到环境绩效审计的要求,仅能在某些方面开展资金效益审计。

(七) 环境审计的方法和技术落后

环境审计方法是指审计人员检查和分析环境审计对象,收集环境审计证据,对照环境审计依据,据以编写环境审计报告,得出环境审计结论,以及提出审计意见所采取的各种手段的总称。环境审计要求在开展审计时,必须充分考虑可持续发展的3个因素,即经济增长、环境保护和社会进步。环境审计中包含很多

189

不能量化的事项,因此环境审计要求运用有别于传统审计的方法和技术。目前,国外开展环境审计较多引用经济学的一些方法,比如费用效益分析法。我国的环境审计由于人才匮乏和侧重财务收支审计,因此应用的经济方法不是很多,仍局限于传统的审计技术和方法。

(八)环境审计的联合审计方式不规范

开展环境审计的人员除了应熟练掌握财务审计技术和方法,拥有丰富的审计工作经验外,还必须具备环境经济学、环境法学、环境工程学、环境管理学、生产经营与环境关系等方面的知识。若审计人员仅仅懂得财务审计技术,没有相关的环境专业知识,那么环境审计证据的收集、鉴定工作将举步维艰,从而也就无法合理评价被审计事项。即使审计机构对现有审计人员进行培训,使他们掌握环境方面的法律、法规和环境方面的专业知识和技能,环境审计仍不可避免地会碰到一些诸如环境工程技术等过于专业的问题。

(九)环境审计专业人才匮乏

调查发现,20世纪80年代至90年代进入审计机关的人员大多以学习会计、财务管理等专业为主,很少有学习环境学专业的。相比较之下,美国环境审计部门的成员主要由会计专家、环境科技专家、项目评估师、公共政策专家等组成。环境审计专业人才匮乏,给环境审计实施、取证、鉴定工作和审计评价带来了困难,也给环境审计结论带来了风险隐患。

(十)环境审计标准尚未建立

环境审计标准是审计人员在开展环境审计时必须恪守的行为准则和规范。环境审计标准包括审计准则和审计技术规范两大类。由于环境问题的复杂性和多样性,至今世界上尚未形成一套系统、完整的环境审计准则。国外环境审计与我国的环境审计差别较大,若完全照搬国外的标准并不适合我国国情。目前,我国对环境审计技术规范的制定尚处于酝酿状态。在实际操作过程中,除了参照各项环境保护法律、法规,往往将已颁布的多项环境标准作为审计技术规范。这些标准主要包括环境质量标准、污染物排放标准、污染物排放收费标准,另外还有环境保护基础标准、样品标准等。①

三、政府环境审计的解决途径

(一)充分认识资源环境审计的重要性和紧迫性

我国人均自然资源十分短缺、环境形势十分严峻。近年来,我国经济社会发展与资源环境约束的矛盾日益突出,环境污染情况严重,生态环境状况堪忧,长期以来的粗放型经济增长模式难以为继,严峻的资源环境形势已经严重制约我国经济社会的可持续发展。各级审计机关应当从全局和战略的高度,认真学习

---

① 张艳萍,张庆安.谈完善和加强政府机构环境审计[J].财会月刊,2009(2):78-80.

和贯彻党中央、国务院关于加强生态文明建设,建设资源节约型、环境友好型社会的战略方针,充分认识到随着我国工业化、城镇化和新农村建设进程的加快,经济社会发展与资源环境约束的矛盾会越来越突出。面对这一影响和制约我国现代化建设全局的关键问题,积极主动有效地加强资源环境审计工作,既是践行科学发展观的具体行动和措施,也是义不容辞的历史责任和义务。各级审计机关要通过积极履行审计监督职责,加强资源环境审计监督,维护资源环境安全,推动生态文明建设,促进经济社会可持续发展。

(二) 明确资源环境审计的指导思想、主要任务和发展目标

审计署 2009 年《关于加强资源环境审计工作的意见》中提出了今后资源环境审计工作的指导思想、主要任务和发展目标,可以参考。

1. 指导思想

深入贯彻落实科学发展观,以促进贯彻落实节约资源和保护环境基本国策为目标,紧紧围绕我国资源环保工作的中心,积极开展资源环境审计,维护国家资源环境利益,防范资源环境风险,保障国家资源环境安全,充分发挥审计在促进资源开发利用管理和生态环境保护中的"免疫系统"功能。

2. 主要任务

一是检查资源环保政策法规的贯彻执行和战略规划的实施情况,分析政府履责绩效,促进落实和完善相关政策制度,规范资源开发利用管理和环境保护工作行为;二是检查资源环保资金的征收、分配、使用和管理情况,揭露存在的偷漏拖欠、挤占挪用、损失浪费等问题,分析评价资源环保资金使用绩效,促进规范资金管理,提高资金使用效益;三是检查资源环境相关项目的建设和运营效果,揭示和查处资源开发利用管理和环境保护工作中的浪费资源、破坏环境、资产流失等问题,促进加强资源环境管理,维护国家资源环境安全。

3 个主要任务体现了政府环境审计突破单纯财务审计形式,全面实现合规性审计、财务审计与绩效审计齐头并进的趋势。

3. 发展目标

一是要普遍开展资源环境审计工作。从 2010 年起,省级和计划单列市审计机关每年应至少开展一项资源审计和一项环境审计,经济相对比较发达地区的市、县级审计机关每年至少开展一项资源或环境审计。二是要逐步扩大资源环境审计领域。各级审计机关要紧密结合本地实际,逐步将审计范围从土地资源和水环境审计扩展到海洋资源、森林资源、矿产资源、大气污染防治、生态环境建设、土壤污染防治、固体废物和生物多样性等领域。三是要全面实现资源环境审计多元化。各级审计机关在开展财政、投资、金融、企业、外资、经济责任等项目审计时,应当将资源环境内容纳入审计方案并组织实施。

这一目标体现了政府环境审计不断拓宽审计范围、扩大环境审计覆盖面的趋势,借此克服政府环境审计范围和内容单一的问题。

（三）进一步加强资源环境审计队伍建设

审计署《关于加强资源环境审计工作的意见》中也提出了审计队伍建设的思路。

1. 完善审计工作机构

各省(市、区)审计机关要按照地方政府机构改革方案的要求,设立或完善专门从事资源环境审计的工作机构。市、县级审计机关要进一步明确资源环境审计工作的职责和任务;地方审计机关,特别是市、县两级审计机关应当配备一定数量的专职资源环境审计人员,不断提高其综合素质和专业水平。

2. 培养审计专业人才

各级审计机关要不断充实和培养资源环境审计专业人才。一是要适当招收具有资源、环境专业(如环境科学、环境工程、环境经济学、土地资源管理和矿业工程等)的人员充实审计队伍;二是可以采取选送业务骨干到主管部门或基层单位挂职交流、从资源环保部门选调专门人才等方式加强人才培养;三是要积极组织开展资源环境审计业务培训,帮助审计人员不断更新知识、优化结构、提高素质,逐步建立起一支适应资源环境审计要求的专业队伍。

3. 积极聘请外部专家

审计机关应当积极开展与高等院校和科研机构的合作,建立专家档案或专家库,聘请在资源环保领域具有丰富理论功底和实践经验的外部专家,通过直接参加审计项目或召开专题研讨会等方式,指导、帮助资源环境审计工作,弥补审计人员专业技能上的不足,提高资源环境审计工作的质量和水平。

（四）不断创新资源环境审计方式与方法

审计署《关于加强资源环境审计工作的意见》中提出了资源环境审计方式与方法的改进建议。

1. 积极开展合作审计

各级审计机关尤其是上级审计机关要根据环境保护跨行政区域的特点,积极组织相关审计机关和协调相关主管部门对水、大气污染防治和生态建设等共同关注的区(流)域性生态环境事项,通过平行或联合审计的方式开展审计和审计调查,并建立协商机制,加强审计情况的协调、沟通与交流,共同研究和探讨解决问题的措施与办法。审计报告分别提交给当地人民政府,审计结果及整改措施和效果互相通报,做到目标统一、重点突出、分工明确、成果共享,促进跨行政区(流)域环境问题的解决。

2. 积极开展跟踪审计

各级审计机关对关系国计民生的重大资源开发利用和环保工程项目、重大资源环境管理政策措施和战略规划等(如国家大江大河及湖泊治理规划、退耕还林工程和节能减排政策执行),要积极试行跟踪审计和审计调查,确保国家重点建设项目得到顺利实施,资源环保工作措施和规划得到落实,突出问题得到控制或纠正,促进有关部门和单位健全制度、完善措施、加强管理、改进工作。

3. 积极运用信息技术与方法

一是积极探索使用行业主管部门已有的监测、测量技术方法(如全球卫星定位系统〔GPS〕和环境质量监测技术等),以及其他监督检查手段与方法(如排污费核定和污染物减排核算办法等),并将得出的数据与主管部门数据进行比较,对比较结果进行判断分析,为资源环境审计提供线索和数据;二是积极开展资源环境信息系统审计,检查有关部门和单位资源环境信息系统(如环境统计信息系统、排污费征收管理系统和污水处理信息系统等)的安全性、稳定性、合理性和效率性,对数据的真实有效性进行核查,以推动被审计单位切实加强内部控制和改进管理。

(五) 着力构建资源环境审计整体工作格局

审计署《关于加强资源环境审计工作的意见》中对资源环境审计整体工作格局提出了如下建议。

各级审计机关要围绕资源环境审计工作重点,构建资源环境审计与其他专业审计相结合的整体工作格局。

(1) 财政审计要关注各级政府制定、执行资源环保政策制度和筹集、分配、管理和使用资源环保财政资金的情况,揭露其资源环保政策制度执行不到位和资金分配、使用与管理中存在的不合规、不真实等问题。

(2) 投资审计要关注国家重点建设项目在规划布局、立项审批、设计施工、生产运营等环节是否严格执行国家环保产业政策,以及对资源环境的影响及其防治措施的合法性、效益性,揭露其建设项目违反国家投资产业政策、环境保护措施不到位、浪费资源、污染环境和破坏生态等问题。

(3) 金融审计要关注银行贷款的投向及用途,关注"绿色信贷"政策执行情况,揭露其违背国家环保和产业政策,支持"两高"(高耗能、高排放)和产能过剩行业,造成资源浪费和环境污染等问题。

(4) 企业审计要关注企业执行国家资源环保政策法规情况和环境保护资金投入与使用效果,以及其污染防治设施建设与运行效果,揭露其在生产经营过程中高耗能、高污染和破坏生态环境等问题。

(5) 外资审计要关注国外贷援款项目的环境影响,评价国外贷援款环境项目资源利用和环境保护绩效。

(6) 经济责任审计要关注领导人履行资源管理和生态环境保护职责,尤其是完成节能减排目标、耕地特别是基本农田保护责任目标的情况,揭露其由于决策失误、履责不当和管理不力造成的资源环境问题。

(六) 建立和完善资源环境审计工作制度

审计署《关于加强资源环境审计工作的意见》中提出了改进环境审计工作制度的建议:

（1）建立和完善审计机关内部组织协调机制。要针对资源环境审计工作的特点，建立资源环境审计工作协调机构，统筹安排和组织实施资源环境审计项目，协调内设审计机构之间的关系，加强审计信息的沟通与交流，整合资源环境审计资源，积极构建资源环境审计整体工作格局。

（2）建立和完善审计机关与主管部门协调配合机制。各级审计机关要与本级资源环保主管部门加强工作联系、协调配合与信息沟通，建立和完善合作审计工作制度、工作联系会议制度、工作信息通报制度等，加强协调与交流，充分发挥审计监督和部门监管的合力，共同促进和推动本地区资源环保工作。

（3）建立和完善资源环境审计工作规范。各级审计机关要在审计实践的基础上，积极总结审计实践经验，制定和完善资源环境审计发展规划，研究制定资源环境审计工作指南，以及其他适合本地区、本部门的资源环境审计工作规范，不断促进资源环境审计工作的制度化、规范化。

（4）建立和完善资源环境审计工作报告制度。省级审计机关应当在每年向审计署报送年度工作总结的同时，报送资源环境审计专题工作总结。市、县级审计机关每年应分别向上一级审计机关报送资源环境审计专题工作总结。

（七）进一步加强资源环境审计理论研究

各级审计机关要高度重视资源环境审计理论研究工作，积极与高等院校、科研机构以及行业主管部门合作，加强资源环境审计基础理论与实务的研究，以指导资源环境审计实践，推动资源环境审计事业的发展。一方面，通过对基础理论的研究和探讨，为资源环境审计实践提供理论支持和指导。另一方面，通过对资源环境审计实践的总结和提炼积累经验，为基础理论研究提供支撑，逐步构建符合中国国情的资源环境审计理论体系。[1]

（八）修改现行审计规定，将环境保护责任的履行情况纳入领导人员的业绩考核体系

一是将环境保护责任作为党政领导干部和企业负责人任期经济责任之一，推动环境审计向环境合规审计、环境绩效审计延伸。二是扩大经济责任审计的范围，在全国范围内开展经济责任审计，同时还应扩大环境绩效审计范围。在具体开展环境审计立法工作时，可以借鉴经济责任审计立法的经验，即先在地方试行，再在全国推广。第一步，从地方环境审计立法开始。通过扩大环境审计试点范围，积累环境审计的经验，据此形成地方性环境审计的暂行规定或法律，由地方政府授权审计机关开展环境审计。第二步，由审计署综合各地开展环境审计的情况和立法情况，形成国家环境审计通用性法规，由全国人大或国务院授权全国各级审计机关普遍开展环境审计。[2]

---

① 审计署.关于加强资源环境审计工作的意见[R].2009.
② 张艳萍,张庆安.谈完善和加强政府机构环境审计[J].财会月刊,2009(2):78-80.

（九）加快完善环境与审计立法，为环境审计提供充分的依据和标准

从对国外政府环境审计开展现状的研究来看，荷兰、德国、美国和加拿大等国的政府环境审计工作开展得比较好，这往往得益于比较完备的环境和审计法律体系，促进了公民的环境意识和法律意识的提高，同时也构成了依法进行环境审计的必要基础。例如，加拿大的《审计长法》直接规定了环境审计的机构设置、信息披露、接受咨询、法定职责等，为开展环境审计提供了充分的保证。在中国除了《宪法》对环境和审计机关职能的相应规定，《环境保护法》和《审计法》也是开展环境审计的法制基础，此外还有环境保护方面的单项法律以及相关的资源法、环保行政法规和部门规章及标准，这些都为环境审计提供了一定依据，但相较于发达国家，有关环境保护的法律、法规、规章制度等仍不完善。我国审计署经过多年努力，已制定了一些国家审计准则，构成了审计人员从事环境审计的一般准则、现场准则和报告准则，但是仍缺少对环境审计比较直接的依据，缺乏对环境审计内容、评价标准、职责分工等直接的、具体的规定。总体来说，有关环境审计方面的环境和审计立法仍然不是很充分，因而造成了对政府环境审计授权不足、依据不明等问题，因此，应该加强环境法规和审计法规的建设，制定操作性强的各种行政法规和技术标准，加强法制教育和法制宣传，提高全民的法律意识，创造良好的审计环境，同时应加强对违法者的惩处，做到有法必依。否则，环境审计难以顺利开展下去。[①]

（十）广泛应用社会审计力量，发挥政府环境审计主导作用

在关于环境审计主体的争论中，焦点在于哪个环境审计主体起主导作用。虽然在理论上仍有分歧，但从我国审计体制的发展历史及现实状况来看，政府环境审计实际上起着主导作用。在政府环境审计资源有限，在短时间内又不可能得以缓解的情况下，应当考虑广泛地应用社会审计力量，充分发挥注册会计师这支庞大队伍的规模优势。这样一方面缓解了政府环境审计的资源压力，另一方面也可以发挥政府环境审计的主导作用，引导环境审计主体多元化的发展，最终达到促进环境审计事业全面繁荣的目的。例如，加拿大就将政府专项审计通过招标方式交由社会审计力量实施，我国可以加强这方面的借鉴，试点将部分环境审计业务交由有条件的会计师事务所实施，政府环境审计机关加强监督和指导。

环境审计是从整个社会的环境治理与生态保护为出发点，谋求社会、经济与自然的和谐发展。作为一项为可持续发展而进行的监督、评价活动，环境审计需要以国家为导向。首先，政府部门要将环境审计摆在一个重要的位置；其次，环境审计不同于传统审计，既需要一批专业性环境审计从业人员，又需要一套完整的环境审计标准与评价体系。政府部门要加大对具有关环境学、法律学、统计学

---

① 贺桂珍，吕永龙，王晓龙，等. 荷兰的政府环境审计及其对中国的启示[J]. 审计研究，2006(1):29-34.

等学科审计从业人员的培养并构建符合我国国情的环境审计准则和评价指标体系，促使我国的环境审计工作规范化、制度化；最后，由于环境问题的广泛性、复杂性与动态性，环境问题的解决需要全世界的合作。在借鉴国外已有的成果上，我国还需要加强与国外的交流与合作，从而达到环境审计工作的事半功倍的效果。

本章小结

政府环境审计在整个环境管理体系中发挥着极为重要的作用。比较一致的观点是政府审计主导着环境审计，而环境审计在环境管理体系中又具有不可取代的检查监督作用，因此，可以说在环境管理体系中，政府审计机关起着主要的监督作用。

不同国家政府环境审计的重点存在着差异，而我国与其他国家的一个主要差异就在于政府环境绩效审计的开展仍然相对较少，这限制了我国政府环境审计的进一步发展。

政府环境审计的形式有多种划分方式：从内容可以划分为常规审计、项目审计、联合审计、跟踪审计、政策审计以及环境咨询服务；按照组织方式的不同，可分为单独审计和联合审计；按照介入时间的先后，可分为事前审计、事中审计以及事后审计；按照审计活动的连续性，可分为跟踪审计和对结果进行评价的审计。不同国家和组织在开展政府环境审计时，往往采取不同的审计形式，书中对这些形式进行了总结，并对我国政府环境审计提出了一些建议。

目前，对于政府环境审计的程序并无统一的观点，本章第四节中对国外政府环境审计程序以及我国学者对这一问题的研究进行了总结。此外，还介绍了政府环境审计中可能应用到的审计方法，包括一般审计方法在政府环境审计中的应用、环境费用效益分析方法、环境经济评价方法以及其他方法。

本章第五节介绍了有关政府环境审计报告的内容，包括环境审计报告的定义、类型以及格式，探讨了政府环境审计报告公布的意义，同时还给出了两个国家的政府环境审计报告的实例。

本章第六节对我国政府环境审计的现状进行了总结和分析，归结了其中存在的主要问题，由此提出了我国政府环境审计进一步发展的解决途径，包括充分认识资源环境审计的重要性和紧迫性；明确资源环境审计的指导思想、主要任务和发展目标；进一步加强资源环境审计队伍建设；不断创新资源环境审计方式与方法；着力构建资源环境审计整体工作格局；建立和完善资源环境审计工作制度；进一步加强资源环境审计理论研究；修改现行审计规定，将环境保护责任的履行情况纳入领导人员的业绩考核体系；加快完善环境与审计立法，为环境审计提供充分的依据和标准；广泛应用社会审计力量，发挥政府环境审计的主导作用。

思考题

一、政府环境审计在环境管理体系中有何重要作用？
二、我国与其他国家在政府环境审计的重点上有何差异？
三、政府环境审计的形式有哪些？
四、政府环境审计的开展包括哪些阶段？各个阶段的主要工作有哪些？
五、政府环境审计的开展能够采用哪些方法？这些方法有何特殊性？

六、政府环境审计报告有哪些类型？报告中应当包括哪些内容？

七、我国政府环境审计的现状是怎样的？存在着哪些主要问题？

八、我国政府环境审计进一步发展的路径有哪些？

参考文献

[1]　周榕. 加拿大环境审计报告一例[J]. 湖北审计,2003(2):20.

[2]　李雪,詹原瑞. 我国环境审计基本问题的研究[J]. 北方交通大学学报,2003(4):48-51.

[3]　李永臣. 环境审计理论与实务研究[M]. 北京:化学工业出版社,2006.

[4]　郭坤. 环境审计中的政府责任[J]. 财会研究,2008(3):68-69.

[5]　李胜. 政府审计在环境审计中的主导作用[J]. 经济研究导刊,2009(20):124-125.

[6]　张东华. 美国国家环境审计[J]. 审计环境与实践,2001(5):51-52.

[7]　葛曦,刘彦. 德国环境审计的特点及其借鉴意义[J]. 审计研究,1999(4):47-49.

[8]　刘达朱,王本强,陈基湘. 政府环境审计的现状、发展趋势和技术方法[J]. 审计研究,2002(6):17-23.

[9]　周荣青,江金满. 我国政府环境审计存在的问题及完善对策探讨[J]. 河南商业高等专科学校学报,2005(7):43-44.

[10]　孙贤荣. 中国政府环境审计若干问题研究[D]. 济南:山东大学,2008.

[11]　叶富兴. 政府环境绩效审计理论与实务研究[J]. 三江论坛,2009(9):30-31.

[12]　陈正兴. 环境审计[M]. 北京:中国审计出版社,2001:227-250.

[13]　邵丽. 政府环境审计风险成因及应对[J]. 财会通讯(综合),2010(1):92.

[14]　姜毅. 我国国家环境审计的基本构想[D]. 青岛:中国海洋大学,2003:57-59.

[15]　崔献华. 我国环境审计研究[D]. 大连:东北财经大学,2007:25-29.

[16]　陈建. 费用效益分析法在环境审计中的应用研究[D]. 沈阳:沈阳理工大学,2008:15-37.

[17]　耿建新,肖振东,张宏亮. 城市水资金有效循环过程的保证措施探讨——政府环境审计的作用与实施方式[G]. 中国环境科学学会学术年会优秀论文集,2006:1876.

[18]　苏州市审计局课题组. 深化环境审计促进地方社会经济可持续发展[J]. 审计月刊,2009(11):41.

[19]　迟忠芹. 公共环境项目绩效审计模式研究[D]. 青岛:中国海洋大学,2008.

[20]　耿建新,牛红军. 关于制定我国政府环境审计准则的建议和设想[J]. 审计研究,2007(4):8-9.

[21]　审计署. 关于加强资源环境审计工作的意见[R]. 2009.

[22]　张艳萍,张庆安. 谈完善和加强政府机构环境审计[J]. 财会月刊,2009(2):78-80.

[23]　杨丽萍. 改进和加强政府环境审计的思考. 环境污染与防治,2010(2):92-94.

[24]　贺桂珍,吕永龙,王晓龙,刘达朱,王本强. 荷兰的政府环境审计及其对中国的启示[J]. 审计研究,2006(1):29-34.

[25]　王忖. 公共财政下的政府环境审计研究[D]. 保定:河北大学. 2007.

[26]　闫天池,张庆龙. 资源环境审计:问题与对策[J]. 中央财经大学学报,2009(1):84-88.

[27]　李玮,许华,胥佚萱. 西方与中国环境审计实施的现状分析[J]. 审计月刊,2004(3):

　　24-25.

[28] 肖文八,王贵则,陈军.我国开展环境审计的理论探讨[J].中国内部审计,1999(3):
　　1-6.

[29] 潘恒仁,姚国君.赴澳大利亚环境保护审计培训考察报告[J].当代审计,2001(3):
　　37-38.

[30] 王帆.英国低碳审计:回顾·框架·启示[J].经济与管理,2010(11):70-74.

第九章　内部环境审计实务探讨

内容简介

　　本章首先介绍环境管理系统,说明开展内部环境审计的必要性和重要性和内部环境审计机构的地位和作用,继而总结内部环境审计的重点,最后结合我国开展内部环境审计的现状,总结现阶段开展环境审计面临的困难以及解决途径。

学习目的和要求

　　通过本章的学习,你应当能够:
- 了解环境管理系统;
- 认识到内部环境审计的必要性和重要性;
- 掌握内部环境审计的重点;
- 了解我国开展内部环境审计的现状、困难和解决途径。

第一节　内部审计机构的地位和作用

一、环境管理系统简介

　　环境管理系统(environmental management system,EMS)是企业为了维护和改善环境质量,保障人类健康并消除由其生产经营活动、提供的产品或服务所带来的现实或潜在的环境影响而建立的一系列环境管理政策、组织和措施。设计环境管理体系的目的是保证企业的经济行为符合环境法律、法规的要求;制定并公布达到环境管理目标所需要的内部政策和程序;确定并控制企业面临的环境风险,使企业环境风险最小化。[①]

　　就正式的环境管理系统而言,大家所熟知的 ISO 14000 是国际标准化组织集各国环境管理经验而建立的环境管理体系的规范。ISO 14000 系列标准由环境管理体系、环境审核指南、环境标志、环境表现评价、生命周期评价、术语六大

[①]　广东审计课题组. 企业环境管理系统的构建与审计[J]. 广东审计,2003(2):8-12.

部分组成。环境管理体系 ISO 14001 标准是整个 ISO 14000 标准管理系列的核心,是环境管理体系建立、审核和评审的依据,其他标准是对它的补充、解释与应用,也可作为环境管理体系第三方审核认证依据的唯一标准。[①] ISO 14000 标准由"规范"和"指南"两部分组成。"规范"部分规定了环境管理体系必须达到的要求,"指南"部分对规范作出解释,为企业组织实施和改进环境管理体系,开展环境管理活动提供实用方法和指导。环境管理体系的框架由五大部分组成,即:环境方针、策划、实施与运行、检查和纠正措施、管理评审。

企业的环境管理是一种专业管理,其贯穿于企业生产经营的全过程。关于企业环境管理体系的构成要素,不同的学者有不同的观点。广东环境审计课题组(2003)依据可持续发展战略,构建的可持续环境管理体系由环境政策、组织机构、环境管理计划以及环境管理系统的检查 4 个关键要素组成。刘军、张立显(2008)认为基于循环经济理论下,企业的环境管理体系应由培养绿色企业文化、实施绿色计划、开展绿色审计、进行绿色生产、实行绿色物流组成。[②]

冯娟(2013)认为,企业的环境管理系统具有以下几个作用:①实现企业生产经营的合规性目的。建立实施环境管理体系所要达到的最低目标是遵守有关的环境法律、法规或其他要求。企业需要明确生产经营所需要遵守的法律、法规,并追踪其变化,为企业制定环境方针,明确环境目标和指标提供指导。在这个过程中,企业将遵守环境法规变为自身的自觉行为。②提高企业管理水平。建立环境管理体系的目的在于使管理层在进行管理决策时考虑环境影响。通过对企业环境影响状况、资源、能源利用状况等方面的全面系统的调查和分析,从而对企业的环境因素进行识别和分析,最终达到控制或管理的目的。③提高企业的经济效益,增强市场竞争力。通过建立环境管理体系,可以对企业的环境问题进行有效管理。实现生产流程的全控制,明确生产过程中的漏洞和不足,通过技术改造、设备更新等来降低能源消耗,优化成本管理,最终达到降低企业成本的目的。此外,通过建立环境管理体系,企业能够对产品生产有深刻的了解,明确污染物产生的源头和原因,通过产品设计、流程改进等实现清洁生产,从源头上消除污染源,减少甚至消除污染物和废弃物的产生。目前,国际贸易中的绿色壁垒越来越广泛,通过环境管理体系认证可以使企业更加有效地参与到市场竞争中去,提高企业竞争力。④树立良好的企业形象。建立环境管理体系说明企业勇于承担社会责任,有利于企业树立一个绿色环保、负责任的企业形象,而且通过环境管理体系认证也说明企业的环境管理已经达到了一定水平,侧面反映了企

① 尚占黎,孙芳晶,杨传凤. 浅析 ISO 14001 环境管理体系运行中的几个问题[J]. 环境保护,1999(8):13.

② 刘军,张立显. 基于循环经济理论的企业环境管理体系研究[J]. 技术要与创新管理,2008(6):617-618.

业管理能力的提高。①

二、内部环境审计在企业环境管理体系中的地位

要认识内部审计部门在企业环境管理体系中的地位,首先要了解什么是内部环境审计以及内部环境审计是如何产生的,然后通过分析企业内部环境审计开展的必要性来了解内部审计部门在企业环境管理体系中的重要地位。

(一)企业内部环境审计的定义

国际内部审计师协会在《内部审计师在环境问题中的作用》中提出:"环境审计是环境管理系统的一个组成部分,借此,管理部门可确定组织的环境管理系统在确保组织的经营活动符合有关规章和内部政策的要求上是否充分。"②

王德升、杨树滋把内部环境审计定义为:"为达到促进与影响企业环境的各项活动有关的经营管理和评价该企业环境政策遵守情况这两个目标,对该企业有关环境保护的组织、管理系统及程序的状况系统地、成文地、定期地和客观地进行评价的管理手段。"③

陈正兴提出:内部环境审计由企业内部审计人员进行,主要是对企业有关环境保护的组织、管理系统及程序的状况进行客观地评价,以达到促进与影响企业的各项经营管理,评价企业环境政策情况这两个目标,是一种环境管理手段。④

企业内部环境审计是由企业内部设置的专职机构及人员对本企业的环境管理活动进行综合的、系统的审查与分析,依据有关的环境法律、法规,环境标准,企业各类环境管理政策和计划以及财务与会计核算准则,监督企业受托环境责任的履行,并对履行的公允性、合法性和效益性进行评价,进而发现企业在环境保护和环境管理等方面的问题,对其发表意见并对企业如何提高环境管理提出建议,促进其环境管理改善和绩效提高的一种审计活动。⑤

(二)企业内部环境审计的产生

20世纪70年代末,美国和加拿大的企业已产生了内部环境审计的实践活动。一方面,企业管理人员为了使经营活动能够符合环境法规的要求,避免环境违法带来的风险,就要求内部审计人员必须鉴证企业的活动在法规遵循方面是否是有效的。因此,内部审计人员最初开展的环境审计是一种法律风险防御性审计。另一方面,企业管理人员逐渐发现法律风险只是环境风险的一部分,环境契约风险和环境道义风险——如银行业、保险业的要求、公众的期望等,也对企

① 冯娟.关于企业环境管理系统的思考[D].北京:中国政法大学,2013.
② 最高审计机关亚洲组织环境审计委员会.最高审计机关亚洲组织环境审计指南草案[J].审计研究资料,2001(2).
③ 王德升,杨树滋.借鉴国际经验研究环境审计[J].审计研究,1997(2):1-7.
④ 陈正兴.环境审计[M].北京:中国审计出版社,2001.3.
⑤ 孙岩,杨肃昌.企业内部环境审计定义研究[J].审计与经济研究,2005(6):28-31.

业的经营产生重要影响。企业在生产、经营、管理或交易时,都有可能使潜在的风险成为现实,使自己蒙受巨大的损失。他们迫切需要对自己所可能遭受的环境风险进行评估,于是企业对环境风险的管理由防御性转为建设性。因此,一些大企业在企业战略中充分考虑环境风险的因素,并且建立系统的环境管理控制制度以控制环境风险,内部环境审计就成为环境管理系统的重要组成部分。企业的内部环境审计,不仅要求能及时发现环境和环境管理上的问题,还要为企业提供控制或合理规避环境风险的意见和建议。现在内部环境审计已处在从最初的合规性审计转向合规性审计和绩效性审计并重的阶段。越来越多的企业认识到,内部环境绩效审计作为监督、检查和评价企业环境绩效问题的内部管理工具,是企业实现自身可持续发展和循环经济的有效手段。

(三) 企业内部环境审计的必要性

1. 企业内部环境审计是企业内部受托经济责任扩展的必然结果

审计是受托经济责任循环中的不可缺少的重要环节,受托经济责任的确定是审计产生的前提条件。受托责任关系的发展和受托责任内容的丰富,又促进了现代审计的发展。随着社会文明的进步,新的发展观倡导可持续发展战略,使受托经济责任扩展至环境责任。它要求将过去单纯追求经济增长速度变为追求经济、社会、自然环境的协调发展。为了适应变化了的情况,必须根据这种特殊要求开展审计工作。而组织内部的受托责任实际上源于外部责任,外部利益相关者以各种标准衡量最高当局的责任履行情况,则最高当局又将这些责任作为衡量下属责任完成的标准,因此企业内部受托环境责任的增加,改变了内部审计的面貌。也就是说,为了适应形势发展的需要,企业必须向环境审计进军。

2. 企业内部环境审计是正确衡量企业生产成本的需要

在微观领域,企业只对自然成本进行核算,导致对自然资源的无偿占有和污染。同时,企业受经济利益的驱动,在环境的治理保护项目的资金安排上总是不太主动甚至想方设法逃避。这种现象若不加以改善,外部不经济现象就不可避免,企业最终也必将自食恶果。环境会计可以为我们提供一个环境成本的信息来源,但是我们的环境会计体系还没有建立起来,同时,它无法形成一种社会力量的强制性约束。虽然有一种观点认为审计是对会计的审查,但在实践中,环境审计却先于环境会计被广泛的重视和开展起来,这是个不争的事实。环境审计正在推动着环境会计向前发展,退一步讲,即使环境会计真正建立了,也需要环境审计作最后的认定,以保证宏观和微观经济效益的正确衡量。

3. 企业内部环境审计是企业可持续发展的客观要求

审计实践证明,环境审计的兴起源于组织内部。组织内部的管理者最先感知到源于组织外部的环境责任的重要性。企业管理当局出于解脱受托责任的需要,出于内部管理的需要,通过环境审计积极协调企业与资源环境的关系,促使企业健康协调地发展,帮助企业赢得社会公众的信任与支持,推进经济责任与环保责任的相互融合。以我国为例,随着工业发展带来了环境的恶化,企业面临越来越多的由环境引起的诉讼和制裁。这种诉讼和制裁必将影响企业的财务状况。如何反映企业的环境问题对财务状况的影响就成为内部审计师值得考虑的问题,增加披露和报告环境责任的要求就成为必然。另外,在当前由雾霾危机引发的大范围关注环境问题的时代背景下,企业内部审计不应该仅仅局限于财务审计、内部控制审计、固定资产投资项目审计等传统内部审计业务,应该基于企业增值这一中心,开展环境审计业务,以应对雾霾等资源环境危机对企业的影响。①

4. 企业内部环境审计是政府环境审计的必要补充

目前我国,环境审计才刚刚起步,国家审计只是对环保资金的使用情况进行财务审计,而且做得远远不够,企业内部进行环境审计的很少,注册会计师审计还尚未开展环境审计。在这种情况下,努力发挥更熟悉了解企业状况的内部审计人员的作用就显得尤为重要。

5. 企业内部环境审计是管理者提供高质量财务信息的必要途径

环境审计通过对企业能源消耗、产品能效指标、资源综合利用、环境效果等进行核查、分析与评价,挖掘企业节能减排的潜力,制定节能方案,提高经济效益,并将这些信息融入到财务报告中,让所有者更全面地了解企业经营状况,有助于所有者根据这些信息作出正确的经济决策。②

我们知道,良好的企业内部控制环境是企业环境管理体系建设与正常运行的重要前提。只有发挥内部控制与监督部门的功能,才能确保企业内部环境管理体系更好地发挥作用。内部审计部门作为企业环境管理体系检查系统的组成部分,其所执行的环境审计,本身就是控制程序的一种,同时监督、控制企业环境管理体系的其他控制。具体来说,内部环境审计在企业管理体系建设、走绿色生产经营发展道路的过程中,通过开展适当、有效的内部控制,自我检查与监督,协助管理当局监督其他控制政策和程序的有效性,建立良好的控制环境,从而确保环境管理体系真正建立和发挥作用提供重要保障。

三、企业内部环境审计的作用

企业内部环境审计作为企业环境管理系统的组成部分,在环境管理系统的运作过程中具有重要的意义。

(一) 有利于监督企业经营管理者受托经济责任的充分履行

确定各经济责任的受托者是否履行职责,是审计的一项主要任务。这些审

---

①　王雅琳.雾霾危机背景下企业内部环境审计建设构想——建立企业多元环境审计框架[J].会计之友,2014(13):74-77.

②　黎明,但小丽.我国企业内部环境审计探讨[J].会计之友,2014(6):110-112.

计可以由国家审计及注册会计师审计承担,在企业集团或大型企业里,则往往由公司的内部审计组织进行。通过环境审计,可以查明各责任者是否完成了应负经济责任(包括受托环境责任)的各项指标,这些指标是否真实可靠,在经营过程中是否充分利用环保资金,企业环保财产有无损失、浪费,有无违反国家的环保法规,有无不利于国家环保经济建设和企业发展的短期行为,是否考虑了社会效益和环境效益等。通过环境审计,既有利于确定各责任者是否履行了环保责任,也对责任者的工作进行了正确的评价,保护了责任者的正当权益。因此,随着企业的发展,内部审计组织所承担的监督环保责任履行情况的环境审计越来越重要,环境审计必然在企业环境管理中发挥更大的作用。

(二)有利于监督企业环境方针和计划的贯彻执行

一个企业的环境保护方针、环境保护决策和计划反映了它的环境保护目标和发展方向,同时也显示了企业主要领导人的环境保护意识、领导水平和环境保护方针。为此,内部环境审计通过对环境保护方针、决策、计划及其执行情况的检查评价,既可确定该企业的经济活动是否符合国家的环保方针、政策和有关法令,又可确定企业的环保方针、环保决策和计划是否已落实到各职能部门的经济责任中去,是否有利于激发和调动各级管理人员和职工的积极性,是否已经达到预期的目标和要求。这样,通过内部环境审计,就有利于方针、政策和计划的贯彻。

(三)有利于及时发现、纠正企业环境管理存在的问题

内部审计机构是本单位的一个部门,内部审计人员是单位的职工,因而可随时对单位的问题进行审查。例如,政府部门在检查环保法律、法规、政策的执行情况时,内部审计机构可给予及时配合,进行"自查";根据单位领导管理上的需要,可及时组织力量集中审查有关问题,如对环境管理中存在的较大问题,可及时进行专题审计;除审计计划中安排的项目外,可根据需要不定期检查;对单位的环境管理系统进行测试,及时完善并揭露单位已经存在的或潜在的环境问题等。

(四)有利于监督企业环境保护信息的真实、可靠

企业的管理者能否制定切实可行的环保方针、政策和计划,要取决于企业是否建立了良好的环保信息系统以及这些系统提供的信息是否真实、可靠、完整、及时。通过内部审计对这些系统的信息进行检查、评价,查证其是否真实、正确、及时;是否符合提供信息的相关性原则,适应管理者决策的要求;检查各职能部门之间信息传递是否健全和畅通。显然,实施内部环境审计有利于监督信息的真实和可靠。

(五)有利于保护企业环境资产的安全完整

环境资产是企业进行环保活动的物质基础。为了保证环保活动的正常进行,制止浪费、贪污盗窃行为的发生,企业必须切实保证这些资产的安全和完整、提供内部环境审计对环保资产增减结存情况的审计,查明账账之间、账实之间、账表之间是否相符,就企业内部环境审计运作模式的研究可发现问题、堵塞漏洞,从而有利于确保环保财产的安全完整。

(六) 有利于促进企业环境管理的广泛性

内部审计的目的决定了审查范围的广泛性。它在单位负责人的领导下履行监督职能,并为加强经济管理当好参谋和助手,因此,内部环境审查的范围既可包括内部环境财务合规审计和内部环境效益审计,又可进行事后审计和事前审计;进行的审计既可是防护性的,也是建设性的。同时,内部环境审计在经济效益方面,具有优越的条件。这是因为开展环境效益审计,要求审计人员既熟悉有关环境工程方面的知识,又熟悉经营过程和行业的专门知识,而企业内部有这方面的专门人才,对管理要求和经营情况也比较熟悉。因此,内部审计能确认企业在建设和生产经营活动中是否在保护环境、防治和治理污染方面作出了努力,环保政策和措施是否有效,向企业决策人提供环境责任履行情况的信息和合理化建议,促进经营者改进工作。[①]

总体来看,内部审计部门作为环境管理体系的监控系统的重要组成部分,其在企业环境管理体系中的作用主要表现在两个方面:一是认定和评价;二是咨询和建议。内部审计部门不仅应对环境管理体系运行的合规性、有效性予以认定和评价,向管理层报告,确认和解除企业内部的受托环境责任;更应从环境战略、环境因素、目标、指标、管理方案的一致性,指标的进展与完成情况,新增环境因素的及时识别与重要环境因素的更新,新增法律法规的获取与传达,监控程序的执行及发现不符合情况的纠正等方面努力发现环境管理体系中存在的深层次问题,对环境管理体系的持续改进提供咨询和建议。

第二节 内部环境审计的内容和实际开展

一、内部环境审计的内容

西方企业开展的环境审计的内容主要体现在合规性审计和环境管理系统审计方面。最初进行的内部环境审计是合规性审计,主要审查组织的经营是否符合既定的法律、法规,其目的主要是防止因违反这些法规而可能引起的环境风险。后来随着环境审计过程的逐步成熟,以及组织对他们的经营活动的合法性越来越有信心,内部审计的重点转到了环境管理系统,即所建系统在管理未来的环境风险上是否适当并运作良好。

---

① 毕丽霞.企业内部环境审计运作模式研究[D].青岛:中国海洋大学,2003:6-7.

环境审计一般分为内部环境审计和外部环境审计。其中内部审计主要是为了企业内部管理和控制的需要,主要包括:①符合性审计(compliance audits);②环境管理系统审计(environment management system audits);③问题审计(issue audits);④合并前研究(preacquisition studies);⑤供给审计(supplier audits);⑥环境保险审计(insurance audits)。①

国际内部审计师协会的一份研究报告认为:企业环境审计可分作 7 类:①合法性审计;②环境管理系统审计;③交易审计;④处理、贮藏和处置机构审计;⑤污染预防审计;⑥应计环境负债审计;⑦产品审计。②

美国内部审计协会 1995 年对 599 个公司的调查,比 1991 年内部审计机构对环境审计的认识有所提高,在审计的内容和重点也有所扩大,主要包括以下几个方面:①环境保护合法性审计,如清洁空气法、清洁水法、有害物质控制法是否得到了贯彻实施;②环境保护政策及控制程序审计,重点审查企业是否制定了有关环境保护的政策及其执行情况;③环境管理系统审计,主要审查企业环境保护管理系统的运转及其结果;④有害物质的贮存与处置的审计,主要审查对有害物质处置是否安全可靠,是否会引起隐患或影响未来环境;⑤环境经济责任的记录与披露,审查有关环境问题的账务处理,以及如何在财务报告中将这些信息加以披露。

张雪芬把企业环境审计的内容归结为以下几项:环境符合性审计、环境管理系统审计、环境风险防范审计。①环境符合性审计。企业若违反了有关环境方面的法律、法规、条例,就会引起相应的民事责任和刑事责任,因此,环境符合性审计已成为企业环境审计中最普通的一种审计类型。②环境管理系统审计。环境管理系统包括为实现组织的环境战略与环境目标所进行的组织、计划、实施、监督、控制活动。它要求组织建立规范化、程序化和文件化的全过程、全因素控制,以实现下述一系列目标:提高组织对其环境影响的控制水平;达到有关法律、法规和条例的规范要求;对顾客及其他有关团体展示组织能够在生产和服务过程中减少对环境的危害;减少可能的环境危害所带来的责任和相关的环境责任保险费;在激烈竞争的"环境时代"取得竞争优势。环境管理系统在运行上是否经济、是否高效是环境审计的重点。③环境风险防范审计。这类审计旨在降低或减少企业经营管理中的环境风险,就目前来看,主要关注两类问题:一个是交易中的环境风险防范;另一个是对污染的源头控制。前一类就是国际内部审计师协会所说的交易审计(transaction audit)。一般情况下,银行在作出贷款决策前或接受财产抵押时,会要求企业进行交易审计。要使交易审计做到程序合理、

---

①　Mort Dittenhofer. Environmental Accounting and Auditing[J]. Managerial Auditing Journal,1995,10(8):43-51.

②　海热提. 循环经济与生态工业[M]. 中国环境科学出版社,2009:351-352.

范围适当,审计人员通常要考虑 5 项因素:①交易类型;②交易金额;③委托人的目的;④审计成本;⑤贷款人及企业对环境风险的承受能力。除银行之外,企业在作出某些交易决策时,像购买财产、鉴定处理污染物的协议等也会主动进行交易审计。①

马瑜(2003)把内部环境审计分为 2 项:环境法规执行审计和环境管理系统审计。国际内部注册会计师协会指出:环境审计是环境管理系统的一个重要组成部分,借此管理部门可确定组织的环境管理系统在保证组织的经营活动中符合有关规章和内部政策的要求上是否充分。②

雏燕(2006)把企业环境审计的开展分为事前、事中、事后 3 个阶段。企业开展环境审计,从时间先后顺序来看可以分为事前审计、事中审计和事后审计。事前审计主要包括清洁生产审计、审查企业在环境保护问题方面对职工的教育培训情况、审查环保资金筹集的真实性与合法性、审查环境投资决策的可行性。事中审计包括检查、发现、报告危害环保的主要问题、审查环境管理系统和有关内部控制系统的健全性和有效性、评估环境负债、审查废气物处理、储放和排放情况、环境友好型产品审计。事后审计主要包括检查遵守环境政策、法规的情况、审查环境报告和有关信息的披露、环境业绩评价、评价企业的环境形象。③

张霞认为,内部环境审计的主要内容包括:检查、发现、报告危害环保的主要问题,反映不符合环保标准的信息;发现生产、技术、经营、贮存、运输过程中危害环保的事项,评价遵守环境政策、法规的情况;审查环保管理系统和有关内控系统的健全和有效,并反映其薄弱环节和失控问题;审核环保资金的筹集和分配的合理性与有效性,同时对环保负债进行评估;审计环境报告和有关信息的审查,向管理当局提出审计结果、存在风险、资金运用、实现效果的报告等。④

李兆华、孙晓燕(2008)认为,企业内部环境审计,可分为环境财务审计、环境合规性审计和环境绩效审计。企业内部环境财务审计的内容包括:①环保资金财务审计。其主要包括对环保资金的筹集、使用情况进行审计。②环境会计信息披露审计。其主要包括环境会计信息的披露是否符合环境会计、财务制度的规定、应计环境负债和由于环境风险问题引起的或有环境负债是否得到恰当确认和反映以及评估环境管理费用估计的合理性。其中,应着重注意导致在财务报表中隐藏重大错报的环境事项。③环境保护内部控制的审核。⑤

王德福(2009)认为,企业内部环境审计的内容包括:①环境管理系统审计;

① 张雪芬.关于企业环境审计的几个问题[J].审计研究,2001(5):34-36.
② 马瑜.对建立我国环境审计系统的探讨[J].审计理论与研究,2003(4):11-12.
③ 雏燕.论企业环境审计的开展[D].北京:首都经贸大学,2006:13.
④ 张霞.试论煤炭企业环境审计[J].煤炭经济研究,2009(8):83.
⑤ 李兆华,孙晓燕.企业内部环境财务审计运作模式的构建[J].会计之友,2008(6):67-69.

②预防性审计；③合规性审计；④绩效审计。[①]

李小菊、张晓鸣（2012）认为，随着环境审计的发展，企业内部环境审计的范围已从传统的财务审计、合规性审计和绩效审计向外扩展，诸如生产场所审计、交易审计、清洁生产审计、环境管理系统审计等环境审计事项。[②]

王雅琳（2014）通过借鉴国家审计的多元环境审计工作格局和国有企业内部审计项目类型的划分，提出构建企业多元环境审计的基本框架的构想，包括：财务审计（环境审计是该类型审计的一项重要内容），固定资产投资项目审计（环境审计是该类型审计的一项必审内容），内部控制审计（环境审计是该类型审计的一项重要内容），经营审计（环境审计是贯穿企业经营全过程的一项审计内容）和其他审计。[③]

汪卉（2014）结合企业生产经营活动和对环境审计的分析，认为内部环境审计的内容包括：①会计核算信息审计，分析环境情况给企业财务以及经营方面带来的影响，对会计凭证、报表等涉及企业财务信息资料进行的审查；②环境合规性审计，对企业进行审查，确定其在生产经营活动过程中是否遵守国家环境方面的法律及法规，以便找出企业经营中存在的问题；③环境管理系统审计，对企业的环境管理方法、手段以及管理措施进行的审查；④环境责任审计，对企业环境责任（如建设企业的环境管理体系、废弃物及污染物的处理、清洁能源、潜在的环境问题及应对策略等）履行情况的审查。[④]

二、内部环境审计的重点

（一）内部环境绩效审计

内部环境绩效审计是内部审计机构和人员对从组织内部的环境政策、环境管理系统到涉及环境方面的各个实践活动和项目实施的鉴证、评价和咨询等活动，通过一定的技术方法，依据一定的指标，评价其经济性、效率性、效果性，并客观独立地搜集和整理证据，以鉴证组织的环境受托责任，并将评价结果和有关改进意见报告给管理当局，从而为管理当局改善环境管理，提高环境绩效以及相关决策提供帮助。内部环境绩效审计致力于提高组织的环境管理水平和环境绩效，通过实施鉴证和评价活动，可以发现组织环境管理中的薄弱环节，以及那些违背了经济性、效率性和效果性原则的活动，并向管理者提供针对性较强的各种帮助。它通过一定的技术方法评价并提高组织环境风险管理、环境控制和环境治理过程的效果，以帮助组织实现其环境目标。内部环境绩效审计的目的就是

① 王德福. 试论石油企业的内部环境审计[J]. 现代经济信息，2009(18):185.
② 李小菊，张晓鸣. 论低碳经济下的企业内部环境审计建设[J]. 经济研究导刊，2012(14):146-148.
③ 王雅琳. 雾霾危机背景下企业内部环境审计建设构想——建立企业多元环境审计框架[J]. 会计之友，2014(13):74-77.
④ 汪卉. 企业内部环境审计免疫力评价研究[D]. 长春:长春理工大学，2014.

帮助管理者更好地履行受托环境责任,为评价一个组织的环境绩效提供手段,以及通过改进建议,提高该组织的环境绩效。[①]

企业内部进行环境绩效审计的内容由环境绩效审计的目标决定,不同环境审计项目达到的目标不一样,决定了环境绩效审计内容的多样性,绩效审计应包括以下几方面的内容:第一,环保投资审计,即对环保投资项目进行事前、事中、事后全过程动态审计。第二,环境成本费用审计,即对环境污染的预防成本、维护成本、治理成本的确认、记录、计量和报告的真实性、合理性、准确性进行审计。第三,环境管理综合效益审计,即对企业加强环境管理所带来的直接经济效益、间接效益、社会效益及生态效益等进行全面评价。如石油企业对节能减排、安全隐患治理、清洁生产方案、整治规范污染物排放等措施和项目进行全面的效益评估及审计,正是环境绩效审计的有益探索和尝试。[②]

(二) 环境管理系统审计

环境管理系统是企业整个管理体系的有机组成部分,是对企业各部门或单位所产生的安全、环境、生态问题进行监控和管理的综合措施,包括环境管理机构设置、环境政策、管理制度和程序等。其目的在于保证组织企业的环境活动符合环境法律、法规,制定为达到环境目标而必须实行的政策和程序,预防和控制组织的环境风险并使其最小化。它要求组织建立规范化、程序化和文件化的全过程、全因素控制,以实现下述一系列目标:①提高组织对其环境影响的控制水平;②达到有关法律、法规和条例的规范要求;③对顾客及其他有关团体展示组织能够在生产和服务过程中减少对环境的危害;④减少可能的环境危害所带来的责任和相关的环境责任保险费;⑤在激烈竞争的"环境时代"取得竞争优势。环境管理系统在运行上是否经济、是否高效是环境审计的重点。[③]

对企业环境管理系统的审计可以分为以下两个方面:第一,审计企业环境管理系统自身的有效性,包括设计的合理性。第二,审计环境管理系统控制下的企业经济活动。设计良好的环境管理系统应该是与企业其他各项管理活动相融合的,那么它的控制力就应该达到企业所有经济活动的环境相关方面。借鉴传统财务审计工作中划分审计循环的做法,在内部环境审计中也可以将企业经济活动进行适当的划分,以提高内部环境审计工作的效率和可行性。[④]

从程序上讲,首先,审计人员要了解企业对环境的态度是浅绿色还是深绿色。其次,应了解企业的经理阶层是否制定有关环境方针;若制定了环境方针,则这些方针是否与整体战略保持一致;环境战略是否是整体战略的基本组成部分,全体员工是否了解企业的环境方针。取得上述背景材料之后,审计人员就应

① 葛雪.企业内部环境绩效审计研究[D].兰州:兰州商学院,2008:19.
② 王德福.试论石油企业的内部环境审计[J].现代经济信息,2009(18):185.
③ 张雪芬.关于企业环境审计的几个问题[J].审计研究,2001(5):34-36.
④ 孙岩.我国企业内部环境审计理论与实务研究[D].兰州:兰州大学,2006:36.

以 ISO 14000 为标准,从计划、实施与运用、监督与纠正措施、经理阶层的评估诸方面评估环境管理系统的健全性和有效性。 比如,评价"实施与运用"要考虑以下几个项目:①是否制定有环境管理的职务、责任和权限,并且加以文字化;②经理们是否提供必要的资料;③最高经理层是否任命环境管理者;④是否对环境管理者规定有明确的责任、权限;⑤企业是否有明确的环境教育训练计划与措施;⑥环境管理者是否有能力履行责任;⑦环境管理信息的传达是否顺畅;⑧环境管理系统的文件如何生成,如何管理;⑨企业是否以方针、目的、目标订定事项,对影响环境及活动有明确规定;⑩管理活动的计划是否科学以及紧急状态下是否有应急措施等。①

(三)预防性审计

人类环境保护的实践证明,环境问题一旦发生后再进行治理,需补偿的代价将相当昂贵。 有的不但涉及代内补偿,而且也关系到代际补偿;有的环境污染和破坏问题出现后,即使经济上付出更大的代价,也往往难以清除和恢复。 因此,预防环境污染和破坏比事后补偿更重要。 由此可见,环境审计不能仅仅停留于事后审计,而应对影响环境的主要经济活动的全过程进行审计,以保证决策正确,规划可行,及时发现经济活动对环境的影响,采取保护环境的措施,最大限度地降低经济活动对环境质量的不利影响。 如对某些重要建设项目,事前应分析该项目对环境的影响及其程度,审查防治污染的处理工艺流程、预期效果,以及对资源开发引起的生态变化所采取的防范措施、绿化设计、环境保护投资概算;事中审查施工现场周围的环境保护、建设项目设计中的环境保护措施的落实等情况;事后审查施工过程中受到破坏的环境是否修整和复原,防治污染设施的运转和使用情况,治理效果和达标情况等。② 对于重污染企业尤其要进行预防性审计。 如石油企业要审查企业的规划和新建、改建与扩建项目的环境影响评价及"三同时"的执行情况;评价企业是否对原材料使用、资源消耗、资源综合利用以及污染物产生与处置等进行了分析论证,是否优先采用资源利用率高以及污染物产生量少的清洁生产技术、工艺和设备,是否尽量减少和禁止企业因生产经营活动而排放有害物质,是否采用能够达到国家或地方规定的污染物资排放总量控制指标的污染防治技术等。 通过以上审查和评价,全面评估企业面临的环境风险,并提出审计建议或意见。

三、内部环境审计的实际开展情况

(一)主要国家内部审计环境审计开展现状

德国的环境审计主体主要有国家审计机关、企业内部审计和经济审计协会。

---

① 张雪芬.关于企业环境审计的几个问题[J].审计研究,2001(5):34-36.
② 西南科技大学课题组.我国环境审计运行的模式[J].上海会计,2001(7):54-56.

在企业内部审计方面,德国的大企业都十分重视环保工作,关注企业的经济效应、社会效应、生态效应如何达到最佳的结合。企业自觉地重视原料和产品的环保性、可降解性,并不断地寻找更环保的可替代品,而不是单纯地追求低成本。这些在起初是为了应付检查,现在已经演变成为企业自觉的、获利的、良性的需求。按照德国法律规定,如果企业排放达到一定量(如污水排放大于750立方米/天),必须要设置环保特派员岗位。环保特派员必须具有环保方面专业知识和一定的能力水平,并直接对CEO负责。环保特派员的主要职能:一是确立企业应遵循的、现有的环保法律、法规,寻找新技术、新方法改善产品以符合环保要求,反映对社会的义务,对企业的环保现状进行总结评估;二是具有咨询职能,向企业生产的各个环节提供环保咨询;三是充分发挥内部控制和监督作用,每年向CEO提交报告。劳动法律对环保特派员有特殊的解聘保护条款,支持其独立开展环保审计监督工作。环保特派员的设置,为企业开展内部资源环境审计提供了制度保障。[①]

荷兰的环境审计按主体划分可以分为政府环境审计和企业内部环境审计两大类。在荷兰经济中,石油化工占了很大比重,而石油化工又是容易造成环境污染的行业。1989年,荷兰政府制定了《环境管理条例》,规定企业对环境保护负有独立责任,其含义就是要把环境因素在企业内部解决。而解决企业环境污染问题最好的措施就是企业建立国际环境管理体系。为此,政府出台了相应的优惠政策。比如,如果企业建立环境管理体系,拿到国际环保认证书,国家环保部门就会信任企业的环境保护工作,并因此减少每年对企业的检查次数。而且,荷兰的环境执法非常严格,一旦出现违规事项,按照规定处罚会很重,所以企业一般都不敢以身试法。为了获得优惠政策并且避免处罚,荷兰的许多企业都设有内部审计部门,并把环境审计作为一项重要的审计内容列入审计计划,企业内部审计部门成为环境审计的主体之一。[②]

(二) 我国内部环境审计的开展现状

现阶段,由于各方面条件的限制,我国进行的与环境相关的审计主要是以国家审计为主,审计内容只是停留在国家合规性审计上,即主要鉴证企业的经济活动是否遵守了现有的环境保护法律和地方颁布的环保法规,如污染物的排放是否超过了规定标准,是否按照规定的要求及时上缴各种费用等。相对而言,我国企业在内部环境审计上几乎是"零的记录",这与西方企业内部环境审计的产生与发展是截然相反的。我国的环境审计尚未发展至企业环境保护的层面,对企业领导人应承担的环境保护责任、企业环境管理制度、环境保护绩效、产品的清洁生产等,基本没有采取具体行动。即使有的企业进行的所谓与环境有关的审

---

① 朱江.德国资源环境审计概况[J].中国审计,2009(23):50-51.
② 陈怀玉.独具特色的荷兰环境审计[J].商业会计,2006(7):37-38.

计,也仅仅围绕环保资金收支这条线展开,很少有企业对单位污染治理情况、治理成本与效益进行分析与评价。也就是说,企业内部缺乏环境审计,环境审计并没有成为企业发展的动力与管理工具。可见,我国现阶段企业内部所实施的环境保护审计处于相对落后的状况。[1]

现阶段我国开展环境审计还是以政府审计为主导,内部审计部门和社会审计组织的参与程度较低。受制于环境会计的发展,注册会计师环境审计目前还基本上处于空白状态,而内部环境审计受制于企业对利润的追求和对环境责任的淡漠,迟迟难以被企业接受。[2]

目前,环境审计实践主要是由国家审计机关开展的财务审计,内部环境审计力度十分薄弱。在这种情况下,通过环境审计立法的方式促进企业内部环境审计实践的发展就不失为一个好选择。[3]

(三) 我国开展内部环境审计的困难

1. 我国企业缺乏实施内部环境审计的动力

首先,缺乏内在动力。由于内部环境审计应当自主推行,因此内部环境审计是受企业管理者之委托而进行审计的,企业及管理层的支持和积极响应是内部环境审计开展的重要推动力。[4] 但在我国,有些企业管理层认为"内部环境审计无关紧要,不如把节省下来的成本支持企业发展"。据统计,我国 70% 的环境污染来自于工业企业,同时,据有关调查研究表明,我国大约有 7 341 517 个工业企业和生产单位,但在数量如此多的企业中,少之又少的企业愿意去尝试内部环境审计实践活动。例如:2006 年昆明市对 12 个县市的 343 家矿山企业的执法检查表明,履行环保评估手续的只占 36%,执行"三同时"制度的仅为 8%。根据11 个州、市对 2 448 家矿山企业的专项执法检查,开展环评的只占 63%。可见,现在绝大多数的企业内部尚未有建立环境管理体系,环境审计的思想没有贯彻执行,更没有深入人心。[5] 此外,张莺(2007)在对我国一些企业调查时了解到,在企业内部尚未有建立环境管理体系,根本就没有想开展环境审计,有的甚至不知道环境审计为何物。可以说,我国企业在内部环境审计上几乎是"零的记录"。这主要的原因是我国企业缺乏实施内部环境审计的内在动力。[6]

内部环境审计作为环境管理系统的重要组成部分,按照企业的内部审计程序组织、实施内部环境审计,不仅要发现环境管理系统文件执行方面的问题,而且还要从方针、环境因素、目标、指标、管理方案、指标的进展与完成状况、新增环

① 毕丽霞.企业内部环境审计运作模式的研究[D].青岛:中国海洋大学,2003:12.
② 崔献华.我国环境审计研究[D].大连:东北财经大学,2007:33.
③ 岳世忠.新时期强化内部环境审计的对策[J].中国市场,2009(35):37.
④ 王晶晶.我国企业内部环境审计的问题探讨[D].南昌:江西财经大学,2009:45.
⑤ 那英,綦学铭.企业内部环境审计研究[J].中国商界,2010(1):66-67.
⑥ 张莺.企业开展内部环境绩效审计面临的问题及解决对策[J].审计月刊,2008(10):47-48.

境因素的及时识别与重要环境因素的更新、新增法律和法规的获取与传达等多方面对企业内部环境的合法性、公允性及效益性进行监督与评估。所以,不难看出,内部环境审计的开展会大大增加企业的环境管理成本。①

企业管理者将环境审计视为引起环境管理成本增加而损害企业利润最大化目标的行为,因此,在不知道什么是环境审计、实施环境审计能获得利益的时候,对企业内部开展环境不重视,不推行甚至阻碍企业内部环境审计的实施。

除此之外,在我国,目前还没有建立起对环境污染和生态资源破坏的责任人进行惩处的机制,企业对造成环境污染,往往是对企业收费和罚款,而忽视了对造成环境污染的责任人追究责任。因此,造成许多企业的经理、厂长只注重提高企业自身的经济效益,环境保护意识却很弱,加剧了我国企业进行环境保护、审计的难度,势必降低环境保护审计的普及率。

综上所述,实施企业内部环境审计缺少内在动因。这是导致企业管理者环保意识薄弱、企业环境保护审计难以深入推广的一个重要原因。

其次,缺乏外在动力。环境保护相关法律、法规是促使企业内部环境审计实施的重要外部推动力量。虽然我国到目前为止,形成了以《环境保护法》为主体,包括《大气污染防治法》《海洋环境保护法》等6部环保法律;包括《土地法》《森林法》《渔业法》等8项资源管理、开发利用和保护法律以和包括《征收排污费暂行办法》等在内的22项行政法规的全国性法律、法规体系,以及600多项环境保护地方性法规,但仍缺乏开展环境审计的直接依据。由于《审计法》及审计署制定的《中国审计规范》等审计法规中,均没有环境审计的内容和具体实施办法,也相应使内部环境审计的开展缺少必要的法律强制力,内部环境审计工作很难开展。目前法律、法规只要求对环境污染造成的直接损失赔偿,并不是对所有的环境污染损害都进行赔偿,间接的或潜在的损失是否赔偿,法律未作规定。然而环境污染损害除了表现为直接的人体健康或财物损害外,往往还会造成间接的、潜在的或长期的、不能即时表现出来的环境或人体健康损害。这种环境污染损害既难以估量,又无法准确预测或推算,并要在很多年以后才能显现出来。现行环境法律制度规定只对直接损害赔偿,而环境污染造成的间接的、潜在的、远期的影响却得不到赔偿。同时,在实践中,当环境污染造成群体性的公众环境权益损害或国家环境权益损害时,没有一个人或单位能够代表受损的公众或国家向人民法院提起环境污染赔偿诉讼,缺乏社会公众对企业的监督,难免使企业钻法规的漏洞。另外,王黎、罗杰(2011)认为,政绩考评体制的局限已然成为阻碍内部环境审计顺利发展的主要外部因素。很多地方在考核干部政绩时,将"政绩"片面理解为"经济指标",单纯追求GDP的增长。为了自己的业绩和前程,部分地方干部不顾实际,不计长远,不管生态,盲目上项目,只求经济增长速度。尤其是有的

---

① 岳世忠. 新时期强化内部环境审计的对策[J]. 中国市场,2009(35):37.

项目对环境的影响短期内并显现不出来。地方官员的这种不问不管更加放任了企业对内部环境审计的轻视,以致其对环境审计应付了事乃至弄虚作假。尤其在一些被认为是为当地产业支柱的企业,情况更是堪忧,甚至出现官员帮助企业造假,应付环境保护检查的现象。[①]

2. 我国企业缺乏实施内部环境审计的条件

(1) 缺乏完善的内部环境审计标准。从审计的视角看,任何项目审计的有效实施都离不开与其相适应的审计标准。标准是用于评价或计量鉴证对象的基准,它是审计业务中不可或缺的一项要素,因此内部环境审计标准的完善直接影响其在企业内部的实施。

从我国现有的可以作为环境审计标准来看,并没有建立环境会计准则,对企业发生的环境资产、负债等要素难以确认和计量,反映企业环境保护情况的环境会计信息不能披露,从而限制了内部环境审计中的环境会计核算信息审计的开展。除此之外,在已颁布实施的审计规范和准则中,均没有环境审计的具体实施办法和评估标准,这是我国开展环境审计必须迅速解决的一个问题。如对企业内部审计机构开展环境审计是否应遵守国际标准化组织对环境审计的规定(ISO 14000)尚未达成共识。由于缺乏相关的审计依据或评价标准,审计机构和人员在对被审计单位的环境业绩进行评价时,也会有很大的难度。[②]

(2) 缺乏相应的技术方法和应用指导。传统的财务审计等技术方法,包括审阅、验证、复算、实地观察、询问、分析性复核等对环境绩效审计仍是适用的,但环境审计中对环境专业技术要求比较高,这些专业不仅限于环境方面,还包括社会学、统计学、经济学、工程学等各个门类。因此,环境审计方法的技术综合性强,只有懂审计技术和社会学、经济学、统计学、工程学、法学、数学、化学、医学和环境学的人,才能获取企业经济活动对环境影响的数据信息,从而对企业中的环境事项进行科学评价。因此,现有的审计技术方法不能满足开展内部环境审计的需要。

(3) 缺乏配备高素质的审计人员。内部受托经济责任是内部审计产生的根本原因,并随着内部受托经济责任内容的不断拓展而发展,内部环境审计正是在受托经济责任拓展到受托环境责任上而出现的一种新的审计类型,它的审计对象是企业各个部门和人员的环境责任履行情况,因此,内部环境审计的技术性很强,且多以定量分析为主,需要高等数学、数理统计等方面的知识,且涉及多种环境知识,如环境经济学、环境生物学、环境法学、环境管理学等,还要具备社会学、统计学、工程学等方面的知识。

---

① 王黎,罗杰. 我国企业内部环境审计的限制因素分析及发展对策[J]. 中国商贸,2011(33):68-69.
② 王璐. 我国企业内部环境审计问题的研究[J]. 商界,2007(7):84-85.

（四）解决开展内部环境审计的困难的途径

1. 通过大力宣传使企业增强开展内部环境审计的动力

为了使内部环境审计能够健康、有序地开展，应该大力倡导环境宣传和环境教育，普及环境知识，吸引公众对内部环境审计的关注和积极参与。通过宣传，使社会公众充分认识到内部环境审计的重要性，使社会公众确信内部环境审计有助于他们理性的投资和信贷决策。这能从侧面促使企业重视环境保护问题，主动增加治理污染的费用，以谋求良好的社会公众形象。这样做，一方面促进了内部环境审计的发展，另一方面内部环境审计的开展也有助于保护社会公众的合法权益。

从其他国家的实践中可以看到，以立法的形式促进内部环境审计的开展确实能够在较短时间内取得比较好的效果。但我们也应认识到，采取这种方式时企业完全处于被动的地位。按照管理学理论，如果企业仅仅是迫于国家和政府法律、法规的压力而实施内部环境审计，那么这种被动的行为是不会长久的，并且在实施过程中还可能出现各种各样的舞弊。因此，只有从根本上转变企业观念，使内部环境审计成为企业自愿、主动的行为，才真正有助于内部环境审计在我国企业中长期、健康地发展。

首先，我们要加强对企业的环保宣传，使企业改变观念，自觉地实施环境保护、环境治理的措施；其次，也是更为重要的，要使企业认识到内部环境审计在增加企业成本的同时也能够给企业带来利益。例如，企业通过开展内部环境审计有助于确保企业遵循各类环境法律、法规，并能因此避免经济惩罚或其他制裁；通过对现有生产流程、能源种类、能源来源和废弃物处理等进行评估，能够找出节约成本的机会，最终提高企业收益。并且企业在内部环境审计过程中收集到的大量资料，能够增加管理部门对资源配置、产品和服务、生产流程、需要的装置和设备、储存和处置危险废弃物的程序、出现环境、健康或安全紧急事件或灾害时采取的行动等事项作出决策时使用的信息量，使企业作出更加有效的管理决策。如果企业进行内部环境审计，就能够向社会公众表明企业提高环境绩效的承诺，从而使企业形象得到改善，还可以抵制对企业环境保护的负面宣传。如果企业公开报告自己的环境绩效，特别是在环境报告经过独立鉴定时，企业就能更有效地提高企业声誉。企业的这种报告和鉴定行为可以被转换为更加实际的利益，因为当它被认为是"环境友好型"企业时，就会被众多的关注环境问题的顾客或投资者所青睐等。再次，可以选择一些国有大型企业为试点，因为我国国有大型企业的环境管理制度比较完善，具有较好的开展内部环境绩效审计的基础，可以积累经验并逐步推广。

因此，应通过大力宣传，使企业充分认识到开展内部环境审计的必要性和有利之处，增强开展内部环境审计的动力，以引起企业对开展内部环境审计的高度关注，并加速其开展的步伐。

215

2. 加快环境审计立法步伐,实现内部环境审计的法制化

西方国家环境审计的发展是在比较宽松的空间中进行的,企业自身较强的环境意识使其成为环境审计发展的主导者。而我国由于经济体制等各方面的原因,没能在环境审计的发展过程中与西方国家保持同步,并且由于受到经济发展水平的限制,我国企业的环境保护意识仍比较差。目前,环境审计实践主要是由国家审计机关开展的财务审计,内部环境审计力度十分薄弱。在这种情况下,通过环境审计立法的方式促进企业内部环境审计实践的发展就不失为一个好选择。①

除此之外,应提高环境法规的执行力。从内部环境审计的动因来看,严格的法律、法规是促使企业开展内部环境审计的外部原因,虽然我国制定了一系列比较完善的环境法律、法规,但因为没有得到很好的履行,根本不能发挥出作为环境审计依据的效用,形同虚设,没有为开展内部环境审计提供很好的制度环境。加大对各类工业开发区的环境监管力度,对达不到环境质量要求的,要限期整改;对企业和企业主管人员违反环境法律的情况进行起诉;规范环境执法行为,实行执法责任追究制,加强对环境执法活动的行政监察,使惩罚措施真正落实到实处,从而促使企业认真履行其环境责任,为内部环境审计的开展提供有利的外部环境。

3. 完善内部环境审计评价标准

首先,我国需加快对环境会计这门新兴学科的深入探讨与研究,积极开展环境会计的国际交流与合作,充分学习和借鉴国外已有的研究成果,力求解决诸如确认、计量等基本理论问题,应当选择若干不同类型的企业深入调查,采用案例研究或现场研究方法,在现有基础上作进一步的专题研究。加大对环境会计确认和计量方法在实践中的应用研究,将理论研究的成果运用于企业环境会计实践,并通过实践检验和修正理论,提高理论的实用性。采用调查问卷的方法,了解和掌握相关利益相关者的环境会计信息的需求,从而规范环境会计信息的披露。把经济活动中的环境成本、环境负债和环境效益,通过会计特有的方法加以确认、计量、披露,建立环境会计核算体系,研究并制定统一的环境会计报告准则,为环境审计的开展提供充分的信息。②

其次,争取在最短的时间内,加大研究力度,理顺与法规相关的价值指标与技术指标的关系,如排放的污染物种类、数量、浓度达到何种水平才确定罚款金额,具体的罚款标准是多少,都是迫切需要解决的问题,从而更好地指导内部审计机构评价企业排污收费情况和排污申报登记情况等执行环境法律、法规情况的合法性和合理性。当实施内部环境审计时,尤其在需要以环境保护技术指标

---

① 岳世忠. 新时期强化内部环境审计的对策[J]. 中国市场,2009(35):37.
② 崔献华. 我国环境审计研究[D]. 大连:东北财经大学,2007:33.

作为审计标准的时候,就需要视内部环境审计的开展情况由咨询机构予以确定,以真正解决内部环境审计标准运用中的疑难问题,增强内部环境审计的可操作性。

4. 培养高素质的内部环境审计人员

内部审计人员应转变传统审计观念,扩充自己的知识面,更新传统审计下的知识结构,学习并掌握环境科学、环境经济学、发展经济学、资源会计学、环境会计学等知识和技能,以便有足够的能力去胜任内部环境绩效审计这一复杂的工作。

首先,内部环境审计工作需要复合型人才,应当以培养高素质的复合型人才为目标设置高校的课程,应增加诸如环境管理、环境经济学、环境会计和环境审计等课程,使学生的知识结构更加合理,同时鼓励环境和工程专业的大学生双修审计学位,学习审计技术,也提倡审计专业的学生双修环境相关专业,从而使这些大学生不仅掌握审计技术,也了解环境知识,储备内部环境审计人才,毕业后可以很快充实到内部环境审计的队伍中去。

其次,对会计审计人员进行后续教育,特别是对一些容易造成污染的企业的内部会计审计人员,可通过举办培训班和专题讲座的形式,补充和更新其环境会计审计的知识,以使其能满足企业开展环境绩效审计的要求。企业管理当局和相关部门应重视和支持对内部会计审计人员的培训,使内部会计审计人员有提高自身素质的内外双重动力。

5. 加快实施绿色 GDP 的步伐,改进干部考核指标体系

绿色 GDP 是指在通常的 GDP 指标中,扣除自然资产损失,即扣除由于环境污染、自然资源退化人口数量失控等因素引起的经济损失成本后形成的真实的国民财富总值。它不仅能反映经济增长水平,而且能够体现经济增长与自然保护和谐统一的程度。将绿色 GDP 纳入我国统计体系和干部考核体系,能促使企业和地方政府在关注经济增长的同时关注环境保护,改变重经济发展轻环境保护的观念,从根本上改变 GDP 唯上的政绩观,从而真正实现从粗放型经济增长模式向低消耗、高利用、低排放的集约型模型的转变。[1]

6. 将经济责任审计和企业内部环境审计相结合

以环境审计来促使企业领导确立环保优先的责任感,将经济责任审计和企业内部环境审计相结合,是促使环境审计走向现实的重要条件。目前,有的企业领导在认识上存在着误区,依旧片面认为发展经济和环境保护是对立的,加强环境保护必然影响当地的经济发展,在发展中产生环境污染问题纯属正常,因此在工作中有短视行为,不考虑环境问题,也不承担环境责任。在我国《环境保护法》《国有企业及国有控股企业领导人任期经济责任审计的规定》中,均缺乏企业领导人的环境保护及相关处罚的具体规定,这是导致企业领导人环境保护意识薄

---

① 王黎,罗杰. 我国企业内部环境审计的限制因素分析及发展对策[J]. 中国商贸,2011(33):68-69.

弱,环境保护审计难以在实务中得到深入推广的一个重要原因。因此,建立健全环境保护企业领导人责任机制,将经济责任审计和企业内部环境审计相结合是当务之急。①

本章小结

内部环境审计是环境管理系统的一部分,包括环境管理系统审计、内部环境绩效审计和预防性审计等,体现了内部环境审计存在的必要性和随着经济的发展其将起到更大的作用。虽然我国现阶段内部环境审计开展的形式比较单一,而且注重的是环保资金收支审计,但是从发达国家实践经验来看,内部环境审计将会发挥不可小觑的作用。因此,在我国开展内部环境审计动力不足和条件欠缺的情况下,仍应采取积极的态度解决困难,为内部环境审计的开展提供良好的内外部环境。促进内部环境审计的大力实施,既要大力宣传转变观念,又要加紧立法步伐,提供硬性标准,还需要大力培育复合型人才。

思考题

一、请简要阐述环境管理系统的概念。
二、说明开展内部环境审计的必要性和重要性。
三、说明企业内部环境审计的重点内容包括哪些?
四、你认为我国现阶段开展内部环境审计面临什么样的困难?
五、试结合我国现阶段内部环境审计的困难,讨论其产生的原因,并提出相应的对策建议。

参考文献

[1] 广东审计课题组.企业环境管理系统的构建与审计[J].广东审计,2003(2):8-12.
[2] 尚占黎,孙芳晶,杨传凤.浅析 ISO 14001 环境管理体系运行中的几个问题[J].环境保护,1999(8):13.
[3] 刘军,张立显.基于循环经济理论的企业环境管理体系研究[J].技术与创新管理,2008(6):617-618.
[4] 最高审计机关亚洲组织环境审计委员会.最高审计机关亚洲组织环境审计指南草案[J].审计研究资料,2001(2).
[5] 王德升,杨树滋.借鉴国际经验研究环境审计[J].审计研究,1997(2):1-7.
[6] 陈正兴.环境审计[M].北京:中国审计出版社,2001.
[7] 孙岩,杨肃昌.企业内部环境审计定义研究[J].审计与经济研究,2005(6):28-31.
[8] 毕丽霞.企业内部环境审计运作模式研究[D].青岛:中国海洋大学,2003:6-7.
[9] Mort Dittcnhofer. Environmental Accounting and Auditing[J]. Managerial Auditing Journal. 1995(8):43-51.
[10] 海热提.循环经济与生态工业[M].北京:中国环境科学出版社,2009(2):351-352.
[11] 张雪芬.关于企业环境审计的几个问题[J].审计研究,2001(5):34-36.

① 李小菊,张晓鸣.论低碳经济下的企业内部环境审计建设[J].经济研究导刊,2012(14):146-148.

［12］　马瑜.对建立我国环境审计系统的探讨［J］.审计理论与研究,2003(4):11-12.

［13］　雏燕.论企业环境审计的开展［D］.北京:首都经贸大学,2006:13.

［14］　张霞.试论煤炭企业环境审计［J］.煤炭经济研究,2009(8):83.

［15］　李兆华,孙晓燕.企业内部环境财务审计运作模式的构建［J］.会计之友,2008(6):67-69.

［16］　王德福.试论石油企业的内部环境审计［J］.现代经济信息,2009(18):185.

［17］　葛雪.企业内部环境绩效审计研究［D］.兰州:兰州商学院,2008:19.

［18］　王德福.试论石油企业的内部环境审计［J］.现代经济信息,2009(18):185.

［19］　孙岩.我国企业内部环境审计理论与实务研究［D］.兰州:兰州大学,2006:36.

［20］　西南科技大学课题组.我国环境审计运行的模式［J］.上海会计,2001(7):54-56.

［21］　朱江.德国资源环境审计概况［J］.中国审计,2009(23):50-51.

［22］　陈怀玉.独具特色的荷兰环境审计［J］.商业会计,2006(7):37-38.

［23］　崔献华.我国环境审计研究［D］.大连:东北财经大学,2007:33.

［24］　岳世忠.新时期强化内部环境审计的对策［J］.中国市场,2009,35:37.

［25］　王晶晶.我国企业内部环境审计的问题探讨［D］.南昌:江西财经大学,2009:45.

［26］　那英,綦学铭.企业内部环境审计研究［J］.中国商界,2010(1):66-67.

［27］　张莺.企业开展内部环境绩效审计面临的问题及解决对策［J］.审计月刊,2008(10):47-48.

［28］　王璐.我国企业内部环境审计问题的研究［J］.商界,2007(7):84-85.

［29］　王雅琳.雾霾危机背景下企业内部环境审计建设构想——建立企业多元环境审计框架［J］.会计之友,2014(13):74-77.

［30］　冯娟.关于企业环境管理系统的思考［D］.北京:中国政法大学,2013.

［31］　黎明,但小丽.我国企业内部环境审计探讨［J］.会计之友,2014(6):110-112.

［32］　李小菊,张晓鸣.论低碳经济下的企业内部环境审计建设［J］.经济研究导刊,2012(14):146-148.

［33］　汪卉.企业内部环境审计免疫力评价研究［D］.长春:长春理工大学,2014.

［34］　王黎,罗杰.我国企业内部环境审计的限制因素分析及发展对策［J］.中国商贸,2011(33):68-69.

219

第十章　注册会计师环境审计实务探讨

内容简介

　　本章从注册会计师审计组织在环境管理体系中的地位和作用,注册会计师审计组织环境审计的重点,注册会计师开展环境审计的形式,注册会计师开展环境审计的现状、困难和对策建议4个方面探讨注册会计师环境审计实务问题。

学习目的和要求

　　通过本章的学习,你应当能够:

- 了解注册会计师审计组织在环境管理体系中的地位和作用;
- 了解注册会计师审计组织环境审计的重点;
- 区分审计形式与审计模式;
- 掌握我国目前的环境审计模式;
- 了解我国注册会计师开展环境审计的现状和困难及解决途径。

第一节　注册会计师审计组织在环境管理体系中的地位和作用

　　由于探讨注册会计师审计组织在环境管理体系中的地位、作用方面的文章极少,在搜索的过程中,我们发现注册会计师作为环境审计主体这方面很有研究的意义,同时环境审计也是环境管理体系的一部分,也算是从侧面间接地来探讨了注册会计师审计组织在环境管理体系中的地位、作用。

一、关于环境审计主体

　　从狭义方面来看,审计主体是指审计活动的执行者即审计人,其与被审计人、审计委托人一起构成审计工作中的三方审计关系。与传统审计一样,审计主体在三方关系中的独立性正是审计灵魂的体现。失去了独立性,审计也就失去了存在的意义。

　　对于环境审计主体,在我国存在不同的看法,主要如下所示。

　　观点一:环境审计应由一群职业化的审计师来实施。

对于这种观点,刘琛在《论环境审计的职业化》中认为:随着环境问题日益引起人们的重视,政府部门及企业自身对环境保护、治理方面投入资金逐步增长以及与企业相关的各个利益集团对企业环境报告的不断重视,仅仅依靠政府审计的力量并不能满足社会各方面了解企业环境事项的需要,这就要求会计师事务所在环境审计中发挥应有的作用,由一支职业化、专业化的审计师队伍从事环境审计业务。

观点二:环境审计的主体是环保部门。

孙涛、刘波在其《对环境审计主体的思考》中认为:应以环保部门作为环境审计的主体,审计机关配合环保部门的工作,并从审计的目的、依据、审计人员的专业胜任能力等方面进行了分析。

观点三:此观点是绝大多数学者的观点。这个观点,根据各审计主体所起作用的不同,又可以分为以下3种观点:

一是认为政府审计是环境审计的主导。这是一种比较传统的审计观点。例如,肖文八指出环境审计的体系设置应以政府审计为主导,其主要原因有:①因为政府是"环境产品"的主要投资方和管理者,当然有权委派政府审计机构对其审计;②政府审计可借用国家力量,更具有权威性;③由于受到传统计划经济的影响,政府审计在我国传统审计业务中一直占据主导地位,是环境审计发展的必然选择。同时,陈正兴也在其著作《环境审计》中认为环境审计应以国家审计为主导。

二是认为环境审计应以内部审计为主导。罗恩·布莱克在《环境审计的新篇章》中认为内部审计师与环境审计师的角色慢慢地将合二为一。环境审计起源于内部审计,为了工作的需要,当时环境审计部门是单独设立的,这样就造成了部门工作的重复,影响了工作的效率。随着内部审计师慢慢地适应环境审计的需要,环境审计师与内部审计师的角色将合二为一。很显然,罗恩·布莱克仅从环境审计师与内部审计师的工作不应该重复的角度出发,得出应由内部审计师进行环境审计的结论,而没有详细说明为什么其他两个审计组织不能进行环境审计。但是鉴于目前我国内部审计的完善程度与西方发达国家还存在很大的差距,我国内部审计在环境审计中所起的作用不可能达到西方国家的程度。

三是认为政府审计、注册会计师审计和内部审计都是主体,不分主次。这是因为环境审计只是审计的一个分支,没有必要将其与一般的审计区分开来,持这种观点的学者认为没有必要区分主次,三者共存即可。

我们比较同意观点三,即政府审计、内部审计和注册会计师审计在环境审计中共同发挥作用,但现实的情况是:由于我国环境审计开始的时间还很短,在环境审计方面仍没有找到合适的方式,而且环境审计开展的范围等各方面都还较窄。随着我国环境审计的发展成熟,单纯依靠以政府为主导的环境审计模式并不能满足我国环境审计发展的现实情况,所以我们认为应逐步加大注册会计师在环境审计中的作用。

另外，还有学者根据环境审计客体和主体特征的不同来进行分析。对于不同的环境审计客体，可以单独由一种审计主体进行环境审计，也可以几种审计主体相互配合，共同进行环境审计。具体的考虑因素有：审计客体的规模、审计客体经营活动的专业性、审计客体作业流程的复杂性、审计客体的公关能力、审计客体对环境的影响程度、审计客体所涉及的环保政策等。比如，对大型央企等财力、物力雄厚的企业，可以进行3种环境审计并存、相互支持的环境审计；对高科技企业，则进行政府主体监督，企业内部审计为主的环境审计；对数目繁多的中小型企业，则按照扶持企业内部环境审计为主、注册会计师环境审计逐渐介入的方式来进行环境审计等。由于3种环境审计主体的审计宗旨不同，服务目标有着不同的侧重点，国家主体往往是从整个社会乃至全人类的宏观角度来考虑；注册会计师主体往往是从社会公平、公正、客观的角度来考虑；企业内部审计主体则是从股东利益最大化的微观角度来考虑。因此，在选择审计主体时需要根据审计主体的特征选择更加符合审计目标的审计主体。[①]

二、国外注册会计师在环境审计中地位、作用的观点

（一）加拿大对于注册会计师参与环境审计的看法[②]

加拿大特许会计师协会（CICA）在其1992年研究报告《环境审计与会计职业界的作用》中详细分析了环境审计与会计职业界的关系，并提出了相应的建议。在报告中，它将环境审计划分为四大类：环境咨询服务、场所的评价、经营符合性评价、环境管理体系的评价。

目前，在加拿大，上述4种类型环境性服务中的绝大多数都是由化学工程师和其他技术性专家所提供的。在预计可能会发生诉讼事件的情况下，律师也常常受到聘请，以便对环境审计服务进行监控和获取有力的证据。

总的说来，虽然加拿大的会计职业界对环境性服务的参与程度目前还很低，但有一家会计公司已经与一家工程性公司联合成立了一家责任有限公司，以便发挥和汇总各自的职业优势，更好地提供环境审计服务。CICA正是认识到会计职业界通过与其他职业界的联合而可能在环境审计服务上存在着很大的潜力，故在1992年的研究报告中就4种类型的环境审计与会计职业界的关系进行了评论，并提出了建议。

CICA认为，环境咨询服务在性质上与其他类型的商业咨询服务相类似，因而注册会计师（加拿大称为特许会计师）在获取了必需的专业技能之后能够在一

① 赵春荣,申志强,吕铎. 成本效益与环境审计主体选择研究[J]. 经济师,2013(10):19-21.
② 孙菊生,刘文国. 环境审计与会计职业界的作用——加拿大和美国环境审计比较研究[J]. 审计研究,1998(2):1-6.

定程度上提供这种服务,或者参与这种服务的传递工作。

至于场所评价服务,CICA 认为,由于缺乏在法律和科技方面的专业知识和技能,因而注册会计师在场所评价服务上基本上是无所作为的。而且,CICA 通过调查发现,这种服务并不要求像一般审计那样需要一种提供确认的过程,也很少会用到注册会计师的专门技能。

在经营符合性评价方面,CICA 认为,由于注册会计师在法律和科技上面的技能非常有限,以及由于环境会计和环境管理系统还处于萌芽阶段,注册会计师在目前还不能提供这种服务。但是,随着注册会计师的法律和科技方面知识的不断丰富和完善,以及可以与其他职业界的专家们进行合作,在不久的将来,注册会计师应该在环境问题的经营符合性评价方面发挥很大的作用。

最后,CICA 特别强调,在提供环境管理系统评价的服务方面,注册会计师将起主要的作用。注册会计师在这方面的主要作用既表现在可以为联合专家小组提供审计技巧,也表现在注册会计师在掌握了其他的必备知识之后能够依据其职业经验为这种评价服务进行导向。CICA 认为,注册会计师应该在环境管理系统评价的发展或传递方面起重要作用,而且,注册会计师也能够为环境审计提供如下两种类型的确认:①为环境信息的特殊项目提供确认;②为企业的环境报告提供确认。

所以,注册会计师通过利用其传统的鉴证技巧,能够为环境信息的外部使用者提供上述两种类型的确认。CICA 认为,尽管随着环境问题的范围和技术性质的不同而需要借助非会计职业界的专家,但注册会计师提供的独立确认对于贷款人和环境管理机构都是相当重要的。而且,CICA 还进一步认为,随着时间的推移,会计信息的外部使用者对企业环境业绩信息的需求将越来越大,并由此会产生为对企业的环境业绩进行评价而制定统一的报告准则的要求,而制定准则和传递鉴证服务正是注册会计师所擅长的事情。

(二)美国对于注册会计师参与环境审计的看法①

在美国,环境审计目前都是由独立的环境调查员进行的,而这些环境调查员的行为又要受经验丰富的环境律师的监控。虽然企业内部的会计师有可能在一定程度上参与企业对环境问题的处理和评价,但为企业从事财务报表审计的注册会计师却很少意识到环境问题的发生。不过,美国的注册会计师对因环境问题而可能引起潜在的或有负债的事实已经开始警惕起来,并开始采取行动,虽然这些行动并不是由财务会计准则委员会(FASB)和注册会计师协会(AICPA)所促成的,而只是由六大事务所在各自的事务中进行摸索的结果。

1993 年,AICPA 主持了一次环境问题圆桌会议,对在美国是否需要就环境

223

---

① 孙菊生,刘文国. 环境审计与会计职业界的作用——加拿大和美国环境审计比较研究[J]. 审计研究,1998(2):1-6.

问题而制定官方的或非官方的从业指南展开了激烈讨论。召开这次圆桌会议的目标是：①对把 GAAP 和 GAAS 应用于与环境问题相关的财务报表的认定时所存在的实际问题进行检查；②确认可能需要为哪些环境问题专门制定官方的会计与审计指南；③为制定非官方的从业指南确定一个起点，以便把现有的会计和审计准则应用于环境问题。

但是，圆桌会议的参与者既没能够就注册会计师在环境审计中有何作用而达成一致意见，也更不能对现有的会计和审计准则该如何应用于环境问题，以及是否需要和怎样为环境问题服务而制定专门的、官方和非官方的从业指南形成一致的看法。这个事实引起了许多人的担忧。

这次圆桌会议之后，AICPA 成立了几个研究小组来针对与环境问题有关的会计和审计问题进行研究，六大事务所均派代表参与了这些活动。这几个研究小组所要研究的问题是：①环境风险管理和符合性支持；②环境符合性审计；③诉讼支持；④对合并和购买应有的关注；⑤与环境问题有关的财务会计及其披露。

从 AICPA 对上述 5 个问题的研究中可以看出，美国对环境审计的理解正在向加拿大靠拢。但到目前为止，无论是 FASB 还是 AICPA 均没有就环境审计问题拿出系统的和让人信服的结论。

三、国内关于注册会计师参与环境审计的观点

为了规范注册会计师的执业行为，提高执业质量，我国于 2006 年制定并颁布了《中国注册会计师审计准则第 1631 号——财务报表审计中对环境事项的考虑》，并于 2007 年 1 月 1 日起实施。该准则共分 5 章 40 条，其总则的第一条规定："为了规范注册会计师在财务报表审计中对被审计单位环境事项的考虑，制定本准则。"这标志着我国注册会计师开展环境审计业务的开始。我国学者对注册会计师开展环境审计进行了系统的研究，指出注册会计师开展环境审计存在很多优势，如人数众多、力量强大、独立性强、专业胜任能力高、适应性强等，凭借这些优势注册会计师能够在环境审计领域发挥重要作用。

1. 注册会计师进行环境审计是受托经济责任发展到一定阶段的必然产物[①]

首先，审计因受托经济责任的产生而产生，因受托经济责任的发展而发展。受托经济责任扩展会导致审计领域的扩展。社会经济发展到今天，人们已经充分认识到，环境污染的主要肇事者是企业。种种资料表明，环境污染的最大污染源来自于企业的生产经营活动。据有关专家对各种污染来源的分析，目前自然环境所接受的污染物中，大约有 80％来自于企业。既然企业造成了环境污染，那么它就应当承担起环境治理和恢复环境质量的责任。因此，环境管理和保护

---

① 李雪,邵金鹏.发挥注册会计师在环境审计中的作用[J].中国人口·资源与环境,2004(4):134-136.

不仅是国家、政府的责任,更是企业的责任。企业环境责任的承担者应当是企业的管理者。社会公众要求企业在生产过程中不产生污染、要求企业生产绿色产品。潜在股东在进行投资决策时,会关注被投资企业是否存在环境风险;现行股东考虑到如果不进行环境管理和保护,就有被罚款、产品被拒绝接受的风险,他们也会要求企业管理当局履行环境管理和保护的责任。这样,企业管理当局的受托经济责任的范围又扩大了。企业管理当局要说明履行环境管理和保护责任的情况,披露与环境活动相关的信息,这些信息的真实性、合法性如何需要注册会计师通过环境审计进行鉴证。因此,注册会计师必然要参与到环境审计中。

其次,随着我国环境保护法律的制定,工业发展带来环境的恶化,使企业面临着愈来愈多的、由环境引起的诉讼和制裁。这种诉讼和制裁必将影响企业的财务状况,例如,企业在其决策中,要考虑到废水的污染处理、空气污染以及支付额外的环境保护费等问题。如何反映企业的环境问题对企业财务状况的影响,是会计师事务所在年报审计中需要充分考虑的问题,增加披露和报告环境责任的要求也成为必然趋势。而随着国际标准化组织 ISO 14000 系列标准的出台,完整而系统的环境标准的产生,内部环境审计对象也扩大到整个企业,会计师事务所在内审人员的配合下,正确反映企业环保资金的使用效果,以及合理评价企业环境管理体系的效率,亦日益成为可能。

再次,环境保护领域是市场失灵的一个重要领域,单靠市场机制是解决不了环境保护问题的。正因为这个原因,作为综合经济监督部门的国家审计,应该加强对环境保护的再监督。但是现行审计法规规定审计部门只能对国有资金占控股或主导地位的企业进行审计监督,这必然要影响对其他企业包括私营企业在内的环境审计工作的开展。现在这一类企业在工业生产中已经占有比前一类企业更大的比重,有些乡镇企业、私营企业发达的地方环境污染已很严重,至于上市公司对企业环境信息的披露更涉及投资者投资风险的问题。如果环境审计的审计监督检查对象不能把这些企业包括进去,那么,审计机关就无法圆满完成环境审计的再监督任务。因此,国家审计部门对国有资金控股和占主导地位以外的其他企业包括私营企业的环境审计及审计调查的职权问题是目前需要尽快解决的问题。笔者认为解决这一问题的方法之一是将这些企业的环境审计委托给注册会计师来做。从理论上说,国家无权对非国有企业进行环境审计,但国家可以要求所有企业必须披露环境责任报告,从而将环境审计的任务交给注册会计师去做。

2. 客观环境发展的需要,如环境审计范围的扩大、证券市场的发展和完善、企业的需求、开展跨国环境审计需要等

拓展审计业务范围要求注册会计师进行环境审计。也就是说,注册会计师及会计师事务所应积极拓展审计业务,增加盈利渠道,从而增强自身的核心竞争力。现在,就国外的会计师事务所而言,它们的业务范围较广,并且每个事务所

都有自己的特色业务,而不是局限于一项或两项业务。借鉴国外的经验,我国的事务所要想成为国际大所,必须拓展业务范围。环境审计是审计的一个新兴领域,环境保护和环境管理在可以预见的将来会仍然存在,环境审计也会成为审计学中一个长久存在的分支。进行环境审计必将成为每个审计人员都具备的能力。因此,注册会计师参与环境审计是早晚的事。

证券市场的发展呼唤注册会计师开展环境审计①。证券市场的发展和完善程度是一个国家经济发展水平的重要标志之一。充分的信息披露是保证证券市场稳定、健康的重要条件。但是企业出于自身利益的目的,往往会将某些重要的信息不予公开或作出虚假披露以误导投资者和社会公众。因此,任何经济活动或与经济密切相关的社会活动只有当事者的管理和监督是不够的,必须要有独立的第三者的再监督,而注册会计师是独立性最强的组织。因此,注册会计师开展环境审计是经济发展到一定阶段的产物。

企业有要求民间审计组织参与环境审计的潜在需求②。企业为了从资本市场上筹集所需的资金,会尽力披露一些投资者关心的有利环境信息,为了提高信息的可信度,就需要聘请民间独立审计机构进行独立审计,这是民间环境审计产生的内部动因。独立审计的重要职能是鉴证企业公开信息的可靠性,增强信息的有用性,独立性是审计的灵魂,民间审计在这方面是优于政府审计和内部审计的。

开展跨国环境审计需要注册会计师参与③。为维护世界经济秩序,协调世界经济关系,应开展跨国审计;为处理好经济发展与环境保护之间的关系,保障世界经济、国家经济与企业经济的持续发展,环境审计将被提到议事日程。有关专家曾预言,21世纪审计发展的趋势将是:①强化企业各层的内部审计,管理审计将成为企业内部管理的一大支柱;②注册会计师审计将紧跟经济全球化发展的步伐,继续朝着国际化方向发展;③开展跨国环境审计,推进社会责任审计与环境经济效益审计继续朝着国际化方向发展。由此可见,注册会计师开展环境审计已势在必行。

3. 目前我国环境审计主体过于单一④

我国从20世纪80年代中期开始环境审计的试点工作,到目前为止,环境审计主体主要是国家审计机构,国家审计署已经把环境审计列为其工作任务之一。一些大企业的内部审计虽然也参与到环境审计中来,但是发挥的作用非常有限,而注册会计师在环境审计中除受雇协助国家审计单位工作外几乎没有扮演任何

① 王迪. 关于我国注册会计师开展环境审计的思考[J]. 会计之友,2007(6):54-55.
② 葛雪,李果. 基于委托代理理论对注册会计师在环境审计中主导地位的分析[J]. 价值工程,2008(1):162-164.
③ 王迪. 关于我国注册会计师开展环境审计的思考[J]. 会计之友,2007(6):54-55.
④ 王春艳. 内部审计与注册会计师在环境审计中的作用探析[J]. 财经视点,2010(7):155.

角色。环境审计范围狭窄,仅局限于与环境有关的财政资金的审计,尚未延伸到与企业有关的环境事项;负有企业审计重任的注册会计师审计也未对环境事项给予充分注意,没有有效介入环境审计中。环境问题涉及经济的方方面面,而需要进行审计的企业、单位数不胜数,单靠国家审计机构来进行这项工作使效果和效率都大受限制。随着可持续发展观的深入,环境审计需要快速有效地开展,环境审计的主体应逐步多元化,应积极发挥注册会计师在环境审计中的作用,以推进环境审计向更深层次的发展。

4. 政府审计和内部审计开展环境审计存在缺陷

政府审计和内部审计组织在开展环境审计时存在众多的局限性,主要表现在:①力量不够强大,无法胜任越来越多的环境审计任务。政府审计机关由于机构设置不可能非常庞大,所以人员数量的扩展受到阻碍;内部审计部门属于企业中的一个部门,其人员也不可能无限制地增加,所以,人员的限制使政府审计和内部审计所能承担的环境审计任务有限。②独立性不强。企业希望进行环境审计不是为了让审计人员查出问题使自己受到处罚,而是希望审计人员能针对自己履行的环境责任给予肯定,而对于没有履行或履行的不好的环境责任提出改善建议。因此,企业管理当局更希望由独立性很强的注册会计师来承担环境审计的任务。政府审计和内部审计的局限性给注册会计师提供了开展环境审计的机会。注册会计师开展环境审计还有很多优势,如人数众多、力量强大、独立性强、专业胜任能力高、适应性强等,凭借这些优势注册会计师能够在环境审计领域发挥重要作用。

5. 在法律、法规方面,注册会计师参与环境审计也逐渐有了法律依据

2006 年颁布的新会计准则中的 1631 号《财务报表审计中对环境事项的考虑》专门对注册会计师如何开展环境审计进行了规范。[①] 该准则为注册会计师进行环境审计提供了依据,在一定程度上为注册会计师开展环境审计创造了更多的实施条件。新准则要求注册会计师在进行财务报表审计时考虑可能引起财务报表重大错报、漏报的环境事项。该准则对环境事项和影响财务报表的环境事项进行了界定,同时从实施风险评估程序时对环境事项的考虑,针对评估的重大错报风险实施评估程序时对环境事项的考虑和出具审计报告时对环境事项的考虑 3 个层面,对注册会计师对环境事项的关注予以了规范。

我们比较赞同上述的看法,尤其是对于客观环境发展的需要和注册会计师本身的优势。原因如下:

(1) 目前,我国随着经济的发展,环境污染问题的日益突出,面对愈来愈严重的环境污染与环境恶化,公众对于环境审计的需求势必会逐渐加强。单纯依靠以政府为主导的环境审计并不能满足日益增长的环境审计需求,注册会计师

---

① 毛洪涛,张正勇. 现代风险导向观下的注册会计师环境审计[J]. 会计之友,2008(9):62-64.

人数众多、数量庞大,同时在全国范围内分布广泛,在传统审计经验之上开展环境审计有更多优势。

（2）从委托代理理论的观点来看,社会公众是环境审计真正的委托者,政府相关审计部门受托进行审计,但是由于公众作为委托人实际处于虚位状态,对于代理人缺乏真正意义上的监督,实际上政府部门除了来自上面相关部门的检查之外不存在监督力量,这样容易导致公众经济委托代理链中出现合谋现象。因此,应该改变以政府审计为主导的审计模式,让政府作为实际委托人,注册会计师作为代理人,更多地参与到环境审计中去。注册会计师作为独立的第三方,与政府、企业之间没有相关的利害关系,更能保持独立性。

（3）政府审计与内部审计存在一些缺陷,注册会计师则有很多优势。政府审计和内部审计的缺陷之一是独立性不如注册会计师强,政府作为实际委托者还可以更好地监督注册会计师,来自社会的潜在环境污染事项引起的诉讼风险也会促使注册会计师更好地保持独立性。3者相比,注册会计师在环境审计中的独立性最强。同时,我国注册会计师行业已逐渐发展走向成熟并逐步与国际接轨,传统审计业务与环境审计之间存在共通之处。而且,注册会计师数量众多,截至2010年1月中旬,我国已有会计师事务所6 813家、分所789家;注册会计师92 124人,设立分所的会计师事务所拥有注册会计师23 509人,更能适应日益扩大的环境审计范围。

（4）有人提到注册会计师参与环境审计是审计业务扩大的需要。我们觉得这个不能算是促使注册会计师参与到环境审计中的动因,因为环境审计不同于一般的审计,环境审计的委托者是公众但实际是政府,传统的审计委托者是企业,企业除进行内部审计必须委托注册会计师进行审计尤其是上市公司,但环境审计的委托者政府且是比较强势的。因此,政府部门只会根据客观实际需求考虑是否会受托于注册会计师进行环境审计,而不是因为注册会计师扩大审计业务的需要。

第二节　注册会计师审计组织环境审计的重点

环境审计起源于西方发达国家的企业内部审计。但是西方国家所指的环境审计超出了我们传统观念下的审计范围,其审计范围除了包括对环保资金筹集及使用情况的财务审计、对组织业务活动符合环境法律、法规情况的合规性审计、对组织环境管理责任及其工作成果的绩效审计以外,还包括由环境管理机构对所管辖范围内单位的审核稽查,环境管理体系如 ISO 14000 系列认证机构的工作人员对被认证组织是否达到了其有关要求而进行的考核;甚至包括环境咨询服务、对场所的评价、对机器设备进行的全面环境检查乃至对有关活动实际和潜在的环境影响进行衡量的专门技术。在旅游业私营部门应用的环境审计还包括景点审计、产品审计、问题审计、关联审计等 7 种类型。由此可见,西方国家所指的环境审计有着更为广义的内容,它事实上是环境管理的一个涵盖内容非常丰富的分支。只是由于它在方法和程序上与传统意义的审计非常接近,才将这些内容统称为环境审计。而我国对环境审计的界定还只是局限在与财务事项有关的事务方面,与西方国家的所述的环境审计大相径庭。

与环境审计所具有的宽泛内容相对应,就环境审计的主体来看,西方国家所称的环境审计师也超出了传统意义政府审计人员、注册会计师、内部审计人员。例如,对企业是否达到 ISO 14000 系列标准进行环境状况考核、从事环境咨询服务的中介机构人员也被称为环境审计师,企业内部环境审计人员还包括对机器设备进行全面环境检查的人员及其负责企业环境事务的人员。因此,西方国家实施环境审计的主体有环境专家、环境技术人员以及通常意义的审计人员。而在我国,因环境审计刚刚起步,进行环境审计的主要是政府审计机构和审计人员,一些大企业的内部审计机构也开展了环境审计,而注册会计师却较少参与其中。

一、国外注册会计师审计组织环境审计的重点

综观世界各国,在环境审计领域,加拿大是较为先进的国家。加拿大的环境审计工作比较有特色,所涉及的范围较广,除传统的财务审计、合规性审计和绩效审计过程中对环境问题关注之外,政府环境政策的落实情况、环境影响评价以及环境管理体系认证、污染场所审计,有害物质及特殊废弃物审计等都属于环境审计的范畴。

社会中介组织的参与保障了环境审计工作有序开展。近年来,加拿大社会审计在环境审计中发挥了越来越重要的作用。加拿大政府部门专项审计一般通过招标方式交由社会审计力量实施。在加拿大的社会审计中,值得一提的是加拿大特许会计师协会 CICA 的努力。而且,从国际范围和历史角度来看,加拿大特许会计师协会在环境会计和审计方面的许多努力及其成果是具有国际意义和历史意义的。鉴于此,我们介绍加拿大特许会计师协会在环境会计方面的努力及其成果,以期能够对我国的环境会计研究有所启发。

到目前为止,加拿大 CICA 已经完成并正式出版了《环境审计与会计职业界的作用》《环境成本与负债:会计与财务报告问题》《环境绩效报告》《加拿大的环境报告:对 1993 年度的调查》《废弃物管理系统:执行、监督与报告准则》等一系列环境审计、环境会计方面的报告,为各种利益相关者在信息需求方面提供了指南。另外,加拿大 CICA 在有关环境会计与审计的准则制定方面也已经做了大量的工作。1991 年出版的会计手册(Accounting Handbook)提出了关于为污染场地修复建立储备的建议,该协会的审计准则委员会已经发布了一项关于受环

境事务影响的财务报表审计的指南。目前,该协会的会计准则委员会正在制定有关如何在财务报表中反映环境成本与负债的会计准则。

本部分主要对《环境审计与会计职业界的作用》及受环境事务影响的财务报表审计的指南作具体介绍。

(一)《环境审计与会计职业界的作用》①

1992 年,加拿大特许会计师协会(CICA)发布了一份题为"环境审计与会计职业界的作用"的研究报告,对与环境问题有关的服务内容划分为四大类,并将它们称为环境审计。这四大类是:

(1) 环境咨询服务(environmental consulting services)。

(2) 场所的评价(site assessments)。

(3) 经营符合性评价(operational compliance assessments)。

(4) 环境管理系统的评价(environmental management system assessments)。

环境咨询服务在本质上属于管理咨询服务。提供这种服务的目的很广泛,例如,为了压缩对能源的消耗和削减能源的使用成本、提供加工技术、减少废物产出、确认产品生命周期内对环境的影响以及有可能引起的环境成本,等等。需要环境咨询服务的对象主要来自企业的内部,如企业管理当局和董事会。由于环境咨询服务的目的是为了解决环境保护问题和提高企业履行环境责任的业绩,而不是收集证据以便测试企业的某项活动是否与既定的标准相符合,因此,环境咨询服务与注册会计师按照审计的一般意义所提供的审计服务是大不相同的。

对场所进行评估是为了确认在某一特定场所是否隐藏着污染环境的因素,从而进一步确认对这些污染因素进行清理的成本。提供这种服务是为了满足贷款人、消费者、保险公司以及环境管理机构的需要。这种服务不但非常详细,对技术性的要求也相当高,因而与注册会计师对审计概念的一般性理解也存在着很大的差异。

进行经营符合性评价的目的是为了确认工厂和设施的运行是否与相关的法律和条例相符合。这种符合性测试可以以某一个现实的时点为基础,也可以一个期间作为测试的基础。需要在环境问题上进行经营符合性测试的对象既可来自企业内部,也可来自企业外部。虽然目前还缺少能够为"可证实的断言"(verifiable assertion)提供所必需的证据的一种系统,但只要这种系统能够建立起来,在环境问题上的经营符合性评价就可以认为是注册会计师目前所从事的那种审计。

对环境管理系统进行评价是环境审计内容中综合性最强的一项,因为这种

---

① 孙菊生,刘文国.环境审计与会计职业界的作用——加拿大和美国环境审计比较研究[J].审计研究,1998(2):1-6.

服务的目的就是为了向企业的管理当局就是否可以依赖其环境管理系统和程序来达到一个特定目标的可能性提供独立的确认(assurance)。例如,对环境管理系统进行评价是为了确认企业的环境控制系统与企业的环境政策和所要达到的环境目标是否相符合,等等。通过对环境管理系统的评价,旨在激励企业在环境的改善上能够坚持不懈,同时也是为了确认环境风险的所在。CICA 认为,在一定的条件下,只要存在着特定的标准并可产生可证实的断言,则提供这种服务也可以被当作是注册会计师所熟悉的那种审计服务。

目前,在加拿大,上述 4 种类型的环境性服务中的绝大多数都是由化学工程师和其他技术性专家所提供的。在预计可能会发生诉讼事件的情况下,律师也常常受到聘请,以便对环境审计服务进行监控和获取有力的证据。

(二)《受环境问题影响的财务报表的审计》指南[①]

《受环境问题影响的财务报表的审计》(Audit of Financial Statements Affected by Environmental Matters)是加拿大特许会计师协会下属的审计准则委员会于 1994 年 1 月正式公布的。作为一份指南,它的目的是为审计人员在进行涉及有关环境问题的财务报表的审计时提供具体的指导。该指南共分 5 部分,其基本内容的安排是:在对环境问题做了简要的介绍后,对审计规划中需要考虑的因素、审计人员怀疑财务报表严重误报的有关情况、利用专家的工作等问题进行了详细的分析,最后,该指南以附录的形式介绍了涉及环境问题的账户余额认定所采用的审计程序与方法。

1. 环境问题

按照加拿大特许会计师协会在该指南的引言中所作的解释,所谓环境问题(environmental matters),主要是由 4 个方面组成:一是积极从事预防、降低和修复环境污染或者是致力于保护资源的活动(包括自愿的,合同规定的以及法律、法规要求的);二是违反环境法律、法规的后果;三是环境污染对其他人或对自然资源所造成的后果;四是由法律、法规要求而致的代理负债(如由以前企业污染而导致本企业承担的债务)。

2. 审计计划中需要考虑的因素

(1)了解客户的营业情况。在对涉及受环境问题影响的财务报表审计时,审计人员应该了解有关行业的营业情况,对那些能够对财务报表产生重大影响的与环境有关的事件、业务与做法作出正确的判断的程度。

(2)评价固有风险。由环境问题引起的固有风险首先会受许多并不限于作用于某一具体的账户余额或某类业务的因素的影响,也会受到那些只对某一具体账户余额或某类业务产生作用的因素的影响。

---

① 孟凡利.加拿大关于环境问题影响的财务报表的审计指南基本框架[J].审计研究,1997(5):45-49.

（3）了解内部控制。由于环境管理系统中有些要素涉及财务报表编制中的财务信息认定，或者涉及审计人员对财务报表中有关项目的认定情况予以证实的需要，这些要素应该被列入与审计有关的内部控制的组成部分。

（4）设计审计程序。在对受环境问题影响的财务报表项目进行审计时，相当多的情况下只能通过询问来获得审计证据。向谁询问以及对相应应该做的答复将主要取决于审计人员对答复的可靠性程度的认定和对固有及控制风险的评价。在许多情况下，审计人员需要把负责编制财务报表的官员的询问答复与负责环境事务的官员或雇员的询问答复结合起来考虑，而且，审计人员有时也需要向更高一级的管理当局（如董事会）进行询问。

3. 审计人员怀疑财务报表中存在错报的若干种情况

在如下几种情况下，审计人员就会怀疑存在一些由于确认、计量或披露上的错误而导致财务报表中存在重大的错报：负责环境法律、法规的某种国家机构正在进行调查或实施惩罚措施；国家管制机构发布的有关报告中提到企业违背了有关环境法律、法规；与环境有关的法律费用或环境专家咨询费用增加或出现其他异常现象；新闻媒体对企业发表环境方面的评论；与律师事务所的来往函中出现关于环境问题的评述；违反环境法律、法规而交纳罚金；有关证据中显示购买了某种与环境有重要关系的商品和劳务。

4. 利用专家的工作

由于环境问题是一个涉及一系列教育和职业背景与经验的新兴的专门领域，而且关于环境专家的业绩标准和职业资格审定尚未建立，因此，对于审计人员来说，对专家胜任工作的信誉获取合理的保证并确保专家的工作能够适用于审计人员的目的，是一件相当困难的事情。鉴于这种情况，审计人员在进行具体的环境审计业务时应寻求专家的帮助，并且审计人员应该经常与专家进行交流，以便专家的工作能够较好地适应审计人员的需要。

二、国内注册会计师审计组织环境审计的重点

在我国 2006 年颁布实施的 48 项注册会计师审计准则体系中，《中国注册会计师审计准则第 1631 号——财务报表审计中对环境事项的考虑》专门对注册会计师如何开展环境审计进行了规范。该准则为注册会计师进行环境审计提供了依据，在一定程度上为注册会计师开展环境审计创造了更多的实施条件。

邵金鹏（2004）指出，注册会计师的主要审计领域是微观环境审计，即接受企业的委托，开展环境财务审计、环境合规性审计和环境绩效审计。但同时，由于环境审计的紧迫性、内容的广泛性和我国国家审计机关审计力量的缺乏，注册会计师也可以接受国家审计机关的委托，实施宏观层面上的环境审计。除了环境审计外，注册会计师还可以提供环境管理系统设计、环境体系认证、环境管理系统评价、环境管理咨询和其他与环境有关的咨询等非环境审计服务，这属于广义

的环境审计的内容。

汪洪波、杨金莲(2007)指出,注册会计师环境审计的审计对象及内容具体包括以下几个方面:环境保护政策、制度的制定和政策、制度的执行情况的审查;对环境规划决策的审计;国家到地方的各级政府环保局以及国务院各部委的环保部门的设置及其工作效率的审计;审验环境报告,鉴证其公允性、完整性,在目前缺乏相关准则的情况下,帮助报告人选择最佳方式报告环境费用、责任和风险。

华强(2008)指出,根据具体审计内容的不同,环境审计又可以细分为以下 6 种类型:

(1)环境政策与法规审计。该类审计审查的内容主要包括:国家与地方环境政策的目标;现行政策与法规对实现这些目标所起的作用;如何对现行政策与法规进行修正;企业是否遵守了环境保护法规。在这些领域我们需要重点考察:国家对有关自然资源的所有权及其使用与管理的政策;国家防治污染和环境保护方面的法律、法规;企业污染物的排放现状及趋势等。它主要侧重对国家与地方政府有关环境政策与法规的制定及其有效性进行审查。

审计机构依据国家、地方和行业的相关法规,审查企业与组织的环境法规贯彻执行情况和达标情况,从中找出问题,制定行动计划,以改进企业的生产和环保工作,消除污染事故和排污罚款,保证环保法规的贯彻执行。

对于这类审计,政府有关部门可以委托注册会计师进行审计。

(2)清洁生产审计。它是以清洁生产为目的的审计,是对产生工业污染的全过程进行控制。即从对生产工艺的审查中发掘消减废物的各种方法与途径,然后进行分析评估,提出改进方案,以减少废物尤其是有毒废物的产生量。这种审计也称为废物审计或清洁生产审计。联合国环境计划署(UNEP)及联合国工业发展组织(UNIDO)1991 年提出"清洁生产机会审计"的概念,简称清洁生产审计。它是一种基于对企业生产过程进行工业污染预防分析的系统程序,主要是按照生产工艺和物料流程寻找预防污染和消减污染物的机会。

这一类型的审计通常要求具有较高的环保专业知识,注册会计师在执行这类环境审计时通常要聘请具有相关专业知识的专家来协助进行。

(3)资产交易审计。资产交易审计以购买资产为对象,目的在于减少购买资产的潜在环境风险。这是因为在交易过程中必然会考虑到环境风险的存在,购买方需要对环境风险进行评估或合理规避。但一般中小企业或机构自己没有这方面的专门人员存在,大型企业或机构可能有这方面的专家,但这些专家受雇于企业,自己不具有独立的地位,他们的评估意见尤其在交易时不具有法律效率;国家环保机关、审计机关又没有这方面的职能。除购买方的需求外,提供贷款的金融机构也经常会要求对抵押资产进行环境审计以减低授信风险,因此,针对资产交易的第三方环境审计便应运而生。

这类环境审计类似于传统审计中的尽职调查,在进行重大资产交易时,交易双方常聘请会计师事务所来承担这类审计,以交易双方认可的第三方的身份来保证交易双方风险降低到可接受的水平。

(4) 环境经济效益审计。这类审计是以提高环境经济效益为目的的审计。其主要通过对有关环境经济效益指标的审查、考核与评价,检查环境管理的经济性、效果性和效率性,挖掘提高环境经济效益的潜能和途径,促进环境经济效益的提高。

这类环境审计也可由注册会计师来承担,根据业务的负责程度聘请相关方面的专家协助完成。

(5) 公司环境审计。国际内部审计师协会在其《内部审计师在环境问题中的作用》课题中指出:"环境审计是环境管理系统的一个组成部分,借此,管理部门可确定组织的环境管理系统在保证组织的经营活动、符合有关规章和内部政策的要求上是否充分。"

公司内部环境审计的产生虽然能使企业、机构大大降低聘请外部审计师的审计成本,同时还能终年为自身提供环境审计服务,扩大服务的范围。但是,目前大部分企业或机构出于成本、效率的考虑,更加倾向于把这部分业务外包给专业的环境审计机构来进行,这不仅能及时发现环境和环境管理上的问题,而且还可以为企业、机构提供控制或合理规避环境风险的意见和建议,比起内部审计更加客观和专业,因此,注册会计师在公司的内部审计中也大有作为,成为潜在的业务增长点。

(6) 环境认证审计。目前,一些西方国家由国家认可的权威认证机构,依据其相关法规要求,对公司环境方针、环境计划、环境管理体系、内部环境审计、环境声明与陈述等公司环境活动进行符合性测试与评定,以检查企业能否通过环境体系认证。随着消费者对环境保护的关注和对绿色产品的偏爱,企业为开拓市场和树立环保形象,必然会选择积极参与环境体系认证,这也成为企业战略的重要组成部分。

注册会计师要参与这一范畴的环境审计,还需要国家相关部门的批准和授权,相信通过注册会计师整个行业执业能力和素质的不断提高,在将来,也会成为国家批准的专业认证机构。

刘菁婉(2009)认为,注册会计师在环境财务收支审计中的职责在现阶段主要是对被审计单位现有财务报表框架内报告的环境问题的财务影响进行鉴证,对受环境影响的财务报表进行审计,对环境责任报告进行审验;注册会计师在合规性环境审计中可以通过获取证据判断一个组织的微观环境管理系统是否符合标准所规定的环境管理系统审核准则,当发现企业所进行的与环保有关的经济活动严重违反国家财经法纪、法律和法规时,将成立专项审计对其进行合规性审计,查证环境政策的落实和效果。注册会计师对企业的合规性审计主要包括污染物的运输、储存和处置机构审计、污染预防审计、产品环境审计;注册会计师在未来绩效审计的职责是接受委托对环境治理项目的效益性进行鉴证和评价,以及对企业单独对外公布的环境绩效报告进行审计鉴证,对企业单位经营活动的环境影响进行评价,对企业负责人环保责任的履行情况进行检查并作出评价。

刘旭红(2009)认为,民间环境审计的内容是民间审计机构执行的具体环境审计活动。其主要包括:

(1) 环境保护资金的审计。企业承担国家规划的环境保护工程或项目,就会使用国家的环境保护预算拨款、国外援助资金或国际组织贷款及国家环保专项贷款,注册会计师接受委托审计这些组织的财务会计报告,必须对这些资金的取得、使用、记录和报告进行全方位的审核、评价;注册会计师也可以接受环境主管机构的委托,对环保资金使用效果进行评价。对于企业自主筹措投入环境保护活动的资金,注册会计师也应当在财务报表审计业务中给予关注,对其合规性、会计处理的合理性和信息披露的恰当性进行审核。

(2) 合规性审计。为实现可持续发展战略,各国都在不断地建立健全相应的环境保护法律、法规,要求社会各种组织,尤其是企业严格遵照执行。企业等组织保护生态环境、降低污染物排放、改善环境影响状态是其应尽的社会责任,也必须将这种责任的履行情况向投资人、社会管理机构和公众进行信息传递与报告。

(3) 资金与财务报告审计。资金与财务报告审计是注册会计师审计的传统领域,在环境审计业务中,仍然是注册会计师审计的主要内容之一。目前,无论是企业专门提交的环境报告书、企业整体报告框架下环境报告段落,还是企业独立的环境会计报告,其报告内容是丰富多彩的。作为注册会计师从事的环境审计,重点是对环境报告中会计原则的运用及环境方面的会计信息进行鉴证,具体围绕两方面展开:第一,环境资产、负债确认与计量的审计;第二,环境支出与收入审计。

通过对注册会计师环境审计内容的分析,我们认为注册会计师环境审计的重点的确定一方面需要结合我国当前环境管理的现状以及我国环境审计的开展现状;另一方面需要与目前会计师事务所的业务紧密相连,充分考虑注册会计师的胜任能力。

因此,我们认为注册会计师环境审计的开展要结合我国实际,以对资金与财务报告的财务审计为突破口,逐步开展环保管理和环保资金使用的合规性审计,最终向环境绩效审计与咨询服务发展。其主要有以下几方面的原因:

(1) 从以往审计发现的问题来看,对环保资金的筹集和使用存在许多问题,如挪用和无效使用等,具体表现为:一是排污费征收执行不力,有的地方年排污费的征收率仅为 41.68%,有近六成的排污费征收不到位;二是虚列排污费收支,有的将排污费列支为环保贷款或其他;三是环保贷款不规范,有的环保局拨出环保贷款资金,不按规定委托银行办理,甚至有的企业收到环保贷款也不做环保贷款账务处理;四是挤占排污专项资金。另外,有的环保执法人员"靠山吃山",造成排污费大量流失。这些问题的发生,大大降低了投入的巨额环保资金的实际效果,非常有必要通过对环保资金的财务审计进行严格的审计监督,使有限的环保资金发挥最大的环境效益。

(2)《中国注册会计师审计准则第1631号——财务报表审计中对环境事项的考虑》对注册会计师如何开展环境审计进行了规范。另外,环境保护部2008年颁布的《关于加强上市公司环境保护监督管理工作的指导意见》中,对上市公司的环境信息披露作出指引,要求涉及重大环境影响项目建设、列入污染严重企业名单、受环境保护政策影响较大的企业,必须通过公司年度资源消耗总量、公司环保设施的建设和运行情况、与环保部门签订的改善环境行为的自愿协议等信息对环境信息进行披露,推进建立我国对于上市公司的环境信息披露制度。上市公司关于环境信息的披露也越来越多。2006年上市公司年报中公布了与环境相关信息的企业比例达到了23%,而污染重点行业的环境信息披露比率更是超过了50%。上市公司的年报中披露的信息需要经过注册会计师的审计,出具了无保留的审计报告后,才能被认为是真实的和高信任度的。为了提高信息的可信度,就需要聘请民间独立审计机构进行独立审计,这在一定程度上为注册会计师开展资金与财务报告环境审计创造了更多的实施条件。注册会计师的传统审计业务也集中在财务审计上,已经在财务审计方面积累了丰富的经验,形成了较为规范的制度和方法。我们可以加以坚持并总结提高,将其运用在注册会计师开展的环境财务审计业务中。

(3)我国目前已颁布、实施了多部环境保护法律、法规和执法检查规章制度,逐步建立健全了一系列环境保护法律规范体系。这些法律、法规的贯彻执行,除了政府及其环境保护机关和专业机构的努力外,民间审计组织也是重要的监督力量。如《中华人民共和国土地管理法》在耕地保护和建设用地等方面都做了具体规定。所以当该地区在耕地保护与建设用地方面存在问题,影响环境资源利用时,民间审计组织就可能接受环保管理部门或有关部门的委托,对相关单位环境资源保护的合规性进行审计。

(4)在我国,因环境审计刚刚起步,进行环境审计的主要是政府审计机构审计人员,一些大企业的内部审计机构也开展了环境审计,而注册会计师却较少参与其中。张正勇(2009)对国内93家会计师事务所的注册会计师进行的问卷调查中,对"以前是否参加过环境审计,参加过何种环境审计项目",177个调查对象中只有25人参加过环境审计项目:其中参加环境财务审计、环境合规性审计以及环境绩效审计的分别有15人、6人和4人,而绝大多数被调查者(152人)都没有参加过环境审计项目。可见,目前绝大多数会计师事务所都未开展环境审计项目,在少数开展环境审计项目的几个事务所中,其审查范围也主要局限在环境财务审计和环境合规性审计,而较少开展环境绩效审计。因此,由于事务所审计资源以及注册会计师本身条件限制等原因,我们有理由认为事务所现阶段可以进行环境财务审计,而将环境绩效审计作为一个长远的发展。

(5)环境咨询服务应当在未来的环境审计中占据越来越重的分量,它不同于注册会计师按照一般意义提供的审计服务,但环境咨询服务的开展能很好地起到预防作用,由事后的审计转向事前的预防上,将环保工作的重心由"治理"转向"预防"。首先,环境咨询服务的开展有利于更好地保护环境资源,保护生态。环境污染的影响后果有时长达几年甚至几十年,对环境的破坏是长远的,即使治理也可能需要很长的时间,并且不可能达到初始无污染的状态。另外,可以避免不必要的后续损失和浪费。如果事先不做环境咨询、不采取污染防治措施,一些项目或事项完成后污染物严重超标进而被责令对污染进行治理、停产、搬迁、拆除、罚款等,将造成人、财、物的极大浪费。

第三节 注册会计师开展环境审计的形式

一、审计形式与审计模式

形式是指某物的样子和构造,区别于该物构成的材料,即为事物的外形。对内容而言,指事物的组织结构和表现方式。审计形式也称审计方式,主要反映了审计主体进行审计的行为方式,如在什么时候审,用什么方法审,审哪些内容,由哪些人审等。

审计的形式按地点可分为报送审计和就地审计;按组织方式分为授权审计、委托审计和联合审计;按接纳意愿分为强制审计和自愿审计;按是否通知分为预告审计和突击审计;按要求行为分为事前审计、事中审计和事后审计;按审计手段分为手工操作审计和计算机审计;按审计范围分为全部审计和局部审计。

模式一般是指某种事物的标准形式或让人可以照着做的标准样式。审计模式一般是指通过经验积累和理论总结形成的用于指导审计实践活动的标准形式。具体地说,审计运作模式是审计目标、准则、方法等要素的组合,它比较具体地描述了审计应从何处着手、何时着手以及如何着手等方面的问题。相应地,环境审计运作模式就是指通过经验积累和理论总结形成的用于指导环境审计实践活动的标准形式,可以清楚地阐述如何进行环境审计等方面的内容。

从形式和模式的概念中,可以看出,模式是一种标准化的形式。本部分主要通过对环境审计模式的介绍,来阐述注册会计师环境审计的形式的。环境审计运作模式主要有以下 6 种:以财务为导向的环境审计运作模式、以问题为导向的环境审计运作模式、以项目为导向的环境审计运作模式、以制度为导向的环境审计运作模式、以目标为导向的环境审计运作模式、以风险为导向的环境审计运作模式。

二、以财务为导向的审计模式[①]

西南科技大学课题组(2001)提出了以财务、问题和项目为导向的 3 种运作模式。其中,以财务为导向的审计模式是以被审计单位环境财务报告反映的结果为线索,追踪到经济活动过程和导致结果的原因,进而对环境保护的合规性和绩效性进行评价的一种模式。

环境审计是对与环境问题有关的经济活动进行的审计,而不能涵盖环境的所有的问题。而经济活动进行的结果最终都要在财务资料中得到反映。这就为实施以财务导向的环境审计提供了可能。审计人员利用环境财务报告等资料,既可以对与环境有关的经济活动的财务状况的真实性、合法性和合理性作出评价,又可以从不同侧面对被审计单位的环境绩效作进一步剖析、比较和评价。在环境财务报告真实性、合法性和合理性的基础上开展环境绩效评价,既能满足企业内部管理当局需要,又能满足企业外部经济关系人的需要,而且有利于节约审计成本,提高审计工作效率。

财务导向的环境审计方式,可以采用:①独立审计,即由审计组织现有专职人员实施环境审计;②专题审计,即审计组织对某一内容进行专题性的审计;③审计调查,即审计组织对影响环境的一些重大问题和典型问题进行审计调查活动。审计人员通过调查,广泛收集证据,进行综合分析,及时提供有关资料和建议,为政府和有关部门或有关单位服务。此外,也还可以采用其他的审计方式。

财务导向的环境审计方法有审阅法、验证法、复算法、观察法、分析法等。实际审计操作时,往往把这些方法综合在一起加以运用,有选择地针对具体审计目标和要求,运用各种方法多层次、多角度地对财务报告进行重新加工、比较、分析和评价。

从财务入手开展环境审计,可以对环境绩效作出一般性的评价。而要全面地、客观地评价环境保护和治理的绩效,则需要等到环境成本、环境负债和环境效益能够计量并能在会计资料上全面反映,要做到这一点,还需要一个相当长的时间。因此,以财务为导向的环境审计模式,目前主要用于环境审计中涉及属于财务方面的内容。当环境成本"内在化"和"环境会计成本核算"建立之后,以财务为导向的环境审计就会上升到一个新的高度。

三、以问题为导向的审计模式

以问题为导向的环境审计模式是以被审计单位暴露的突出问题为线索,进行追踪分析,找出问题形成的原因,指出被审计单位在环境保护和环境治理方面

---

① 西南科技大学课题组. 我国环境审计运行的模式[J]. 上海会计,2001(7):54-56.

的薄弱环节,进而提出有针对性整改措施的一种审计模式。它通常适用于被审计单位在环境方面发生重大事故和已暴露出的突出问题(如决策失误、严重污染或损失浪费自然资源等)。

审计人员可以从现存问题入手,进行调查取证,从大问题追到小问题,从表面问题追到潜在问题,从外部问题追到内部问题,并按问题轻重主次排列分析,通过外因找到内因,透过偶然因素找到必然因素,找出问题的主要方面,并与具体部门人员和其活动联系起来,明确问题的性质和经济责任。针对这些引发问题的因素,可以进一步提出消灭隐患、加强控制、改善管理、提高素质的措施。如对企业因污染环境而造成的经济损失进行审计:审查企业污染环境的状况和程度;分析企业污染环境所带来的危害;找出引起污染的原因及因素;计算给被审计企业、其他企业、人民和国家带来的经济损失。

以问题为导向的审计模式,由于涉及的问题多、影响因素多、专业性和技术性强,因此采用独立审计方式往往难以达到审计目的和完成审计任务,而应采用审计调查和联合审计的方式。联合审计是在审计组织统一领导下,组织有关部门的专业人员进行环境审计。审计组织可以根据审计项目的需要,采取与环境专家和法学专家联合审计的方式,以充分利用他们的专业知识和技能,对被审计单位保护和治理环境的绩效进行深入的审查。

四、以项目为导向的审计模式

以项目为导向的审计模式是以被审计单位涉及环境问题的重大业务为线索,对业务实施过程和结果进行检查分析,判断业务活动的进行是否正常、是否收到预期效果,进而找出导致业务活动发生偏向的因素,提出改进措施的一种审计模式。

所谓重大业务,是指被审计单位对环境有重大影响的活动,如环境规划、重大决策、新建改造项目的实施等。通过对重大业务活动的追踪审计,能够捕捉被审计单位在环境保护和治理方面的薄弱环节,追查形成问题的原因,提出改进的措施。

人类环境保护的实践证明,环境问题一旦发生后再进行治理,需补偿的代价将相当昂贵。有的不但涉及代内补偿,而且也关系到代际补偿;有的环境污染和破坏问题出现后,即使经济上付出更大的代价,也往往难以清除和恢复。因此,预防环境污染和破坏比事后补偿更重要。由此可见,环境审计不能仅仅停留于事后审计,而应对影响环境的主要经济活动的全过程进行审计,以保证决策正确、规划可行,及时发现经济活动对环境的影响,采取保护环境的措施,最大限度地降低经济活动对环境质量的不利影响。如对某些重要建设项目,事前应分析该项目对环境的影响及其程度,审查防治污染的处理工艺流程、预期效果,以及资源开发引起的生态变化所采取的防范措施、绿化设计、环境保护投资概算;事中审查施工现场周围的环境保护、建设项目设计中的环境保护措施的落实等情况;事后审查施工过程中受到破坏的环境是否修整和复原,防治污染设施的运转和使用情况,治理效果和达标情况等。

至于审计的方法,除要运用财务审计和绩效审计工作中使用的审阅、验证、复算、观察、询问、分析等基本方法外,还必须运用一些专业性的技术方法,才能更好地实施环境审计。在项目为导向的环境审计中需要运用的专业性技术方法主要有:①环境费用效益分析法。它是用于分析评价解决环境问题的费用和效益的一种方法。这种方法主要用于拟建项目或已建项目对环境质量的影响进行分析。运用这种方法的关键问题,是如何计算环境改善所带来的效益以及环境污染、破坏所带来的损失。常用的价值评估方法有:市场价值法、机会成本法、恢复的防护费用法、替代工程法、调查评估法等。环境费用效益分析评价指标有两个:一是效益费用比率;二是净效益。②环境费用效果分析法。它是在环境费用效益分析基础上产生的一种新的分析方法。它主要有两个用途:一是为达到某一确定的环境目标,选择费用最低的方案;二是在投资一定的情况下,应选择能最大限度改善环境质量的方案。③环境决策分析法。它是在一组可行的环境规划方案中选择最佳方案,并对这种方案作出解释和证明。这种方法主要用于环境规划绩效审计。④风险分析法,是通过分析,预测各种不同确定因素的变化对经济指标和环境效益的影响,找出敏感因素,并确定其影响程度;根据各种因素发生的概率来计算评价风险对未来经济活动、环境效益的影响。

五、以制度为导向的环境审计模式

马雪(2003)提出以制度为导向的环境审计模式。以制度为导向的环境审计模式是以被审计单位现有管理内部控制制度为线索,对其组织、计划、实施、监督、控制等各环节进行审查,评价其环境管理系统是否健全有效,指出弊端,并有针对性提出改进措施的一种审计模式。该模式通过审查评价被审计单位环境管理内控系统,可以找出其环境管理工作中的薄弱环节,进而确定审计的重点和范围,以促使其改善管理,降低环境风险。以制度为导向的环境审计模式一般采用审计调查和联合审计的审计方式,通常采用常规审计方法与专业技术方法与系统分析方法相结合的审计方法。

六、以目标为导向的环境审计模式①

邵金鹏(2004)对上述四种模式进行了评价:

上述环境审计运作模式是以导向为基础论述的。其优点是明确了环境审计的着眼点,并在此基础上提出了各种模式的使用范围。但该论述也存在缺点:

---

① 邵金鹏.我国注册会计师环境审计的运作模式研究[D].青岛:中国海洋大学,2004:7-13.

①该模式未就环境审计运作模式的构成要素进行详细分析。运作模式应该解决环境审计从何处着手、何时着手以及如何着手等方面的问题。以上导向型运作模式仅提到了环境审计从何处着手的问题，而对其他两个问题没有涉及，即对于究竟如何进行环境审计没有作出说明。②没有区分不同的审计领域。不同的审计领域应具有不同的审计模式，但以上导向式模式没有区分不同的审计领域。③该模式未形成一个完整的运作模式。邵金鹏(2004)认为，一个完整的运作模式应由目标、内容、依据、方法等几个要素组成。明确界定各要素的涵义，明确其各自的职能，才能组成一个完整、有效的运作模式系统。④该模式的指导意义不强。运作模式构建的主要目的是对环境审计实践有明确的指导意义。但上述运作模式因为没有对要素进行明确分析，也没有形成一个完整的运作模式，因而对环境审计实践的指导意义不强。

邵金鹏(2004)认为，我国注册会计师开展环境审计的运作模式应是"目标导向式"。以目标为导向的环境审计运作模式是指以需要达到的审计目标为导向，通过具体分析审计内容、审计依据、制定实施方案、按照一定的方法，最终通过出具审计报告的方式来实现审计目标，完成审计工作。简单地说，即以开展环境审计的目标作为导向，根据不同的环境审计目标，确定如何开展不同的环境审计。目标导向环境审计运作模式由以下 6 个要素构成。

(一) 环境审计目标

审计目标的定位是构建环境审计运作模式的首要内容。环境审计目标一般是指环境审计所要达到的结果，即在一定历史环境下，人们通过环境审计实践活动所期望达到的理想境界或最终结果。确定环境审计目标，有助于为环境审计工作提供基本依据。

受托经济责任的存在是审计产生的前提，而审计正是作为保证受托经济责任的全面有效履行而存在的一种特殊的经济控制手段或机制。因此，审计的本质目标是确保受托经济责任的全面有效履行。所以，环境审计的总目标应该是监督受托环境经济责任的公允性、合法性和效益性，即通过检查环境会计账目及其相关环境资产、负债的公允性，监督相关的环境活动的合法性，以及经营活动的环境效益如何，确保受托环境经济责任的全面履行。

另外，从我国的国情来看，环境审计处于起步阶段，环境审计的近期目标应该定位在：通过财务审计和合法性审计，促使被审计单位合理、合法筹集使用环保资金，促使企业经济活动和政府有关部门的业务活动符合有关环境法律、法规和制度。环境审计在经历以财务收支和合法、合规性为侧重的近期目标后，必然要向环境审计的中长期目标发展，即环境绩效审计与咨询服务发展。

(二) 环境审计对象和内容

审计对象和内容的确定是构建环境审计运作模式的主要内容。

(1) 环境审计对象是环境审计活动的客体。正确地认识环境审计对象，对其进行科学的界定,对于揭示环境审计产生的客观规律、科学地运用和发展环境审计方法、充分地发挥环境审计的职能作用,均具有重要的意义。环境审计的对象可以分为一般对象和具体对象两部分。受托环境责任及其信息是环境审计的一般对象。其中,受托环境责任是一般对象的实质;受托环境责任信息是一般对象的表现形式。所以环境审计的一般对象应该是受托环境责任及其信息,即反映受托环境责任的财务收支及其相关的经济活动以及反映受托环境责任的会计资料及其他有关经济资料。

(2)环境审计内容是环境审计对象的具体化。明确环境审计内容对于环境审计工作的开展、环境审计目标的实现有着重要的意义。环境审计的内容十分广泛,生产经营活动涉及环境方面的问题都是环境审计的内容。从国外的情况来看,环境审计的内容相当广泛,有些方面甚至已超出严格意义上的审计行为。在确定我国环境审计的内容时,一方面要借鉴国外的研究和实践成果;另一方面又要根据我国的国情,实施适合我国需要的环境审计。

(三)环境审计依据

审计依据是构建环境审计运作模式的重要内容。环境审计依据是判断和衡量环境审计对象的真实性、合法性和效益性的准绳,是审计人员对有关经济活动的环境方面查明事实真相后,据以判断是非优劣,作出审计结论的根据。它主要包括以下几个方面:①国家的环境立法和与环保有关的政府政策;②国家颁布的环境标准;③有关的会计核算标准。

(四)环境审计准则

审计准则是构建环境审计运行模式亟待解决的问题。环境审计准则是指环境审计人员在开展环境审计工作时必须遵守的行为规范,也是环境审计工作质量的权威判断依据。环境审计准则是环境审计人员在实施审计工作时必须遵守的最高行为依据。环境审计质量的高低、环境责任的界定、审计机构与被审计单位之间的沟通以及内部环境管理的完善与否都有赖于健全、切实有效的环境审计准则。与其他种类的审计业务相比,环境审计有其自己独有的特色,因而所制定的审计准则有以下几点不同之处:

(1)内容涵盖广。环境审计大量涉及的是环境问题,接触的内容十分广泛,几乎所有的生产经营活动的环境方面都是审计内容,不但包括环境政策的项目,还包括非环境项目的环境影响。这些使环境审计一方面具有专业性和技术性,另一方面具有很强的综合性,需要扩大现有技术和方法的覆盖面。

(2)针对范围大。传统审计把被审计的主体事项限于会计信息,即通常讲的财政财务审计与财经法纪(合规性)审计,所制定的审计准则也主要是针对审核会计信息而言的。在环境审计中,审计的主体事项很多未采用货币价值指标,而是技术经济指标,如一些物理和化学等自然科学指标,不完全以会计资料来反映。因而相应地要求审计准则扩大其针对范围。

（3）使用对象多。采用联合审计方式时，由于需借助非会计职业界的专家，以提高审计的效率和效果，降低审计风险，从而也应扩大环境审计准则的使用对象。

（五）环境审计方法

审计方法是构建环境审计运作模式的重要组成部分。环境审计方法是环境审计人员检查和分析环境审计对象，收集环境审计证据，对照环境审计准则，据以编写环境审计报告，作出环境审计结论，提出审计意见而采取的各种手段的总称。环境审计方法是环境审计程序的支柱，是审计过程趋于合理有效的灵魂。同时，环境审计方法与环境审计质量关系密切，是决定环境审计质量的关键。因此，全面正确运用环境审计方法，对于保证环境审计质量，搞好审计工作，发挥环境审计作用，具有重要意义。

环境审计方法与传统审计所采用的方法基本相似，特殊性在于：环境审计中对环境专业技术要求比较高，这些专业不仅限于环境方面，还包括社会学、统计学、经济学、工程等各个门类。

（六）环境审计报告

审计报告是环境审计运作模式的最终结果。环境审计报告是指在环境审计实施工作结束之后，环境审计人员用来表达最终工作结果，发表最终审计意见的书面文件。审计报告的质量直接影响审计作用的发挥，审计报告是环境审计的最终成果。从某种意义上讲，设计严谨的审计程序和方法的目的就是为了最终生产出这种审计工作的"产品"。环境审计报告一般包括审计发现、审计意见（结论）和提出的审计建议等内容。审计报告应该是一个独立性的文件，应该实际、客观、可信。

以上为以目标为导向的注册会计师环境审计模式的 6 个构成要素。该模式还从 3 个审计领域具体分析环境审计运作模式每个要素的具体内容，如表 10-1 所示。

表 10-1　　　注册会计师不同领域环境审计运作模式的比较总结

内容	环境财务审计	环境合规审计	环境绩效审计
审计目标	环境行为责任的保全性、控制性和环境财务报告责任	环境行为责任中的合规性责任和环境合规报告责任	环境行为责任中的经济责任、效率责任、效果责任和环境绩效报告责任
审计对象	受托环境财务责任	受托环境合规责任	受托环境管理责任
审计内容	环保资金财务、环境会计信息披露的审计	企业排污费的交纳和征收审计、处理、贮存和处置机构审计、产品以及污染预防审计以及环保资金审计	分为政府绩效审计的内容和企业绩效审计的内容

内容	环境财务审计	环境合规审计	环境绩效审计
审计依据	环境会计准则	有关环境方面的法律、法规和规章	相关的环境标准以及传统绩效审计的标准
审计准则	强调独立性、专业胜任能力、利用专家工作、审计风险等	强调精通法规及相关规定、要向法律专家请教以及审计人员的独立性和客观性	强调适当关注、用词准确、审计标准的使用等
审计方法	主要采用检查、观察、计算等与传统财务审计类似的审计取证方法	传统方法如实地观察法、面询法、调查问卷法等；特殊方法如"红旗"标志法、制造错误法等	传统方法如审阅法、调查法、访谈法等；特殊方法侧重环境成本的效益和效果分析等环境经济评价方法
审计报告	依据不同的环境会计信息披露方式，出具不同的审计报告	审计报告应特别说明遵守环保法规和达到环保标准的状况；对环境危害事项所采取的治理措施、取得的成果和未解决的问题	详式报告，特别说明审计发现的问题、分析原因并提出审计建议

七、以风险为导向的环境审计模式

聂云（2001）认为，风险导向审计与环境审计存在内在一致性。首先，目的、目标上的一致性。可以说，环境审计最基本的目的还是尽量减少潜在损失，尽可能防范环境风险，这一点是与风险导向审计相一致的。其次，两者的方向是一致的。企业风险导向审计使审计人员关心组织的目标和风险，使审计报告的侧重点放在了目前和未来的规划上，重点在事前，而不是事后。而环境审计中许多业务也是考虑到事前审计的。例如，对待污染的审计，更侧重于事前的预防而不是事后的治理。可见，两者的方向是一致的，都是更侧重于事前的规划，以期做到防患于未然。因此，风险导向审计与环境审计可以结合发展。

邵丽（2007）把现代风险导向审计思想引入环境审计风险管理中，认为环境审计风险是指审计人员在开展环境审计过程中或者由于环境审计工作的开展而导致遭受损失或不利等不期望出现结果的可能性，它包括重大错报风险和环境检查风险这两个要素。环境审计风险的识别主要包括故障树法、德尔菲法、财务报表分析法、流程图分析法、现场调查法和实地观察法等常用的风险识别方法。在环境审计风险的评估方面，通过定性风险评价法、模糊综合评价法、风险因素分析法、环境审计风险模型法和分析程序法等方法可以对环境审计风险作进一步的分析和度量。在环境审计风险的应对上，有效地应对环境审计风险的方法主要有：风险转移、风险预防、风险控制、风险回避和其他方法。环境审计风险的识别、评估和应对共同构成了环境审计风险管理模式。

李媛(2008)首将风险管理的思想引入环境管理审计程序的研究中,以企业的环境风险作为分析的起点,对风险导向环境管理审计程序进行全面探索,并且认为注册会计师应该是环境管理审计主体。风险导向环境管理审计程序是指审计人员以被审计单位的环境管理风险为导向,评价被审计单位环境管理状况的整个过程中所采取的行动和步骤的总称。风险导向环境管理审计程序包括被审计单位环境风险分析、环境管理状况和环境管理风险分析、针对评估的环境管理风险采取应对措施三大块内容。

毛洪涛、张正勇(2008)分析了审计准则体系中体现现代风险导向观和环境审计理念,探讨了现阶段我国注册会计师开展环境审计面临的困难,并在基于风险导向观的基础上就注册会计师如何开展环境审计提出了具体的对策和建议。

在我国实施的48项注册会计师审计准则体系中,《中国注册会计师审计准则第1631号——财务报表审计中对环境事项的考虑》专门对注册会计师如何开展环境审计进行了规范,要求注册会计师在进行财务报表审计时考虑可能引起财务报表重大错报、漏报的环境事项。该准则对环境事项和影响财务报表的环境事项进行了界定,同时从实施风险评估程序时对环境事项的考虑,针对评估的重大错报风险实施评估程序时对环境事项的考虑和出具审计报告时对环境事项的考虑3个层面,对注册会计师对环境事项的关注予以了规范。审计准则中的这些规定,对于提高环境审计质量,增强公众对已审计财务报表的信心,促进环境保护和实现经济、社会的可持续发展具有重要的意义。该准则为注册会计师进行环境审计提供了依据,在一定程度上为注册会计师开展环境审计创造了更多的实施条件。同时,审计准则更加强调对风险的充分关注,全面渗透着风险导向审计的理念。

但是审计准则虽然对环境事项和影响财务报表的环境事项进行了界定,但其并未提到有关环境事项的具体处理及如何审计等,只是在《财务报表审计中对环境事项的考虑》中第6条规定"注册会计师是否需要考虑环境事项以及考虑的范围,取决于其对环境事项是否会引起财务报表重大错报风险作出的职业判断"。第9条规定"对具体审计业务而言,注册会计师拥有的环境事项知识程度通常不如管理层或环境专家。但注册会计师应当具备足够的环境事项知识,以识别和了解与环境事项相关的,可能对财务报表及其审计产生重大影响的交易、事项和惯例"。显然,是否需要对环境事项予以关注并实施必要的审计程序完全依赖于注册会计师的职业判断。这无疑加大了注册会计师环境审计的难度和风险,使环境审计的正常实施效果大打折扣。因此,如何在现代风险导向审计观的指导下开展环境审计,是注册会计师面临的一个重要问题。

综合以上几种导向的环境审计模式,我们认为注册会计师环境审计模式应该是以风险为导向的。原因如下:

(1)首先,现行的审计准则体系全面渗透着风险导向审计观,要求注册会计师将风险导向审计的观念贯穿于审计全过程。在新的审计准则体系中,为了更好地指导注册会计师有效地识别、评估和应对审计风险,制定了专门的准则。不仅如此,上至有关一般原则与责任的审计准则,下至有关审计证据、利用其他主体的工作和审计结论与报告的审计准则,也无不强调对被审计单位及其环境的了解、评估和应对。

(2) 从注册会计师的实际工作来看,风险导向审计的观念已经深入人心,影响注册会计师审计工作的方方面面。注册会计师开展环境审计工作时采用以风险为导向的审计模式,与目前注册会计师审计的工作方式和理念一致,更容易被注册会计师使用和接受,且可以借鉴使用风险导向审计中的风险识别、评估和应对技术,减少环境审计开展的难度和阻力。

(3) 注册会计师环境审计是一种社会经济活动,由于经济活动的可变性,环境审计几乎都是在某种程度的不确定状态下进行的。风险在环境审计过程中无处不在,注册会计师不可避免地面临赔偿或诉讼的可能性。而且,随着未来环境审计内容的日趋多元化和复杂化,注册会计师面临的风险也会更加复杂多变。采用风险导向的环境审计模式,对风险进行识别、评估和应对,可以达到减少或规避风险的目的。

但是从目前的研究现状来看,风险导向环境审计运作模式的构建尚不完善。风险导向在环境审计中的研究主要局限在环境审计的一个领域,如环境财务审计、环境管理审计等,没有涵盖环境审计全部,没能形成一个完整的运作模式,下一步应对完善风险导向的环境审计运作模式问题进行研究。

第四节　注册会计师开展环境审计的现状、困难和对策建议

一、注册会计师开展环境审计的现状

(一) 国际方面

前面已经十分详尽地论述了国内外注册会计师环境审计的开展情况,在此仅列述国外注册会计师环境审计的几个具有代表性的事件。

德勤(Deloitte)在 1992 年为全球性企业环境管理组织开发出"环境自我评估规划",一方面帮助公司适应国际商会(ICC)关于可持续发展的战略,另一方面帮助公司优化环境改进措施。该公司在 1993 年进行了一次公司环境报告实务及动机的调查,并发布了详细的分析报告。

毕马威在 1993 年进行的环境报告国际调查,包含 10 个国家的近 700 家公司。调查结果显示,有 400 多家公司将环境话题融入了其年度报告,有 100 多家公司编制单独的环境报告,大多数公司都将环境信息置于年度报告中的管理分

析部分。

安达信会计公司曾开发出一种"生态会计"模型及配套软件程序,帮助企业对环境总成本及其主要组成部分进行确认、追踪、累积、估算及管理。

自 20 世纪 90 年代起,随着环境审计的进一步推进,CPA 步入环境审计领域。

(二) 国内方面

邵金鹏(2004)指出,由于我国注册会计师审计恢复的时间较晚、发展的时间较短,注册会计师及其会计师事务所出于各方面的考虑,目前尚未正式涉足环境审计领域。注册会计师很少进行环境审计的原因:一是委托方缺乏;二是环境审计问题较复杂,审计风险较高,加之目前尚未制定相关环境审计准则。环境审计力量的单一极大地限制了我国环境审计工作的开展。在我国,因环境审计刚刚起步,开展环境审计的主要是国家审计机构和审计人员,一些大企业的内部审计机构和人员也开展了环境审计,而注册会计师却较少参与其中。

徐慧(2007)指出,由于环境问题的公共性及政府审计机关的权威性,政府环境审计在我国各种环境审计中占有主导地位,绝大多数的环境审计项目是由政府审计机关来执行的,独立环境理论处于探讨阶段,独立环境审计的推动力空缺。

华强(2008)认为,就我国的现实来看,环境审计工作的开展主要局限于国家审计机关对环保资金的专项审计,注册会计师基本上没有参与到环境审计中来。具体来说,我国政府审计体系虽于近年来成立了专门负责环境审计的机构,但负有对企业审计重任的注册会计师审计和内部审计尚未对环境事项给予充分的关注。注册会计师审计、内部审计还没有在我国环境审计中发挥应有的作用。

综合我国目前的现状和各位学者的研究,可发现我国目前注册会计师基本没有参与到环境审计中来。环境审计以政府审计为主,独立审计基本是一片空白。这与国外形成了鲜明对比。西方国家已经越来越关注注册会计师参与环境审计的重要性:一方面,独立的注册环境审计师队伍为环境审计工作提供了条件;另一方面,国外企业为降低法律责任、分散风险,也聘请审计师对自身和上下游企业进行审计监督。广泛的社会需求成为社会审计组织开展环境审计的基础。

二、注册会计师开展环境审计的困难

就目前来说,注册会计师及会计师事务所参与环境审计面临的困难主要有以下几点。

(一) 环境审计的依据不足[①]

目前,我国注册会计师开展环境审计尚缺乏完善的环境审计依据,主要表现在以下几个方面:①从 20 世纪 70 年代开始至现在,我国已经形成了环境保护法

---

① 郑阿泰.发挥注册会计师环境审计作用初探[J].会计之友,2010(4):94-95.

规体系的基本框架。这些法律、法规的出台不仅为保护环境、合理利用自然资源、维护生态平衡发挥了重大作用,也为开展环境审计提供了依据,但我国现行环境审计所依据的政策、法律、规章制度还不尽完善。②环境会计尚未建立。审计与会计的血缘关系不言而喻。在进行环境审计时,要求被审计单位如实记录和反映其环境管理的情况,提供完整的环境会计信息。然而,我国至今未建立环境会计,造成环境信息的确认、计量、披露缺乏统一的标准,环境信息披露比较随意。因此,尽快建立环境会计规章制度,制定统一的环境会计报告准则,规范环境会计核算的对象及报告形式,并使环境会计核算尽快付诸实施,才能为环境审计奠定良好基础。③缺少评价环境成本和效益的指标体系。在环境审计过程中必然要对环境成本和效益进行分析,然而令会计人员和审计人员最感头痛、最缺乏信心的也正是用哪些指标来科学地反映环境成本和环境效益,以及如何对它们进行科学计量。由于审计依据不完善,审计机构和审计人员在对被审计单位的环境业绩进行评价时,因缺乏具体的实施办法和评估标准而缺少程序上的依据,环境审计责任就会存在不确定性,审计风险就会加大。

（二）企业开展环境审计的意愿不强[①]

企业通常以自身利益最大化作为经营目标,往往不会全面、如实地披露对资源环境的社会责任和义务,对开展环境审计缺乏必要的动力和积极性。我国的环境审计尚处于一种自行其是的阶段,环境审计缺乏相应的约束与激励机制,开展好的单位得不到激励,开展差的企业得不到约束、制裁。机制的缺失影响企业开展环境审计的主动性和积极性。同时,由于我国目前的独立审计市场比较混乱,资本市场尚不完善,很多投资者由于缺乏投资应具备的基本知识而造成对独立审计基本作用的需求不足,从而导致投资者对环境审计信息的要求也不高,这在一定程度上助长了企业对环境审计的漠视。这种外部的需求不足和自身的意愿不强使企业环境审计的开展几乎停滞不前,这在一定程度上影响注册会计师环境审计业务的开展。

（三）审计人员自身能力受限[②]

现在注册会计师队伍中绝大多数是财务、会计人员,其他领域的专家很少,这样,就限制了会计师事务所业务领域的拓展,如环境审计领域。环境审计的专业性很强,要求有优秀的环境专家对相关情况进行技术检测,才能作出合理的结论。目前,我国的会计师事务所对于聘请专家还没有做好各方面的准备。

（四）对环境审计信息的需求不足[③]

社会公众对企业环境信息的需求不大,证监会和社会公众也并未要求上市

① 郑阿泰.发挥注册会计师环境审计作用初探[J].会计之友,2010(4):94-95.
② 李雪,邵金鹏.发挥注册会计师在环境审计中的作用[J].中国人口·资源与环境,2004(4):134-136.
③ 王迪.关于我国注册会计师开展环境审计的思考[J].会计之友,2007(6):54-55.

公司对有关环境问题进行披露,即环境信息的披露仍然停留在自愿报告阶段。我国目前的独立审计市场比较混乱,资本市场尚不完善,很多投资者由于缺乏进行投资应具备的基本知识而造成其对独立审计基本作用的需求不足,从而导致投资者对环境审计信息的要求也不高。

(五)规避环境审计风险的考虑①

目前,环境审计属于一个新兴的审计领域,虽然本质上与一般审计相同,但在具体实施审计的过程中存在着许多的不同,这样,注册会计师在实施审计时不能完全模仿一般审计的方法与程序进行,审计风险骤然加大。由于环境审计的研究刚刚起步,环境审计的实务工作也处于探索阶段,所以到目前为止,环境审计准则的研究还没有达成共识,更没有制定出一套被大家所共同认可的环境审计准则,这样,注册会计师开展环境审计就没有程序上的依据,环境审计责任就会存在不确定性,审计风险就会加大。在市场经济条件下,会计师事务所要自负盈亏、自担风险,即使很明显地知道环境审计是一个很有发展潜力的审计领域,会计师事务所也不敢贸然行事。

三、注册会计师开展环境审计的对策建议

(1)法律机制方面,加快环境审计方面的立法,加快我国环境会计制度的建立进程。加快有关环境保护和环境审计的立法,使环境审计做到有法可依。我国要开展环境审计,应对环境审计进行立法,扩大权限,使环境保护法律中包含有环境审计的全部内容,使审计机构和人员进行环境审计时有法可依。我国还需加快建立环境会计,推进环境会计在企业中的实施。一方面,需要尽快制定统一的环境会计准则,给会计人员提供依据;另一方面,也应采取其他鼓励措施,鼓励企业对经济活动中的环境成本、环境负债和环境效益进行确认、计量和披露,以促使环境会计的早日实施。

(2)相关准则方面,加强环境审计的理论研究,使注册会计师环境审计有章可循。西方发达国家早在20世纪70年代初就开始研究环境审计,对于我国来说则是一个新领域。我们要加快步伐,深入研究环境审计的技术与方法,为建立环境审计制度做好理论上的准备。研究时,一方面需要拓展研究领域,针对实务中迫切需要理论指导的环境审计领域;另一方面,要结合我国的实际情况,深入研究,寻找有中国特色的审计模式。

(3)加快环境审计师队伍的培养,提高注册会计师的业务素质。首先,必须利用现有的注册会计师后续教育机制,加强现有审计人员培训力度,引进熟悉环保知识、环保技术的专门人才,充实审计队伍,为搞好环境审计工作打下人才基础。同时,要及时总结环境审计的经验,逐步建立起环境审计的理论框架、作业

---

① 邵金鹏.我国注册会计师环境审计的运作模式研究[D].青岛:中国海洋大学,2004:7-13.

规则与报告标准,使环境审计工作逐步规范化、制度化,为环境审计打好理论基石。其次,会计师事务所应当重视对现有从业人员进行环境学及相关知识的培训,并重视吸纳环境学、工程学等相关专业的人才,建立起一支结构优化、高素质的环境审计队伍,以适应环境审计的要求。最后,在进行环境审计时,根据项目的需要,聘请专家来协助完成。

(4) 全社会树立环保意识,增强对环境审计的认识。积极宣传环境保护对人类可持续发展的重要性,使各方面都认识到治理环境、保护环境、开展环境审计的重要性和迫切性,使可持续发展的观念深入人心,逐渐使企业在政府倡导、公众参与和市场压力的氛围中意识到建立良好的环境管理体制、自觉开展环境会计和环境审计对于企业树立良好的社会形象的重要性,从而为环境审计的有效开展提供可能。同时,注册会计师应对环境审计有一个全新的认识,充分认识到自己开展环境审计的优势所在,以及拓展环境审计这一新兴领域的必要性,从而积极主动地投入到环境审计的业务中去。

(5) 完善独立审计市场,增强投资者对开展注册会计师环境审计信息的需求[①]。一方面,继续加强注册会计师的行业自律和执业监管工作;另一方面,通过激励措施来提高企业通过注册会计师环境审计改善环境形象、提高环境信息质量获得利益的积极性,以增强投资者对开展注册会计师环境审计信息的需求,从而加大对注册会计师开展环境审计的推动力。

(6) 加强国际合作,积极吸收国际上注册会计师环境审计的先进经验。西方发达国家环境审计的出现至今已有几十年的历史。一些国家、地区和国际组织在实施和研究环境审计方面总结了不少好的经验。如欧盟实施的环境审计制度(EMAS)、英国制定的环境保护标准(BS7750)、国际标准化组织制定的 ISO 14000 都是值得借鉴的。此外,加入 WTO 后,我国的企业必将面对跨国公司更为激烈的市场竞争,为了生存与发展,又将激励和促使我国的环保产业和企业努力增加知识含量,进行技术创新,加强经营管理,提高市场竞争能力。而环保产业的发展,必将促使我国深入研究环境审计的技术和方法,与本国具体情况相结合,建立一套适合本国国情的环境审计制度。

(7) 正确分析环境审计现状,创新审计思路和方法。我国环境审计工作还处于起步阶段,各方面还做得不够完善,尤其在实务方面,审计方法上还比较落后,应该积极尝试多维度审计分析方法,可尝试机会成本法、资产价值法、恢复费用法、人力资本法、防护费用法、在线监测法以及 EEGECOST 模型法等。[②]

① 王迪. 关于我国注册会计师开展环境审计的思考[J]. 会计之友,2007(6):54-55.
② 郑芳燕. 注册会计师在环境审计中所占地位初探[J]. 上海金融学院学报,2012(3):71-78.

本章小结

目前,注册会计师很少参与到环境审计中。环境审计以政府审计为主,独立审计基本是一片空白。而西方国家已经越来越关注注册会计师参与环境审计的重要性,与我国形成了鲜明的对比。独立的注册环境审计师队伍为环境审计工作提供了条件。在人们越来越重视环境问题的当下,我们有必要借鉴国外先进经验对我国注册会计师开展环境审计进行探讨。

首先,本章介绍了注册会计师审计组织在环境管理体系中的地位和作用;其次,在介绍国外注册会计师审计组织环境审计重点的基础上,对目前我国学者关于注册会计师审计组织环境审计的研究重点进行了归结整理,指出了我国现阶段注册会计师审计组织环境审计的重点;再次,在对以财务为导向的环境审计运作模式、以问题为导向的环境审计运作模式、以项目为导向的环境审计运作模式、以制度为导向的环境审计运作模式、以目标为导向的环境审计运作模式、以风险为导向的环境审计运作模式进行具体介绍的基础上,指出我国注册会计师环境审计模式应该是以风险为导向的;最后,在了解注册会计师开展环境审计的现状的基础上,指出了我国目前注册会计师开展环境审计的困难并有针对性地提出了相关对策建议。

251

思考题

一、请简要阐述一下注册会计师审计组织在环境管理体系中的地位和作用。

二、你认为我国目前注册会计师审计组织环境审计的重点是什么?

三、审计形式与审计模式有何区别?

四、我国目前的环境审计模式有哪些? 各自的优缺点是什么?

五、你认为我国注册会计师开展环境审计应采取哪种模式? 请简要阐述理由。

六、我国注册会计师开展环境审计存在哪些困难? 你的对策建议是什么?

参考文献

[1] 刘琛. 论环境审计的职业化[J]. 电子财会,2002(8):27-28.

[2] 孙涛,刘波. 对环境审计主体的思考[J]. 辽宁财税,2002(11):51.

[3] 肖文八,王贵则,陈军. 我国开展环境审计的理论探讨[J]. 中国内部审计,1999(3):1-6.

[4] 罗恩·布莱克. 环境审计的新篇章[J]. 刘力云,译. 中国内部审计,1999(3):17-18.

[5] 孙菊生,刘文国. 环境审计与会计职业界的作用——加拿大和美国环境审计比较研究[J]. 审计研究,1998(2):1-6.

[6] 李雪,詹原瑞. 注册会计师开展环境审计的必要性分析[J]. 财务与会计,2003(12):55-56.

[7] 李雪,邵金鹏. 发挥注册会计师在环境审计中的作用[J]. 中国人口·资源与环境,2004(4):134-136.

[8] 王迪. 关于我国注册会计师开展环境审计的思考[J]. 会计之友,2007(6):54-55.

[9] 汪洪波,杨金莲. 注册会计师与环境审计[J]. 中国注册会计师,2007(9):52-55.

[10] 葛雪,李果. 基于委托代理理论对注册会计师在环境审计中主导地位的分析[J]. 价值工程,2008(1):162-164.

[11] 毛洪涛,张正勇.现代风险导向观下的注册会计师环境审计[J].会计之友,2008(9):62-64.

[12] 李玉兰,支艳.注册会计师环境审计工作思考[J].合作经济与科技,2010(21):92-93.

[13] 袁礼.注册会计师在环境审计中的优劣势[J].合作经济与科技,2010(1):92-93.

[14] 郑阿泰.发挥注册会计师环境审计作用初探[J].会计之友,2010(4):94-95.

[15] 王健姝,张波.注册会计师在未来环境审计中的作用[J].生态经济,2010(5):55-58.

[16] 王春艳.内部审计与注册会计师在环境审计中的作用探析[J].财经视点,2010(7):155.

[17] 邵金鹏.我国注册会计师环境审计的运作模式研究[D].青岛:中国海洋大学,2004:7-13.

[18] 徐慧.我国注册会计师环境审计地位及审计模式研究[D].济南:山东大学,2007:38-46.

[19] 华强.注册会计师环境审计理论与实践[D].北京:首都经济贸易大学,2008:24-27.

[20] 孟凡利.加拿大特许会计师协会在环境会计与审计方面的努力及成果[J].广西会计,1997(10):40-42.

[21] 孟凡利.加拿大关于环境问题影响的财务报表的审计指南基本框架[J].审计研究,1997(5):45-49.

[22] 刘菁婉.关于我国环境审计主体的思考[J].财会通讯,2009(3):128-130.

[23] 刘旭红.环境审计比较研究[D].兰州:兰州商学院,2009:22-23.

[24] 刘春慧.对我国环境审计的几点思考[J].会计之友,2007(5):62-63.

[25] 张正勇.我国环境审计现状及发展对策研究——基于实务界的问卷调查[J].兰州商学院学报,2009(3):98-103.

[26] 张爱民,郭坤.我国环境审计主体分析[J].财会通讯,2010(4):135-137.

[27] 张庆安.注册会计师环境审计目标及其实现方式研究[D].成都:西南财经大学,2008.

[28] 西南科技大学课题组.我国环境审计运行的模式[J].上海会计,2001(7):54-56.

[29] 白英防.中国环境审计运作模式问题探讨[J].广西财经学院学报,2008(6):59-62.

[30] 白英防,刘丽华.中国的企业环境审计及其运作模式研究[J].湖南工业职业技术学院学报,2003(1):29-32.

[31] 魏顺泽.论我国环境审计及其运作模式[J].经济体制改革,2001(2):89-92.

[32] 聂云.浅谈风险导向审计与环境审计的结合发展[J].贵州商专学报,2001(4):50-52.

[33] 李媛.风险导向环境管理审计程序研究[D].青岛:中国海洋大学,2008.

[34] 马雪.我国环境审计若干问题研究[D].沈阳:沈阳工业大学,2003:63-65.

[35] 邵丽.环境审计风险研究[D].青岛:中国海洋大学,2008.

[36] 赵春荣,申志强,吕铎.成本效益与环境审计主体选择研究[J].经济师,2013(10):19-21.

[37] 郑芳燕.注册会计师在环境审计中所占地位初探[J].上海金融学院学报,2012(3):71-78.

第十一章 环境审计的其他实务问题探讨

内容简介

本章主要探讨环境审计的其他实务问题。由于在此前的章节中已经对包括政府环境审计、内部环境审计以及注册会计师环境审计在内的实务问题进行了广泛的探讨,本章内容主要集中于环境合规性审计、环境财务审计以及环境绩效审计的实务问题,介绍与这3类环境审计形式有关的审计对象、内容和方法。

学习目的和要求

通过本章的学习,你应当能够:

- 了解环境合规性审计的对象、内容和方法;
- 了解环境财务审计的对象、内容和方法;
- 了解环境绩效审计的对象、内容和方法。

第一节 环境合规性审计实务问题探讨

一、环境合规性审计的对象和内容

(一) 环境合规性审计的对象

环境合规审计的对象应该是受托环境合规性责任及其信息,即反映受托环境合规性责任的环境财务收支及其相关的经济活动以及反映受托环境合规性责任的会计资料及其他有关经济资料。

(二) 环境合规性审计的内容

环境合规性审计主要审查环保资金的筹集和运用是否合法、合规,以及企业的各项经济活动是否符合国家有关环境法律、法规和政策。

国家环保资金的筹集和运用的合规性审计主要包括环保资金的筹集和使用是否符合有关法律、法规的规定,是否有法可依,专款专用。

对企业的环境合规性审计的内容主要有:

(1) 企业排污费审计,包括排污费的缴纳和征收、使用是否符合国家规定的排污费征收制度,以及各建设项目开工前是否进行环保登记,是否遵循"三同时制度"等。

(2)污染物的运输、储存和处置机构审计,是对负责运输、储存和处置污染物的机构的与污染物相关活动是否符合相关规定所进行的审查。目前,从我国近几年发生的重大环境污染事故来看,大部分与企业运输货物过程中发生的交通事故有关。污染物的运输、储存和处置不当容易导致环境事故的发生,从而给企业带来较大的环境风险。企业实施环境管理系统要求其对预防污染作出承诺,制定程序和方案来提高企业全体员工减少或防止环境污染事故发生的意识和技术水平,以及制定好万一发生环境事故的应急措施,因此能够有效地管理控制这类环境风险。同时,实施环境管理系统也要求进行有关的审计以便能够确定是否制定了运输、储存和处置污染物的恰当程序、方案和措施并得到正确的执行。

(3)污染预防审计,是指对企业是否制定有关政策和程序来预防污染和进行清洁生产进行独立的检查和评价的活动。其内容主要是审查评价被审计单位是否采取得力措施防止污染产生,已产生的污染是否采取措施减少或消除。

(4)产品环境审计,是指对被审计单位的产品是否符合有关环境保护法律和法规的规定以及被审计单位是否致力于尽最大可能使生产的产品对环境无害的情况所进行的独立检查和评价活动。随着各种环境保护法律和法规对产品的环境因素的规定和限制越来越严格,以及环保产品越来越受欢迎,为了保证企业的产品不但符合各种保护法律和法规对它的环境因素的有关要求,而且成为受欢迎的环保产品,对企业的产品进行环境审计势在必行。产品环境审计的主要内容包括:检查企业清洁产品的设计情况是否选择最佳的审计方案;产品在使用过程中是否对用户或用户的环境产生不利的影响;产品废弃后是否会危害环境;企业是否注意回收与再利用技术的开发;产品的包装物是否对环境有不利的影响等。

二、环境合规性审计的方法

在完成环境审计的过程中,审计人员往往要使用调查表技术,采用观察、查询等审计方法来获取审计证据资料。在实施环境合规性审计时,更应注意使用以下的审计方法。

(一)实地观察法

通过实地观察可以了解到企业经营活动的真实状况,从而可以分析经济事项应如何正确处理。例如,要了解企业的污水处理设施是否能有效地工作,是不是污水没有经过处理就直接排出,这都需要进行实地观察。通过实地观察,可以查看到污水处理设施可能已停用很长时间等情况。通过现场调研,能够发现经济事项的真实情况。如果注册会计师仅仅通过被审计单位提供的书面资料来观察,看到的可能只是事实的表面而不是实质。

(二) 面询法

面询法即通过当面询问,与企业相关人员进行沟通。这包括与企业管理人员的沟通以及与基层人员的沟通。与企业管理人员沟通,可以了解企业管理人员对环境问题的态度,可以了解企业实施某种政策的意图,有利于确定审计风险以及审计重点。与基层人员沟通,相对而言更能了解到经济事项最真实的一面。

(三) 调查问卷法

当涉及的人员或单位很多以致无法进行必要询问时,可以采用调查问卷的方式。调查问卷可以采用无记名的方式,以利于收集到最真实的资料。其关键的环节是设计一整套科学合理的表格,要求所有内容采用问答方式,这些问题应该非常明确,切忌模棱两可或带有某种诱导性。

(四) "红旗"标志法

"红旗"标志法的实质是审计人员在总结以往被审计单位违反环保法规情况发生的基础上,整理归纳一整套发生可能性最高的相关经验,并用文字将之展示出来,以警示他人注意环境不合规现象发生的可能性以及发生的特征和基本状况,也利于审计人员对照检查被审计单位。当然,这种警示内容的完整性和准确性受"红旗"标志法的制作者的经验、专业知识、工作深度和广度等相关因素的影响,因而,"红旗"标志法在环境合规性审计中的使用具有一定的局限性。

(五) 制造错误法

制造错误法是指审计人员在实施环境合规性审计时,制造真正的错误以观察其能否通过控制系统,以此评估控制系统的缺陷和易受破坏的一些环节。制造错误并发现它们的处理过程,其优点是能够使组织中可能存在的不合规行为所暴露的具体信息变得一目了然。

第二节 环境财务审计实务问题探讨

一、环境财务审计的对象和内容

(一) 环境财务审计的对象

环境财务审计的对象应该是受托环境财务责任及其信息,即反映受托环境财务责任的环境财务收支及其相关的经济活动以及反映受托环境经济责任的会计资料及其他有关经济资料。

(二) 环境财务审计的内容

关于环境财务审计的内容,要从宏观和微观两个层面上分别说明。

1. 从宏观上看,主要是政府各级部门环保资金筹集和使用的真实性

我国环境保护资金的主要来源:一是根据"谁污染、谁付费"的原则征收排污

费;二是各级财政预算安排的环保补助支出;三是企业自筹(包括银行贷款及其他方式筹集的资金)。此外,还有国际援助,如我国政府通过世界银行、亚洲开发银行、全球环境基金和政府双边合作渠道引进的一些用于环境保护项目的资金。

环保资金审计主要是对国务院所属的环保部门、有关部门和地方政府管理部门的环境保护专项资金筹集、管理、使用情况进行审计监督。

第一,筹集环保资金的真实性审计。资金筹集的真实性主要是审查被审计单位会计账户是否真实反映了环保资金的实际投入情况。对环保资金的审计应包括各种渠道筹集的所有环保资金,主要有:财政预算投入环保治理资金的真实性审计;环保部门资金来源的真实、合法和合理性审计;城建、市容、土地、林业等部门用于环境保护资金的真实性、合法性审计。

第二,环境保护资金使用的真实性审计。除了要对环保资金的筹集进行审计外,还要对环保资金使用的真实性进行审计。所谓资金使用的真实性,就是要对资金的使用情况进行审查,审查资金的投向是否确实是用在了环境治理和环境保护上,有无挪用和截留现象。目前,我国对环境资金的筹集、管理和使用,还缺乏严格的、全面的监督,漏洞和弊端不少,侵吞、挪用和无效使用的情况时有发生。从国家审计署两次对兰州、重庆、广州等 20 个城市进行环境审计的情况来看,情况不容乐观。因此,有必要对环保资金的征集、管理和支出、环境保护项目计划和目标执行情况、项目资金来源的合法性和真实性、项目资金的投入情况、项目支出的合法性和真实性等方面进行审计,以保证环境资金的合法、合理使用。

2. 从微观上看,关于企业环境财务审计的内容,总体来说与一般财务审计的内容类似

(1) 环境资产确认与计量审计。环境是指资源与其周围一定的空间和条件的结合体。资源是指自然中一切对人类有益的物质和能量。在许多情况下,环境与资源是相近或相同的,如我国的《环境保护法》指出:"本法所称环境,是指影响人类生存和发展的各种天然的和经过人工改造的自然因素的总体,包括大气、水、海洋、土地、矿藏、森林、草原、湿地、野生生物、自然遗迹、人文遗迹、自然保护区、风景名胜区、城市和乡村等。"本书所说的"环境资产确认与计量审计",仅指部分自然资源(环境)确认与计量的审计问题。进行环境资产确认与计量审计,主要是审计作为资产的环境(资源)是否予以确认,是否符合确认的条件与标准,确认的手续、证据材料是否齐备,确认中是否按照法定程序进行评估,环境(资源)的所有权转让(或出售)、作为投资的计量与计价是否科学、合理,环境(资源)在其有偿转让(或出售)、作为投资过程中的国家利益是否得到维护,环境(资源)的评估或计价标准与该标准的适用范围是否匹配,计量方法的选用是否适当,通过环境(资源)的确认与计量能否实现资源的合理配置,能否促进资源的有效开发与利用,能否促进环境治理与保护等。另外,对当前尚有一定难度而又急需确

认与计量的环境（资源）是否设法进行了确认与计量，是否建立资源市场并通过资源市场进行环境（资源）的定价。

（2）环境成本费用支出审计。企业发生的环境成本费用支出，主要包括环境预防与研究开发成本、环境资产折旧、环境保护成本、环境污染成本、环境其他支出等。企业为治理环境和恢复环境而发生的支出以及对"三废"处理成本、厂区绿化美化支出，属于环境保护成本；企业排污受罚，超标受罚，环境诉讼赔偿支出，属于环境污染成本；职工环境培训支出、社会环境宣传支出、社会环境赞助支出等，属于环境其他支出。进行环境成本费用支出的审计，主要是审计环境成本费用支出的合理性、正确性。具体审查环境成本费用支出的性质、用途是否与环境匹配，费用分配及账务处理是否合理、正确，企业是否在环境预防与研究开发方面投入了足够的资金，发生了多少环境保护成本，环境资产折旧是否符合环境会计准则、制度的规定，发生了多少环境污染成本，发生的环境污染成本是否有所降低，用于职工环境培训、社会环境宣传、社会环境赞助、厂区绿化美化、治理"三废"等方面的支出怎样，等等。

由于我国目前缺乏完善的环境会计具体准则，所以，要求企业将相关的环境信息通过某些确认和计量方法在财务报告中披露不是很现实，因此，可以要求或鼓励企业采用独立报告模式来披露相关的环境会计信息。独立环境报告可以采取多种表达形式，为便于操作，在编制初期，可先以文字、图形和数量、技术指标等为主，待条件成熟后，环境报告应以列示一系列环境技术和货币指标的表格为主，使环境报告逐步成为一种规范、严谨的信息报告工具。在独立报告模式下，注册会计师还应重点审查：①独立环境报告的内容是否完整，是否有遗漏或者隐瞒重大的环境事项。审计人员可以以相关规定为依据，运用自己的专业判断，收集审计证据来验证这一点。②验证独立环境报告内容是否真实、可靠。对于以数据指标形式列示的，可以通过实际测量来验证；对于叙述性内容，应考虑其措辞是否恰当；对属预测、估计性质的数据，可着重审查其分析方法和过程的合理性。

二、环境财务审计的方法

与一般内部财务审计报告相比，企业环境财务审计报告应特别说明以下内容：

（1）遵守和采用的信息披露和资金运用的财务会计政策。

（2）环保资金来源的保障程度，包括资金渠道、数量筹集和到位时效，以及资金使用情况。

（3）有关环保资产、负债、费用的真实性。

（4）环保或有负债的评估。

（5）会计报告中有关会计信息披露的情况等①。

环境审计的方法有很多种，在不同情况下究竟应采用哪些方法，要根据审计目的、审计对象的特点以及审计人员所掌握的资料的性质、内容来确定。实际审计操作时，往往把这些方法综合在一起加以运用，有选择地针对具体审计目标和要求，运用各种方法多层次、多角度地对财务报告进行重新加工、比较、分析和评价。此外，由于环境财务审计所触及的问题复杂、涉及面广，加上许多新技术、新理论、新方法的不断涌现、不断否定，造成审计标准的不断变化。而越来越多的事前审计和事中审计，又增加了环境财务审计的动态性、不确定性、模糊性，所采用的审计方法将更加灵活多样。

在开展环境财务审计时，应主要采用以下审计取证方法。

（一）检查

检查是审计人员对被审计单位的会计资料和其他书面文件的审阅与复核。审阅是指审计人员审查和翻阅会计凭证、账簿和报表，以及计划、决策方案、合同、会议记录等书面资料，借以查明书面资料及其反映的经济活动的真实性、合规性，从中发现错弊或疑点，并收集审计证据的方法。复核是指审计人员对被审计单位的会计凭证、账簿、报表等会计资料和其他书面资料之间的有关数据，按照其内在联系进行相互对照、复核检查，以获取审计证据的方法。运用检查的方法来获取环境审计证据，有两点需要注意：

一是资料的全面性。即在进行审阅和复核时，要收集相对全面的资料。这是因为环境事项比较复杂，相对全面的资料更有利于发现问题。

二是环境相关知识的具备。在收集审计证据时，要进行复核，就要了解相关环境知识。只有了解了相关的环境知识，才能清楚相关数据的内在联系，才能进行相互对照、复核检查。

（二）观察

观察是审计人员对被审计单位的经营场所、实物资产和有关业务活动及其内部控制的执行情况等所进行的实地查看。审计人员观察的目的是确定有关行为符合相关的规章制度、内部控制制度要求的程度，以及关注实物资产的数量、质量状况。在开展环境审计时，强调注重观察，主要是因为一般说来，环境问题对企业的财务状况和经营成果影响巨大，面对可能暴露的环境问题，企业更倾向于掩盖问题。因此，注重实地观察更有利于发现事情的真相。

（三）计算

计算是审计人员对被审计单位会计资料中的数据进行验算或者另行计算。审计人员计算的目的在于验证被审计单位的计算结果的正确性；验证被审计单位会计资料以及其他书面资料披露结果的正确性。在通过计算的方法获取环境

---

① 李兆华、孙晓燕. 企业内部环境财务审计运作模式构建[J]. 会计之友，2008（6）期（上）.

审计证据时,可能需要用到环境科学等的相关计算方法。如某项环境投资的效益的计算。审计人员可以利用专家的工作,来取得相关的数据;对于比较简单的计算,审计人员也可以自己解决。

另外,在开展环境财务审计时,也应采用如监盘、查询、函证等传统财务审计的取证方法。

第三节　环境绩效审计实务问题探讨

一、环境绩效审计的对象和内容

(一) 环境绩效审计的对象

环境绩效审计的对象应该是受托环境绩效责任及其信息,即反映受托环境绩效责任的经济活动以及反映受托环境绩效责任的会计资料及其他有关经济资料。

(二) 环境绩效审计的内容

1. 政府环境绩效审计的内容

在 1995 年最高审计机关国际组织所属的环境审计工作小组着手起草的《从环境视角进行审计活动的指南》中,政府环境绩效审计的内容被概括为 5 个方面:一是对政府执行环境法规情况进引的审计;二是对政府环境项目的经济效益进行的审计;三是对政府其他项目的环境影响进行的审计;四是对环境管理系统进行的审计;五是对计划的环境政策和环境项目进行的评估。作为用于指导实践的环境绩效审计研究,应该将重点放在该指南所提出的 5 项内容在我国能否应用、如何应用的问题上。

(1) 对政府执行环境法规情况的审计。这是目前世界各国开展政府和公营机构绩效审计最普遍的形式。其主要包括审查政策的执行是否达到了预期的目标;审查执行法规政策措施的手段是否科学、合理以及执行的效果如何等。这种审计类型在我国目前还没有明确的授权。但我们认为,对政府部门执行政策法规情况进行审计能够督促各部门提高效率、重视效果,是十分有必要的。所以,应通过立法授权审计机关进行该种类型的审计。

(2) 对政府环境项目的效益审计。其主要对象是政府负责的保护或改善环境的项目以及政府签署的国际协议。目前我国的法律规定,已授权审计机关对这些项目的"财政、财务收支的效益性"进行审计。但在实践中,也有突破"财政、财务收支"范围的尝试。实施该类审计时,审计机关应该注意对环境项目的选择,应考虑经营风险、重要性和可审计性等方面问题。

(3) 对其他政府项目的环境影响进行审计。它只是"广义上的环境审计的一部分"。在我国,对其他政府项目的环境影响加以评估是环境保护部门的职责,可以不作为环境审计的内容。但是审计机关或者内部审计机构可以通过专项资金审计、经济责任审计或项目审计等方面工作的实施,检查或确认政府、组织在缓解、削减环境影响方面的措施是否已经实施,并已经达到目标,有无造成过多成本等。

（4）环境管理系统的审计。环境审计被看做对一个组织的环境管理系统的连续监控过程,对环境管理系统的审计主要包括审查环境管理机构的设置合理性,是否存在职责不清、互相扯皮的现象;审查管理体系中各组成部门的工作有效性,如是否及时制定环境规划或计划,实施排污费管理的效果如何等。

（5）对计划的环境政策和环境项目进行评估。虽然我国的审计机关并无对政策制定进行审计的权限,但是在检查法律、规定执行的合法性审计中,可以反馈一些与政府规定本身的合理性有关的信息,如排污费的计费范围和收费标准的合理性等。事实上,经过反馈的审计信息历来是我们国家有关部门制定政策的重要依据。

2. 企业环境绩效审计的内容

（1）企业环境管理系统审计。环境管理系统包括为实现组织的环境战略与环境目标所进行的组织、计划、实施、监督、控制活动,它要求组织建立规范化、程序化和文件化的全过程、全因素控制,以减少在生产和服务过程中对环境的危害,使企业的环境成本降到最低。环境管理系统在运行上是否经济、高效是环境审计的重点。环境管理体系是环境审计的核心内容之一,通过审查和评估环境管理体系,可以找出环境管理中存在的薄弱环节,并随时改进。就现有的环境审计案例看,在评价环境管理体系时往往仅测试内部的财务控制制度,如会计账簿设立是否健全、财产物质管理制度是否健全等,而对内部环境管理制度的评价却比较少。实际上,环境管理控制的范围相当广,不仅包括管理机构的设立、内部分工、管理决策的作出,而且包括环境设施的资金筹集、工程的实施、质量管理等。因此,环境审计应开阔视野、扩大审计的范围,唯有如此,才能发现深层次的问题,真正提高企业的环境管理水平。

（2）环境政策的合理性审计。企业的环境政策是根据企业的经营目标、经营状况和国家的环境法律的设置情况而制定的,目的是避免环境风险并使企业在竞争中处于有利的地位。但是,公司的管理者在制定环境政策时很难做到恰到好处,他们容易犯两方面的错误:①低估或高估因法律和市场因素而导致的环境风险;②低估或高估因加强环境保护而带来商业机会。这两种错误将对公司的竞争和盈利能力造成严重影响。如果高估环境威胁或风险,势必带来不必要的成本支出,限制企业从事某些更加有盈利能力的经营活动,但是如果低估环境威胁或风险,不进行必要的环境治理,其结果则可能是灾难性的。因为,随之而来的罚款、追加的成本支出和企业形象的受损可能长期影响公司的发展。而通过环境政策审计,可以针对环境政策中潜在的偏差或失误,向企业的高层管理者提出建议,并加以修正,以防范于未然。

(3)环境责任的绩效性审计。环保责任的绩效性审计是对企业各级管理者的环境责任的执行情况及其结果所进行的一种审计。企业通常的环保责任有:①创造安全和舒适的工作环境;②减少废旧物质的排放;③减少噪音污染;④生产清洁产品;⑤对产品的环境风险进行披露;⑥对发现的环境污染损失进行补偿。然而,企业在实际管理中是将上述责任进行层层分解后加以落实执行的。因此,为了保证环境责任能够得到完全执行,环境审计部门必须对各个责任人或各个责任单位(部门)责任履行情况加以监督,并将结果报告给企业高层管理者,以便对有关责任人进行业绩考核和评定。

(4)环境项目成本效益审计。在实际情况中,许多单位已经对环境造成了污染和危害,在这种情况下,就需要进行污染治理,开展一些环境项目,投入环保资金,购买环保设备。内部审计部门应当对企业的环境治理项目进行审计,对环保资金的使用和环保投资的真实性、合法性、效益性进行评价,利用成本效益分析方法,来对环境项目的成本效益进行评估,以促使单位采用成本小、效益大的环境项目。

3. 环境绩效审计的客观基础

从环境审计的不同类型,研究其产生与存续的客观基础,是环境审计理论研究的起点。

(1)环境财务审计的客观基础是经济组织的外部利益关系人对组织环境信息可置信程度的需要。这些外部关系人在作出各自与该组织有关的决策时需要使用或考虑这些环境信息,如预防、缓解和弥补环境损失的各项措施成本、对可再生资源和不可再生资源的保护费用以及违反法律、法规的经济后果等信息。

(2)环境合规性审计的客观基础。"规"是指国家和政府为履行其社会管理职能而制定的各种具有强制性的法律、法规和规定。其中,与环境保护有关的包括:一是对政府和其他组织的行为的环境影响进行规范,如对污染排放、资源开发使用的规范等;二是对环境保护活动的规范,如环保资金的筹措、管理和使用规范等。

政府为了保证其环境管理职能的有效性,需要取得环境规范被执行和遵守情况的信息,这种信息的提供渠道之一就是环境合规性审计。

检查和监督有关行为的合规性是环境合规性审计的目的和职能,因为其对象不仅是组织和个人的行为,还包括政府的行为,所以这种审计的主体非国家审计部门莫属。

(3)环境绩效审计的客观基础是检查环境资源的管理、使用责任。环境资源事实上包括两部分:一是环境的天然存量资源,如物种、生态、大气和水资源等;另一种是用于治理环境的各种资源,如资金、技术和设备等①。

二、环境绩效审计的方法②

1. 数据和信息的收集方法

(1)直接观察法和文件检查法。前者可获取对被审领域运作方式的理解;后者能提供多种书面证据,如管理者的决定、项目受益人的"案例记录"以及项目执行人的各种记录等。

(2)二手分析和文献检索。借此可更新并扩大审计师对具体项目的了解。二手分析是指充分利用相关且较详细可靠的研究报告、书籍、论文及统计数据(包括历史资料和当前出版物)等二手资料。文献检索是指要充分利用来自被审对象、审计机构或其他机构过去开展的审计和评价工作的各种文件。

(3)抽样和案例研究。审计师将一般统计数据与深入的案例研究相结合,并对它们进行核对,从而获取对案例说明的充分信息,进而形成推断的基础。

(4)调查法。调查法从确定的总体中进行系统的信息收集工作,通常是对总体中的抽样样本运用邮件、互联网、电话、面谈或问卷调查等方法,以获取详细具体的信息。案例研究和其他深入研究方法则经常用于对调查方法的补充。

(5)实验法。该法是将目标随机分成实验组和控制组,先通过对实验组进行干扰,然后将控制组和实验组的成果进行比较,从而尽量排除给后果评价造成困难的外部影响。

(6)面谈法。面谈法基本上是一个获取具体信息的问与答的过程。绩效审计的大量工作以面谈为基础,而在审计过程的不同阶段要开展各种不同的面谈。

(7)研讨会和听证会。研讨会将代表广泛知识和意见的大量人员聚集在一起,可以使审计师更好地了解所涉及的问题。听证会的目的主要是邀请或要求感兴趣的各方或专家就被审计领域发表意见。

(8)核心小组、参考小组和专家。核心小组是指选择并汇集适当人员,请他们就具体课题和问题展开讨论。参考小组可以由审计机构内部或外部的人员组成,其成员经常是专家,参考小组是一种意见来源。聘请专家的目的是使审计小组能够获得对实现审计目标具有重要意义的技术知识或技能。

(9)分析性复核法③。该法是指审计人员将被审计单位的财务资料和非财务资料与同行业资料,被审计单位前期资料,被审计单位计划、预算、定额等资料,审计人员根据职业判断估计的数据资料等相比较,获取审计证据,得出审计结论的方法。

---

① 陈思维,王晨雁. 从环境视角进行审计活动的指南的启示[J]. 审计与经济研究,2003(4).
② 王恩山. 环境绩效审计研究[D]. 青岛:中国海洋大学,2005. 陈钰泓. 环境绩效审计问题研究[D]. 成都:西南财经大学,2006.
③ 王春萍. 环境绩效审计方法研究[D]. 青岛:中国海洋大学,2006.

2. 数据和信息的分析方法

（1）比较分析法。该法主要用于检查发展趋势和比较不同方案。审计师可比较不同时间地点的事项，也可比较不同的成果或选择方案，还可对事前和事后的不同衡量结果进行对比。比如，可比较运转良好的和运转不太好的系统，可比较一个或多个对象及其总体情况，也可比较不同国家的类似领域等。

（2）事前事后分析法。审计师将项目开始之前的情况与项目执行之后的情况进行比较。这种方法的一个缺点是，对于能否将事前和事后的不同衡量结果的差异都归结于项目，审计师没有把握。

（3）环境成本效益分析法。它也被称为"环境费用效益分析法"，进行环境费用效益分析的目的是达到经济上最佳状态的污染水平。其关键是，如何计算环境改善带来的效益，或者环境污染破坏带来的损失。环境效益的评估方法包括：市场价值法、机会成本法、恢复和防护费用法、替代工程法、意愿调查法（陈述偏好法）、揭示偏好价值评估法（替代市场法）。[①]

运用成本效益分析法的基本原则是效益必须大于成本，目的是在现有经济技术条件下，以最少的成本取得最大的收益。成本效益分析法在环境绩效审计中，主要是用于评价环境效益和环境费用。图11-1中总费用曲线与总效益曲线相交的虚线部分为去除污染物的净收益，当除污量为 A点时，其净收益最大。可用公式表示：$N_e = B_e - C_e$。式中，N_e 为最大净收益，B_e 为环境改善总效益，C_e 为环境改善总费用。

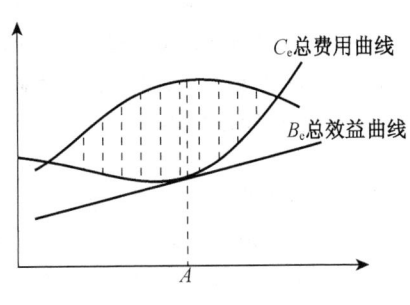

图 11-1　费用效益曲线

（4）费用效果分析法。由于成本效益分析在处理大多数环境问题时，很难用货币表示其影响，因此，实际分析中常采用另一种替代方法，即费用效果分析法。该法是将环境保护和治理费用达到的效果进行多种方案比较的一种经济评价方法，包括最佳效果法和最少费用法。因它不需给每一效应赋予货币计量，可用非货币计量单位计算，在环境绩效审计中具有很大的实用性和灵活性。

（5）回归分析法。该法是一种用于评价各可变因素间联系程度的技术，对于统计数据经常使用此法。

（6）分析目标实现情况的方法。审计师检查既定目标是否实现，并通过总体分析确定所做工作是否存在缺陷，通过将成果和影响与目标和需求相联系可确定任何形式的偏差。

---

①　王春萍.环境绩效审计方法研究[D].青岛：中国海洋大学,2006.

（7）生命周期评价方法①。企业经营活动是按产品的生命周期进行的,在对其经济业务循环活动进行环境绩效审计时,除了采用传统的审计方法外,生命周期评价方法是一种非常有效的方法。生命周期评价方法的评价覆盖了产品、过程或活动的整个生命周期,包括材料的获取和加工、制造、运输和分配、使用、再使用和维护、再循环和最终处置。因此,它是对企业经济循环活动进行环境绩效审计的有力工具。产品生命周期评价被认为是最有效的环境信息管理方法之一,它为环境影响评价提供了实际的基础。

本章小结

本章对环境合规性审计、环境财务审计以及环境绩效审计的对象、内容和方法进行了探讨。

环境合规审计的对象应该是受托环境合规责任及其信息。环境合规性审计主要审查环保资金的筹集和运用是否合法、合规,以及企业的各项经济活动是否符合国家有关环境法律、法规和政策。在实施环境合规性审计时,尤其应当注意使用以下的审计方法:实地观察法、面询法、调查问卷法、"红旗"标志法以及制造错误法等。

环境财务审计的对象应该是受托环境财务责任及其信息。关于环境财务审计的内容,要从宏观和微观两个层面上分别说明:从宏观上看,主要是政府各级部门环保资金筹集和使用的真实性;从微观上看,关于企业环境财务审计的内容,总体来说与一般财务审计的内容类似,主要包括环境资产确认与计量审计、环境成本费用支出审计。在开展环境财务审计时,主要应用的审计取证方法有:检查、观察、计算。

环境绩效审计的对象应该是受托环境绩效责任及其信息。政府环境绩效审计的内容包括:对政府执行环境法规情况的审计、对政府环境项目的效益审计、对其他政府项目的环境影响进行审计、环境管理系统的审计、对计划的环境政策和环境项目进行评估。企业环境绩效审计的内容包括:企业环境管理系统审计、环境政策的合理性审计、环境责任的绩效性审计、环境项目成本效益审计。环境绩效审计的具体方法包括数据和信息的收集方法、分析方法。数据和信息的收集方法包括:直接观察和文件检查法、二手分析和文献检索、抽样和案例研究、调查法、实验法、面谈法、研讨会和听证会、核心小组、参考小组和专家以及分析性复核法等。数据和信息的分析方法包括:比较分析法、事前事后分析法、环境成本效益分析法、费用效果分析法、回归分析法、分析目标实现情况的方法以及生命周期评价方法等。

思考题

一、环境合规性审计的审计对象和内容分别是什么?

二、环境合规性审计的方法有哪些?

三、环境财务审计的审计对象和内容分别是什么?

---

① 陈惠慧.企业内部环境绩效审计内容和技术方法研究[C].中国会计学会高等工科院校分会 2009年学术会议论文集,2009.

四、环境财务审计的方法有哪些?

五、环境绩效审计的审计对象和内容分别是什么?

六、环境绩效审计方法有哪些特点?

七、你认为还有哪些审计方法适用于环境合规性审计、环境财务审计或环境绩效审计?

参考文献

［1］ 李雪,王春萍.我国环境绩效审计方法研究述评［J］.会计之友,2006(3):70-71.

［2］ 王春萍.环境费用效益分析法在环境绩效审计中的应用［J］.财会通讯(综合版),2007(2):61-62.

［3］ 陈惠慧.企业内部环境绩效审计内容和技术方法研究［C］.中国会计学会高等工科院校分会 2009 年学术会议(第十六届学术年会)论文集,2009.

［4］ 王春萍.环境绩效审计方法研究［D］.青岛:中国海洋大学,2006.

［5］ 王恩山.环境绩效审计研究［D］.青岛:中国海洋大学,2005.

［6］ 陈钰泓.环境绩效审计问题研究［D］.成都:西南财经大学,2006.

［7］ 杨智慧.环境绩效审计定义探讨［J］.财会通讯(综合版),2009(10):25-26.

［8］ 陈佳稳.公共环境项目绩效审计评价指标研究［D］.北京:中国地质大学,2010.

［9］ 时毅.公共环境项目绩效审计评价指标研究［D］.青岛:中国海洋大学,2008.

［10］ 吕向云,李瑛.我国政府环境绩效审计评价体系初探［J］.商业会计,2010(13):38-39.

［11］ 丁艳秀.企业环境绩效审计评价指标体系研究［D］.长沙:长沙理工大学,2009.

［12］ 于波.环境绩效审计研究［D］.厦门:厦门大学,2008.

［13］ 张志成,王恩山.在我国推广环境绩效审计的策略研究［J］.科技信息(学术版),2007(6):228-230.

［14］ 邵金鹏.注册会计师环境审计的运作模式研究［D］.青岛:中国海洋大学,2004.

［15］ 李兆华,孙晓燕.企业内部环境财务审计运作模式构建［J］.会计之友(上旬刊),2008(6):67-69.

［16］ 陈思维,王晨雁.《从环境视角进行审计活动的指南》的启示［J］.审计与经济研究,2003(4):28-31.

［17］ 高翔,侯玲.环境绩效审计方法浅谈［J］.中国内部审计,2011(7):38-39.

第十二章　环境会计和环境审计的协调

　　本章将首先介绍环境会计的产生背景、发展阶段以及国内外环境会计的研究现状,阐明环境会计的定义、目标、本质和特点,并对环境会计可能会对传统会计带来的影响进行分析;继而对环境会计信息披露进行了深入分析,从我国的披露现状出发,引出了环境披露的内容和方式的探讨,最后过渡到环境会计和环境审计的关系问题,说明协调两者关系的途径。

　　通过本章的学习,你应当能够:

- 了解环境会计的产生背景;
- 掌握环境会计的定义、目标和本质;
- 了解我国环境信息披露的现状;
- 掌握环境信息披露的内容和形式;
- 理解环境会计和环境审计的关系;
- 初步认识环境会计和环境审计的协调途径。

第一节　环境会计概述

一、环境会计的产生背景及发展阶段

　　环境会计是会计的一个分支,是将环境问题与现代财务会计理论方法有机结合,以货币单位、实物单位计量或用文字说明等方式反映、记录、报告、考核资源和环境成本与价值,评价企业环境经济活动以及取得的环境效益对企业财务成果和社会价值形态的近期、长期影响的一门新兴会计学科。环境会计既然是会计的一个分支,是环境问题与会计理论方法相结合的产物,在会计基本假设、会计原则、会计确认、会计计量、会计记录、会计报告等诸多方面必然与现代会计有着相同或相似之处。但是由于环境问题的多样性与资源利用的复杂性,必然带来环境会计自身的特殊性。会计的产生与发展是经济和社会发展的产物,它以社会经济发展的状况和要求为发展基础,同时为社会经济发展提供服务。环

境会计和报告的产生与发展也是与其所处的社会经济环境密不可分的。在工业经济发达以前，人们并没有对经济发展带给环境的影响予以重视，主要是由于人类生产、生活活动对自然环境的影响还远远低于自然环境的承载能力和自身的净化能力。工业污染事件的不断发生及其产生的环境危害，逐渐使人们认识到了经济发展对地球环境的影响，人们开始警觉人类的生产、生活活动造成的环境危害以及地球环境的承载能力问题。

随着人类环境保护意识的提高，在近年来的多次污染事件中，造成污染的企业或组织都不同程度地受到人们的指责。一些企业因此被诉诸法律，有的被判处向受害者赔偿经济损失，有的被管理当局限制污染物排放。这样，在企业组织的财务支出中，就必然增加了由于环境污染问题导致的支出项目，无论其具体处理方式如何，环境影响因素从此进入会计核算的范围之中，这应该是环境会计发展历程中的基本起点。由于环境污染事件的诉讼和环境污染对人类生存发展的影响，特别是法律、法规对企业承担环境责任的规定和环境诉讼失败后所支付的巨额经济赔偿，已经对企业的生存和发展提出了严峻的考验。

20世纪70年代，第一次环保高潮来临，工业发达国家纷纷采取较为严厉的法律手段和经济手段，对企业滥用资源和随意排放污染物的行为进行干预和处罚，这使企业逐步开始重视对社会和公共环境的影响，并投入财力、物力采取相应的措施，对自身生产经营过程中产生的废气、废水、废渣等污染物进行适当的处理，努力减少污染物的不合理排放。这些污染或废弃物排放控制，引起会计核算中环境因素的财务事项大幅度增加。一些企业也开始在自己的对外报告（包括年度报告）中披露有关社会责任信息，个别的也包括环境信息。此时，环境会计在会计实务方面处于萌芽状态。

进入20世纪80年代以后，一部分专家学者开始对环境会计进行专门研究，联合国国际会计和报告准则政府间专家工作组会议也开始讨论和研究环境会计和环境信息披露问题。进入20世纪90年代，环境会计研究取得了新进展。

环境会计的发展阶段大致可以分为以下几个阶段：

第一阶段，环境影响进入会计视野（20世纪五六十年代）。在这一阶段，由于工业污染事件的不断发生和环境污染事件法律诉讼的发生，环境诉讼失败导致的经济赔偿和环境恢复费用成为企业会计核算的要素，企业的环境觉醒增加了环境方面的开支，也纳入了会计核算的内容。但人们主要关心的还是企业经济利益问题，重视企业财务核算和管理控制，环境因素的财务影响后果仍没有得到重视和独立思考。

第二阶段，环境会计萌芽（20世纪七八十年代）。随着世界各国环境法律、法规的不断建立，环境保护逐步被发达国家纳入政府的社会管理范畴。因此，企业会计核算中环境问题导致的会计核算事项大幅度增加。1971年比蒙斯在《会计月刊》（Journal of Accountancy）上发表的《控制污染的社会成本转换研究》和

1973年马林在《会计学月刊》发表的《污染的会计问题》代表性地揭开了环境会计研究的序幕；1975年，英国会计准则指导委员会发布的《公司报告》中对公众的社会责任问题的内容很大一部分与环境问题相关；1976年，Ullmann提出了公司环境会计系统，采用非货币计量的手段反映与环境有关的投入和产出；20世纪80年代末期，国际会计组织也召开会议对与环境有关的会计影响问题展开了讨论。

有人认为，最先考虑环境问题的是庇古。英国古典经济学家庇古（Authur Cecil Pigou, 1877—1959年）在分析福利经济学时认为，空气是自由财产，工厂可自由排放废弃污染物，而该工厂不承担因生产而污染空气的环境责任，导致了企业只确认生产过程中的内部成本，而不确认外部成本。政府可采用强制性的经济手段，通过加大企业的税收，将企业污染环境的成本加到产品中。庇古的这一构想可以看做是环境会计理论的萌芽[①]。

第三阶段，环境会计的确立与发展（20世纪90年代）。步入20世纪90年代，世界各国的大型企业，特别是发达国家的大公司，开始自觉地披露环境信息，尽管非财务信息占较大比重，但财务信息的内容不断增加，报告使用者关心的环境财务影响信息得到较大发展，且质量不断提高。在会计核算上，一些环境要素开始出现相对独立的处理方式，环境会计的概念、模式基本成型，宏观环境会计和微观环境会计的研究也取得一定成果，环境审计也逐步建立起来。

第四阶段，环境会计的现在与未来。进入21世纪，环境会计的发展速度更快，环境会计研究也进入一个新的阶段。首先，环境会计思想、理论得到各国政府和企业界的认同，环境会计方法得到日益普遍的应用。一些国家环境法律和环境管理机构对本国公司经营活动，对环境的影响、企业的环境对策及其效果、环境财务影响等诸多有关环境方面的信息披露提出了要求，推动了环境会计和报告理论以及方法体系在会计实务中的广泛应用。其次，不仅是发达国家的环境会计和报告得到了发展和应用，发展中国家的环境会计也随着环境保护事业的发展得到应用与发展。在我国，近几年环境会计的研究取得很多有益的成果。最后，像日本2000年发布的《环境会计系统指南》、英国管理会计师协会（CIMA）最近出版的《环境会计：实务指南》等，在协助公司发展环境会计系统方面，提供了很多有益的帮助。类似于上述的环境会计制度或建议、规范在许多国家都有一定发展[②]。

---

① 徐贵丽.国外环境会计研究：综述、特征及对我国的启示[J].财会通讯2011(10).

② 亚生·吾拉木，斯坎德尔·吐尔夏.和谐发展视角下的现代环境会计研究[M].乌鲁木齐：新疆科学技术出版社，2007.

二、环境会计的研究现状

(一) 国外环境会计的研究现状[①]

国外关于环境会计的研究始于 20 世纪 70 年代,以 1971 年比蒙斯的《控制污染的社会成本转换研究》和 1973 年第马林的《污染的会计问题》两篇文章为代表,揭开了环境会计研究的序幕。1983 年以来,世界银行就积极鼓励修订现行的会计体系,提出建立一套与联合国国民会计体系相配套的环境辅助账户的建议。1989 年 1 月,联合国国民会计体系专家小组接受了这一提案。经过修订的国民会计蓝皮书已于 1993 年发表,包括的内容有对环境会计的讨论,对提出的设计辅助账户作了肯定并批准计算收益时考虑计算环境成本。1991 年,联合国"国际会计和报告标准政府间专家工作组"第九届会议,着重对环境保护会计问题进行了讨论。1995 年,第十三届会议的中心议题也是环境会计,此次会议认为,如何在会计上揭示环境成本和负债已成为不少国家和社会公众关注的问题。

国际会计师联合会(IFAC)于 1998 年发表了《组织中的环境管理:管理会计的作用》。该报告定义了环境管理实践、环境会计、EMA 等术语,简要概括了在可持续发展的框架下企业环境管理的主要挑战和目标,讨论了会计人员在企业环境管理中的作用。全球环境管理论坛(GEMI)成立于 1990 年,总部位于华盛顿。其目的是为帮助企业在环境、健康和安全(EHS)方面不断改进,同时获得经济上的成功而提供相关工具和战略。创建于 1976 年的特勒斯协会(Tellus Institute)在波士顿成立了"EMA 研究与信息中心(EMARIC)",并于同年 5 月建成了"EMA 国际网站",成为美国和国际上研究环境会计的重要信息来源。亚太清洁生产圆桌会(APRCP)于 2002 年为菲律宾企业举办了题为"EMA(环境管理会计):决策者的工具"的讲座。目前,菲律宾的大学会计课程中已被要求纳入清洁生产和 EMA 的基本概念[②]。

国计会计组织的环境会计研究成果主要是明确了环境成本和环境负债的确认问题及信息的披露,同时其研究还涉及生态审计和环境管理会计等。除了《关于环境会计和报告的立场公告》外,2005 年国际会计师联合会还通过了一项有关环境管理会计的指导性文件——《环境会计国际指南》。该文件定义了环境管理会计的概念、用途和益处,附有可以应用于内部管理和外部报告创新的环境管理会计实例。

美国关于环境会计的研究主要侧重于揭示企业环境成本与环境负债,如美国证券交易委员会(SEC)第 92 号专门会计公报就主要涉及环境负债的确认计

---

① 薄雪萍. 国内外环境会计研究现状分析[J]. 财会月刊,2004(16).

② 朱焰,田家祥. 国外环境会计研究对我国的启示[J]. 科技信息,2007(36).

量与披露问题和环境成本的确认问题。美国环保局对企业环境会计信息在企业经营决策中的应用问题做了大量的工作,其代表性的研究文献是《作为商业工具的环境会计导论:主要的概念和术语》,该书从概念上澄清了环境会计的 3 种含义,在环境成本计算、成本分配、环境会计信息应用等方面为企业管理实务提供了技术指南①。

加拿大特许会计师协会、欧洲会计师联合会等组织已经开始设计在财务报告中披露环境信息问题,也有不少企业自行披露环境会计信息,但是还没有哪个国家和国际组织制定系统的环境会计准则或指南,一些企业披露的环境信息也缺乏可比性和完整性,所披露的环境信息还停留在定性信息上。专家工作组建议提供一份有关环境会计和报告的国际指南,因此,在 1998 年的第十五届年会上讨论通过了《关于环境会计和报告的立场公告》。这是目前国际上第一份关于环境会计和报告的系统完整的国际指南,包括与环境有关的主要会计概念的定义、环境成本和负债的确认和计量、环境成本和负债的披露。这标志着环境会计作为世界发展的重要课题已向纵深发展。

欧美等发达国家的环境会计研究在世界上居领先地位。其中,从事环境会计研究的著名机构有加拿大特许会计师协会(CICA)、美国环保局(EPA)美国财务会计准则委员会(FASB)、美国证券交易委员会(SEC)、英国注册会计师协会(ACCA)等,它们的研究主要集中在以下几个方面:

(1)关于环境成本与环境负债的确认与计量。这方面的研究文献主要有加拿大特许会计师协会(CICA)的《环境成本与负债:会计与财务报告问题》(1993),美国环保局(EPA)的《公司的绿色会计》(1998),《为企业经营决策评估潜在环境负债》(1998)等。

(2)关于企业披露环境信息的问题。这方面的研究文献主要有加拿大特许会计师协会(CICA)的《环境绩效报告》(1994)、《加拿大的环境报告:对 1993 年度的调查》(1994)。美国关于环境信息披露的研究主要侧重于揭示企业环境成本与环境负债。

(3)关于企业环境会计信息在企业经营决策中的应用问题。在这个领域,美国环保局(EPA)近几年做了大量的工作。

(二) 国内环境会计研究现状

从 20 世纪 90 年代起,葛家澍教授开始研究环境会计课题,在我国会计理论学术界引起了强烈反响,之后一批学者投入环境会计理论和实务研究。葛家澍教授在《九十年代西方理论的一个新思潮——绿色会计理论》中介绍了环境会计理论和方法,其中对环境会计的概念、称谓、本质等基本问题给出了详细的介绍。

①　孟志华.环境会计研究现状的国际比较及启示[C]."环境会计与西部经济发展"学术年会论文集,2010(9).

这一阶段被喻为我国环境会计研究的启蒙阶段。

随后,环境会计引起我国国内学者的广泛关注,环境会计的研究进入积极探索阶段。在改革开放,力争与国际接轨的背景下,建立我国环境会计十分必要,其中以杨印宝、崔彧为代表的几位学者对环境会计进行深入探讨和研究。杨印宝(1996)从我国环境现状、企业和社会的发展状况、正确衡量我国国民生产总值和企业自身价值四方面对我国建立环境会计进行阐述,指出建立环境会计是对我国经济健康发展的重要作用,也是搞好我国环境保护工作的重要途径[①]。崔彧(1997)从我国当时的环境问题、防止和控制发达国家的工业污染、与国际会计接轨等多个方面对我国建立环境会计的必要性进行阐述,指出我国建立环境会计的对策[②]。学者们不仅对我国建立环境会计的必要性进行充分的论证和阐述,同时也大量介绍国外环境会计理论。1995 年,我国政府代表出席国际会计和报告标准政府间专家工作组第十三届会议。会后冯淑萍、沈小南将此次会议中涉及的环境会计问题进行了系统的阐述。1997 年,孟凡利教授针对西方国家环境会计撰写了多篇文章,对我国环境会计实务工作的开展提供了宝贵意见。通过上述对我国建立环境会计必要性的认识,对国外环境会计理论的介绍,探索阶段最主要的工作是对建立我国环境会计理论体系的研究,包括对环境会计概念与本质、目标与假设、原则、要素的确认和计量、信息披露等方面进行基本的研究。但此时的探索比较肤浅、不够深入,研究成果不够全面。

进入 2001 年,随着我国可持续发展战略的推进和构建"和谐社会"设想的提出,我国环境会计的研究工作进入到繁荣阶段。环境会计专业委员会于 2001 年 1 月成立并于 8 月召开代表会议,对我国目前环境会计应用研究课题进行讨论。我国环境会计研究也进入到繁荣阶段。徐宏在其专著《环境会计理论与实务的研究》中指出,从影响环境会计的经济因素、自然资源因素以及环境管理的内容分析,凡是能够用货币表现的环境事项都是环境会计的核算内容。郭道扬教授在《财会月刊》上发表了《绿色成本控制初探》一文,对环境成本进行初步探讨。中国会计学会环境会计专业委员会于 2001 年 1 月成立,并于 2001 年 11 月召开首次学术研讨会,于 2002 年编辑出版《中国会计理论研究丛书——环境会计专题》,为我国环境会计理论和实务的发展奠定基础。许家林教授主持的 2003 年度国家自然科学基金课题——《创建资源会计学科的基础理论问题研究》、肖序教授主持的 2004 年度国家社会科学基金课题——《环境会计制度构建研究》、张白玲教授主持的财政部 2003 年度重点课题——《环境会计与 SEEA 的指标衔接研究》,都对环境会计的发展从理论上进行了深入的研究,这些课题的研究推进了我国环境会计的进一步发展。

---

① 杨印宝.试论建立我国环境会计的必要性[J].财会研究,1996(6).
② 崔彧.我国建立环境会计的紧迫性和步骤[J].广西会计,1997(3).

虽然我国学界对环境会计研究的时间不长,但是还是取得了一些研究成果:①使政府和企业越来越重视环境事项的披露;②我国会计学者在借鉴国外研究成果的基础上,对环境会计的基本理论进行了探讨;③环境会计的研究领域不断拓展,出现了环境审计和环境管理会计。

我国环境会计研究的未来趋势及展望:①加快制定有关环境会计准则及制度;②借鉴国外先进的环境会计理论,深入开展环境会计理论研究;③建立环境会计信息披露机制和核算制度;④将环境会计研究拓展到循环经济研究,变末端治理模式为全面治理发展模式。

(三)国内外研究现状差异分析①

我国学术界在借鉴、吸收西方发达国家先行经验时,虽然取得了一定的成绩,却也存在着对国外资料引证不够确切、不够全面等不足,使我国的环境会计研究距离西方发达国家还有一定的差距,笔者认为差距以及原因主要集中在以下 3 个方面。

(1)研究视角的差异。通过对国外研究成果的观察,可以发现国外对环境会计的研究视角呈现出扩大化、多元化的特点。目前,国外的环境会计研究出现了微观视角和宏观视角并存的局面。微观方面,环境会计被定位于会计理论的一个重要分支,是传统会计学理论的延续和发展。宏观方面,研究视角要开阔得多,国外的环境会计研究在很多时候都超出了会计学的领域,而我国习惯上认为会计是一种微观主体活动,西方国家的宏观环境会计在我国还没有"落地生根"。我们认为主要原因在于:社会各界对会计工作能够发挥的作用重视不够,对会计的认识也基本上局限于以"货币计量"为主要特征,这在很大程度上影响了我国学者对环境会计的研究深度。

(2)研究方法的差异。国外学者在定性与定量分析的基础上引入非会计学研究方法,其中最突出的就是经济学指标、物理学指标的引入和实证研究方法的应用,并且国外的研究者尝试把大量的非财务指标引入环境会计的实证研究中来,这直接促使了环境会计的一个新的分支——生态会计的出现。生态会计以物理单位(如千克、焦耳等)计量企业对环境造成的生态影响,并直接把环境效应和企业的经济补偿结合到一起,彻底地脱离了传统会计理论的束缚。由于我国环境会计的基本职能仍然定位于传统会计的反映和控制,所以归纳法和演绎法等传统会计研究方法在环境会计的研究中大量采用,实证研究方法和对生态会计的研究在我国非常少见。

(3)环境会计制度研究的差异。从国外对环境会计的研究成果中可以看出,各个国家都在积极致力于制定环境会计准则和环境会计制度,使理论能够更

---

① 孟志华.环境会计研究现状的国际比较及启示[C]."环境会计与西部经济发展"学术年会论文集.2010.

好地指导实践。而我国现行的用于指导企业会计、报告和实务的法规主要是由财政部和中国证监会指定的。总体来看,这些法规、制度和相应的会计报告实务基本上没有涉及环境会计问题,并且我国进行环境会计披露的企业不仅数量甚微,而且一般只是以招股说明书、排污申报登记、新闻稿件等方式对环境支出、ISO 14001 环境管理体系认证情况、有无绿色产品标志、对环境负责的态度等有关情况信息进行披露,披露完整意义上的环境信息的企业与国外相比还微乎其微。究其原因,和我们国家环境会计准则和环境会计制度的研究滞后有很大关系。

三、环境会计的定义、目标、本质及特点

(一) 环境会计的定义

从 20 世纪 70 年代出现环境会计伊始,各国学者纷纷给环境会计下了定义:

英国 Dundee 大学的 R·H·格瑞认为,环境会计是指"在为了交易和促进公共福利,为了创造未来用途的财富以及保护资源时,根据资源管理者和资源所有者一致同意的惯例,来核算这些资源耗费的会计"[①]。

加拿大审计署的 Rubenstein 认为,环境会计是指既用货币单位表示,又用实物单位表示的,有助于改善整个社会环境资源的会计[②]。

威尔士大学的霍金森博士认为,环境会计是一种关于人造和自然资本增减的会计,最重要的是,在两者之间转换的会计[③]。

日本环境部《环境会计指南——2002 年版》指出,环境会计是指企事业单位等立志于可持续发展,以不断保持与社会的良好关系、有效且高效地维持环保活动为目的,对用于环保的成本以及通过环保活动所获得的效益进行认识,尽可能地进行定量(货币单位和实物单位)计量/传达的体系[④]。

联合国专家工作组的定义:鉴定、收集、分析与环境内部决策相关的实务、货币两类信息的会计。这两类信息包括:①能源、水和材料流动、被使用及最终处理的实务信息;②与环境相关的成本、收益等货币信息。

国内方面,多数学者(孙兴华等,2000;李祥义,1998;李芳,2003 等)从环境会计的理论依据、计量单位、职能目的及学科属性等方面来定义和认识环境会计[⑤]。

有的学者(孟凡利,1997;杨劲伟,1997;杨印宝,1996 等)则在前述基础上进一步明确指出了环境会计的研究对象。

---

① 许磊. 论环境会计的计量和报告[D]. 武汉:武汉大学,2004.
② 胥卫平. 环境会计定义之探讨[J]. 西安石油学院学报(社会科学版),1999(4).
③ 孟凡利. 环境会计的概念与本质[J]. 会计研究,1997(12).
④ 口井上寿枝,西山就美子,清水彩子. 环境会计的结构[M]. 北京:中国财政经济出版社,2004.
⑤ 许家林,蔡传里. 中国环境会计研究回顾与展望[J]. 会计研究,2004(14).

也有学者简洁地将环境会计表述为以自然资源耗费应如何补偿为中心而展开的会计(崔彧,1997),这一说法是学者们在阐述环境会计的概念和本质时引用得最多的,或许它也体现了开展环境会计核算的精髓之所在。

孟凡利教授认为,环境会计是企业会计的一个新兴分支,它是运用会计学的基本原理与方法,采用多种计量手段和属性,对企业的环境活动和与环境有关的经济活动和现象所做的反映和控制[①]。

蔡昌在《论环境会计》中指出,环境会计又名绿色会计,是以货币为主要计量单位,以有关环境法律、法规为依据,研究经济发展与环境资源之间的关系,计量、记录环境污染、环境防治、环境开发、环境利用的成本费用,并对企业经营过程中对社会环境的维护和开发形成的效益进行合理的计量与报告,综合评估环境绩效及环境活动对企业经营成果影响的一门学科[②]。

在我国《现代会计百科辞典》收录的词条中,环境会计是从社会利益角度计量和报导企业、事业等单位的社会活动对环境的影响及管理情况的一项管理活动。它旨在指导经济资源最有效的运用和最佳的调配,以提高社会整体经济效益。

(二) 环境会计目标

环境会计活动既与企业经营活动紧密结合,又与外部环境密切相关,因此环境会计的目标并不是单一的,应分为基本目标和具体目标两个层次[③]。

环境会计的基本目标是提高企业的环境效益和经济效益,实现经济发展与环境发展的协调统一,这是实现社会可持续发展基本战略目标的要求。传统会计理论只强调提高经济效益的单目标决策,不但导致环境效益和社会效益下降,也危及经济效益的未来可实现性。因而各个目标之间的联系不可忽略,需要在经济决策时考虑社会和环境问题,在解决环境问题时考虑经济和社会的实际要求,甚至可以用经济手段来实现环境保护。由此可以看到,环境会计的基本目标不宜定义为单目标,它也不是多目标的简单相加,而是注重各个目标之间交互作用,达到多目标协调。

环境会计的具体目标是基本目标在会计工作中的具体化,即在基本目标的制约下,进行环境会计的核算,为环境信息使用者提供相关信息。环境会计应披露的信息主要有:①环境成本;②环境负债;③与环境负债和成本相关的特定会计政策;④报表中确认的环境负债和成本的性质;⑤与某一实体和其所在行业相关的环境问题的类型等。当然,随着环境会计体系的不断完善,其提供的信息也会不断丰富与发展。

---

① 许磊. 论环境会计的计量和报告[D]. 武汉:武汉大学,2004.
② 蔡昌. 论环境会计[J]. 广西会计,2000(6).
③ 黄佳. 企业环境会计研究[D]. 西安:长安大学,2008.

环境会计提供的环境会计信息,对不同的使用者有不同的作用。政府和法律部门可利用环境会计信息,制定环境政策和法律规范,加强宏观管理和控制,促使微观和宏观的协调一致,同时也能准确地核算国民生产总值,不虚增国家财富;企业管理当局可利用这些信息,实施正确的环境措施;企业的其他信息使用者可利用这些信息,评价环境措施对企业财务状况的影响,同时了解包括环境成本、环境负债在内的较客观准确的资产负债状况、盈利能力和偿债能力状况。

(三) 环境会计的本质

正确地理解环境会计的本质,有效地把握以下几点是必要的①。

1. 环境会计是企业会计的一个新兴分支

由于行政事业单位对环境的作用和影响相对较小,因而在今后相当长的一个时期内行政事业单位是没有多大必要建立它们的环境会计的。这就是说,环境会计仅仅限于企业,从这个角度看,我们完全可以讲环境会计是企业会计的一个分支。明确了这一观点后,我们不难看出如下3点:①作为企业会计的一个分支,环境会计自然要继承企业会计(包括财务会计、管理会计等)的基本原理和基本方法;②作为一个新兴分支,环境会计自然面临着许多的创新问题,这当然也是会计学发展的体现;③环境会计的主体依然是企业,不过关于企业的认识可能需要修正。

2. 环境会计是环境学、环境经济学与发展经济学、会计学相结合的产物

环境会计除了要秉承会计学的基本原理和基本方法之外,它同时要吸收、借鉴包括环境学、环境经济学及其分支学科如污染经济学(又称公害经济学)、资源经济学、生态经济学、发展经济学等学科和领域的一系列观念和方法,在此基础上才能形成一套环境会计的理论与方法体系。例如,环境会计中依然要有会计主体观念而且企业就是一个会计主体,但这个主体不单单是一个盈利性的经济组织,我们还必须将其看做是一个社会总体系中的单元和环节,它要承担一定的社会性责任,否则,环境会计将无从建立。相应地,会计上不只要考察企业的经济效益,同时还要考察企业的环境效益以及反映企业两种效益的组合。环境会计中的计量与传统会计中的计量不同,它既用到货币计量也经常用到实物计量,在货币计量中既用到历史成本又可能经常会采纳其他计量属性。

3. 环境会计的基本职能仍然是反映和控制

会计的职能是反映和控制,会计的这样两种职能在环境会计中应用的基本道理是不会有太大的变化的,主要在于履行反映职能时适当地扩大了实物计量单位的应用。依照这样的职能,环境会计的工作体系也就大致地可以归纳为两类:一是提供信息,包括为外部使用的信息和为内部使用的信息;二是参与企业

---

① 孟凡利.环境会计的概念与本质[J].会计研究,1997(12).

的环境管理,从而促使企业在实现良好的经济效益的同时实现良好的环境效益。

4. 环境会计的对象是企业的环境活动和与环境有关的经济活动

环境会计的对象包括企业所发生的与环境有关的所有活动。这些活动大致可分为两类:一类是单纯的环境活动,也即那些暂时并不直接地涉及财务状况和经营成果的环境活动;另一类是与环境有关的经济活动,即那些直接涉及财务状况和经营成果的环境活动。前一类包括企业的环境目标与环境政策、员工的环境教育和环境素质的提高、排放或减少了多少标准量的何种污染物等。从国外的初步实践来看,这些问题在会计上是应该列入对外信息披露的范围之内的;后一类属于由环境问题引发的但能够用货币表现或者说会计形成财务问题的活动,例如,环境污染的税费和罚款缴纳、环境管理支出、环境投资评估与分析、由环境可能引发的或有负债与损失、涉及环境质量问题的赔付及捐赠,等等。前一类可能会在财务报表附注中或专门的环境报告中披露;后一类则可能同时在常规财务报表和报表附注或专门的环境报告(表)中披露,与此同时,这两类业务中也都有可能需要会计参与其管理与控制。

276

(四) 环境会计的特点①

1. 核算内容的特征

环境会计的核算内容主要包括:①企业对自然资源的消耗;②为治理污染改善环境而发生的成本费用;③因污染环境而对企业产生的损失(如对环境损害进行赔偿、由于违反环保规定而遭受罚款、向国家缴纳的排污费及治理费等);④因治理污染或从事有关环境保护社会公益活动而产生的环境及社会收益;⑤因资源闲置而产生的损失。环境会计核算的内容主要有如下特性:①经济业务的不确定性。由于环境的污染以及资源的破坏是多个企业在长时间内共同作用的结果,所以企业对此所应承担的责任是很难分清的,并且环境污染所造成的损失和危害往往带有间接性和潜在性,这种情况下确认环境成本和环境负债是非常困难的。②环境经济业务具有综合性和长期性。环境污染的产生和治理、企业破坏环境的环境成本和社会成本、企业资源闲置损失及企业因对环境治理的贡献而获得的收益,这些环境经济业务的计量、确认和揭示不仅需要会计学知识,而且需要自然科学、社会科学和经济科学的交叉渗透,由此决定了环境经济业务的综合性。环境经济业务的长期性表现在企业对于环境的投入具有短期内效益不明显、受益时间长的特点,由于企业对环境资源的破坏而对企业产生的不利影响也往往需要很长时间才能反映出来,企业对于所消耗的自然资源的计提需要相当长时间等。

2. 成本计量的特性

会计计量是会计循环的重要内容之一,从理论上讲,会计计量工作贯穿会计

---

① 亚生·吾拉木,斯坎德尔·吐尔夏. 和谐发展视角下的现代环境会计研究[M]. 乌鲁木齐:新疆科学技术出版社,2007.

核算系统,是从数据输入到信息输出的全过程,它包括选择计量客体的计量属性、选择会计计量单位和确定会计计量模式3个计量要素。由于传统会计没能将环境带来的经济问题很好地纳入会计核算体系,因此在会计计量方面缺乏对环境会计对象的有效计量。资源与环境具有价值,应视为资本性质,这种资本的价值能向人造资本转换。会计理论工作者应探索自然资本与人造资本间的转换比率,并对其进行合理计量。传统会计以货币为计量单位,而且经过长期的会计实践,按照历史成本进行计价,已经形成一套科学、完整的计量方法与计量体系。但是环境成本与环境收益大多难以形成一个交易价格,这使会计计量困难重重。

3. 报告形式的特性

环境会计报告既揭示财务信息(如环境治理投资)也揭示非财务信息(企业的环境目标及其执行情况,企业对于治理环境所采取的措施,企业对环境的污染程度、水平等)。报表中除数字信息外,增加了大量文字内容,表外披露信息增多。报告的使用者也不同于传统会计,环境会计报告的使用者包括企业主管部门、投资者、社会公众、工商管理部门、审计监督部门、企业内部等。

4. 研究方法的多样性

传统会计研究主要运用政治经济学和数学的基本理论方法,环境会计则需要涉及更为广泛的学科领域。比如,运用环境科学的知识,运用货币的时间价值论进行有关环境工程优化的评价与选择;运用投入产出法对环境污染损失和环境治理中各种消耗进行计量研究;运用数理统计中回归分析法和数学归纳法,对环境污染和环境治理工程费用进行近期的预测和决策。

5. 会计目标的层次性与社会性

环境会计的目标可分为两个层次:①基本目标。基于对环境宏观管理的要求,企业在进行生产经营和取得经济效益的同时,必须高度重视生态环境和物质循环规律,合理开发和利用自然资源,坚持可持续发展战略,尽量提高环境效益和社会效益。②具体目标。进行相应的会计核算,对自然资源的价值、自然资源的耗费、环境保护的支出、改善资源环境所带来的收益等进行确认和计量,为政府环保部门、行业主管部门、工商管理部门、投资者以及社会公众提供企业环境目标、环境政策、环境规划等有关资料。

四、环境会计给传统会计带来的影响[①]

(一)会计基本假设的含义将发生变化

如果考虑环境给经济带来的影响,当企业发生与环境相关的经济行为时,这种经济行为对环境的影响肯定不限于企业内部本身,必然要涉及企业外部的单

---

① 亚生·吾拉木,斯坎德尔·吐尔夏. 和谐发展视角下的现代环境会计研究[M]. 乌鲁木齐:新疆科学技术出版社,2007.

位和个人。企业环境问题造成的外在不经济性必须构成会计核算的对象,这时企业显然不再是原来意义上的会计主体。货币计量假设,是以货币为价值尺度来计量会计主体的经济行为,并假定币值相对稳定。但是并非所有的环境信息都可以用货币来计量,环境信息有的可以用货币来计量,如企业实际的环保支出;有的难以用货币计量,如由于企业披露了保护环境和治理污染的信息,从而改变企业形象,投资者争先购买其股票给企业带来的收益;有的环境信息没有必要用货币计量,如反映环保执行情况的环保指标等。

(二)会计核算体系与报表体系均发生变化

将环境信息纳入现行会计模式必将扩大会计要素的内涵及报表信息的内容。以大成本循环理论为基础的环境会计的成本核算项目将增加传统会计所没有的自然资本要素,负债项目也相应地增加,所有者权益也要发生变化。资产负债表中增加环保资产或自然资产及其计提折旧的科目;同样,企业采取治理环境措施发生的各项费用及改善环境资源所获得的收入等业务的核算扩展了收入和费用要素的内容,损益表中必然相应增加有关环保收入与费用的科目。由于环境因素计量的特殊性,一些难以计量的环境信息和没有必要计量的环境信息必然将在报表外予以披露,这将丰富现行会计表外信息披露内容。表外环境信息披露的主要内容有:与企业环境有关的环境问题类型;企业的环境保护措施及方案;一些环境指标及其执行情况;环保措施对目前的资本支出和损益的影响等。

(三)将环境信息纳入会计核算对现行财务会计和管理会计带来的影响

将环境信息纳入会计核算,不仅给财务会计带来影响,同时,也会影响现行会计的另一分支——管理会计。资源的有偿使用,使企业管理当局在编制成本预算或计划时,必须考虑自然资源成本;企业在选择评估投资项目时,必须对有关环境方面的成本效益进行分析。

通过对环境会计与其他会计学科的比较,掌握环境会计的特性,同时也了解环境会计与其他会计学科的内在联系,为建立环境会计学科理论体系与方法体系奠定了基础。这样,构建环境会计的核算体系就有两个思路:一是在现行会计理论的基础上加上环境会计的有关内容;二是抛开传统会计的理论方法,重新建立一套新的环境会计核算模式。两种方式各有利弊,何去何从,仍有待于会计理论与实务工作者们的大胆探索与实践。

五、环境会计要素的核算

(一)环境会计要素的确认[①]

会计要素又叫会计对象要素,是指按照交易或事项的经济特征所作的基本分类,也是指对会计对象按经济性质所作的基本分类,是会计核算和监督的具体

---

① 张赫. 我国环境会计研究[D]. 长春:吉林大学,2010.

对象和内容,是构成会计对象内容的主要因素,分为反映企业财务状况的会计要素和反映企业经营成果的会计要素①。会计要素是组成会计报表的基本单位,是对会计对象进行的基本分类,是会计核算对象的具体化。我国《企业会计准则》规定会计要素包括:资产、负债、所有者权益、收入、成本和费用、利润。我们这里仿照企业会计要素的分类,将环境会计要素分为环境资产、环境负债、环境成本、环境损失和环境收益。会计要素确认是指会计数据进入会计系统时确定如何对其进行记录的过程,即将某一会计事项作为资产、负债、所有者权益、成本和费用,以及利润会计要素正式加以记录和列入报表的全部过程。会计要素确认是要明确某一经济业务涉及哪个或哪些会计要素的问题。某一会计事项一旦被确认,就要以文字和数据加以记录,其金额包括在财务报表中。既然环境会计要素是由会计要素定义衍生而来的,那么环境会计要素的确认同样应该满足会计要素确认的一般标准:①可定义性,被确认的项目是通过经济业务活动产生的,其交易性质符合会计要素的要求;②可确认性,与该项目有关的未来经济利益流入或流出企业的不确定性能明确的评估;③可计量性,即该项目应有可计量的属性,如价值、成本等,并能可靠进行计量;④相关性,要求所提供的信息对信息使用者是有用的。

关于环境会计的要素主要有"三要素论""四要素论""五要素论""六要素论"4类观点②。

"三要素论"的主要观点有:一是包括环境资产、环境负债和环境成本李心合(2002);二是包括是环境成本、环境收入和环境会计收益(孙兴华等,2000);三是包括自然资源的损耗、环境保护支出和环境保护收益(王辛平等,2000);四是包括环境资产、环境效益和环境费用(刘永祥,2001)。

"四要素论"的主要观点有:(李心合,2002)认为包括环境支出、环境收益、环境资产和环境负债;朱学义(1999)和方文辉(1999)认为包括资源价值、环境成本、环境收益和环境利润;李宏英(1999)认为包括环境污染损失、自然资源损耗、环境保护支出和环境保护收益。

李武立(2000)持"五要素论",认为环境会计要素是对环境会计对象所作的基本分类,分为资产、负债、成本、损失、收益5类,只不过它们应包含资源环境内容。

"六要素论"认为环境会计的对象包括环境资产、环境负债、环境权益、环境收入、环境费用和环境利润(陆玉明,1998;陈琳等,2001)。

(二) 环境会计要素的计量

葛家澍教授和吴水澎教授认为,计量是指财务会计中对会计对象的内在数

① 财政部.企业会计准则——基本准则[S].2006.
② 许家林,蔡传里.中国环境会计研究回顾与展望[J].会计研究,2004(14).

量关系加以衡量、计算并予以确认,使其转换为可以用货币表现的信息①。传统的会计要素确认是以实物数量为基准,以货币计量为准绳,而计量属性包括历史成本、现行成本、现行市价、可变现净值、未来现金流量现值、公允价值等。环境会计作为会计学的一个新兴分支,计量属性应是多重计量,同时使用货币计量和非货币计量两种形式。由于环境资源的效用性、稀缺性、替代性和非交易性等特点,单纯使用货币计量环境资源是不全面的,可以适当采用机会成本、边际成本、替代成本来多重计量。同时,又因为环境资源很难在数量上精确地衡量,所以可以采用数学估算的方法进行计量。②

第二节　环境会计信息披露

环境会计的首要目标就是要给信息使用者提供有效的环境会计信息,而企业生产活动是环境污染的重大来源。因此,企业的环境会计信息披露是环境会计中的重要组成部分。随着环境会计的发展,有关环境信息披露的研究也日渐高涨,取得了一些理论和实践上的成果,但是总体来看还不能与经济的实际发展相协调。我国会计准则中未就环境信息披露作专门的规定。直接关心企业环境效益的利益关系人也不多,并且投资者、债权人、政府和社会公众对环境信息的关注程度也有所不同。

企业环境会计信息披露可以影响企业的投资者、债权人、社会公众、政府有关部门及企业管理当局的决策,可能成为一个重要的市场工具,帮助企业树立环境形象,建立竞争优势。一是其投资者和债权人。企业环境会计信息的披露,会对环境信誉产生有利或不利的影响。对于那些社会和环境意识较强的投资者来讲,他们利用环境信息确定企业的环境表现的好坏,以及是否符合自己的环境意愿和环境思想。而企业债权人如银行出于安全性和环境道义两方面的考虑,越来越关注企业的环境绩效,通过对企业环境绩效的分析来评估贷款风险。二是社会公众。地处企业周边社区的社会公众由于自身利益的关系,关心企业环境绩效是必然的。新闻媒体、环境保护主义者和各类环境组织对企业的环境信息尤为关心,从而对企业形成强大的舆论压力,迫使企业披露环境会计信息,改善环境绩效。同时,由于物质生活水平的提高和消费者素质和修养的提高,社会公众越来越崇尚绿色商品,并关心企业环境污染及其治理情况。企业要想在市场上赢得消费者,必须树立良好的环境形象,这只有通过披露企业环境信息来塑造。三是政府有关部门。企业披露环境信息有利于政府部门了解企业对环境的污染及其在环保方面的业绩。同时也有利于环保部门对环境总体情况的掌握,

---

① 葛家澍,吴水澎. 会计学原理教程[M]. 天津:天津人民出版社,1986.
② 张赫. 我国环境会计研究[D]. 长春:吉林大学,2010.

有利于政府其他部门对企业的社会贡献作出公正的评价与决策。①

一、环境会计信息披露的作用②

从总体上看,披露与环境保护有关的会计信息可以在以下 4 个方面发挥作用:

(1)帮助企业管理者制定顾及环境和社会的决策。这样可以体现会计在可持续发展战略方面的决策价值,调动企业环境保护的积极性,以保证实现最佳的环境效益和经济效益。例如,企业是购买新型环保设备,还是继续使用老设备并承担罚款或排污费决策;固体废弃物、废水、废渣是排入环境接受罚款,还是进行改造、利用的决策等。

(2)在新的环境下促进我国进一步对外开放。从吸引外资方面看,增加环境会计信息的披露,能够避免引进污染严重和破坏、掠夺自然资源的生产项目。我国已经加入世贸组织,因此,更应当通过环境会计信息的披露,促使企业制定有效的环境保护及其与贸易相互支持的经营战略,减少因环境问题而形成的障碍。

(3)有利于政府部门了解企业在环保方面的业绩。只有充分披露与环境保护有关的会计信息,才能有利于环保部门对环境总体情况的掌握,有利于政府相关部门对企业的社会贡献作出公正的评价与决策。

(4)有利于社会公众、债权人了解企业环境情况和环保形象。社会公众只有了解了企业与环境有关的信息,才能作出正确的投资决策;债权人也只有了解了这方面的信息,才能真正把握企业的偿债能力。

二、环境会计信息披露的现状

一是环境信息披露内容方面,2001 年,耿建新教授对上市公司环境会计信息披露情况进行了一次样本调查与分析,选取了冶金、化工、煤炭、电力、建材、造纸、酿造和纺织等强污染行业的 30 家企业,对各公司招股说明书、年度报告等重要的信息发布资料进行了整理和挑选,基本上没有发现有上市公司在年度报告中明确表述公司环境政策与方针、环境目标、公司主要环境问题、环境保护支出或成本等重要的环境信息。③ 目前,企业披露的环境信息主要是有关环保投资、排污费、资源利用、绿化费、税收优惠、环境相关认证的内容。在目前的会计体系下,这些内容企业可以轻松获取;但对与环境相关的资产、负债、成本等内容,目前我国还少有企业能够单独设立相应的会计科目进行反映。

---

① 徐建荣.我国环境会计信息披露的问题及对策研究[J].财会研究,2009(13):26-28.
② 耿建新,焦若静,刘莉.上市公司环境会计信息披露初探[J].会计研究,2002(1):34-37.
③ 耿建新,曹光亮.论生态会计概念[J].财会月刊,2007(4):3-5.

二是环境信息披露的方式,环境会计披露融于传统财务会计之中,没有进行单独处理。根据我国现行的会计准则和制度的规定,就日常的会计处理来看,与环境有关的问题通常是发生明确的财务影响时,作为常规的财务会计问题处理的。如按照国家或地方政府环保机关的规定缴纳的排污费列入管理费用;违反环境法规缴纳的罚款和责令停业的损失、环境污染对他人造成损害的赔偿等损失,列入营业外支出等。这种核算方法不能单独提供有关会计主体的经济活动对环境影响的信息。

三是从整体来看,环境信息披露的积极性不高。2005,李永臣教授通过对近几年强污染行业上市公司环境信息披露的基本情况进行调查得知,我国上市公司自主、自觉披露环境信息的程度不高,环境会计信息披露严重不足,急需改进。①

综上所述,我国虽然已经颁布了诸多环境方面的法律、法规,但大多是综合性的规范条文,缺少相对应的实施细则,也没有对企业的环境核算和报告提出具体的、强制性的要求。在上市公司方面,由于中国证监会负责上市公司证券发行资格和上市资格的审查、批准工作,所以证监会的有关规定对公司的约束力往往显得比国家颁布的环境法律、法规的约束力更强。但是,由于上述规范不仅笼统,对环境会计信息披露内容和形式也未作明确规定,而且仅要求在发行人发行证券的阶段作相关披露,并不要求发行成功后作继续披露。所以,上市公司在当时的环境信息披露的实际状态有其存在的必然性。②

由于缺乏统一规范,环境会计信息披露缺乏可比性和可靠性。各企业对环境信息重视程度不一,会计处理对象和处理方法也不尽相同。如有些企业对"环境支出"和"环境收入"项目单独立账,而有些企业则没有。这种不规范的局面,最终会影响环境信息的有用性。此外,环境信息披露内容和方式也是多种多样。

三、环境会计信息披露的内容

(一) 环境信息披露的内容

1998 年 2 月 ISAR 召开的第 15 次会议通过的《环境会计和报告的立场公告》成为第一份关于环境会计和报告的国际指南。该报告的一个重要贡献就是对环境会计信息的披露作出了规范,它将环境会计信息披露的内容归纳 4 个方面:①环境成本信息,包括资本化环境成本和计入当期损益的环境成本,具体内容有废弃物处理成本、场地恢复或修复成本、环境预防和控制成本等;②环境负债信息,包括现实负债和潜在负债;③环境会计政策信息,包括环境成本和环境负债的确认、计量标准和具体方法;④其他需要披露的环境信息。③

① 李永臣. 企业环境会计研究[M]. 北京:中国人民大学出版社,2005.
② 杨景海. 我国上市公司环境会计信息的披露[J]. 会计之友,2008(7):77-78.
③ 辛旭. 环境会计信息披露相关问题浅探[J]. 财会月刊,2009(5):16-19.

（二）美日欧环境信息披露的内容

美国是最早进行环境会计信息披露的国家之一。自 20 世纪 70 年代起,经过 30 多年的发展,美国企业环境报告的内容由最初的环境影响信息扩展到环境业绩和环境会计信息,目前已基本上形成了一个环境会计信息披露规范体系。美国的环境会计信息披露规范主要来源于有关环境法律的规定。美国证券交易委员会从 20 世纪 70 年代就开始在一系列条例规定中多次提到要披露如下环境会计信息:首先,美国企业披露公司环境政策目标,并且只要与环境负债和成本相关的特定会计政策都予以披露,有的公司还披露政府就环境保护措施给予的鼓励。其次,美国企业披露公司的环境成本,将环境投资和环境费用分别做了列示,对研究、再利用、环境健康管理等方面有一定的描述。再次,美国企业披露公司的环境负债,对与环境有关的可能债务予以定量的披露;对越来越严格的未来法规所导致的潜在债务予以说明;对与环境有关的债务和金额等予以披露。

日本对环境会计信息的关注也比较早,其环境报告始于 20 世纪 80 年代,30 多年来出台了一系列指导性文件,使环境会计信息披露日趋规范。2001 年 4 月,日本颁布实施了《PRTR 法》(环境污染物质的移动、排放登记制度),规定各企业必须对列为登记对象的 354 种化学物质的数量做到准确把握、如实申报。日本政府制定的《环境会计指南 2002》,给出企业 3 种可供选择的环境报告内容格式:①仅披露有关的环境成本信息。该指针明确了环境成本的确认和计量标准,所以这种格式提供的信息是最可靠的。②将环境成本与环保收益共同列示进行比较。它有利于进行成本收益分析,但很大一部分环境收益无法以货币计量,使分析难以精确。③列示全部两类环境收益。它的综合性最高,可以给出关于企业环境业绩的完整图景。日本环境省在《环境报告书指南(2003 年版)》中要求企业披露环境保护成本、环保收益、环保活动所产生的经济效益等企业所有的经济活动对环境的影响。[①]

在欧洲,环境信息披露的历史悠久,但发展缓慢,直到 20 世纪 80 年代末期至 90 年代初期企业环境报告才得以推广。EMAS 和 ISO 14000 代表了国际上环境管理和报告的较高水平。虽然编制和披露环境信息并没有公认的专业标准,环境会计信息披露的内容也没有统一的规范,但是主要包括以下内容:公司的环境政策及环境管理系统;导致公司重大环境影响的所有重大的直接和间接因素并对其作出解释;环境目标及其与公司重大环境问题的关系;有关公司环境业绩的连续多年的主要数据及在重大环境影响方面的法规遵循情况等[②]。

（三）我国环境信息应披露的内容

我国目前对环境会计信息披露的内容尚未有统一的规定和标准。会计界有

---

① 孟晓俊,胡琳吉. 美日中环境会计信息披露比较及启示[J]. 会计之友,2008(3):20-21.
② 田方. 中外环境会计信息披露比较研究及启示[J]. 商业会计,2011(31):20-22.

的将环境会计信息按传统会计的 6 要素,即环境资产、环境负债、环境资本、环境收入、环境费用、环境利润来进行讨论。但其确认、计量等许多问题尚未解决,在操作上有相当的难度,可行性较差。借鉴世界各国已有的研究成果,我国环境会计信息披露的内容主要应包括能以货币单位计量的环境成本、环境收益以及不能以货币单位计量的环境绩效两个方面,这样便于操作。

1. 货币化信息——环境成本和环境收益

可以将环境成本分为以下 6 个方面。①生产经营过程中发生的成本,是指为了直接降低企业生产经营过程中产生的不良环境影响而发生的成本,包括防止公害、保护环境、循环利用资源所发生的成本。②生产经营过程中发生的成本,是指为了抑制在生产经营之前及之后对环境造成的不良影响而付出的成本,以及为了抑制包装物等的消耗和废弃而付出的成本。其主要包括:购买环保设备、环保材料等发生的绿色采购成本;为了降低包装物等造成的不良影响而发生的成本;为了对产品、商品等的回收、循环利用、再商品化及适当处理所发生的成本。③环境管理活动中发生的成本,是指在保护环境的管理活动中发生的为了降低不良环境影响所付出的成本以及与社会交流所付出的成本。其具体包括:环境管理体系的完善及运行成本、环境会计信息披露及环境宣传成本、环境监测成本、环境教育经费、景观维护等改善环境措施而发生的成本。④环境保护的研究开发成本,是指用于研究开发的成本中与环境保护有关的成本。其主要包括:环保产品及增加原产品环保功能的研发成本;材料选择、生产工艺流程设计、环保包装设计的研发成本。⑤社会环保活动中发生的成本,是指在社会活动中发生的与环境保护有关的成本,这些成本支出虽与生产经营活动没有直接关系,但有助于企业提高社会整体环境保护效益。其主要包括:对从事环保工作的社会组织、团体、个人等给予的捐赠、赞助;向当地居民提供环境信息所发生的成本。⑥环境损害成本,是指因企业的生产经营活动已经给环境造成损害而发生的成本,即企业对环境损害作为补偿和赔付而支出的成本。其主要包括:排污费、专项治理费用;赔偿金以及罚金。①

而环境收益主要有两种表现形式:一是取得的实际收益。其主要有:对回收的产品、商品进行处理后得到的有价物的销售收入;利用"三废"生产的产品收入;由于采取某种污染控制措施(如购置环保设备、环保技术研究等)而从政府取得的不需要偿还的补助或补贴;政府颁发的对环保作出贡献的奖金;国家拨给企业的用于治理环境的专项资金;接受环境保护方面的捐赠收入。二是费用的节减。其主要有:利用"三废"生产的产品将会享受到流转税、所得税等减免税的优惠政策从而减少了税费支出;资源投入费用的节省。例如,循环利用或有效利用资源引起的原材料费用的节省,水的循环利用引起的用水费用的节省等;企业治

---

① 贺红艳.企业环境会计信息披露的理论分析[J].会计之友,2010(10):90-91.

理环境污染所发生的支出可能会低于过去缴纳的排污费、罚款等支出;从金融机构取得低息或无息贷款,从而节约利息支出。

2. 非币化信息货——环境绩效

环境绩效是指企业所做的环境管理工作及其效果。例如,对国家环境法规执行得如何,对环境造成了多大的污染,对环境保护作出了哪些贡献,环境质量有何改善等,有些难以用货币单位计量而只能采用某种技术或实物的计量手段去衡量。环境质量情况是披露企业环境绩效的最重要的内容。环境质量主要包括以下项目:能源的耗用量;污染物排放量;使用过的产品、容器、包装物等废弃物回收、循环利用情况;主要环境质量指标的达标率;发生的污染事故情况及对环境的危害情况等。由于企业的生产经营活动对环境造成污染时,自然就要进行污染治理,因此,披露环境污染治理情况也是反映企业环境绩效的一个重要方面。其主要项目有:污染治理情况,包括污染治理投资额、项目完成数、污染物处理能力、污染物治理设施运行状况等;从事环境治理、检测、研究的机构和人员情况;建立治理污染的管理制度和管理体系的情况;污染物回收利用情况等。[①]

3. 年度环境报告应当披露的信息

年度环境报告应当披露的信息包括:①重大环境问题的发生情况。发生突发环境事件并已发布临时环境报告的,应报告环境事件最终处理结果和环境影响,造成的经济损失和经济赔偿;因为环境违法、违规受到重大环保行政处罚且已发布临时环境报告的,报告采取的整改措施和效果。②环境影响评价和"三同时"制度执行情况。说明依法开展建设项目环境影响评价和"三同时"验收制度的执行情况;未能按期完成验收的,应说明原因和进展情况。③污染物达标排放情况。说明下属各生产企业废水和废气中常规污染物和特征污染物达标排放情况;厂界噪声和无组织排放达标情况;出现污染物超标排放的,要说明排放浓度、排放标准,超标原因和整改措施;下属企业中有国家重点监控企业的,应公布 1 年 4 次监督、监测情况。④一般工业固体废物和危险废物依法处理处置情况。一般工业固体废物的种类及综合利用情况,危险废物的安全处置情况。⑤总量减排任务完成情况。说明各子公司、分公司减排工程实施进度和减排指标完成情况;未完成总量减排任务的,要说明原因和整改措施。⑥依法缴纳排污费的情况。⑦清洁生产实施情况。上市公司内有属于重点企业应定期开展清洁生产审核的,报告应说明依法实施清洁生产审核及开展评估验收的情况;上市公司内有依法应开展强制性清洁生产审核的企业且已被环保部门公布的,报告应披露企业名称、地址、法定代表人;主要污染物的名称、排放方式、排放浓度和总量、超标、超总量情况;企业环保设施的建设和运行情况;环境污染事故应急预案等环境信息。⑧环境风险管理体系建立和运行情况。说明突发环境事件应急预

---

① 龚蕾.基于循环经济视角的环境会计信息披露问题[J].会计之友,2009(12):90-91.

案的完备情况;存在重大环境风险源的,要说明企业环境风险管理机制的建设情况。

4. 鼓励上市公司在年度环境报告中披露的环境信息

上市公司在年度环境报告中披露的环境信息包括:①经营者的环保理念。上市公司最高经营者对企业的经营理念和价值观。②上市公司的环境管理组织结构和环保目标。介绍环境管理组织结构图,各职能部门及其人员相关责任,环境管理组织运转现状,与环境保护方针相适应的中长期目标,目前目标和指标的完成情况及下一阶段计划等。③环境管理情况。即环境管理体系认证及自愿开展清洁生产的情况;与环保相关的教育及培训;与利益相关者进行环境信息交流;环境技术开发情况;环境管理会计推进情况;获得的环境保护荣誉;环境标志认证情况等。④环境绩效情况。即单位产品或单位原料的原料消耗、水资源消耗、能耗等;单位产品或单位原料的废水产生量、主要污染物排放量、温室气体排放量等。⑤其他环境信息。即为推进环境保护开展的环境教育、植树造林、生物多样性保护等各类环境公益项目。

(四) 我国环境信息披露的方式

美国的环境会计信息披露形式以公司发布单独的环境报告为主,表述形式以货币和非货币相结合居多。在货币表述部分,各公司可根据自身情况,采用资产负债表样式、利润表样式或只列示环境成本。

日本企业大部分是以独立的环境报告书的形式对外公开。在环境报告书中,单独立项的环境会计信息是其重要组成部分。这样更能集中、直观地反映环境会计信息。日本 1999 年的资料显示,上市公司半数以上在公司自己的网站上专辟"环境"专栏,通过互联网向全世界公布本企业载有环境会计信息的独立环境报告书。有的企业还通过公司环境手册,公司介绍手册,营业报告书等手册来反映环境会计信息。

在我国有环境会计信息披露的企业中,很少以单独的项目在独立的环境报告中反映,而多采取补充环境会计报告的方式。目前,企业对环境会计信息的披露方式主要有 5 种:①内部工作会计记录;②包含在会计报表附注中;③包含在年度财务报表中;④包含在董事长的报告中;⑤上市公司以招股说明书形式予以披露。同时,很少有企业通过联网对外披露环境会计信息。企业只有在发生了环境污染等严重后果以后,才可能通过新闻媒体了解有关信息。[①]

总的来说,披露方式可分为两种:一是利用现有的信息披露工具进行披露,二是编制单独的环境报告。

现有的信息披露工具主要有企业的财务会计报告(包括正规报表、附表、补充报表、报表注释等)及上市公司的招股说明书、上市公告书和企业的临时报告

---

① 孟晓俊,胡琳吉. 美日中环境会计信息披露比较及启示[J]. 会计之友,2008(3):20-21.

等。企业可以将环境信息分散到这些现有的信息披露工具之中加以披露。对于一般企业来讲,通常是通过企业的财务报表对外进行环境信息的披露。这可以有两种途径:一种对现有的财务报表,即资产负债表、利润表和现金流量表进行调整,从而满足披露环境信息的需要。但是这种做法实行起来阻力很大,因为涉及会计制度问题,牵一发而动全身,而且环境信息分散,不易使信息使用者对企业的信息形成一个总体的看法。另一种是不改变现有财务报表,而是通过其附表、补充报表、报表注释来披露环境信息。该种方法虽然简便,易于操作,但不利于环境信息的管理特别是准则的制定,而且这种方式披露的信息量也非常有限。更棘手的是上述两种方式对信息的货币化要求特别高,在我国现阶段实行缺少条件。发达国家也很少有企业采用以上方式。

编制单独的环境报告是指采用一定的方法和方式,通过编制独立的环境报告来披露企业的环境信息。这种方式能够使企业更加集中、全面、系统地披露环境信息,使信息使用者对企业的环境绩效有一个全面的认识。在环境报告中,既可以包括文字叙述的信息,也可以是环境指标形式的信息和价值指标形式的信息;在环境信息披露的初级阶段,可以使用内容较为简单的环境报告,随着实践的发展,逐步使用内容复杂的环境报告,以更全面、详尽地披露企业的环境信息。另外,编制环境报告,有利于第三方的环境审计,以保证信息的可靠性。现在国际上基本都是采用环境报告的形式披露环境信息。目前,在我国环境会计具体准则空缺的情况下,企业应首先考虑采用独立环境报告模式报告环境信息,待将来我国制定和颁布环境会计具体准则后,再采用补充环境报告模式。独立报告模式是当前西方发达国家的跨国公司乐于采用的环境报告模式。这种报告模式要求企业对其承担的环境受托责任进行全面的报告。因此,这种报告模式可以弥补我国企业现行环境报告的缺陷,使我国现行财务报告更加完善。

客观地讲,我国环境会计的研究与应用起步较晚,有关环境会计信息披露的法规、制度尚不完善,大多数企业对环境会计信息披露的必要性认识不够,利益相关者对环境会计信息披露的要求不高,环境责任的道德理念尚未真正形成。应借鉴国外环境会计信息披露方面的成功经验,针对企业环境会计信息披露方面存在的问题,采用循序渐进方式使我国环境信息披露与国际接轨。

第三节 环境会计与环境审计的协调

一、环境审计和环境会计的关系

(一) 从现有文献中的观点看环境会计与环境审计的关系

环境会计与环境审计的关系如同会计和审计的关系一样,一直存在争议。

一方观点认为,环境会计是环境审计的基础,提供环境审计的对象,另一方观点认为,环境会计和环境审计不能完全等同,没有环境会计不见得就没有环境审计。现就各方观点进行具体阐述。

(1) 蔡春和陈晓媛(2006)指出,环境审计的对象仍然是我们基于传统会计学理论所提供的反映企业环境保护和管理责任的环境信息,即环境会计所提供的信息,因此,环境会计是环境审计的基础,提供环境审计的对象。此外,环境会计本身所固有的一系列会计核算程序和方法为环境资源的确认、计量和披露提供了技术基础,同时也为环境审计的实施提供了技术指南,是环境审计方法和程序的依据①。

(2) 王辉和白英防(2009)指出,环境审计应该是由独立的审计人员,按照国家的环保法规与相关规范,对各级政府、企业能够用会计信息反映的与环境有关的经济活动进行监督、鉴证、评价,使之符合可持续发展要求的审计活动。应当将环境审计的对象分为企业能够用会计信息反映的与环境有关的经济活动和各级政府能够用会计信息反映的与环境有关的经济活动。企业能够用会计数据的方式解释与环境有关的经济活动,以这样的财务数据为基础,能够实现对企业环保状况的有效监督。但是,环境审计与环境会计在工作内容方面并不见得就是等同的。具体来说,我国虽然还没有关于环境方面的宏观会计信息披露制度,但不见得就没有对宏观环境事项进行审计的业务。比如,我国的生态治理工程都是通过财政资金的投入而实施的,对环境资金投入及其使用效果的审计,应当属于宏观环境审计的内容②。

从上述阐述中可以看出,两方观点有不同之处,即蔡春等认为环境会计是环境审计的基础,为环境审计提供了对象,而王辉等人认为环境审计和环境会计不能等同,尤其是在宏观环境审计领域,不见得没有环境会计就没有环境审计。但他们都认同环境会计和环境审计是相互促进、相互制约的,环境审计的发展离不开环境会计的发展,环境会计理论与实务的更新会促进环境审计理论与实践的不断更新;而深入开展环境审计,又可为环境会计的发展提供动力,促进企业重视环境问题,意识到建立良好的环境管理体制的重要性,即环境审计的发展又会反过来推动环境会计的不断前进,使两者协调发展。

(二) 从环境审计模式看环境会计与环境审计的关系

西南科技大学课题组(2001)提出了以财务、问题和项目为导向的 3 种运作模式。以财务为导向的审计模式是以被审计单位环境财务报告反映的结果为线索,追踪经济活动过程和导致结果的原因,进而对环境保护的合规性和绩效性进行评价的一种模式。以问题为导向的环境审计模式是以被审计单位暴露

---

① 蔡春,陈晓媛.环境审计论[M].北京:中国时代经济出版社,2006.
② 王辉,白英防.中国实施环境会计和环境审计的理性思考[J].消费导刊,2009(3):28-31.

的突出问题为线索,进行追踪分析,找出问题的形成原因,指出被审计单位在环境保护和环境治理方面的薄弱环节,进而提出有针对性整改措施的一种审计模式。以项目为导向的审计模式是以被审计单位涉及环境问题的重大业务为线索,对业务实施过程和结果进行检查分析,判断业务活动的进行是否正常、是否收到预期效果,进而找出导致业务活动发生偏差的因素,提出改进措施的一种审计模式①。

通过上述 3 种审计运行模式可以看出,环境审计与环境会计紧密相连,环境会计的发展完善会为环境审计的发展提供基础和条件。但是,由于环境审计所涉及的内容已经超出了会计的范围,在不同的审计模式下两者之间的关系并不是完全一致的。首先,在以财务为导向的审计模式下,审计工作从被审计单位的环境财务报告入手,进而追踪到经济活动过程和导致结果的原因,其实质是对被审计单位环境事项的间接认定,由于环境审计是对与环境问题有关的经济活动进行的审计而不能涵盖环境的所有问题,而经济活动进行的结果最终都要在财务资料中得到反映,这就为实施以财务导向的环境审计提供了可能。审计人员利用环境财务报告等资料,既可以对与环境有关的经济活动的财务状况的真实性、合法性和合理性作出评价,又可以从不同侧面对被审计单位的环境绩效作进一步剖析、比较和评价。在环境财务报告真实性、合法性和合理性的基础上开展环境绩效评价,既能满足企业内部管理当局需要,又能满足企业外部经济关系人的需要,而且有利于节约审计成本,提高审计工作效率。因此,在财务为导向的环境审计模式中,环境会计的基础性地位尤为显著。但是在以问题为导向以及以项目为导向的环境审计模式下,审计工作以经济活动中的突出问题或重大环境项目为着眼点,直接评估被审计单位的环境活动,无论是对象还是方法都突破了传统财务审计的范围,其实质是对被审计单位的环境活动的直接认定。此时,环境会计只是环境审计活动的辅助而非基础,两者相辅相成,共同发展。

(三) 从环境审计实务开展现状看环境会计与环境审计的关系

环境审计形式基本包括环境财务、合规和绩效审计 3 种形式。在西方国家,环境审计的基本形式已经从财务和合规审计逐步转向了绩效审计,尤其是在一些环境审计开展较早的国家,如澳大利亚、美国、德国,加拿大等,环境绩效审计甚至成了环境审计中运用最广泛的形式,环境绩效审计已深入到对环境管理体系和环境规划的影响评价方面,而且在有的国家,环境审计事先权力的影响逐步扩大,在国家制定有关环保法律之前,审计机关有事前审计和提供专家建议的权利。环境审计之所以在这些国家开展得十分完善,很大一部分是源于环境会计理论的发展和环境会计信息披露制度的完善,比如,美国财务会计准则委员会、澳大利亚会计准则委员会、加拿大特许会计师协会都制定了完善的环境会计准

---

① 西南科技大学课题组. 我国环境审计运行的模式[J]. 上海会计,2001(7):54-56.

则。同时,环境审计的发展也会促进环境会计准则的完善和发展。

与上述国家形成鲜明对比的是,我国的政府环境审计目前处于探索阶段。自1998年以来,审计署在全国范围组织实施的环境审计项目主要围绕当前国家环境保护的重点进行,在审计类型上,以财务收支审计为主。尽管在最高审计机关国际组织《从环境视角进行审计活动的指南》这份指导性文件中提到"政府审计的全部内容——财务审计、合规审计和绩效审计也应用于环境审计领域",但在我国政府环境审计的具体实践中,目前是以财务收支审计为主的。造成我国环境审计发展如此缓慢的很大原因来源于环境会计信息披露和环境会计准则的不完善。王健姝、张波(2010)[1] 认为,制约环境审计发展的因素主要包括:①环境信息的披露仍停留在自愿报告阶段,环境报告的格式及内容还没有形成统一的标准。②至今为止,关于环境报告的格式及内容还没有一个统一的、具有权威性的标准,注册会计师面对纷繁凌乱的环境信息,很难形成系统有效的实践经验。毛洪涛、张正勇(2008)[2]认为现阶段注册会计师开展环境审计面临的困难是环境会计尚未建立。

德国环境审计发展的一种趋势,是环境咨询审计的分量越来越重。合法、合规性审计和经济效益性审计都是事后审计,是在管理部门作出决策之后进行的审计,而环境咨询是在管理部门作出决策前,由审计院予以调查研究并提出建议。根据巴登—符腾堡州审计院的介绍,环境审计咨询目前已经占全部审计的25%,以后将逐步提高至40%~50%。需要注意的是,环境咨询审计这种新兴环境审计业务的开展的基础并不是环境会计,而是远远突破了环境会计所要核算的内容。

通过对国内外发展现状的比较可以发现,环境会计和环境审计是相辅相成的,环境会计理论与实务的更新会促进环境审计理论与实践的不断更新;而深入开展环境审计,又可为环境会计的发展提供动力,促进企业重视环境问题,意识到建立良好的环境管理体制的重要性,即环境审计的发展又会反过来推动环境会计的不断前进。尽管不同的审计模式和审计领域中环境审计对环境会计的依赖程度有所不同,但发展完善的环境会计仍然会大大促进环境审计理论实践的发展完善,因此要把环境会计和环境审计协调起来。

二、环境审计和环境会计协调的途径

耿建新(2004)从会计、审计和综合配套措施3个方面提出工作建议:第一,会计工作方面。最重要的是制定出可供企业操作的环境会计准则,以准则指导企业的环境会计实践,并为环境审计的进一步开展创造条件。具体来说,处于重

---

① 王健姝,张波.注册会计师在未来环境审计中的作用[J].生态经济,2010(5):55-58.

② 毛洪涛,张正勇.现代风险导向观下的注册会计师环境审计[J].会计之友,2008(25):62-64.

污染行业的企业必须进行环境会计数据的专门计算,并在有关的报表中填列有关环境的会计数据;对环境造成影响的企业则应当在会计报表附注中适当披露与环境有关的会计数据。这样要求的结果会使企业的环境保护与其经营结果直接相连,对企业起到"警钟长鸣"的作用。第二,审计工作方面。首先,应当促使政府部门尽快制定出政府审计在环境保护工作中负有责任的规范性法规,使环境审计工作有法可依;其次,政府审计机构内部应当加快业务实践,取得审计经验并及时推广,以便把环境审计理论真正运用到我国的实践;再次,注册会计师队伍应当增强环境保护意识,将环境保护审计真正融会到常规的企业财务审计之中;最后,各种审计机构应当加强与社会上所有负有环境保护责任的相关机构的通力合作,为充分发挥自身的作用创造条件。第三,综合配套措施。各种管理部门要与环境会计、审计工作密切配合,在事前控制和事后控制方面发挥作用。比如,环境保护部门制定严格的、可实际计算的对污染环境行为的惩处条款,使环境会计、审计工作有据可依;财政税收部门要有完善的对违反环保法规的罚款、加收税金等的规定,并要求会计认真记录,审计出具审计意见;银行等金融机构在发放贷款等时,将企业、单位的环境保护会计记录及其审计结果作为必要的审核程序,加强金融控制①。

肖春静(2003)认为,环境会计信息披露是连接环境会计工作和环境审计工作的关键点,为了深入开展我国的环境会计和环境审计,使环境信息披露更好地为两者的发展服务,迫切需要完善以下几个方面问题:①宣传保护环境对人类可持续发展的重要性,使可持续发展理念深入人心,使越来越多的企业在政府倡导、公众参与和市场压力的氛围中,意识到建立良好的环境管理体制,自觉开展环境会计和环境审计,对于企业树立良好的社会形象,进而产生巨大的经济效益具有重要的意义。②加强立法工作,制定环境会计准则、环境审计的规范和评价标准,使环境会计和环境审计的开展有法可依。国家立法机关和政府职能部门必须在现有环境法规的基础上制定健全的、更为具体和具有操作性的环境信息披露实施细则。这不但可以为环境审计的开展提供依据,也可为我国的环境会计奠定法律基础。③会计和信息等主管部门应该建立相关的激励机制,鼓励企业对环境会计信息进行资源披露,使其更好地服务于环境审计,从而促进环境会计和环境审计共同发展。④加强审计部门、会计主管部门和环保等部门的协调合作。三者作为环境管理领域的行为主体,应各司其职,相互协调,紧密联系②。

本书也认为,环境会计信息披露制度是连接环境会计工作和环境审计工作的关键点,我国应建立健全环境信息披露制度,坚持自愿性环境会计信息披露与强制性环境会计信息披露相结合,并以此为契机,促进环境会计准则的建立和环

---

①　耿建新.环境会计、环境审计及其实施方略探讨[J].会计之友,2004(3):4-6.
②　肖春静.试论环境会计与环境审计[J].商业会计,2003(4):47-48.

境审计的开展。

本章小结

——

　　随着环境问题的凸显和人们对生态环境的重视,环境会计必将随着时代进步而发展,有关环境会计的确认和计量也必将更加完善,环境信息披露的内容和形式也将更能满足相关者的需求。在这个过程中,环境审计的力量必将发挥更加重要的作用,应该理性看待环境会计和环境审计的关系,协调两者之间的关系。

思考题

——

一、请简要阐述环境会计的发展阶段。

二、请简要阐述环境会计定义、环境会计目标及环境会计的本质。

三、环境会计给传统会计带来了哪些影响?

四、简述我国环境信息披露的现状。

五、试讨论环境信息披露的两种方式。

六、环境审计和环境会计之间的关系是怎样的?

七、如何才能做好环境审计和环境会计之间的协调?

参考文献

——

［1］　亚生·吾拉木,斯坎德尔·吐尔夏. 和谐发展视角下的现代环境会计研究[M]. 乌鲁木齐:新疆科学技术出版社,2007.

［2］　薄雪萍. 国内外环境会计研究现状分析[J]. 财会月刊,2004(16).

［3］　杨印宝. 试论建立我国环境会计的必要性[J]. 财会研究,1996(6).

［4］　崔彧. 我国建立环境会计的紧迫性和步骤[J]. 广西会计,1997(3).

［5］　张赫. 我国环境会计研究[D]. 长春:吉林大学,2010.

［6］　许磊. 论环境会计的计量和报告[D]. 武汉:武汉大学,2004.

［7］　胥卫平. 环境会计定义之探讨[J]. 西安石油学院学报(社会科学版),1999(4).

［8］　孟凡利. 环境会计的概念与本质[J]. 会计研究,1997(12).

［9］　口井上寿枝,西山就美子,清水彩子. 环境会计的结构[M]. 北京:中国财政经济出版社,2004.

［10］　蔡昌. 论环境会计[J]. 广西会计,2000(6).

［11］　黄佳. 企业环境会计研究[D]. 西安:长安大学,2008.

［12］　财政部. 企业会计准则——基本准则,2006.

［13］　葛家澎,吴水澎. 会计学原理教程[M]. 天津:天津人民出版社,1986.

［14］　徐建荣. 我国环境会计信息披露的问题及对策研究[J]. 财会研究,2009(13):26-28.

［15］　耿建新,曹光亮. 论生态会计概念[J]. 财会月刊,2007(4):3-5.

［16］　李永臣. 企业环境会计研究[M]. 北京:中国人民大学出版社,2005.

［17］　杨景海. 我国上市公司环境会计信息的披露[J]. 会计之友,2008(7):77-78.

［18］　辛旭. 环境会计信息披露相关问题浅探[J]. 财会月刊,2009(5):16-19.

［19］　孟晓俊,胡琳吉.美日中环境会计信息披露比较及启示［J］.会计之友,2008(3);20-21.

［20］　贺红艳.企业环境会计信息披露的理论分析［J］.会计之友,2010(10);90-91.

［21］　龚蕾.基于循环经济视角的环境会计信息披露问题［J］.会计之友,2009(12);90-91.

［22］　蔡春,陈晓媛.环境审计论［M］.北京:中国时代经济出版社,2006.

［23］　王辉,白英防.中国实施环境会计和环境审计的理性思考［J］.消费导刊,2009(3);
28-31.

［24］　西南科技大学课题组.我国环境审计运行的模式［J］.上海会计,2001(7);54-56.

［25］　王健姝,张波.注册会计师在未来环境审计中的作用［J］.生态经济,2010(5);55-58.

［26］　毛洪涛,张正勇.现代风险导向观下的注册会计师环境审计［J］.会计之友,2008(25);
62-64.

［27］　耿建新.环境会计、环境审计及其实施方略探讨［J］.会计之友,2004(3);4-6.

［28］　肖春静.试论环境会计与环境审计［J］.商业会计,2003(4);47-48.

［29］　徐贵丽.国外环境会计研究:综述、特征及对我国的启示［J］.财会通讯,2011(30);
19-22.

［30］　朱焰,田家祥.国外环境会计研究对我国的启示［J］.科技信息(科学教研),2007
(36);850.

［31］　孟志华.环境会计研究现状的国际比较及启示［C］.中国会计学会环境会计专业委员
会."环境会计与西部经济发展"学术年会论文集,2010.

［32］　许家林,蔡传里.中国环境会计研究回顾与展望［J］.会计研究,2004(4);87-92.

［33］　田方.中外环境会计信息披露比较研究及启示［J］.商业会计,2011(31);20-22.

第十三章　环境审计准则与环境审计立法

内容简介

　　本章第一节介绍与环境审计准则相关的内容。首先介绍环境审计准则的定义,其次总结国内外有关环境审计准则的研究成果,综合各家观点指出制定环境审计准则的原则,介绍有关环境审计准则基本内容的研究成果,进而对各家观点进行评价并提出我们的看法。

　　本章第二节介绍与环境审计立法相关的内容。首先指出环境审计立法的重要性,其次介绍国内外有关环境审计立法的实践,探明我国在这一方面的不足,进而介绍有关环境审计立法的建议。

学习目的和要求

　　通过本章的学习,你应当能够:

- 理解环境审计准则的定义;
- 了解国内外有关环境审计准则的研究成果;
- 了解环境审计准则设计的原则;
- 掌握环境审计准则的基本内容;
- 认识到环境审计立法的重要性;
- 了解国内外有关环境审计立法的实践;
- 能够提出有关环境审计立法的政策建议。

第一节　环境审计准则

一、环境审计准则的定义

　　蔡春、陈晓媛等(2006)在审计准则定义的基础上提出了环境审计准则的定义。环境审计准则是指由权威机构所制定的,环境审计人员为了达到审计目标,在审计过程中必须遵守的行为规范。可以从以下5个方面来理解这一定义:

　　(1)环境审计准则来源于环境审计实务。环境审计是适应社会公众对环境保护的要求而产生和发展的。环境审计实务的产生和发展导致了对环境审计准则的需求,而环境审计准则正是对环境审计实务的现实总结和提高。

（2）环境审计准则是对环境审计主体及其行为和技术标准的专业规范。环境审计准则本质上是一种专业规范。它基于专业技术的角度，对环境审计主体进行规范，主要对环境审计主体的执业资格、行为方式以及主体应该采用的技术标准提出要求。这种规范主要界定那些基本的、普遍的、重复的事项。

（3）环境审计准则是衡量环境审计主体工作质量的依据。如果采用某一标准去评价、检查一定的行为，该行为主体为了能够在检查和评价中获得令人满意的意见，就会自觉地按照标准去规范自己的行为；同样，如果要求某一主体按照一定的标准去完成某一工作，也应该采用这一标准去衡量和评价其工作情况。

（4）环境审计准则内容的规范性。环境审计准则作为一项专业规范，其规范内容应当包括3个方面：一是关于环境审计主体的资格要求；二是关于环境审计主体所实施的审计行为要求；三是关于环境审计主体所采用的技术标准。

（5）环境审计准则应由权威机构制定和颁布。任何一种制度，如果只停留在理论研究阶段，不加以实施，将起不到制度对实务的规范作用。任何一种制度的实施，如果仅要求自愿遵守，就有可能被违反，不能长久运用。环境审计准则同样如此，它要指导和规范环境审计实务，则必须经由权威机构制定和颁布，使其具有权威性与强制性。①

二、有关环境审计准则的研究成果

（一）国外有关环境审计准则的研究成果

1. ISO 14000 关于环境审计的系列准则

国际标准化组织（ISO）为发挥标准化工作在各国环境管理上的作用，于1992年设立了环境战略咨询组（SAGE），又于1993年10月成立了ISO/TC 207环境管理技术委员会，正式开展环境管理体系和措施方面的标准化工作。ISO 14000环境管理标准系列就是ISO/TC 207技术小组组织制定的环境管理体系标准，其标准号从14000到14100，共100个标准号，统称为ISO 14000系列标准。它主要包括：环境审核指南——通用原则，环境审核指南——审核程序：环境管理体系审核，环境审核指南——环境审核员资格要求。它是顺应国际环境保护的发展，依据国际经济与贸易发展的需要而制定的。该标准是目前环境审计规范中最全面和操作性最强的准则，也是世界范围内应用最广的标准。我国已经把这些标准转化成我国的国家标准，有些企业已采用。

2. 注册环境审计师实务准则

国际注册环境审计师委员会（BEAC）是国际环境审计圆桌会议和国际内部审计师协会共同组成的一个独立的非营利性国际组织，负责审查注册环境审计师的职业胜任能力，并颁发注册环境审计师资格证书。《注册环境审计师实务准

---

① 蔡春，陈晓媛.环境审计论［M］.北京：中国时代经济出版社，2006：165-189.

则》是国际注册环境审计师委员会于 1999 年 12 月发布的会员与临时会员的行为和执业规范,包括道德准则以及环境、健康和安全实务准则。

1) 道德准则

该道德准则只作了原则性要求,会员在运用这些原则时应作出个人的判断,以保持行为的高标准,并能有效地履行其职责。在该道德准则中,委员会规定了 11 条行为准则:

(1) 会员和临时会员应以诚实、客观和勤奋的态度去履行其义务和职责。

(2) 会员和临时会员不应参与有损环境审计职业或所属组织信誉的不成熟、欺诈和舞弊性质的行为或活动,但不限于这些。

(3) 会员和临时会员应避免参加可能与组织利益冲突的任何活动,或使其不能客观履行义务和职责的任何活动。

(4) 会员和临时会员应避免从会损害或假定会损害他进行职业判断的任何人那里接受任何有价值的东西。

(5) 会员和临时会员只应承担那些他们合理预期能以职业胜任力完成的业务。

(6) 会员和临时会员应采用适当的措施来遵循注册环境审计师委员会制定的注册环境审计职业实务准则。

(7) 会员和临时会员应谨慎使用其在执业过程中获得的信息,即保密原则。

(8) 在报告工作结果时,会员和临时会员对所获知的重要事实,如果不被披露,就可能会歪曲审计结果或隐瞒非法业务,应予披露。

(9) 会员和临时会员应不断提高其熟练程度和技能,以及服务的有效性和质量。

(10) 会员和临时会员应充分配合对其任何违背道德准则和行为准则事件进行的调查。

(11) 会员和临时会员在作出行动或发表声明时,除非确实得到注册环境审计师委员会的授权,否则不应采取让别人相信他们正式代表注册环境审计师委员会的方式。

2) 环境、健康与安全实务准则

环境、健康与安全实务准则包括一般准则和执行准则两部分。一般准则是对注册环境审计师的要求,包括独立性和职业熟练性两条;而执行准则是注册环境审计师为贯彻一般准则应遵循的工作规范,它包括 3 条:审计工作的执行、审计的范围和审计部门的管理。

准则规定审计的范围应当包括但不限于:

(1) 确定组织的活动是否与法律、法规要求相一致。

(2) 评价组织执行环境、健康与安全管理控制系统的有效性。

(3) 确定使废物最小化和在源头消除污染的机会。

（4）检查防止损失和保护实物资产安全的措施。

（5）评估接受、购买、出售房地产，以房地产作担保贷款等带来的风险。

（6）评估组织的合同执行者对危险物资和废物的管理。

（7）评价保护雇员健康和安全措施的有效性。

3. 最高审计机关国际组织（INTOSAI）的环境审计准则

最高审计机关国际组织环境审计委员会是进行环境审计研究和协调的常设机构，该委员会从 1995 年开始着手起草《从环境视角进行审计活动的指南》，经过 5 年多的工作，于 2001 年年初向各成员国印发了该指南。它旨在为各国最高审计机关开展环境审计提供指导，促进各国最高审计机关更好地履行环境审计义务。该指南主要由 3 部分组成：

第一部分：INTOSAI 审计准则在环境审计中的运用。该指南从基本原理、基本准则、实务准则和报告准则 4 方面，阐述了 29 条 INTOSAI 审计准则在环境审计中的运用。

第二部分：环境审计实务与方法。主要的方法是实地调查、标准化问卷和统计抽样。

第三部分：建立环境审计技术标准。这部分的主要内容为：

（1）环境审计技术标准的框架结构。

（2）环境财务审计技术标准。

（3）环境合规性审计技术标准。

（4）环境绩效审计技术标准。

（5）环境审计风险最小化。

由于环境审计实践活动的政府主导性质，INTOSAI 的环境审计准则是这些环境审计准则中实际应用最广和操作性最强的环境审计准则。该指南对政府审计组织进行环境审计具有指导作用。

此外，国际会计师联合会的主要机构国际审计实务委员会经过研究，在《国际审计和相关服务准则》中制定了对会计报表中的环境信息的审计实务公告，即第 1010 条"会计报表审计中对环境事项的考虑"。

（二）国内有关环境审计准则的研究成果

陈思维（1998）在《环境审计》中提出关于环境审计准则的观点。他认为：环境审计与现在开展的各项财务审计和绩效审计所依据的准则没有什么区别：由审计机关实施的环境审计应遵循《中华人民共和国审计法》和《中国审计规范》中关于人员、程序、质量等各项要求；由内部审计机构开展的对本组织环境管理系统和经济活动环境影响的审查，应遵循《中华人民共和国公司法》和有关的内部审计实务准则；而审计师接受委托向客户提供咨询服务，对环境报告进行鉴证时应遵循《中国独立审计基本准则》《具体准则》以及各项公告和指南。

陈正兴（2001）在《环境审计》中将环境审计准则作为环境审计标准的组成部

分。他认为,环境审计标准是环境审计人员在开展环境审计工作时必须恪守的行为准则和规范,也是环境审计工作质量的权威性判断依据,包括审计准则和审计技术规范两大类。而环境审计准则,其总体框架与审计基本准则大体相似,包括审计人员的资格准则、审计程序准则和审计报告准则。

蔡春、陈晓媛等(2006)在《环境审计论》中对环境审计准则进行了更为系统的研究,书中对环境审计准则的研究现状进行了较为全面的总结和评价,提出了环境审计准则体系设计的原则,在此基础上,构建了包括基本准则、具体准则和执业规范指南 3 个层次的环境审计准则体系,并从一般准则、外勤工作准则、报告准则和技术方法准则 4 个方面介绍了环境审计准则的基本内容。

此外,辛金国、李青(2000)、王健姝(2003)、张彦军(2003)等一些学者也对环境审计准则的相关问题进行了研究,表达了各自的观点。耿建新、牛红军(2007)、毛洪涛、张正勇(2009)等还专门针对政府环境审计准则的制定提出了具有建设性的意见。

(三)环境审计准则与一般审计准则的不同[①]

环境审计准则与一般审计准则的不同之处表现在以下几个方面:

首先,内容涵盖广。环境审计大量涉及的是环境问题,接触的内容十分广泛,几乎所有的生产经营活动的环境方面都是审计内容,不但包括环境政策的项目,还包括非环境项目的环境影响。环境审计关注的问题可以是大气污染、水污染、有害废物的处理,也可以是生态、噪声以及一些部门管理和环保资金的运用,诸如审查废料是否最小化,废物处理是否符合环境保护标准及废物是否得到最大利用。这些使环境审计一方面具有专业性和技术性,另一方面具有很强的综合性,需要扩大现有技术和方法的覆盖面。

其次,针对范围大。传统审计把被审计的主体事项限于会计信息,即通常讲的财政财务审计与财经法纪审计,所制定的审计准则也主要是针对审核会计信息而言的。现代审计拓宽到经济效益审计领域,审查对象涉及经济活动的各个方面,环境审计是其中的重要组成部分,审计的主体事项很多未采用货币价值指标,而是技术经济指标,如一些物理和化学等自然科学指标,不完全以会计资料来反映,因而相应地要求审计准则扩大其针对范围。

再次,使用对象多。过去的审计准则多被财务或审计人员所使用,而在环境审计队伍中将会有更多的非经济类专业人士加入,最明显的是我们在采用联合审计模式时,由于需借助非会计职业界的专家,以提高审计的效率和效果,降低审计风险,从而也应扩大环境审计准则的使用对象。

---

① 辛金国,李青. 环境审计准则研究[J]. 审计与经济研究,2000(6).

三、制定环境审计准则的原则

(一) 前瞻性原则

目前,我国对环境审计的研究和实践大多集中在国家审计机关活动范围内,社会审计和内部审计组织涉及环境的并不多,随着环境问题的日益突出、环保投资日渐增加,环境审计业务必将扩大。另外,我国环境审计的实践是在环境会计尚未完善的基础上展开的,因此环境审计的对象、范围以及研究内容明显涵盖过小。所以,环境审计准则的研究和制定应具有前瞻性,不仅对目前环境审计活动进行规范,也要对目前没有进行而在将来会开展的环境审计活动进行规范。这样才能充分发挥环境审计的功能,并使社会审计和内部审计组织也能够积极参与到环境审计实践中来。

(二) 可操作性原则

从一定程度上讲,环境审计准则是联系环境审计实践和理论研究的桥梁,它既是环境审计理论研究的成果,又是环境审计实践的指南,因此环境审计准则一定要具有可操作性。在借鉴国外理论研究成果时,必须结合我国的环境保护状况、审计制度以及审计人员的现有素质等因素。

(三) 发展的原则

环境审计准则是在传统审计准则的基础上构建的,环境审计主体首先应该遵守一般审计准则的要求。在此基础上,环境审计准则是审计业务扩展的结果,它是环境审计业务规范化、标准化的产物,环境审计准则应能够发挥推动环境审计行业发展的导向功能。由于环境问题的复杂性和多变性,对目前认识不清的问题最好不进行规范,应为环境审计准则的发展留有余地,这样既有利于合理保护审计人员的利益,又能够在新问题出现后及时采取措施。

(四) 与环境审计组织体系一致的原则

根据我国审计组织体系的特征,审计准则一定要适应审计组织的状况。由于目前专门从事环境审计的组织主要是政府审计机构,所以本书提及的政府环境审计准则就是要从属于已有的政府审计准则。而对于注册会计师环境审计准则和内部环境审计准则的制定,则应该在相应审计组织机构的基础上综合考虑,政府审计准则、注册会计师审计准则和内部审计准则要保持相对独立。[①]

(五) 综合性与具体性原则

综合性是指在涉及环境审计基本准则时,应综合考虑国家环境审计、注册会计师环境审计和企业内部环境审计的共性,从而提出能兼顾三者的基本准则;具体性是指今后在制定具体准则时,要充分考虑政府环境审计、注册会计师环境审计和企业内部环境审计的个性,分别制定与三者有关的具体准则和职业规范指南。

---

① 前4个原则主要参考:张彦军.我国环境审计准则问题思考[D].北京:首都经济贸易大学,2003.

（六）层次性原则

环境审计准则与其他基本审计准则体系是一样的,具有明显的层次性。环境审计准则体系的内容应该包括框架体系和要素体系两大部分,并且每个部分都有自己严密的层次性。从框架体系来看,环境审计准则体系应该包括基本准则、具体准则以及职业规范指南 3 个部分;从要素体系来看,环境审计准则应该包括审计主体要素、审计行为要素、审计报告要素和审计技术要素等。①

（七）积极实现与国际接轨和体现中国特色两者相统一原则

为与国际接轨,便于国际间相互认可,我国实施 ISO 14000 系列标准,应当符合国际标准的基本要求,按国际标准规范程序操作。然而,中国的环境保护工作虽然与其他国家的环境保护工作有不少共同点,但也有自己的特点,应把中国现行的环境管理制度与国际标准结合起来,只有这样才能有效地促进中国的环境保护工作。要建立有中国特色的环境审计准则,就要依据我国的法律、法规和准则制度,如《审计法》《注册会计师法》《独立审计准则》《国家审计准则》《内部审计准则》等审计方面的法律规范以及《环境保护法》《大气污染防治法》《环境保护标准管理办法》等环境保护方面的法律、法规等。②

四、环境审计准则的基本内容

（一）有关环境审计准则内容的研究成果

王健姝(2003)提出了环境审计准则的基本要素构成:①有关环境审计主体的要素,包括道德要求、专业胜任能力和环境审计责任;②有关环境审计行为的要素,包括环境审计证据及其获取、重要性和风险;③有关环境审计结果的要素,包括环境审计报告的内容和格式、环境审计报告的意见类型。

赵琳(2004)认为,环境审计准则体系应包括两个层次:第一层次为环境审计基本准则,包括环境审计主体特殊的道德要求、专业胜任能力及其培训要求。环境审计基本准则的制定可考虑 ISO 14012 中对环境审计人员专业胜任能力和培训方面的规定。第二层次为环境审计具体准则,包括国家环境审计准则、注册会计师环境审计准则和内部环境审计准则。根据各自不同的环境审计要求,国家环境审计准则、注册会计师环境审计准则和内部环境审计准则分别包括以下内容:各自的环境审计责任和范围;各自的环境审计程序和方法;环境审计报告的语言表达方式和格式;环境审计意见类型。

蔡春、陈晓媛等(2006)指出,环境审计准则的基本内容应当包括一般准则、外勤工作准则、报告准则和技术方法准则 4 个方面。其中,一般准则包括专业胜任能

---

① 第五、第六个原则主要参考:蔡春,陈晓媛. 环境审计论[M]. 北京:中国时代经济出版社,2006: 165-189.

② 第七个原则主要参考:毛洪涛,张正勇. 我国政府环境审计准则制定初探[J]. 会计之友,2009(4): 31-33.

力、道德要求与独立性以及应有的职业关注;外勤工作准则包括环境审计计划、环境审计方法和程序、环境审计复核、环境管理系统、环境保护政策执行度测试以及环境审计证据;技术方法准则包括环境审计取证、标准的来源以及环境审计风险控制。

耿建新、牛红军(2007)指出,在环境审计准则的制定中,应当考虑行为准则和技术准则两个方面的内容。在行为准则方面主要是明确如何利用环境专家的工作,及环境专家在政府环境审计中的地位和作用,以及进行审计外勤工作时进行内部控制制度评价和取得证据时的特殊情况。在技术准则方面,则要考虑环境审计的基本技术标准,并考虑环境财务审计、环境合规性审计、环境绩效审计、环境审计调查及其环境风险评估等方面的内容。

许宁宁(2008)通过调查问卷,调查了公众对构建环境审计准则体系的看法。结论是:从横向看,环境审计准则应该包括政府环境审计准则、民间环境审计准则和内部环境审计准则;从纵向看,环境审计准则包括环境审计基本准则、环境审计具体准则和环境审计行业准则、环境审计执业指南3个层次。

(二) 对已有研究成果的评价

综合以上学者有关环境审计准则基本内容的观点,可以发现不同学者观点之间既有相似之处,同时也存在着差别。例如,王健姝(2003)提出的有关环境审计主体的要素、环境审计行为的要素和环境审计结果的要素可以分别对应蔡春、陈晓媛等(2006)提出的一般准则、外勤工作准则和报告准则,但前者的观点中并未包括技术方法准则。

我们的观点是,环境审计人员所使用的技术和方法应当属于环境审计行为的组成部分,单独将其作为环境审计准则的一部分并不恰当。由此,环境审计准则的基本内容包括3个部分:环境审计主体准则,主要用以规范环境审计主体的专业胜任能力、独立性和职业道德要求以及应有的关注;环境审计行为准则,主要用以规范环境审计计划的制定、环境审计证据的取得、环境审计技术和方法的应用以及环境审计风险的控制等;环境审计报告准则,主要用以规范环境审计报告的格式和内容、环境审计报告的意见类型等。

第二节 环境审计立法[①]

一、环境审计立法的重要性

(一) 环境审计立法是落实可持续发展观的重要手段

可持续发展已成为各国社会经济发展中的重要议题,在我国现代化建设中,必须把实现可持续发展作为一个重大战略。要实现可持续性目标,就一定要有

---

① 本节内容主要参考:叶晓丹. 我国环境审计立法初探[J]. 长江大学学报(社会科学版),2008(4):46-50.

相应的法律、法规,否则难以遏制以浪费资源和牺牲环境为代价换取暂时的经济快速增长的不良现象。一个国家的财富不仅包括物质资本,同样重要的还有人力和社会资本、自然和环境资本,要实现可持续发展,同时兼顾这三种形式的资本是至关重要的。而环境审计则是衡量环境资本的一个较为重要的手段,其有助于正确衡量国民生产总值和企业生产成本。我国没有将环境资源列入国民资产核算体系,也未对环境污染所带来的国民经济损失作任何反映。我国传统的会计核算方法也只考虑实际生产成本,几乎不考虑环境成本,客观上鼓励了企业以牺牲环境为代价追求自身利益,造成国内生态环境失调,损害了我国的长远利益。环境审计制度特别强调对环境资源的保护,有助于环境成本在国民经济核算体系和会计核算中得到客观、合理的反映。

通过对环境审计立法,可以促进全社会严格履行环境保护的职责。审计机关依法通过环境审计对环境的功能价值、环境成本、环境效益、环境污染和治理状况等信息的确认、计量、评估及披露,从而提高各部门、各行业的环境保护意识,督促和引导全社会都来关心、重视环境问题。审计机关依法通过环境审计加强对环境信息的披露,一方面,可避免或减少由于会计核算失真造成的投资误导行为,鼓励发展技术密集型、节能环保的产业,抑制或减少重污染项目的投产;另一方面,可督促企业重视生态效益评价,开发符合循环经济发展要求的产品,提升产品结构和产业结构档次。因此,我们必须从制度创新入手,对环境审计进行立法,从而将可持续发展理念真正渗透到日常生产生活中。

(二)环境审计立法为环境审计工作顺利开展提供法律保障

目前各级政府的环境审计工作均是依靠下达政策得以开展。在初期,政策的灵活性使环境审计工作能在较短时间迅速在全国绝大多数地方不同程度地进行。但从长远角度来看,由于政策的不稳定性及抽象性,易使环境审计工作流于形式化、短期化,在具体操作上由于没有明确的工作细则而使环境审计工作在全国各地标准不一,有的宽有的严,同时在落实责任上由于无法可依,而不得不面临无法追究相关人员法律责任的尴尬。对环境审计进行立法,可以明确环境审计相关内容与标准,明确法律责任。同时,利用法律的稳定性与强制性,使环境审计工作能排除来自各方面的阻挠长期顺利地开展下去,从而发挥审计在环境保护方面的特殊作用。

(三)环境审计立法能促使企业切实承担起环境保护责任

企业是社会经济活动的主体,在生产经营过程中,它一方面不断向社会提供产品,另一方面又不断消耗各种原材料和产品,向周围环境排放废物,造成企业的外部不经济性后果。企业要获得长远发展,就要在获得直接经济效益的同时,努力消除这种外部不经济性,使废物治理费用内部成本化,使废物治理和环境保护的外在效益尽量转化为企业的内部效益。环境审计立法的价值取向就是为了促使企业将发展与环境保护联系起来,更好地实现这种转化,最大限度地实现经济效益和环境效益的统一,并最终实现个体效率与社会整体效率的统一。通过分析和评价企业采取的各项措施是否符合企业的实际情况,即环境保护和治理的投入或投资对生产经营活动是否产生不利影响,这些不利影响有何表现,重视程度如何,以及应怎样改善,企业的环保活动是否取得了经济与环境的综合效益等,对企业进行正确的引导,使每一个企业都依法承担起应尽的环境保护责任,并能真正站在同一起跑线上实现真正意义的公平竞争。

(四) 环境审计立法有利于提高公民的环境意识

环境审计法律制度是一种规范,它可以帮助人们提升对环境保护理念的全面认识,树立全民环保意识。通过审计机构提供的相关环境审计评价、报告,人们可以清楚地意识到已经存在的或者潜在的环境风险,从而对风险加以防范,并且在日常生活中重视环境保护问题,合理开发利用自然资源,努力建设"资源节约型、环境友好型"的和谐社会。同时,随着健康经济观念的深入人心,目前人们对环境问题高度重视,除了了解相应的环境方面的知识外,他们更关注环境遭到污染后的具体解决方案。比如,具体环保政策的制定、环保资金的使用和管理、重大环境项目的环保计划以及环境综合治理的效果。

二、国内外环境审计的立法进程

(一) 国外环境审计的立法进程

环境审计自诞生以来,引起了世界各国的广泛关注,各国根据本国的具体情况,相继实施了不同形式、不同程度的环境审计来帮助企业合理规避或控制环境风险、节约和有效利用资源,充分发挥了审计在资源管理与环境保护过程中的积极作用。其中,荷兰、美国、加拿大等发达国家的环境审计发展较为成熟,开展得也比较全面,在环境审计理论与实践方面均有比较丰富的发展经验。

1. 荷兰的环境审计立法进程

荷兰的环境问题较为突出,政府自 20 世纪 60 年代起开始制定一些环境法规来保护环境,1972 年发布《紧急政策文件》并制定了一系列有关环境的政策、法律,到了 1989 年 5 月,荷兰政府提出了一个中长期战略计划,即《全国环境规划政策》,同年 8 月,制定了环境管理条例,规定在具体的环境保护活动中企业应承担独立责任,并提出要通过建立相应的环境审计法律制度来开展自主环境审计。1990 年,荷兰开始实行中央政府的内部环境管理审计,其审计范围比较广泛,并将环境政策审计作为重要审计内容。

荷兰的环境审计由最高审计机关——荷兰审计院进行,其审计的重点主要是生物多样性减少、气候的异常变化、资源的合理利用以及物理环境的退化等多个方面,审计内容较多关注绩效审计,包括环境协议的制定、执行情况以及是否有利于审计工作的开展,是否与群众所关注的环境热点事件息息相关。此外,荷兰审计院在环境审计工作中比较重视与相关部门进行沟通,在作出具体决策时会征求多方意见。在环境审计方法上,荷兰政府会依据具体的环境项目采取不同的措施。在审计形式上,项目审计和政策审计是荷兰审计院经常使用的,随着环境审计由常规审计逐渐转向绩效审计,联合审计与跟踪审计开始作为主要审计形式被越来越多地运用。在审计结果上,通常会将审计报告向公众进行适时公布,同时,议会也会公开讨论审计院所提交的审计报告。审计院的目的主要是通过发现环境政策执行过程中所遇到的问题向议会提供监督政策执行方面的信息。到目前为止,环境政策的执行情况依旧是荷兰审计院在具体的环境审计项目中考虑的重点。

荷兰的环境审计开展得比较深入,其审计法律制度也随着环境保护理念、环境发展规划的发展不断调整其审计对象、内容。此外,荷兰的环境审计立法体系比较合理,法律、法规实际适用效果十分明显,并与政府在相关环境保护立法与政策方面保持协调一致。荷兰的环境审计注重政府环境审计与社会组织自主环境有机结合、部门之间有明确的分工并协调配合,更重要的是扩大了传统环境审计法律制度的内容,且包括了环境影响评价制度,可在项目或活动进行之前,对可能造成的周边环境影响情况进行调查、预测和防治,并提出相应的对策以及制定解决方案。同时,荷兰的环境审计法律制度体现了与欧盟范围内环境审计的区域合作,通过对合作国家的审计情况进行调查汇总,最后反馈给其他国家。审计院在 1992 年至 2001 年间以国际组织环境审计工作组主席国的地位制定了《关于最高审计机关如何在国际环境协议审计方面进行合作的指南》等重要文件,在国际联合环境审计方面起到了极大的推广作用。近年来,随着环境问题的全球化,环境问题的成因也越来越复杂,荷兰环境审计法律制度开始开展跨部门、多领域的联合环境审计,并逐步向国际合作环境审计法律制度转变。

2. 美国的环境审计立法进程

美国于 20 世纪 60 年代开始实施环境审计。1978 年,美国审计总署设立了自然资源利用与环境保护司,以政府环境审计为主,每年提交环境审计报告给国会。1986 年的《优先补偿基金与重新授权法案》指出交付优先补偿基金的对象是破坏环境的直接或间接负责人,审计师对其所审计的公司报表承担审计责任。美国审计总署(Government Accountability Office,GAO)和美国环境保护局(Environmental Protection Agency,EPA)是美国环境审计实施的主体部门,它们都是独立性很强的机构,审计分工比较明确,既相互合作又相互制约。GAO 制定颁布的《国家审计准则》,对环境审计的具体开展提供了参考标准,属于宏观政策方面的制定者;EPA 则比较关注环境的具体保护方面,为减少环境破坏、改善生态环境,制定环境保护战略计划,并鼓励各公司使用环境审计提高环境管理水平,其有权对其进行部分或全面的审计。1999 年,EPA 颁布实施了《联邦市政环境执行指南》及环境审计草案,为环境审计工作的具体实施提供了法律保障。联邦政府制定的《国家标准》对环境审计计划、实施和报告形式等作了详细规定,为实施环境审计提供了依据。

美国在环境审计的理论方面有着比较丰富的研究历程,其规范研究和实证研究并重,且更多地强调实际操作。美国的环境审计内容主要包括符合性审计、业务性审计、应计环境负债审计、产品审计等7项审计。美国的环境生态绩效审计发展的比较成熟,主要是围绕自然资源和环保、卫生保健、社会保障、政府与犯罪等重点工作领域来开展,并提交环境审计报告,从水资源到环境污染的审计,从资金审计到绩效审计,对环境质量的改善作出了巨大的贡献。

美国的市场经济体制发展的比较成熟,再加上美国健全的法制环境以及强烈的社会环保意识,使环境审计的开展比较顺利,更重要的是美国拥有复合型审计人才进行专门的绩效审计,这使环境审计在美国发展得比较顺利。

3. 加拿大的环境审计立法进程

加拿大的环境审计工作开展得比较早,20世纪七八十年代,加拿大审计长公署开始关注环境保护方面,并于1987年对路易斯湖区的环境保护项目等开展了专项审计,随后,环境审计的审计范围逐渐扩大。加拿大的环境审计主体主要是联邦审计长公署和环境审计师协会(CEAA)。联邦审计长公署是最高国家审计机关,它规定被审计单位每年都要向政府环保部门提交环境年度报告。CEAA则负责向加拿大政府提供客观、准确的环境审计信息,鼓励企业、社会公众积极参与到治理环境问题的审计活动中。另外,加拿大特许会计师协会(CICA)制定、颁布的《环境审计与会计职业界的作用》等一系列报告,为审计人员在具体环境审计工作中提供了操作指南。

加拿大的环境审计主体主要是国家审计、政府部门内部审计和社会审计。其审计的范围比较广泛,较之传统的审计内容,还包括绩效审计、环境审计政策的实施情况、环境管理体系认证、非环境项目的开展对环境是否有影响。环境审计方法主要有行政管理条例和规则审计、交叉审计、跟踪审计。加拿大在1995年12月通过了新《审计长法》,其对环境审计(咨询、评估)的开展、信息披露等方面作了详细的规定,为以后顺利开展环境审计提供了有力保障。

加拿大的环境审计多年来已经形成了相对完善的环境审计法律制度,为环境审计工作有序开展提供了法律支持。此外,加拿大环境审计开展过程中有比较完善的财务和问责制度,在监督与制约方面提供了可靠保障。随着可持续发展理念的重要性被大众所认同,环境审计成为企业合理规避环境风险的主要方法。加拿大公众有着比较强的环保意识,积极参与环境审计工作,使审计过程比较透明、公正,且社会舆论在制约、监督评价方面起到了一定的推动作用。加拿大建立了注册环境审计师制度,拥有专业性较强的环境审计人才,有效保证了环境审计公正的权威性。

4. 德国的环境审计立法进程

20世纪70年代开始起,德国开始关注环境问题,德国的环境审计工作主要受环境法律、预算法律的影响,环境部编制了环境法典,对公民参加环境活动进行了合理调控,在规范人们的环境行为与意识方面起到了一定的警示作用,并为环境审计提供了法律支撑。德国的环境审计主体部门主要是国家审计机关、经济审计协会和内部环保审计机构。国家审计机关包括联邦审计院和各州的审计院,联邦审计机构是最高联邦机关,是环境审计的主导主体,其主要对联邦环保资金使用情况进行审计,州审计院则针对的是本级环境资金。它们独立性很强、分工也比较明确,不存在上下级关系。德国审计院是没有执法权的,它们通过与被审计单位建立良好的合作关系,请对方环境审计专业人员参与审计,这解决了审计人员对某些专项领域的手足无措,也使被审计单位全面了解具体审计情况,最大程度地被其所接受。德国社会审计侧重于环保法规制度的落实情况,负责日常的环保工作。德国的社会审计是通过环境认证师进行的,环境认证标准主要有国际标准化组织(ISO)制定的环境管理体系通用标准(ISO14001)以及欧盟的生态管理和审核法案(EMAS)。德国所采用的环境审计形式主要有常规审计、项目审计、措施审计、重点审计以及跟踪审计,其审计的内容包括合规性审计、经济效益审计。随着环境审计的发展,管理部门作出决策前由审计院进行调查取证并提出相应意见,因此,咨询服务作为事前预防开始成为环境审计的另外一种发展趋势。

德国公民拥有强烈的环境意识以及法律意识,这是审计机构进行环境审计工作的基础,同时也大大提高了环境审计的工作效率。此外,德国的环境审计所涉及的范围比较广,专业性、综合性比较强,对审计人员的素质要求比较高,主要面向社会招收专业人才,对于既熟悉环境法、又掌握法律、经济、生物、科技等学科的人才比较青睐,并对审计人员进行定期培训,充实他们的专业知识,从而适应本国环境审计实际操作方面的要求。

(二) 我国环境审计的立法进程

目前,我国关于环境审计的规定主要是以政策的形式出现在人们面前,而在法律上基本上是一片空白。近20年来,我国虽然颁布了一系列环保方面的法律法规,但缺乏具体明确的认可或规范环境审计工作的法规。已颁布的《审计法》《审计法实施条例》《中国独立审计准则(1995)》等法规中,都没有单独涉及环境审计的内容和具体实施办法。环境审计实施缺少法律支撑,从而使这项审计的权威性或多或少地受到争议。一些地方政府出台了地方法规、规章性质的文件,可以看做是在环境审计立法方面的尝试。

1994年8月颁布实施的《审计法》,是一部专门规定国家审计制度的法律,它对我国审计机构、审计人员、审计内容、审计权限、审计程序以及法律责任等方面作了详细规定:"审计署对国务院各部门、地方各级人民政府及其各部门的财务收支,国有金融机构和企事业单位的财务收支进行审计监督。"这项规定将国家环境保护资金的形成与使用、国家环境保护部门的财务收支均归入了政府审计的范围,为我国的环境审计提供了最基本的法律依据。《审计法》还规定:"审计机关对本级政府各部门和下级政府预算的执行情况和决策,预算外资金的管理的和使用情况,国家建设项目的预算执行情况和决策,政府部门管理的和社会团体接受委托管理的社会保障基金、资金的财务收支,国际组织和外国政府援助、贷款项目的财务收支进行审计。"这些规定,授予了审计机关对与环境保护相关的资金和基金的真实性、合法性进行审计监督的权利,为环境保护资金的审计提供了参考标准。

《审计法》第二十六条规定:"除本法规定的审计事项外,审计机关对其他法律、行政法规规定应当由审计机关进行审计的事项,依照本法和有关法律、行政法规的规定进行审计监督。"这一规定实质上扩大了审计的范围,将制定《审计法》时没有考虑到的审计领域,或者当时认为没有必要单独整理出来的内容列了出来,包括国家、各级政府、特殊区域以及纳入审计范围的企业的环境经济事项。

近些年来,我国已颁布了一批关于环境保护和资源管理方面的法律、法规,并且加入了一些国际上关于保护环境资源的国际公约、协定和协定书,形成了基本的环境法律、法规监督体系。其主要有:《联合国海洋公约》《气候变化框架公约》《保护臭氧层维也纳公约》《生物海洋性公约》《关于消耗臭氧层物质的蒙特利尔协定书》等,这些条约对保护海洋、大气、海洋以及动植物、生物资源方面作了规定,为我国在具体履行环境保护职责方面提供了一定的参考。在国内法律上,我国《宪法》对于防治环境污染方面作出了规定,第九条第二款:"国家保障自然资源的合理利用,保护珍贵的动物和植物。禁止任何组织或个人用任何手段侵占或者破坏自然资源。"第十条第五款:"一切使用土地的组织和个人必须合理地利用土地。"第二十六条:"国家保护和改善生活环境和生态环境,防治污染和其他公害。"《宪法》是我国根本大法,具有最高法律效力,其环境保护规定为制定环境审计法律制度提供了一定的法律依据。

全国人民代表大会以及人民代表大会常委制定的有关环境保护法的规范性文件中,《噪声污染防治法》第十三条规定,新的建设项目必须遵守国家有关环境保护管理的规定,对可能造成环境噪声污染的,建设单位必须出具环境影响报告书,制定环境噪声污染的防治措施,并向环境保护行政主管部门批准。《水污染防治法》第十五条规定,企事业单位向水体排放污染物的,按照国家规定缴纳排污费,超过规定排放标准的,按照国家规定缴纳超标排污费。《防沙治沙法》第三十七条规定:"县级以上人民政府审计机关,应当依法对防沙治沙资金使用情况实施监督"。这些规定体现了对企业的外部审计,也涉及了环境审计的实施问题,不仅对环境的污染起到很好的预防、制止作用,改善了我国环境污染状况,大大提高了环境质量,同时也为管理与监督环境保护提供了法律依据。

国务院制定或颁布的调整环境关系的环境法规中《排污费征收使用管理条例》第二十条规定,审计机关应当加强对环境保护专项资金使用和管理的审计监督。《清洁生产促进法》规定了企业在进行新的生产技术时,应该采用最好的清洁生产技术,同时要求企业必须进行环境审计。《环境保护标准管理办法》第十五条规定,各级环保部门要制定实施环境标准的计划和办法,充分运用环境监测等办法,监督、评价环保标准的实施。《水污染物排放许可证管理办法》中指出,重点排污单位应配备监测人员和监测设备,对本单位排放的污染物按国家规定的统一方法进行监测。其他如《水土保持工作条例》《森林法实施细则》等均为政府及企事业单位承担环境保护责任提出了具体要求,为我国开展环境审计提供了法律支撑。

2006 年,《中国注册会计师审计准则第 1631 号——财务报表审计中对环境事项的考虑》对具体影响财务报表的环境事项进行了介绍,要求注册会计师在进行审计、实施风险评估程序时应该关注有可能导致财务报表重大错报风险的环境事项,并考虑与环境事项有关的环境法规,这是我国第一部专门规定注册会计师参与环境审计的部门规章,对于注册会计师如何开展环境审计进行了规范与指导。2009 年 9 月,审计署为了更好地进行环境审计活动,根据《审计署 2008 至 2012 年审计工作发展规划》和《审计署关于加强和改进对地方审计工作指导的意见》的要求,制定并出台了《关于加强资源环境审计工作的意见》,为具体的环境审计工作提出了几点意见:各级审计机关要重视资源环境审计的重要性以及紧迫性;要明确资源环境审计的指导思想、主要任务和发展目标;各地因地制宜突出资源环境审计的重点;各级审计机关要根据环境保护跨行政区域的特点,积极开展合作审计、跟踪审计,并不断创新资源环境审计方法;构建资源环境审计与其他专业审计相结合的整体工作格局;加强资源环境审计队伍的建设;建立和完善资源环境审计工作制度;要深入对资源环境审计理论方面的研究。该意见的发布为环境审计提供了最直接的法律依据,它为我国具体落实科学发展观指明了方向,为加强资源环境审计工作提供了重要方案,必将推动各级审计机关积极开展环境审计实践工作,更好地为经济社会以及生态环境的保护服务。此外,该意见的内容比较详尽,具有很强的可操作性,根据这个意见,各级审计机关在开展各项经济项目时,应广泛关注环境成本、环境影响,而将资源环境内容纳入需要审计的范围,对我国的环境审计法律制度有着积极的指引作用。

三、环境审计立法建议

(一) 在现有法律、法规的基础上进行补充立法

如前所述,目前我国已制定有关环境保护与审计的法律、法规,初步形成了环境审计法律监督体系,但由于缺乏明确的法律界定及环境审计的具体实施办法和评估标准,我国在具体实施环境审计工作时经常遭遇无法可依的尴尬局面。因此,我国应该尽快在现有审计法律制度的基础上对环境审计进行补充立法,这是我国实施环境审计的根本保证。要加强环境审计立法,一方面要扩大环境审

计权限,另一方面要建立可操作的环境审计工作细则,避免环境审计的片面性和局限性,使环境审计工作更加规范,如明确环境审计的具体实施办法和评价标准等。此外,在《证券法》《公司法》中增加环境审计内容,如规定对上市公司项目审批及年审,须经过相关部门专项环境审计,出具有环境信息披露内容的审计报告等,从而使环境审计能在企业商事活动中依法得到具体落实。

(二)明确环境审计范围

通过环境审计立法明确环境审计范围,是环境审计工作有效开展及实施的法律保障。而现行审计法主要是针对政府、国有企事业单位的财务收支进行审计监督,该范围较为狭窄。因此,应当在立法中明确相关审计部门除了对涉及财务的诸如环保专项资金的筹集、使用和管理中的真实性、合法性和效益性进行审计和评价外,还应对下列事项依法进行环境审计:对相应各级政府环境规划和政策、企业的环境会计政策、环保制度、计划是否充分、有效等情况作出评价或提出建议;对非环境政策和非环境项目的环境影响进行审计,并作出评价;评估拟议中的环境政策的影响,使新的环境政策或修改后的环境政策更具规范性、科学性和可操作性;对相关部门或组织的环境管理体系进行审计评价;对被审计单位遵守国家环保法律、法规、制度的情况,单位环境管理责任及工作绩效进行审计和评价,特别是对被审计单位的环境保护项目计划的管理和实施活动的真实性、合法性、效益性进行审查、鉴别、认证;对环境负债进行审计评价。

(三)扩大环境审计适用对象

1. 对政府及相关人员进行环境审计

在环境审计法律制度下,各级审计部门每年均应对各级政府进行环境审计,并将环境审计结果定期向公众公布,即根据各地区的不同情况,分别将草原、林地、绿化、江河污染等内容作为评价指标,审计该届政府所出台的经济决策和所谓"政绩"是否以牺牲生态环境为代价,并将此作为考核该届政府相关领导干部工作业绩,决定提拔还是降级的重要依据。如果将这一做法明文规定下来,坚持下去,可以更加客观、公正、全面地评价一届政府及一个地方领导干部的政绩。这样做不仅给地方领导敲响了"环保警钟",引导干部树立正确的政绩观,同时可以督促各级各届政府认真落实环境保护各项工作,进一步强化环保工作的行政执法力量,切实履行环境保护监管职责,从而实现可持续发展。

2. 对企业进行环境审计

我国目前的《审计法》中审计对象局限于国家政府机关事业单位以及国有企业等,而非国有企业在我国的环境保护工作中是不可忽略的,甚至可以说是需要重点关注的对象,其对我国环境资源产生的影响是相当大的。因此,环境审计立法应当考虑扩大环境审计对象,将非国有企业单位纳入进来,运用内外部审计措施来促使相关企业约束自己的环境行为,在生产经营的全过程进行监督,减少原材料和能源的消耗,减少废物和污染物的排放,同时也为企业进行环境会计核算与环境信息披露制度的建立起到保障作用。

（四）明确法律责任

由于环境审计具有一定的特殊性，其审计范围不仅涉及环保资金等财务方面，还涉及环境保护的政策、规划、管理等内容，故在法律责任上除了应沿用目前《审计法》所规定的相关审计法律责任外，还应结合环境保护相关法律规定在环境审计责任追究的措施、法律责任承担者及执法者等方面加以扩展与明晰。当环境审计结果显示由于某届政府的经济决策导向失误导致该地区生态环境遭到破坏，则应追究该届政府相关领导干部的行政责任，给予一定的行政处分，如警告、降级或予以撤职等。对于相关企业环境审计不过关，审计部门应向其相应主管环保部门提出建议，由环保部门对该企业采取行政处罚措施，如警告、罚款、责令其停产、停用、停业、关闭，并追究直接责任人员的法律责任。此外，对于不接受环境审计的单位及直接负责人员，应追究相关行政责任。

（五）改善环境审计技术与方法

与财务审计、绩效审计一样，环境审计也属于常规审计的一个分支审计。因此，环境审计也经常采用问卷调查、查阅凭证、实地盘问、分析性复核等方法收集审计证据。但随着审计业务的增多，审计内容除了环保资金项目以外，还涉及了政策、教育等方面，使环境审计在具体的操作中需要更高的技术含量以及更强的专业技术，因此在具体审计实践中仅仅用常规性的方法与技术往往不能满足环境审计的需求。《从环境视角进行审计活动的指南》中介绍了环境审计的技术方法，主要包括实地调查、标准化问卷、统计抽样等。发达国家进行环境审计时经常运用定量与定性分析相结合、质量监督绩效审计、环境管理系统审计等方法，达到了很好的审计效果。对于这些发达国家的成熟经验，我国应借鉴并加以利用，并根据我国实际环境问题的特点以及具体审计中遇到的困难，改善我国环境审计技术与方法，从不同的角度对环境审计相关理论与实务问题进行分析研究。同时，不同的环境审计主体应该根据被审计单位的实际情况、特定目标与具体任务的不同，选择恰当的审计方法，并相互借鉴有效的审计方法，加强交流，以提高环境审计的效率，取得更好的环境审计效果。

（六）提高审计人员的专业技能和综合素质

开展环境审计工作，最重要的是培养一支综合素质高、专业能力强的审计队伍，以便从根本上解决因环境审计的发展而急需审计人才的问题。首先，应对审计人员的知识结构进行合理调整，不能仅限于掌握了会计、财务等专一技能的人才，而应扩展到统计学、经济学、法律学等相关领域，这样，才能适应现代企业制度对环境审计人员业务素质和品德操行的更高要求，所评价的审计报告才会更加准确、科学和真实。其次，应该通过聘请、外派学习以及岗位培训等方式，培养一支具备环保理念、精通环境法以及财务审计方面专业知识，且能娴熟应用计算机采集业务数据并进行分析计算的综合性人才队伍，并对他们进行定期考核，采用持证上岗制度。与此同时,我们还应加强与其他国家审计机构的交流与协调,培养复合型人才,多层次全方位地了解相关环境保护的政策与审计目标,从而为更好地开展我国的环境审计做好铺垫。

(七) 环境审计激励措施

环境审计特别是自愿进行的内部审计和社会审计反映和披露审计对象的环境管理活动的合法合规性、真实性、绩效等信息,有利于审计对象及时调整环境管理手段和措施,加强环境保护,及时预防和减少环境污染和生态破坏。美国的环境审计政策就规定了相应的环境审计激励措施,且具体规定了获得环境审计激励的条件。为促进我国环境审计工作的顺利开展,建议在立法中增加环境审计激励措施。目前,我国《循环经济促进法》《清洁生产促进法》《企业所得税法》等法律中己有鼓励节约资源、保护环境的相关规定。环境审计补充立法可以进一步完善相关的优惠政策和措施,构建系统的、操作性强的激励机制。例如,对主动进行环境审计,且环境管理绩效突出者,可以给予信贷、税费等方面的优惠,表彰并宣传企业形象、公司信誉等。以此来充分调动企事业单位开展环境审计的积极性,引导其从被动守法到主动守法转变。这样做不仅可以节约资源,提升效率,而且能够培育企事业单位的诚信意识和市场道德,甚至可以扭转传统行政执法以罚为主的僵化理念。补充立法时应注意相关立法、政策之间优惠政策和措施的衔接和协调,避免抵触、背离和重复。

311

本章小结

环境审计准则是指由权威机构所制定的,为了达到审计目标,环境审计人员在审计过程中必须遵循的行为规范。制定环境审计准则应当遵循这样一些原则,包括前瞻性原则、可操作性原则、发展的原则、与环境审计组织体系一致的原则、综合性与具体性原则、层次性原则、积极实现与国际接轨和体现中国特色两者相统一的原则。国内诸多学者对环境审计准则的基本内容进行了研究,综合各家观点,我们认为,环境审计准则的基本内容包括3个部分:环境审计主体准则,主要用以规范环境审计主体的专业胜任能力、独立性和职业道德要求以及应有的关注;环境审计行为准则,主要用以规范环境审计计划的制定、环境审计证据的取得、环境审计技术和方法的应用以及环境审计风险的控制等;环境审计报告准则,主要用以规范环境审计报告的格式和内容、环境审计报告的意见类型等。

环境审计立法具有重要的现实意义,是落实可持续发展观的重要手段,同时为环境审计工作顺利开展提供法律保障,还能促使企业切实承担起环境保护责任。国外丰富的环境审计立法经验可以为我国所借鉴,但也应当关注中国的特殊国情。环境审计立法至少应当关注以下4个方面:在现有法律、法规的基础上进行补充立法,明确环境审计范围,扩大环境审计适用对象,明确法律责任。

思考题

一、环境审计准则的定义是否恰当? 能否从其他角度对其进行探讨?

二、制定环境审计准则有何重要意义?

三、国外有关环境审计准则的研究成果对我国有何借鉴?

四、制定环境审计准则应当遵循的原则有哪些? 如何在制定环境审计准则的过程中加以体现?

五、你对有关环境审计准则基本内容的研究成果有何评价? 谈一谈你对环境审计准则基本内容的看法。

六、环境审计立法对于我国环境审计的发展有何重要意义?

七、国外有关环境审计立法的实践可在哪些方面为我国提供借鉴?

八、请结合我国环境审计中存在的问题,提出有关环境审计立法的政策建议。

参考文献

[1] 陈思维. 环境审计[M]. 北京:经济管理出版社,1998.

[2] 陈正兴. 环境审计[M]. 北京:中国审计出版社,2001.

[3] 蔡春,陈晓媛. 环境审计论[M]. 北京:中国时代经济出版社,2006:165-189.

[4] 耿建新,牛红军. 关于制定我国政府环境审计准则的建议和设想[J]. 审计研究,2007(4):8-14.

[5] 李瑜琼. 环境审计准则的构建研究[D]. 湘潭:湘潭大学,2011.

[6] 许宁宁. 环境审计准则体系构建分析[J]. 中国乡镇企业会计,2008(2):142-143.

[7] 赵琳. 环境审计准则体系建设初探[J]. 财会月刊,2004(A11):42-43.

[8] 辛金国,李青. 环境审计准则研究[J]. 审计与经济研究,2000(6):13-16.

[9] 毛洪涛,张正勇. 我国政府环境审计准则制定初探[J]. 会计之友,2009(4):31-33.

[10] 张彦军. 我国环境审计准则问题思考[D]. 北京:首都经济贸易大学硕士学位论文,2003.

[11] 王健姝. 环境审计准则研究[D]. 青岛:中国海洋大学,2003.

[12] 叶晓丹. 我国环境审计立法初探[J]. 长江大学学报(社会科学版),2008(4):46-50.

[13] 付健,史朋彬,付雅. 借鉴荷兰环境审计立法经验,创建我国绿色审计制度[C]. 2011年全国环境资源法学研讨会论文集,2011:955-959.

[14] 游春晖,张龙平. 美国环境审计制度变迁及其启示[J]. 财会月刊. 2014(8):91-94.

[15] 刘丹丹. 我国环境审计的立法思考[D]. 长沙:湖南师范大学,2013.

[16] 张娟. 我国环境审计法律制度研究[D]. 长沙:中南林业科技大学. 2014.

第十四章　环境审计的合作与协调

本章对环保部门、司法部门、证券监管部门各自的职权及其在环境保护工作中的作用进行了阐述,并在此基础上对审计部门与环保、司法、证券监管部门在环境保护工作中的关系及合作问题进行了探讨,并提出应当建立各部门环保联动机制,促进我国环境保护事业的发展。本章还对环境审计国际协调的必要性和我国目前存在的问题进行了分析,并对我国进一步加强环境审计国际协调工作提出了相应的对策。

学习目的和要求

通过本章的学习,你应当能够:

- 了解环保部门的职责、作用及与审计部门的关系;
- 了解我国环境审计国际协调的现状;
- 把握我国环境审计国际协调的方向及发展对策。

第一节　审计部门与环保、司法、证券监管部门合作与协调

一、与环保部门的合作与协调

(一) 环保工作与环境审计的关系

自环境审计产生以来,环保工作与环境审计之间的关系一直是理论与实务界研究的重点。环境是人类生存和发展的基础,人类在利用资源发展经济的同时也造成了全球性的环境污染和生态破坏,对人类的生存和发展构成威胁。如何使经济建设与环境保护相协调是当今人类社会面临的重大问题。因此,切实保护环境不仅是环保部门的责任,也是包括审计机关在内的全社会的共同责任。总的来看,环保工作与环境审计既有联系又有区别。

首先,审计机关进行环境审计和环保部门进行环保活动,在根本目的上是一致的。无论是环保工作还是环境审计,其根本目的都是通过自己的活动来促进资源的合理开发、合理利用,保护自然和生态环境免遭污染和破坏,使环境与经

济、社会发展相协调,并最终实现经济与社会的可持续发展。

其次,审计机关开展环境审计与环保部门开展环保工作的依据和标准是基本相同的。1978年以来,为保护和改善生活环境与生态环境,防治污染和其他公害,保障人体健康,促进社会主义现代化建设的发展,我国先后制定颁布了以《环境保护法》为基础的一系列环保法律、法规和专门标准,对环境保护的指导思想、基本原则、监督管理、环境质量标准、各级政府和单位部门的环保责任、违反环保法律、法规的法律责任等作出了明确的规定。这些既是环保部门进行环境管理、环境监督的依据和标准,也是审计机关开展环境审计、考评环境质量和环保责任的依据和标准。

尽管审计机关开展环境审计与环保部门进行环境监督、环境管理之间有上述的联系和相同点,但由于他们产生的基础是不同的,同时环境审计又是完全独立于环保部门之外的独立的审计监督行为,因此,实施环境审计既不能分摊环保部门的部分职能,也不能减轻环保部门的任何责任。两者在促进环境保护过程中有着较大的区别。

审计是因两权分离需要对经济责任履行情况进行监督而产生的一种独立性的经济监督活动。而环保部门是适应环境状况日益恶化,基于对环境进行全面保护而设立的专职的环境监督管理部门和环境执法部门,它产生于大范围环境保护的需要。因此,无论是审计机关开展环境审计,还是环保部门进行环境监督、环境管理,其各自产生的基础是不同的,这就决定了它们在职能、目标、内容、范围等方面都各有差异。

首先,从职能上看,审计机关是依据我国《宪法》建立的独立行使审计监督权的经济监督部门,其基本职能就是监督,同时还具有评价和鉴证职能。因此,审计机关在进行环境审计中所发挥的职能就是对政府、部门、企业的环境保护、环境治理等有关经济活动的环境影响所进行的监督、评价和鉴证。具体讲就是监督政府、部门和企业对环境法律、法规、政策、制度和标准的制定及执行情况,评价企业的生产经营环境及因环境因素给企业经营带来的风险,评价环境管理机构的设置和工作效率,鉴证企业治理环境所取得的成果等。而各级环保部门是根据大范围环境保护的需要设立的环境保护主管部门,对本辖区的环境保护工作实施统一监督管理。因此,其基本职能就是专业性的监督管理。具体讲就是立足于大范围的环境保护,改善整体环境状况,治理遭破坏的区域性环境,对企业环保行为在技术上提供指导、帮助,对建设项目环境影响进行评价,依法对企业环境及对有碍环境质量的技术措施进行监控,对造成环境污染者给予制裁等。

其次,从目标上看,由于审计是一种独立的经济监督活动,它因经济责任的产生而产生,并随着经济责任内容的拓展而发展,因此审计的根本目标就是经济责任。由于环境审计是经济责任向环保管理责任拓展的结果,因此环境审计的目标也即是评价环保管理责任。具体讲就是要对被审计单位在组织经营、管理活动中,对环境产生的影响、环境治理效果,对环境法规、政策、制度、标准的遵循情况及环境管理系统是否充分有效等作出评价,对政府及企事业单位履行环境管理责任的情况发表意见。而环保工作的主要任务是保护和改善生活环境和生态环境,防治污染和其他公害,保障人体健康,促进现代化建设。即国家在开发、利用资源发展经济的同时要创造一个与经济发展相协调的适宜的生产和生活环境,以及为了实现经济的可持续发展,保护自然和生态环境,制定相关法规、制度、标准,以促进合理利用资源,最大限度地提高自然资源的直接利用率,降低废弃物的排放率,减少环境污染。因此,环境保护的根本目标就是通过采取各种制度的、技术的手段,保护和改善环境,提高环境整体质量。

最后,从内容上看,审计机关开展环境审计主要侧重于 3 个方面:一是评价环保资金运动情况的财务审计,对环保资金的筹集、使用情况及环保投资等内容进行的审计;二是评价企业执行环保法规、标准、制度的合规性审计,对企业经济活动和政府有关部门的业务活动是否符合有关环保法律、法规、制度等进行审计;三是评价企业或政府履行环保责任和工作业绩的绩效审计,如环保项目计划和目标执行情况,有关部门和单位环保政策的执行情况及环保机构的工作绩效,环保投入与环境效益情况等。而环境保护的内容:一是环境监督管理,即环境政策、法规、标准的制定,及对违反者的处理、处罚,对环境质量的监控、发布公报,及对环境影响的评价等;二是保护和改善环境,即制定措施,确定保护和改善环境的目标和任务,促进资源的合理开发和利用,从而改善整体环境质量;三是防治环境污染,即对在生产建设和其他活动中产生的各种环境污染,采取有效措施,积极防治,防止或减轻环境污染的危害。

(二) 审计部门与环保部门的合作

环境审计是对环境管理责任的评价监督,环保部门是环境审计的评价监督对象之一,处于被审计者地位。环保部门和审计部门作为矛盾的双方,必然存在某些不协调之处。由于我国多年来开展环境审计案例较少,人们普遍认为环境保护是环保部门的责任,加之环境审计没有立法支持,因而大多数人,包括一部分环保人员对审计机关"插足"环境保护感到不解,认为是多此一举。这种错误认识使审计机关在对环保部门审查时,容易遭到后者的抵触。

环境审计是环境管理体系的一个组成部分,它的工作有赖于环保部门的积极配合,因此审计机关必须处理好与环保部门的关系。我国现行的审计法规及环保法规,虽已分别对审计部门与环保部门的职责作了明确规定,但当两者的工作出现交叉时,该如何分清彼此的职责却缺乏法律上的统一界定,由此导致国家审计部门与环境保护部门在对企业的环境保护实施监管时,难免出现不必要的职责交叉和资源浪费。因此,在环境审计的起步阶段,审计机关如何在扩大自己审计权力的同时协调好与环保部门的关系,是不可回避的现实问题。合理促成两者的有效协作就能够减少工作内容的交叉重复,既可节省有限的监督资源,又能减轻企业应付各种检查的负担。

1. 环境审计采取联合审计模式

我国的环境审计主要是由审计机关来执行的,1998年政府机构改革中,国务院在批准审计署的机构改革方案中强化了环境审计的职能,第一次将环境审计职能明确赋予审计机关。为此,审计署设立了专门的环境审计机构——农业与资源环境保护审计司。[①] 与传统审计相比,环境审计在审计内容、审计方法、指标评价、责任界定等方面都具有一定的特殊性,它是一项专业技术性和综合性都很强的工作。审计人员除了具备良好的财务审计技术和方法、丰富的审计工作经验外,还必须具备环境政策法规、环境经济学、环境法学、环境工程学、环境管理学、生产经营与环境关系等诸多方面的知识和技能。而在现实工作中,能够同时具备这些知识与技能的审计人员非常奇缺,给环境审计的开展和推广带来不利影响。于是,审计机关客观上需要环境保护部门的大力协助,为环境审计提供鲜明的线索,验证被审计单位与环保有关的技术标准,将相应的环境影响的经济技术评价做到科学、合理、公正。同时,审计机关也能为环境保护部门提供经济评价支持和工作保证,加大环境执法的力度,尤其是能够为环境部门把好对企业违规事项进行处罚的关。因此,如果环境审计采取国家审计与环保部门的联合审计方式,协同作战、各负其责,充分发挥自己的专业与监管特长,必将会降低监督成本、提高环境审计的效率和效果。

(1)从环境审计的产生来考察。环境审计是在全球环境问题日益突出的大背景下产生的,随着大气污染、水污染、白色污染、战争污染和核污染的扩散,不良环境使动植物灭绝的速度超过自然灭绝的100倍。在这样的背景下,作为社会控制机制之一的审计,已开始密切关注企业所履行的环境保护责任,环境审计开始逐步发展。环保部门参与制定环保法律、法规,环境保护是其本职工作。在审计机关进行环境审计之前,环保部门已开始履行环境管理职责,环保部门配合审计机关进行环境审计可以充分发挥环保部门的技术优势和人才优势。

(2)从环境审计的目的来考察。环境审计的目的是为了加强对社会环境污染的监督,实现宏观经济协调发展。环保部门的主要职责是治理环境污染问题,这和环境审计的目的是一致的,所以环保部门配合审计机关进行环境审计能实现环境审计的目标,这与环保部门自身的职责也是一致的。

(3)从环境审计的依据来考察。环境审计的依据主要有《宪法》有关环境保护的规定、环境保护法、环境保护单行法规、环境保护行政法规和部门规章、地方性环境保护法规、环境标准等,可见环境审计的主要依据是有关环保的法律、法规,而这些都在环保部门的专业范围内。在我国已颁布实施的审计规范和准则中,均没有环境审计的具体实施办法和评估标准,这是我国开展环境审计必须迅

---

① 高鹤,刘波.对国家环境审计主体的新思考[J].北方经贸,2003(7):7-11.

速解决的一个问题。由于缺乏相关的审计依据或评价标准,审计部门即使参与了政策制定工作,在对被审计单位的环境业绩进行评价时,也会有很大难度,以致产生审计风险。环保部门对于环保法律、法规的掌握程度明显高于其他单位,由环保部门配合国家审计机关进行环境审计能恰当地把握实施。

(4)从政府部门的分工来考察。现代社会经济发展越来越侧重于专业化分工,专业化分工能提高效益,降低成本。经济生活中的一切活动都要讲求效益,环境审计也不例外,根据《中华人民共和国宪法》第九十一条规定,国家审计部门的主要工作是对各级政府和企事业组织的财务收支进行审计,监督被审计单位的财政、财务收支及有关的经济活动。环保部门的主要职责是对本辖区的环境保护工作实施统一监督管理。我们不难看出,两者的工作范围有明确的界限,由环保部门配合国家审计机关进行环境审计能充分发挥各部门的优势。

(5)从环境审计的资金和需求来考察。在西方国家,开展环境审计较多的组织和政府部门,一般都拥有雄厚的经济实力和充足的技术力量。发达国家的经验也证明,如果拿出国民生产总值的1.5%作为环境保护投入,大体上可以控制住经济增长造成的环境污染。相比之下,我国环保投入较低,历史欠账很多。我国国情决定了环境审计目前不可能拥有雄厚的经济实力,所以开展环境审计要尽量利用现有的各种资源,避免重复建设。按照成本效益原则,环保部门配合国家审计机关进行环境审计,既能充分发挥两部门的专业优势又能降低审计成本,节约国家财政开支。

(6)从我国环境审计开展的现状来考察。我国目前的环境审计主要是合规性审计,即鉴证企业的经济活动是否遵守了现有的环境保护法律、法规,如污染物的排放是否超标,是否按规定及时上缴了各种费用等。而对国务院所属的环保部门及其他有关部门、地方政府管理的环境保护专项资金进行审计监督、对国家在国际履约方面进行审计监督、对政府环境政策进行监督等内容,基本上是空白。由政府审计部门来对环保专项资金的使用情况、国家的国际履约情况、政府环境政策等方面进行审查监督,由环保部门进行环境审计的技术性工作,对环保资金的支出是否合理进行鉴证,这样既分工明确又能发挥各自专长,同时避免了责任不清。

2. 审计部门与环保部门的关系与协调

从宏观上看,无论是审计部门还是环保部门,它们都是环境管理的重要组成部分,而且对环境审计的实施都具有举足轻重的影响。因此,加大它们之间的协作力度,对促进环境审计的深入发展具有特别重要的意义。

在环境审计中,虽然审计部门基本独立于环保部门,但审计部门与环保部门在所依据的标准方面毕竟具有很大程度的一致性,更何况两者的最终目的都是为了加强环境保护、促进可持续发展。其实,正是由于这种彼此之间的相互关联,才为审计部门与环保部门实施联合审计奠定了理论基础。另外,环境审计是一项专业技术性和综合性都很强的工作,在目前环境审计专业人才缺乏和经验不多的情况下,除要借鉴国外的经验外,还需要审计组织与环保机构联合实施,或是在国家审计机关指导下环境审计部门与环保部门合作,避免环境审计机构孤军奋战,这样更能够促进环境审计的实施①。事实上,开展审计部门与环保部门的联合审计,也是由于我国的环境审计与国外的环境审计确实存在巨大的差异:我国的环境审计基本是以财务审计为主,即使是开展环境绩效审计,也基本是围绕环保资金产生的环境和经济效益进行审查和评价。国外的环境审计则主要是绩效审计,其基本特点通常是侧重对政府环境部门的管理审计,并直接履行环境部门的部分甚至是全部职能,进行环境影响评价和政策评估。相比之下,中国的审计部门和环保部门却是在同级政府的统一控制之中。可以想象,随着我国环境审计的发展变化,未来的环境绩效审计很可能与国外类似,然而,开展类似国外的环境绩效审计,难免导致审计部门代行环保部门的职能,出现职责上的越位。因此,为了消除中外环境审计的差异,我们有必要从中国的国情出发,在现有的审计体制下,加强审计部门与环保部门的合作,即在政府的统一协调下,由审计部门联合环保部门携手开展环境绩效审计,从而使绩效审计既得到环保部门的技术支持,又避免审计部门的"越权嫌疑"。但需要提醒的是,审计部门与环保部门的基本职责毕竟是有区别的,尽管现行《审计法》已赋予审计部门审查环境管理的权利,但其中的表述过于含糊,从而难免造成审计职责与环保职责之间的混淆不清。那么,如何做到环境审计的"到位不越权",应通过修改《审计法》《注册会计师法》,解决其中的问题。

如前所述,对于审计部门而言,开展环境审计仍是一个新的课题。事实上,只有取得环保部门的紧密配合,才能实现环境审计的良性发展。为了加强审计部门与环保部门的紧密协作,我们一方面应倡导两者的联合审计;另一方面应通过政府的协调,使环保部门在拟定有关的决议或法规时,有审计部门的参与,以使审计人员及时了解环境保护的最新法规以及发展趋势,全面掌握环境审计的标准,提高审计判断的准确性。

二、与司法部门的合作与协调

(一) 司法部门及其在环保工作中的作用

司法是指国家司法机关及其工作人员依照法定职权和法定程序,具体运用法律处理案件的专门活动,具有中立性、独立性、统一性、公开性和权威性的特点。

从环境治理的基本结构着眼,司法保障是法治社会条件下环境保护工作得以顺利展开并发挥应有作用的基本要求。司法机关由于其特殊的地位和职权,

---

① 唐玉华,环境审计——环保工作的有力保障[J].经济与社会发展,2008(4):45-47.

在环境保护工作中起着不可替代的作用。1979年,《中华人民共和国环境保护法(试行)》颁布之后,环境诉讼分别以环境保护法律和法规、民法通则、刑法、行政处罚法等作为实体法,依照民事诉讼法、刑事诉讼法和行政诉讼法的规定逐步展开,各级人民法院为环境诉讼的顺利开展作出了积极努力。国务院、最高人民法院和最高人民检察院也高度重视司法在环境保护中的作用。司法实际上是法的适用,是国家司法机关依据法定的职责和法定程序,具体应用法律处理各种案件的专门活动,因此,环境司法是在环境行政执法监督之外,维护法律尊严,将环境立法落到实处的一个重要途径。在打击严重环境违法行为,强制执行取缔、关闭重污染企业等行动中,人民法院、检察院等司法机关将发挥不可替代的重要作用。环境司法通过体制、机制和制度的创新完善为因环境污染造成的各类民事、行政纠纷,特别是涉众、涉稳的群体性民事、行政环境纠纷提供一个公正高效的纠纷解决机制,及时、彻底地解决涉及资源节约和环境保护的各类行政争议,调和经济社会建设中的各种利益冲突,有力保障社会和谐与稳定,促进我环境保护工作的开展。

(二) 环境审计部门与司法部门的关系

审计部门与司法部门在环境保护问题上有着紧密的联系。首先,不论是政府审计部门、企业内部审计部门还是注册会计师都可以从司法部门处获取关于环境保护方面的法律、法规,熟悉相关环境监管及环境处罚的要求,充分了解被审计单位所面临的法律监管环境,在审计过程中采取各种措施以降低审计风险;审计部门在审计过程中对于特殊的环境事项应经常征求司法部门和司法专家的意见,以提高审计质量。其次,环境审计部门的主要作用在于通过实施审计工作发现被审计单位的环境违法事项问题,但由于国家环境审计部门属于行政机关,内部审计机构是企业内部的组织机构,注册会计师作为独立的第三方并不具备审判权和执法权,因此该被审计单位环境事项涉嫌违法犯罪时应将其移交司法部门。司法部门可以充分利用内部环境审计的工作成果,依据审计部门提供的环境审计发现的线索展开调查,同时环境审计证据也是重要的法庭证据将为司法审判工作提供重要的依据。再次,司法部门对环境违法犯罪行为进行审判、惩处才能最终落实各类审计部门环境审计的结果,震慑环境犯罪,维护环境审计形象,提高环境审计的地位,真正将环境审计工作落实的实处,使环境审计充分发挥其在环境保护中的作用,更有利于环境审计的开展。

(三) 建立环境审计部门与司法部门的联动机制

鉴于审计部门和司法部门在环境保护工作中的紧密关系,为了更好地推动环境保护工作,落实环境审计工作成果,审计部门应与司法部门建立联动机制,具体表现在:

(1) 各级法院、检察机关与审计部门要建立协调配合领导小组和联席会议制度,加强在反腐败工作中的联系与配合。

（2）各级法院、检察机关与审计部门要及时相互通报年度工作计划、重点，尽量选择相同的领域和行业，开展专项行动和专项审计。

（3）完善案件线索移送、处理机制。审计部门在审计过程中，认为被审计单位存在涉嫌违反环境保护法律、法规和相关监管人员渎职等犯罪情况，尤其是涉及公众利益的，需要追究刑事责任的，可以要求检察机关提前介入，检察机关应当及时派员配合审查，帮助分析案件性质。审计部门在审计过程中，发现被审计单位及有关公务人员涉嫌环境渎职、包庇环境违法行为等职务犯罪的，应当将犯罪案件线索连同相关证据材料移送同级检察机关处理。检察机关在办案过程中，发现有关单位有违反国家规定的行为且属于审计监督范围的，应当将案件线索移送同级审计机关处理。在案例审理、诉讼过程中，审计部门应当配合举证，保持客观、公正的态度，维护社会公众的权益。司法机关与审计机关接到对方移送的案件线索后应当及时进行审查，并及时向对方通报处理情况。

（4）加强业务交流。司法机关和审计部门可以采取讲座、座谈、印发宣传资料等形式开展业务交流。司法机关重点向国家审计部门、企业内部审计部门和注册会计师介绍国家环境法律、法规知识，环境违法案件、环境监察机关渎职等职务犯罪发生的原因、特点、手段、表现形式等。审计部门重点介绍各自工作中使用的技术手段和审计方法，以及在一线审计中发现的被审计单位的具体问题等。双方通过交流，增强对各自工作的认识，相互交流信息，对于重大、敏感性问题可以征求广泛意见。

（5）通过编发简报、召开经验交流会等形式，推广协调配合工作中好的经验和做法。

（6）完善司法机关、审计机关协调配合工作内部管理机制，明确本单位协调配合工作管理机构，做好案件移送保密工作。

三、与证券监管部门的合作与协调

（一）证券监管部门及其在环保工作中的作用

证券监管是指以保护投资者合法权益为宗旨，以矫正和改善证券市场的内在问题（市场失灵）为目的，政府及其监管部门通过法律、经济、行政等手段对参与证券市场各类活动的各类主体的行为所进行的引导、干预和管制。证券监管的对象涵盖参与证券市场运行的所有主体，既包括证券经纪商和自营商等证券金融中介机构，也包括工商企业和个人。证券监管包括信息披露监管，即要求证券发行人对现实或潜在购买者提供有关交易证券的公开财务信息；证券活动监管，包括对证券交易者和证券市场交易的有关规定的监管（典型如对内幕交易的监管）；对金融机构监管；对外国参与者的监管，其内容主要是限制外国公司在国内市场上的作用以及其对金融机构所有权的控制。

在 1992 年以前。我国的证券市场监督管理职责由中国人民银行承担。

1992年10月，国务院成立了国务院证券委员会和中国证券监督管理委员会。1998年，国务院决定保留设置中国证券监督管理委员会（简称中国证监会），将原国务院证券委员会的职能和中国人民银行履行的证券业务监管职能都划入中国证券监督管理委员会，建立起全国统一的证券监督管理机构。国务院证券监督管理机构根据需要可以设立派出机构，按照授权履行监督管理职责。中国证监会是我国证券市场的主要监管主体，另外，中国证券业协会、深圳证券交易所和上海证券交易所等自律性组织也承担一定的监管职能，本章将其统一简称为"证券监管部门"。

证券监管部门通过对资本市场进行监督和管理，在促进经济发展和资本运作的同时，也通过规范上市公司的行为，促进上市公司持续改进环境表现，对环境保护作出了贡献，具体表现在：

首先，为督促重污染行业的上市企业认真执行国家环境保护的法律、法规和政策，避免上市企业因环境污染问题带来投资的风险，中国证监会和国家环保总局联合对拟上市企业实施环保审查，禁止具有环境不良行为的公司进入资本市场。证监会依据国家环保总局发出的《关于进一步规范重污染行业生产经营公司申请上市或再融资环境保护核查工作的通知》，进一步规范了跨省从事重污染行业申请上市或再融资公司的环保核查工作和环境保护要求。我国《上市公司证券发行管理办法》第九条规定，上市公司在最近36个月内财务会计文件要无虚假记载，且不存在重大违法行为，这其中就包括：违反工商、税收、土地、环保、海关法律、行政法规或规章，受到行政处罚且情节严重，或者受到刑事处罚等。如果相关企业对环保工作不能给予足够重视，不仅会影响证监会对企业能否上市的审批，还会影响企业今后的发展，影响企业在股市中的表现。

其次，按照证券监管部门的要求，上市公司应该有一套完善的公司治理结构和管理规章制度。证券监管机构通过发布公司治理的相关要求，推动了上市公司的"绿色建设"。上市公司的董事会增加相应的机构与议案，重视环保与安全生产，减少能源消耗，妥善管理有害物资，建立起健康与安全的工作环境；培育我国上市公司的社会责任感，不仅自身运营"绿色"，更要通过杠杆效应和掌控的利益传导机制对社会经济施加广泛影响；界定上市公司环境管理范围和责任，明确上市公司应予以关注的环境问题范围，以及进行企业环境管理的责任划分。

再次，证券监管机构通过完善环境信息披露制度，促进资本市场有效运行的同时，督促上市公司重视环保问题。1997年，中国证监会发布的《关于发布公开发行股票公司信息披露的内容与格式准则第一号〈招股说明书的内容与格式〉的通知》，要求公布发行人所在行业的行业特点、发展趋势中可能存在的不利因素以及行业竞争情况，包括环保因素的限制、严重依赖有限的自然资源等。2008年5月1日起正式施行《环境信息公开办法（试行）》，同年5月14日施行的《上海证券交易所上市公司环境信息披露指引》，以及中国证监会《上市公司信息披露管理办法》,使上市公司进行环境信息披露有了比较明确的规定和可执行的标准。① 这些对于环境信息披露的要求对上市公司形成了强有力的约束,一方面由于明确的信息披露制度,上市公司和投资者之间的信息不对称大大减少,环境污染行为是可被投资者所获悉的,这在一定程度上形成对上市公司环境保护行为的震慑,使其从行动上减少环境污染行为的发生;另一方面基于环境信息对公司股价和公司价值的影响,上市公司更加重视对环境信息披露机制的建设,包括环境信息的第三方鉴证问题,也加大了对环境审计的需求。

（二）环境审计部门与证券监管部门的关系与协调

第一,证券监管部门对证券市场的监管,推动了上市公司第三方环境审计的需求。证券监管部门出台的一系列关于环境保护方面的制度,包括资本市场环境准入、环境信息披露制度等,对上市公司形成强有力的约束,也催生了对包括环境信息在内的鉴证需求。目前,在上市公司的年报审计中,注册会计师要求考虑环境事项对财务报表的影响;越来越多的上市公司开始以社会责任报告或环境报告等形式披露相关的环境信息,这些环境信息也需要独立的第三方进行审计,以增强其可信性。有需求才会有发展,证监会的规定推动了环境审计的需求,推动了环境审计的发展。

第二,公司治理的完善,促进了内部环境审计作用的发挥。作为完善的公司治理结构的一部分,内部审计的作用一直被忽视。证监会通过一系列强化公司治理结构的规定,大大提升了内部审计的地位,也为内部环境审计在企业环境保护工作和环境管理体系中发挥更大的作用提供了条件。目前,不少上市公司内部都已经按照要求建立了内部审计部门,而不少企业尤其是重污染企业的内部审计部门参与到了环境管理工作中,并在其中发挥了重要作用。

第三,环境审计有力地维护了资本市场的正常秩序。审计活动作为资本市场中不可缺少的一环,在维护资本市场正常健康发展方面发挥了极大的作用。环境审计通过对上市公司对受托环境责任履行的公允性、合法性和效益性进行鉴证,为投资者和市场获取充分、真实的环境信息作出了贡献,维护了资本市场的正常秩序和健康导向。

基于审计部门和证券监管部门之间的密切关系,两者应加强双方的交流与合作。一方面,证券监管机构应强化对上市公司的环保监管,制定明确可行的规章制度,重视审计工作并积极与审计部门沟通,使其了解明确监管的要求,在审计工作中注意监管事项,提高审计质量;对审计中发现的违反环境监管的事项要积极予以重视,并进行相应的惩处,使审计工作的成果落到实处。另一方面,审计部门应将其审计发现客观、公正地披露给相关的监管机构和社会公众,并就审计中发现的重大问题与证券监管部门进行沟通,充分发挥审计的作用。

---

① 王石.上市公司环境信息披露制度研究[D].北京:中央民族大学,2009.

第二节　环境审计的国际协调

经济全球化、网络化和知识化的高速发展,导致了全球环境问题的日益突出,人类社会正面临着环境日益恶化的挑战。各国政府、企业和民间组织都应该承担起相应的责任,并接受一个独立审计机关的监督,开展环境审计具有现实和深远的意义。但是随着环境问题的"国际化",单靠一国的力量根本无法解决,必须依靠国际社会的共同努力。国际社会在环境审计方面交流与合作不断加强,下面探求我国环境审计与国际环境审计相互协调的对策和意义。

一、环境审计国际协调的现状

最高审计机关国际组织积极倡导环境审计的国际交流与合作。1992 年,最高审计机关国际组织在美国首都华盛顿召开的第十二届大会上成立了环境审计委员会。其工作主要是:制定环境审计的指南和技术标准等;促进环境审计信息和经验交流;培训;鼓励各国最高审计机关开展联合审计等。1995 年 9 月 25 日至 10 月 2 日,在埃及首都开罗召开的最高审计机关国际组织第十五届大会把环境和可持续发展问题的审计列为主要议题,会议要求各国最高审计机关就环境审计的重要性和定义、作用和责任、技术和方法进行研究和讨论。最高审计机关欧洲组织环境审计委员会于 1998—2002 年特别组织了对《国际海洋环境保护公约》的审计;荷兰、波兰、挪威、土耳其等 8 个国家的最高审计机关联合开展了对《防止船舶污染海洋公约》的审计。

最高审计机关国际组织(INTOSA)环境审计工作组(简称 WGEA)于 2010 年 6 月发布了《可持续能源审计指南》征求意见稿,试图通过该指南引导各国最高审计机关在环境保护和可持续发展领域的审计中使用一致的规则和方法。

在环境审计方面,我国始终都在关注国际上的交流与合作,并为环境审计的国际合作付出了巨大努力。基于最高审计机关国际组织第十五届大会的倡议,中国审计署结合我国的具体情况撰写了与议题相关的论文,并积极参加了会议的交流与讨论。近几年来,中国在环境审计的国际交流与合作中发挥了日益重要的作用。2000 年 10 月,在泰国召开的亚洲审计组织环境审计工作委员会第一次会议上,中国当选为主席国,李金华审计长当选为主席;2001 年 6 月,亚洲审计组织环境审计工作委员会国际研讨会在北京召开;2005 年 3 月,亚洲审计组织环境审计研讨会暨环境审计工作委员会会议在武夷山召开;2008 年 7 月下旬,亚洲审计组织研究项目"环境审计指南"第三次会议在马来西亚举行,来自印度、马来西亚、巴基斯坦、沙特阿拉伯和中国最高审计机关的 6 位项目组成员参加了此次会议。"环境审计指南"为亚洲审计组织的第 8 次研究项目,于 2007 年

7月启动,预期成果为制定出符合亚洲审计组织成员实际需要的环境审计指南。2008年10月14日至23日,中国审计署在美丽的西子湖畔隆重举办了亚洲审计组织环境审计研讨班,共有32个国家和中国香港、澳门地区的69名代表参加了本次研讨班,针对目前的环境形势,研讨班还分设"气候变化和大气污染防治审计"和"自然资源开发和能源可持续利用审计"两个主题开展讨论,共有28个国家和地区的代表做了专题发言,并展开了热烈的讨论。2010年9月21日至22日,中俄环境审计研讨会在俄罗斯哈巴罗夫斯克市召开,中国审计署农业与资源环保审计司司长黄道国与俄罗斯联邦审计委员会奥金佐夫委员分别率领两国代表团参加了会议,这是中俄两国最高审计机关自2006年建立定期研讨工作机制以来举办的第5届研讨会。通过历次研讨会的举办,各成员国可以将其他国家丰富的环境审计经验、有效的审计技术和方法带到他们的国家,尽快完善本国环境审计工作,使其更好地为经济发展服务。

2010年,世界审计组织环境审计工作组会议主办国为中国,会议在中国桂林举行,主题为"人与自然和谐发展",会议主要包括讨论世界审计组织环境审计工作组2011—2013年工作计划、气候变化审计专题研讨、世界审计组织环境审计工作组课题讨论、世界审计组织第20届大会主议题论文研讨等内容。

二、我国进一步加强环境审计国际协调的必要性

我国作为国际社会的重要组成部分,作为第三世界国家的核心力量,作为全球环境保护的支持者和倡导者,加强环境审计国际协作乃是义不容辞的。对我国现阶段的环境审计理论与实务开展的情况来说,进一步加强环境审计国际协调,既是机遇,又是挑战。

环境问题已发展为一种国际问题,对全球经济活动都产生了严重的影响,发展中国家和发达国家对环境利益认识的分歧越来越小,它们在环境保护的关键问题上已基本达成共识。而环境审计可以为保护和改善生态环境贡献力量,它作为环境管理的通用工具,已在世界各国普遍发挥作用,这使国家间的交流障碍日益减少,从而为加强环境审计的国际交流与合作奠定了坚实的基础,这就为发展中国家开展环境审计提供了机遇。

环境问题的国际化,使环境审计成为国际社会共同关注的热点。虽然发达国家环境审计起步较早,理论和时间的发展也相对完善,但是环境问题仅依靠发达国家是无法解决的,必须依赖国际社会的共同努力,依靠国际社会各个国家的相互合作。环境审计在国际范围内属于新兴领域,很多方法、技术问题尚没有在理论上得到满意的解决,而且环境审计在世界上的发展是不均衡的,表现在相应的理论研究与实际做法上存在不同程度的差异。因此,需要各国之间通力合作,充分发挥各国优势,减少研究开发中的重复劳动,从而大大加快环境审计理论的发展进程。就我国来说,从地理位置看,我国与众多的国家接壤,也决定了中国

在海域污染、河流污染、土地沙化问题上都需与邻国共同采取措施治理。另外，中国最高审计机关具有参与国际交流和合作的优越条件。自1998年国务院明确将开展环境审计的职能赋予审计署至今，中国最高审计机关开展环境审计的职责更加明确，为中国最高审计机关参与环境审计的国际交流和合作提供了法律上的方便。另外，2002年3月，审计署当选为最高审计机关国际组织环境审计委员会执委会15个成员国之一，李金华审计长当选为执委。这表明，中国最高审计机关在亚洲乃至世界都处于较为优越的地位，这也确实为中国加强环境审计的国际交流与合作提供了可能。

与西方国家相比，虽然我国政府环境审计工作取得了一定的进展，环境审计的开展也为我国环境保护事业和社会的可持续发展贡献了力量，但是由于我国的环境审计起步较迟，目前尚处在理论探讨的初级阶段，仍然有许多不完善的地方，内部环境审计和注册会计师基本上还是一片空白，因此开展环境审计国际交流对我国来说仍然存在巨大的挑战。所以，我国迫切需要积极参与国际间交流与合作，借鉴国际上的先进经验和做法，不断提升自身的研究水平。也就是通过国际协作找出我国环境审计与国外环境审计存在的差距，吸收其他国家环境审计研究取得的先进成果，学习其丰富的环境审计经验、有效的审计技术和方法，在与其他国家的协调中完善我国环境审计理论与实务工作，从而更好地为环境审计的国际合作服务。我国作为一个地域和人口大国，不但有责任为世界范围内环境审计的繁荣和发展尽一份力量，也将从中获益。

三、我国进一步加强环境审计国际协调的对策

要加强环境审计的国际合作，应该首先站在和发达国家相同的水平上，应该具有可比性，这样才能使各方以平等的地位参与到环境审计的国际事务中，发挥各自的作用，不会有一方因受制于另一方，而使其积极性和创造性受到限制的情况。我国要争取取得国际合作的发言权，只有参与环境审计的国家合作才有可能对其产生实质的影响。鉴于我国的环境审计尚处在理论探讨的初级阶段，与西方发达国家差距较大，因此为了平等公平地开展国际合作，需要结合中国的具体情况，先从缩小我国环境审计与西方国家的差距出发，再考虑我国应如何融入国际社会的交流与合作。

（一）正确理解和借鉴西方发达国家的先行经验

要真正搞清楚西方国家环境审计的学科定位、涵盖范围和应用领域，并对环境审计的各种类型有一个全面的了解，把握其确切含义及与之相关的外部背景，同时，要真正把西方国家环境审计的来龙去脉搞清楚，把握其发展历史、现实状况及未来趋势。只有这样，才能对西方国家环境审计的理论研究和实践发展水平作出客观、恰当的评价，才能从中找出对我国理论研究和实践发展真正具有借鉴和指导意义的部分。在准确把握西方国家所指"环境审计"确切含义的基础上，紧密结合我国的现实国情，具体问题具体分析，有目的、有针对性地吸收和借

鉴西方国家理论研究和实践经验中适用于我国的部分。只有这样，才能真正做到"洋为中用"，不断提高我国环境审计理论研究和实践水平。

（二）积极参与环境审计理论研究的国际间交流与合作

20世纪70年代初期，西方国家的一些企业出于管理上的需要，自发地制定了一些审计计划，评价本企业的环境问题。这些审计计划虽然独立性很强，且尚未形成统一的方法，但从那时起，环境审计已经开始作为一种新的审计门类在实践中飞速发展起来。至今为止，西方国家对环境审计的研究不再是停留在定义、本质等问题上了，而是对环境审计进行系统的理论研究，其研究成果对环境审计具有重大意义。而我国理论研究起步晚，发展也比较缓慢，只有积极参与到环境审计理论研究的国际交流中，才能有效地借鉴国际上的先行经验和做法，尽快缩小我国与西方国家的差距，并在此基础上积极向纵深领域发展，从而为其他发展中国家或是相对落后国家提供借鉴。

（三）积极参与全球性或地区性的环境审计团队，加大与发达国家或地区的实务交流

通过参与国际性和地区性组织、到部分发达国家（或地区）进行实地考察、参与国际环境审计实务研讨会，增加了解和学习国外环境审计的渠道。利用国际讲坛或实务交流的机会，了解发达国家开展环境审计实务的具体情况，学习其实务中运用的具体方法和技术，从而为我国开展环境审计提供实践经验。另外，我国作为在国际政治、经济舞台上起重要作用的国家应积极主动地将我国的环境审计成果介绍给其他国，使国际审计组织在拟定环境审计规范或其他决议时，认真考虑中国的情况，使中国的环境审计真正融入国际社会，尽快实现与国际社会的协调一致，保证环境审计的广泛适用性。

（四）实施跨国联合审计

面对环境污染的跨国界延伸，必须采取联合治理的手段。我国与众多的国家接壤，因此在各种环境问题上都需与邻国共同采取措施治理，在公平、公正的基础上，共同制定《海域污染治理公约》《河流污染治理公约》《土地沙化治理公约》等环保协定，加大环境污染的治理力度。为了保证各成员国严格遵循有关的环保协定，应该对其履行情况实行跨国联合审计；共同监督各成员国的行为，分析环境政策的合理性，查明治理环境中收入和支出的真实性、合法性和效益性，对污染治理情况、治理成本与效益进行分析与评价，提供环境审计咨询服务等。另外，中国审计机关应该用更多的精力致力于全球范围内的国际联合审计，鼓励其他亚洲国家的最高审计机关与我国审计署合作，就跨国环境问题进行审计，在国际交往中扮演越来越重要的角色，为世界的环境审计事业作出更大的贡献。

（五）环境审计人员要与国际接轨

随着环境审计国际交流与合作步伐的加快，我国环境审计人员必须了解和掌握本国环境审计理论的整体情况，熟悉环境审计业务流程及风险控制，了解和

掌握环境审计新技术的运用,还要借鉴其他国家环境审计理论与实务已取得的成就,将其运用到我国环境审计中来;我国环境审计人员要具备与不同国别、不同层次的环境审计人员进行交流和沟通的能力,在跨国联合审计中显示出其专业胜任能力和独立性,在国际交流和协调中,成为复合型的环境审计人才。

(六)促进环境报告标准化

随着人们环境意识的加强,世界各国企业尤其是跨国公司纷纷自愿发布自己的环境报告,以向世人展示自己企业在减少环境负担、减少有害物质排放和转移、积极参与环境保护、减缓全球变暖趋势方面所作出的努力。发表环境报告要有一定的规范,以利于相互比较、监督和管理。据此预测,国际标准化组织考虑要将环境报告标准化,以减少因标准不同而引起的误解和人们理解上的困难。但是,在实施过程中要考虑各国的具体情况,对标准进行本土化。

环境审计的国际协调是一项牵涉面广的浩繁工程。既要考虑环境问题的国际影响和国际经济发展提出的要求,又要充分认识协调所面临的矛盾和冲突。环境审计的国际协调化虽然任重道远,但随着环境问题的逐步恶化和国际经济交往的日益发展,客观上要求实现环境审计国际协调化。我们必须总结以往环境审计国际协调的经验与教训,认真考虑环境审计国际协调所面临的实际困难及所要达到的目的,通过广泛地交流与合作,逐步消除中国与国际社会之间的差距,加速中国环境审计与国际环境审计的同步发展。

本章小结

环境保护是一项长期且复杂的工作,仅靠一个部门的努力是远远不够的,需要多部门合作和协调才能取得实效。环境保护部门、司法部门、证券监管等部门在其职责范围内,在我国的环保工作中各自起着不可替代的作用,也与环境审计工作有着千丝万缕的联系。审计部门需要与环境保护部门、司法部门、证券监管部门进行协调和合作,建立联动机制,使环境审计的工作成果得到落实。随着环境问题的"国际化",单靠一国的力量根本无法解决环境问题,必须依靠国际社会的共同努力。环境审计应积极加强环境国际交流与合作,加强国际协调。在国际协调中,既要考虑环境问题的国际影响和国际经济发展提出的要求,又要充分认识、协调所面临的矛盾和冲突。通过广泛的交流与合作,逐步消除我国与国际社会之间的差距,加速我国环境审计与国际环境审计的同步发展。

思考题

一、请简要阐述一下审计部门同环境保护部门的关系。

二、请简要阐述审计部门应如何与环境保护部门协调与合作?

三、我国的司法机关有哪些?在环境保护中起着什么样的作用?

四、如何建立审计部门和司法机关的联动机制?

五、请简述证券监管部门同环境审计部门之间的关系?

六、请为我国进一步加强环境审计国际协调提出对策。

参考文献

[1] 刘长翠. 企业环境审计研究[M]. 北京：中国人民大学出版社，2005.

[2] 蔡春，陈晓媛. 环境审计论[M]. 北京：中国时代经济出版社，2006：28-29.

[3] 陈正兴. 环境审计[M]. 北京：中国审计出版社，2001：15-20.

[4] 李永臣. 环境审计理论与实务研究[M]. 北京：化学工业出版社，2007：107-108.

[5] 天津市审计学会，天津市审计局环境审计课题组. 关于环境审计基本理论的探讨[J].
审计理论与实践，2000(1)：4-7.

[6] 高鹤，刘波. 对国家环境审计主体的新思考[J]. 北方经贸，2003(7)：7-11.

[7] 刘波. 对国家环境审计主体的新思考[J]. 山东财政学院学报，2003(2)：9-11.

[8] 马芸. 试论环境保护协调机制的建立对我国环境保护的作用[J]. 中国环境法制，2009
(4)：165-169.

[9] 刘长翠. 略论环境审计的国际化[J]. 齐鲁珠坛，2006(1)：15-17.

[10] 耿建新，房巧玲. 环境信息披露和环境审计的国际比较[J]. 环境保护，2003(3)：47-51.

[11] 贺桂珍，吕永龙，王晓龙，等. 荷兰的政府环境审计及其对中国的启示[J]. 审计研究，
2006(1)：29-33.

[12] 李雪，詹原瑞. 我国环境审计基本问题的研究[J]. 北方交通大学学报，2003(2)：48-51.

[13] 张伟，周玉华. 我国环境行政主体研究[J]. 北方经贸，2011(2)：20-21.

[14] 林振乐. 论国际会计协调[J]. 经济研究，2010(2)：155-156.

[15] 孙振清，赵秀生，张希良. 企业环境报告的发展趋势及启示[J]. 环境保护，2000(8)：
46-50.

[16] 侯婷婷，彭兰香. 环境审计国际比较及借鉴[J]. 财会月刊，2000(7)：71-73.

[17] 姜毅. 三次环境审计问卷对我国环境审计的启示[J]. 中国审计信息与方法，2003(5)：
27-28.

[18] 管亚梅. 我国开展环境审计的现实思考[J]. 事业财会，2004(4)：53-54.

[19] 孙菊生，刘文国. 环境审计与会计职业界的作用——加拿大和美国环境审计比较研究
[J]. 审计研究，1998(2)：1-6.

[20] 王宝庆. 开展环境审计的基本策略[J]. 审计理论与实践，2000(4)：15-18.

[21] 周文华. 浅谈现阶段环境审计中应注意的问题[J]. 商业经济，2004(5)：101-102.

[22] 葛雪. 新经济环境下会计人员在环境审计中的角色定位[J]. 现代商业，2010(26)：266-267.

[23] 毕丽霞. 企业内部环境审计运作模式的研究[D]. 青岛：中国海洋大学，2003：15-17.

[24] 邵金鹏. 我国注册会计师环境审计的运作模式研究[D]. 青岛：中国海洋大学，2008：
15-19.

[25] 刘旭红. 环境审计比较研究[D]. 兰州：兰州商学院，2009：34-36.

[26] 马雪. 我国环境审计若干问题研究[D]. 沈阳：沈阳工业大学，2003：22-27.

[27] 姜毅. 我国国家环境审计的基本构想[D]. 青岛：中国海洋大学，2003：16-20.

[28] 王健殊. 环境审计准则研究[D]. 青岛：中国海洋大学，2003：25-29.

[29] 王石. 上市公司环境信息披露制度研究[D]. 北京：中央民族大学，2009：20-21.